Zwischen wildnis und Zivilisation

Autoren und Verlag bedanken sich herzlich bei den
Herren Kurt E. Adolff, Alexander Baldinger und Dr. Fritz Wörwag
für die finanzielle Unterstützung, die es ermöglichte,
das Buch mit dieser Bildausstattung erscheinen zu lassen.

Heribert Kalchreuter, Susanne Köneke

Zwischen Wildnis und Zivilisation

Erlebnisse eines jagenden Weltenbummlers

KOSMOS

Inhalt

Zum Geleit

Der besondere Charme dieses Buches besteht darin, dass beide Autoren die Schilderungen aus einem jeweils ganz anderen Blickwinkel sehen. Dr. Susanne Köneke, die langjährige Begleiterin und Vertraute von Prof. Dr. Heribert Kalchreuter, kennt die vielen Auf und Ab in dessen Leben und Karriere. Obwohl Nichtjägerin, versteht sie es meisterhaft, dem Leser das Spannungsfeld, in dem „Kuno“ lebt und wandelt, nahezubringen. Sie versteht den Waldschrat ebenso wie den Gesellschaftsmenschen, obwohl ihr dieser näher steht als jener. Die Mitautorin zeigt und charakterisiert „Kuno“ in allen seinen Schattierungen.

Prof. Kalchreuter selbst gibt seine spannendsten Jagderlebnisse in aller Welt, von der strapaziösen Jagd auf den Eisbären bis zur Jagd auf den gefährlichen Hippo und den Leoparden, in der von ihm bekannten eindrucksvollen Sprache wieder, die viele Leser in seinen früheren Büchern schon so faszinierte. Er lässt uns seine einmaligen Jagderlebnisse so hautnah miterleben, uns genau so frieren oder unter Hitze stöhnen, als wären wir dabei. Er lässt uns teilhaben an all dem, was dem Wissenschaftler aufgefallen ist, aber auch an all dem, was er nicht ergründen konnte und was er Jüngeren zum Erforschen überlässt.

Die für mich eindrucksvollste unter den faszinierenden Schilderungen ist die über seine Begegnungen mit Herzog Albrecht von Bayern. Kalchreuter schildert den Herzog so, wie er war. Es gelingt dem Autor, die große Bescheidenheit des Grandseigneurs, aber auch dessen enorme Kenntnisse des Wildes und seiner Lebensbedürfnisse überzeugend darzulegen.

Ich selbst hatte die Ehre und das Vergnügen, vom Herzogspaar zu privaten Besuchen, aber auch alljährlich zu den berühmten Jagden eingeladen zu werden. In den gemütlichen Abendstunden nach einer Saujagd lüftete der Herzog stets etwas den Schleier seines jagdlichen, forstlichen und wildbiologischen Wissensschatzes. Ich versuchte ihn zu überreden, dies alles noch zu Papier zu bringen, aber er winkte stets bescheiden ab. Umso erfreuter war ich, als ich erfuhr, dass dieses Buch doch existierte, aber erst nach seinem Ableben veröffentlicht werden durfte. Als es einmal jagdpolitisch im Lande lichterloh brannte, lud der Herzog den damaligen Ministerpräsidenten Franz Josef Strauß und mich zum Abendessen nach Schloss Berg ein. Danach war das Feuer schnell ausgetreten.

Ich bin sicher, dass auch dieses Buch seine Leser, Jäger und Nichtjäger, und nicht nur Auslandsjäger, in seinen Bann schlagen und begeistern wird. Nicht zuletzt, weil es wie die früheren Bücher von Kalchreuter in einer einfachen, aber eindringlichen Sprache gehalten ist. Jeder Leser bekommt auch Einblick in die Jagdpolitik und in die Schwierigkeiten, die Interessen von Wild und Waidwerk zu vertreten. Vor allem, weil sich Befürworter und Gegner wie bei keiner anderen Materie ideologisch so hart gegenüberstehen. Jeder, der dieses Buch liest, wird, wenn er objektiv und aufgeschlossen ist, daraus Gewinn ziehen.

Ich wünsche dem Buch viele Leser, ich wünsche dem darin erwähnten EWI-Museum mit den dort ausgestellten Präparaten vieler jagdbarer Tierarten der Welt, interessierte Besucher.

Ich danke den Autoren für dieses gelungene und spannende Werk!

Dr. Gerhard Frank, MdL a. D.
Ehrenpräsident des Deutschen Jagdschutz-Verbandes
und des Landesjagdverbandes Bayern

Zufällig reingeschaut und hängen geblieben

Eine Einstimmung von Susanne Köneke

Es war gleich an meinem ersten Abend in Freiburg. Gerade hatte ich meine Studentenbude bezogen und mit meiner Mitbewohnerin beschlossen, unsere wunderbare Freiheit umgehend auszukosten und unser neues Lebensumfeld zu erobern. Abenteuerlustig warfen wir uns in Schale und betraten die Straße, offen für alles, was uns nun erwarten würde. Eine Gruppe junger Studenten, auf die wir alsbald trafen, berichtete von einer Verbindungsfete. Eine musikalische Verbindung sollte das sein mit dem Namen „Alt Straßburg". Keinesfalls eine dieser konservativen, schlagenden Männergemeinschaften, sondern eine gemischte Studentenschaft. Wir dachten uns: Reinschauen können wir ja mal.

Die Stimmung ist sensationell. Ich tanze mir die Beine aus dem Leib. Aus den Augenwinkeln entdecke ich einen offenen Kamin – seltsam für ein studentisches Ambiente, denke ich mir – und auf der Ofenbank ein einladendes Plätzchen. Ich lasse mich auf die Holzbank fallen und begegne dem Lächeln meines Sitznachbarn. Der fällt so ganz aus dem Rahmen. Ein waldschratiger Rotbart in seltsamer Garderobe im Trachtenlook: mit klobigen schwarzen Haferlschuhen, wollenen Kniestrümpfen und einem Halsschmuck aus geschnitztem Horn an einer Lederschlaufe.

Wie alt mag der sein? Unmöglich, das einzuschätzen. Irgendwie interessiert mich dieser Mensch, den muss ich mir genauer anschauen. Nicht gerade eine Schönheit, aber von origineller Ausstrahlung: glattes, leuchtend rotes Haar liegt in altmodischer Frisur um ein gerötetes, von rauen Witterungseinflüssen gezeichnetes Naturburschengesicht. Die markante Hakennase endet über dem Schnauzbart, und dieser wiederum mündet in einen kräftigen Kinn-/Backenbart. Die untere Gesichtshälfte ist damit bedeckt, lässt aber ein energisches Kinn erahnen. Aus diesem urigen Antlitz funkeln hellwach die kleinen blauen Augen.

Auch der Waldschrat, wie ihn die 20-jährige Studentin für sich nennt, scheint recht interessiert zu sein. Was für ein gegensätzliches Paar trifft sich da also auf der hölzernen Bank, mitten im Partygetümmel, wie auf einer Insel einer anderen Welt. Er sei ein sogenannter „Alter Herr", ehemals aktives Verbindungsmitglied und nun Förderer und Fan von Alt Straßburg. Die Studenten nennen ihn Kuno, und so stellt er sich auch mir vor. Wie er wirklich heißt, erfahre ich später aus seinem Buch „Die Sache mit der Jagd". Autor: Heribert Kalchreuter.

Zu seinem Spitznamen kam er schon in der Studentenzeit. Damals feierte eine fröhliche Runde in der tief verschneiten Altstraßburger Hütte am Herzogenhorn im Hochschwarzwald. Zu später Stunde öffnete sich die Tür und herein trat in schneebedecktem Lodenumhang und Jägerhut, ein erlegtes Reh über die Schulter gehängt, der Forststudent Heribert. Dieser unerwartete Anblick beflügelte spontan die Fantasie eines Musikstudenten: So und nicht anders muss der „Alte Oberförster Kuno" in Carl Maria von Webers berühmter Oper „Freischütz" ausgesehen haben ... Allgemeines Hallo und Zustimmung. Seitdem firmiert er unter diesem Markenzeichen, was ihm bei seinen späteren Auslandsaufenthalten sehr zustattenkam. Denn „Kuno" ging vor allem den Afrikanern viel leichter über die Lippen als dessen für sie zungenbrecherischer Vor- und Nachname.

Wir plaudern über dies und das, kommen schließlich auch auf das Thema Jagd zu sprechen. Gänzliches Neuland für die Städterin, die prompt ihr Gegenüber mit gängigen Klischees foppt. Doch der verweist auf das besagte Buch, das mir vermutlich neue Seiten der geschmähten Waidmannskunst aufzeigen könne. Mein Interesse war geweckt, und wenig später überreichte mir Kuno sein Buch mit den Worten, er suche im Rahmen seiner wissenschaftlichen Arbeiten eine Ghostwriterin, die brisante jagdliche Themen in populärer Sprache publizieren könne. Für die Germanistin auf der Suche nach einem Nebenjob kam dieses Angebot äußerst gelegen. Und so las sich die Tierliebhaberin und Nichtjägerin in das unbekannte Metier ein, war fasziniert von den wissenschaftlichen Studien, den Gedanken von Hege und Biotopmanagement, und bei all dem weit entfernt von einem Flintenweib oder einer Anhängerin von Tracht und Halali. Und kritisch, was so manche Abart der Jagd, Trophäenkult und Jägerlatein betraf.

Im März 1984, ein halbes Jahr nach unserer ersten Begegnung, traf ich bei einer Konferenz des „Zusammenschlusses der Verbände für Jagd und Wildtiererhaltung in der EU" (FACE) zum ersten Mal mit Jägern auf internationaler Ebene zusammen. Austragungsort war Glashütte, Kunos Domizil und Wirkungsstätte im Hochschwarzwald. Das benachbarte Gasthaus stellte Unterkunft und Konferenzraum zur Verfügung. Hauptaugenmerk galt den Problemen mit Bleischrot. Ich saugte alle Informationen zu diesem brisanten Thema auf, notierte und textete, und genoss bei der abendlichen Veranstaltung in der Trophäenhalle meine Rolle als Gast- geberin neben dem Hausherrn. Der Präsident des Deutschen Jagdverbandes, Dr. Gerhard Frank, damals gleichzeitig Präsident der FACE und offensichtlich angetan von dem Freiburger Laufsteg-Model, machte Kuno schließlich den Vorschlag: „Bring s' doch mit" – er meinte die Generalversammlung des „Internationalen Jagdrates zur Erhaltung des Wildes" (CIC) in Innsbruck im darauf folgenden Mai –, „wei die is nemli wirklich nett". Es sollten viele weitere Reisen dieser Art folgen.

Aus der Arbeit als Ghostwriterin ist eine CIC-Reisebegleitung geworden. Die Menschen, auf die ich bei diesen Kongressen und Versammlungen stieß, waren keine blutrünstigen Jäger, sie waren wohlhabend und zum großen Teil auch gebildet. Und kamen in Begleitung ihrer Damen, meist weltgewandt und liebenswert und wunderbar gepflegt. Es waren einfach nette Leute, ein Rotary der Jagd. So manche Stunde habe ich in den Versammlungssälen verbracht, Notizen für meine Fachzeitschriften-Artikel verfasst. Mit der Kamera, aus dem fahrenden Bus hängend und nur mit dem festen Griff von Kuno an meinem Hosengürtel gesichert, die vorbeirasende Landschaft des Senegals für die spätere Veröffentlichung in einer Jagdzeitschrift fotografiert. Den Nichttänzer Kuno zu der einen oder anderen Tanzrunde verführt. Jagdfreunde, Jäger und Wissenschaftler aus aller Welt kennengelernt.

Bis heute fasziniert mich die schauerlich schöne Spannung zwischen diesen extremen Welten: den spartanischen Treffen im Hochschwarzwald mit dem kargen, geradezu improvisierten Leben im alten Schwarzwälder Forsthaus einerseits und dem Glamour der CIC-Gesellschaft, den eleganten Empfängen und ausgewählten Diners wie auch der Exotik auf den Reisen in ferne Länder andererseits. Ab und zu büxe ich aus meiner eigenen Welt aus, in der ich einem guten Job nachgehe, mein eigenes Haus gebaut habe, ein unabhängiges Leben führe. Seit inzwischen 23 Jahren finden wir uns immer einmal wieder zusammen – und das hat stets Kultcharakter. Gegensätze ziehen sich eben an, dazu kommen aber auch viele Gemeinsamkeiten, ähnliche Ansichten und Leidenschaften. Eine ganz große Freundschaft.

Während Kunos Tätigkeit als Präsident der Zugvogelkommission erlebte ich fasziniert immer wieder diese Diskrepanz zwischen dem in Wildleder gekleideten, „Schwarzbrot kauenden" Einsiedler – der plötzlich im Alpensmoking oder

Beide genießen wir gesellschaftliche Ereignisse: Galadiner der CIC-Generalversammlung 1985 in Dakar.

Anzug auftritt, ein Reden schwingender Weltmann. Zünftig, unangepasst, aber wenn es sein musste, galant und angemessen. Eben noch sah ich ihn in seinem Büro in Glashütte, inmitten chaotischer Haufen von Büchern und Skripten, umrahmt von simplen Kellerregalen, die ihm als Bücherablagen dienten, die Zettelwirtschaft auch über den Fußboden verteilt, eine Rede vorbereitend. Kurz darauf, im April 1985, erlebe ich ihn in Dakar im Senegal, wo er vor Vertretern des CIC und internationaler Naturschutzorganisationen für die nachhaltige jagdliche Nutzung auch von Flugwild plädiert und damit einen Kontrapunkt setzt zu der vor allem in Deutschland verbreiteten Vorstellung des Vollschutzes. Denn diese „Käseglocke" habe vielen Arten überhaupt nichts gebracht, führt er in deftigen Worten aus.

Wie stets während seiner Reden ist es kirchenstill im Auditorium, als er die beachtlichen Erfolge der amerikanischen Jäger- und Naturschutzorganisation „Ducks Unlimited" schildert. Drei Jahrzehnte hat er das brisante Thema „Auswirkungen der Jagd auf Tierpopulationen" bearbeitet, in seiner Habilitationsschrift zusammenfassend dargestellt und schließlich in populärwissenschaftlicher Form in der 2003 erschienenen Neuausgabe des genannten Buches veröffentlicht. Denn die Jagd könne auf Dauer nur bestehen, wenn ihre biologisch-ökologischen Grundlagen erforscht würden. Dazu hatte ihn schon sein früherer Kollege in Ostafrika, Pat Hemingway, Sohn des legendären Schriftstellers Ernest, ermuntert. Der Wildbiologe sah darin nun seine Aufgabe, sein Lebenswerk.

Herby, wie ihn die englischsprachigen Zeitgenossen nennen, war sehr populär. Während internationaler Konferenzen, in den Pausen und vor allem abends an der Bar war er meist umgeben von Menschen. Die unterhielt er mit aben-

Stets faszinierten seine Reden – hier als Präsident der CIC-Zugvogelkommission – die Zuhörer.

teuerlichen Geschichten, die einige Leser zum Teil aus seinem 1990 erschienenen Buch „Zurück in die Wildnis“ kennen. Seinen gebannten Zuhörern, Herren wie Damen, konnte man die Spannung deutlich anmerken. Jeden packte die heimliche Sehnsucht nach Abenteuer, Heldentum und der weiten Welt. Sie schauerten bei der Vorstellung von einem drohenden Erfrierungstod oder von Situationen Auge in Auge mit einem gefährlichen Wildtier. Manches klang geradezu unglaublich, etwa seine Essgewohnheiten während solcher Unternehmungen. Zweifler jedoch pflegte er zu überzeugen, indem er eine Portion Chicken Wings bestellte und diese samt allen Knochen geräuschvoll verspeiste.

Berühmt war auch sein Durchhaltevermögen während solcher „Nachtsitzungen“ an der Hotelbar. Eine gewisse Trinkfestigkeit hatte er sich schon früher in seinem Amt als „Fuxmajor“ in der Studentenverbindung angeeignet. Die kam ihm nun zustatten, wenn es galt, in aufkommenden Fachdiskussionen auch zu später Stunde klaren Kopf zu behalten. Da pflegte er dann, meist unbewusst, erfolgreiche Jagdpolitik zu machen. Denn die meisten Konferenzteilnehmer waren ja keine Jäger, sondern überzeugte Naturschützer, oft auch Jagdgegner. Doch auch solche machte er nachdenklich. Sie lernten einen Vertreter der Jagdwissenschaft kennen, dessen Argumentation man sich nicht verschließen konnte. Er wirkte überzeugend durch seine Geradlinigkeit, Lügen sind ihm ein Gräuel. Er orientierte sich strikt an Fakten und konnte sich damit auch in eher ideologisch motivierten Diskussionen behaupten.

Ja, dieser seltsame Doktor rer. nat. und spätere Professor schien zum Inventar solcher Veranstaltungen zu zählen. Man schätzte sein fachliches Wissen und hatte zugleich seinen Spaß am urigen Waldschrat, seinem leuchtenden Rotschopf, seiner Frohnatur und seinem Humor. Er kann so herzhaft lachen, auch über sich selbst. Ungeniert seinem eigenen Stil verpflichtet, saß er inmitten der ansonsten eher einheitlich korrekten Gesellschaft. Immer wieder amüsierte es die Mitstreiter, wenn Kuno, sobald eine Debatte im leicht abgedunkelten Kongresssaal sein Interesse verlor oder das köstliche Mahl und der passende gute Tropfen ihren Tribut einforderten, mit Unschuldsmiene und deutlichen Schnarchlauten „in sich ging". Er gönnte sich solch erholsame Nickerchen, wann und wo immer es ihm danach war. Um dann wie durch ein Wunder an den entscheidenden Stellen wieder hellwach zu sein.

Dabei war er keinesfalls bequem. Der streitbare Teutone kämpfte seine bei weitem nicht immer populären Ansichten durch und war dabei kaum diplomatisch. Auch deshalb lud er mich immer wieder ein, ihn auf solchen Reisen zu begleiten. Wobei eine meiner Rollen darin bestand, hitzigen Debatten wenn möglich die Schärfe und Verbissenheit zu nehmen, dezent im Hintergrund auch mal die Wogen zu glätten, Kontakte herzustellen. Dies gelang besonders abends, wenn es den Kongressteilnehmern etwas langweilig wurde und sie Gesellschaft suchten. Obwohl nicht vom Fach, war ich rasch akzeptiert. Einige versuchten sich als „Charmeure", wie so üblich in von Männern dominierten Veranstaltungen. Aber ich fand auch rasch Kontakt zu den Damen. Als Medium zwischen manchmal extremen Auffassungen von Schützern und Nutzern konnte ich zu einer familiären Atmosphäre beitragen. Kunos Rechnung ging auf: Ein Jäger in so netter Begleitung kann doch kein so fürchterlicher Mensch sein.

Die Sympathie übertrug sich in aller Regel auch auf das Arbeitsklima der Sitzungen, schon im Hinblick auf die folgenden abendlichen Konversationen. Am Ende der Wasservogel-Konferenz auf Mauritius im Mai 2005 erkundigte sich gar ein prominenter Vertreter des internationalen Vogelschutzes: „Will Susanne also attend the next meeting?" Mit Bedauern nahm er Kunos Antwort zur Kenntnis. Nein, auch für ihn selbst sei dies wohl die letzte Dienstreise gewesen, denn Ende des Jahres trete er in den Ruhestand.

Ein Vertreter des DJV, eines Verbands, den er auch immer wieder als Konferenzbeobachter vertrat, würdigte einmal die Erfolge der Lobbyarbeit: „Nach Mitternacht pflegt Kalchreuter an der Hotelbar mehr zu erreichen als andere während zwei Wochen im Sitzungssaal." Mag dieses Kompliment auch übertrieben sein, so freue ich mich doch, etwas dazu beigetragen zu haben.

Zu Besuch in einer anderen Welt

Es ist Winter. Mein Auto zieht seine Bahn durch die verschneite Landschaft bis in den Hochschwarzwald. Die knorrigen, vermoosten Baumstämme des Bannwaldes im Umfeld der Wutachschlucht verbreiten einen geheimnisvollen Zauber. Bannwald: Das hatte für mich schon immer nicht nur die Bedeutung von „nicht antasten", der Natur überlassen, sondern „in den Bann gezogen" werden – wie auch in den Bann des Menschen, zu dem ich aufgebrochen bin.

Wie oft schon bin ich diese Strecke gefahren, von Freiburg aus durch die malerischen Täler, entlang des idyllischen Titisees und weiter über immer schmalere Straßen und Sträßchen. Bis zu jenem ehemaligen Forsthaus im Weiler Glashütte, ohne Straßennamen und Hausnummern.

Wer wohnt hier, so einsam, so weltabgeschieden? Schon zu Beginn dieser Freundschaft, die nun länger als mein halbes Leben währt, hatten vage Schilderungen von Kuno über sein Lebensumfeld meine Neugier geweckt. Wo und wie lebt dieses Original eigentlich? Das wollte ich einmal sehen. Jenem ersten Besuch folgten regelmäßige Treffen, und so wurde ich Zeitzeugin der Entwicklungsphasen des musealen Domizils.

Wie ein Wintermärchen liegt das über 200-jährige Gebäude hinter einer Reihe von Birken. Ein raureifes Weiß überzieht den dichten Efeu, der das betagte Gemäuer ummantelt und nur die Fenster frei lässt. Über der Kieseinfahrt liegt eine geschlossene Schneedecke. Sie schluckt meine Reifengeräusche, doch schon öffnet sich die Tür. Der Hausherr tritt heraus, zeitlos wie immer: im stets gleichen ledernen Gewand und der gleichen zufriedenen Freundlichkeit.

Nun bin ich also wieder einmal zu Besuch in der mir so fremdartigen Welt. Bemerkenswert ist schon der Geruch von Holzrauch, den die beiden großen Kachelöfen – in der Wohnung und im Büro – im ganzen Haus verbreiten. Dieselbe „Duftnote", die meiner feinen Nase schon bei unserem ersten Treffen in Freiburg aufgefallen war. Mehr noch, selbst die gelegentlich erhaltene Post verströmte dieses Naturburschen-Odeur. Welch ein Kontrast zu den parfümierten Briefchen von Verehrern meiner Generation.

Nach Erklettern der steilen Holztreppe erscheint im grünen Licht seiner Laterne der „Nachtwächter". Wie in einer Geisterbahn wirkt der junge Grizzlybär mit seiner mittelalterlichen Hellebarde. „Der bewacht meine Unschuld", feixt der Junggeselle. Wie immer ist der erste Blick in die Halle überwältigend. Das mächtige Haupt eines afrikanischen Elefanten. Der auf dem Teppich liegende Mähnenlöwe. Und dann der aufrecht stehende, fast drei Meter hohe Eisbär! Erst allmählich gelingt ein Überblick über die Vielzahl der seit meinem ersten Besuch hinzugekommenen Präparate und Trophäen. Insgesamt müssen es wohl Hunderte sein.

Wie klein hat doch alles angefangen, als der damalige junge Forstmann 1967 in den Hochschwarzwald zog. Das kleine Wohnzimmer im ersten Stock war zugleich Jagdzimmer. Doch mit Zustimmung der Staatsforstverwaltung, der das Gebäude gehörte, konnte der Mieter zunächst einen Teil, später in zwei weiteren Schritten die gesamte ehemalige Ökonomie zur geräumigen Halle ausbauen. So erhielten die Objekte seiner Sammelleidenschaft eine würdige Bleibe. Im Gegensatz zu manch anderen Ansammlungen toter Tiere als Erinnerungsstücke beeindruckt mich hier stets die Qualität der Präparate. Diese Tiere leben! Dennoch frage ich nach Sinn und Zweck dieses Aufwands.

Wir nehmen Platz auf dem Sofa mit der aus 18 Fuchspelzen geschneiderten Decke. Ja, er sei zwar jahrzehntelang leidenschaftlicher Jäger gewesen, erklärt Kuno, aber wildbiologische Studien und museale Ambitionen standen dabei oft im Vordergrund. Möglicherweise hat er diese Neigung von seinem Onkel, Prof. Dr. Ernst Schüz, geerbt? Dieser war lange Zeit Direktor des Staatlichen Naturkundemuseums im Stuttgarter Rosensteinschloss. Schon als Schüler hielt er sich dort gerne auf, um das Handwerk der Tierpräparation zu erlernen. Als Student führte er im Auftrag des Museums Studien- und Sammelreisen durch, zunächst in einige europäische Länder, später auch in die Neue Welt. „Einiges konnte ich damals schon für dieses Museum abzweigen“, fügt er an und deutet an die Hallendecke, wo ein imponierender Steinadler mit geschlagenem Jungfuchs in den Fängen kreist. Doch die meisten Exponate sind jüngeren Datums.

Der später auf internationaler Ebene tätige Wildbiologe bereiste aus beruflichen Anlässen viele Länder und führte zudem gezielte Expeditionen durch, wenn ihn die eine oder andere Wildart besonders interessierte. Sein Ziel war, typische Vertreter der Fauna aller sechs Kontinente der Erde zu bekommen, was ihm inzwischen gelungen ist. Seit der Gründung des Europäischen Wildforschungsinstituts (EWI) als universitärer Einrichtung und damit dem Beginn seiner Lehrtätigkeit profitierten viele Studenten, meist aus Freiburg, von dieser Sammlung. Viel eindrucksvoller als im Hörsaal oder aus zoologischen Lehrbüchern lernten sie hier die Artenvielfalt der Fauna fremder Länder kennen. Zumal es dieser Professor verstand, die Ausführungen über die Lebensweise der einzelnen Tierarten durch persönliche Erlebnisse mit denselben zu würzen.

Zunehmend mehr interessiert sich ein breites Publikum von Schwarzwaldtouristen, Jägern und sonstigen Naturfreunden für das Museum. Regelmäßig reisen größere Gruppen aus der nahen Schweiz an. Aber auch Schulklassen heißt der ansonsten eher einsiedlerisch lebende Rotbart gerne willkommen. Ist

Seit mehr als vier Jahrzehnten bildete diese Idylle in Glashütte den ruhenden Pol in einem bewegten Leben.

doch gerade die Jugend dieses ländlichen Raums fasziniert von all dem, was sie bisher nur vom Fernsehen kannte.

„Zweimal war auch der Kindergarten des Nachbardorfs Gündelwangen zu Besuch. Da ging es natürlich turbulent zu." Zahllose Fragen und Kommentare, alle gleichzeitig – eine ungewohnte Geräuschkulisse in der sonst so stillen Halle. Besondere Begeisterung löst das dreieinhalb Meter lange Krokodil aus, zu dem sie wohl über die Dinosaurier-Filme eine besondere Beziehung haben. Zunächst lässt der Pädagoge die Bande eine Weile austoben. Dann greift er zu einem Trick, indem er verkündet: „In der Geisterstunde, zwischen Mitternacht und ein Uhr, werden alle Tiere wieder lebendig ..."

Schlagartig herrscht Ruhe. Dafür arbeitet die Fantasie. Die Kleinen starren auf das Walross mit seinen Glotzaugen, in den offenen Rachen des Nilpferds, auf den gerade zum Sprung ansetzenden Leoparden. Nun erst ist Gelegenheit, die vielen Fragen der Reihe nach zu beantworten. Zum Schluss die übliche Frage: „Welches ist denn das schönste Tier?" – „Der Löwe! Nein, das Krokodil! Nein, der Eisbär!" Meist macht dann Letzterer bei der Abstimmung das Rennen.

Klingeln an der Haustür unterbricht unsere Unterhaltung. Eine zwölfköpfige Gruppe von Kurgästen. Sie haben im benachbarten Gasthof Glashütte vom Museum gehört und bitten um eine Besichtigung. Zunächst sprachloses Staunen.

Dann erste Fragen nach den Namen der Tiere. Die meisten sind ihnen unbekannt. Aber den Eisbären kennen alle. „Ist der wirklich so groß?“

Vorsorglich verweist Kuno auf das kleine Schildchen zwischen den Bärenpranken: „Bitte nicht berühren“, steht da in altdeutscher Schrift. Kein Präparat sei so streichelgefährdet wie der Eisbär mit seinem schneeweißen glänzenden Fell, erläutert der Kustos. Die Besucher verstehen und lauschen fasziniert den Ausführungen über die Herkunft des Exponats. Nur ein Ehepaar, nach dem Dialekt aus dem Kölner Raum stammend, hat erhebliche Bedenken: „Mussten Sie denn dieses schöne Tier töten?“

Solche Fragen hört man nur selten im Museum, doch dem Wildbiologen sind sie aus seiner langen beruflichen Praxis wohlbekannt. „Nein, natürlich musste ich nicht, aber ich konnte.“ Dann fasst er gut verständlich – man spürt die Routine des Dozenten – das heutige Wissen über dieses brisante Thema zusammen: Jede Tierart kann in artspezifisch unterschiedlichem Maße jagdlich genutzt werden ohne negative Auswirkungen auf deren Bestand. Körperlich große Arten sind langlebig, haben daher nur geringe Fortpflanzungsraten. Folglich kann nur ein kleiner Teil bedenkenlos erlegt werden. Anders bei kleinen Arten, wie etwa dem Kaninchen, das in seinem kurzen Leben jährlich dreimal mehrere Junge zur Welt bringt. In diesem Fall können jährlich problemlos vier Fünftel der Population entnommen werden, ohne sie zu gefährden.

„Und bedenken Sie“, fährt er fort, „kein Lebewesen lebt ewig! Das klingt zwar logisch, wird aber oft nicht bedacht. Keines dieser Tiere, die Sie hier sehen, wäre noch am Leben, auch wenn ich es nicht erlegt hätte. Dieser Eisbär kam vor 15 Jahren zur Strecke. Damals war er etwa zehn Jahre alt. Auch er hätte längst das Zeitliche gesegnet, wäre an Altersschwäche eingegangen und verrottet. Seine Gebeine lägen irgendwo auf dem Grunde des Eismeers.“

Dieser Pragmatismus beeindruckt die Besucher. Und auch ich sehe den weißen Giganten nun mit anderen Augen: Die Präparatoren haben ihn wieder zum Leben erweckt, für Generationen interessierter Menschen.

Solche Fragen kommen vor allem aus dicht besiedelten Regionen, erklärt mir Kuno später. Dort haben die Menschen zwangsläufig den Kontakt zur Natur und zu natürlichen Abläufen verloren. Dabei ist doch der Tod so selbstverständlich wie das Leben. Das wird allzu oft vergessen. Hinzu kommt ein gewisser Wertewandel in der Gesellschaft: Das Tier, früher aus juristischer Sicht nur eine „Sache“, wurde durch die jüngste Novelle des Tierschutzgesetzes aufgewertet, in die Nähe des Menschen gerückt, insbesondere was das Töten betrifft. In ländlichen Regionen hat sich die ursprüngliche Betrachtung der Wildtiere im landwirtschaftlichen Kontext erhalten. „Eine herbstliche Hasenjagd ist in meinen Augen vergleichbar dem Abernten von Getreide oder dem Einschlag von Holz – eine nachhaltige Nutzung von nachwachsenden Naturgütern. Tiere wachsen eben genauso nach wie Pflanzen." So die Auffassung des Wildbiologen, die heute zunehmend das Denken im internationalen Naturschutz bestimmt.

Dann schildert er Eindrücke aus seinem Leben mit Eskimos auf der St.-Lorenz-Insel in der Beringsee. „Bei denen ist der Tod etwas Selbstverständliches. Früher haben ältere Familienmitglieder gar darum gebeten, im Winter aufs Eis hinausgefahren zu werden, um dort zu sterben und der Gemeinschaft nicht zur Last zu fallen." Beispiele dieser „Wurstigkeit" gegenüber dem Tod werde ich noch zu hören bekommen. – Aber welches Theater macht man bei uns ums Sterben, wird wochenlang in der Intensivstation an Schläuche gehängt ...

Ein bewegtes Leben

Nein, der Naturbursche neben mir ist aus anderem Holz geschnitzt, wie ich gelegentlichen Andeutungen über seine Vergangenheit entnahm. Welch abenteuerliches Wechselspiel von Interessen und Neigungen, beruflichen Tätigkeiten und romantischen Träumereien.

Dank meiner Studienschwerpunkte in Psychologie nicht unbewandert, interessiert mich natürlich so ein Typ voller Gegensätze. Andererseits war ich wohl nur damit in der Lage, diese Freundschaft über mehr als zwei Jahrzehnte zu erhalten – so jedenfalls Beobachter der Szene im CIC.

Seine Kinder- und frühen Jugendjahre hatte er in ländlichen Regionen verbracht. Zunächst im Zillertal in Tirol, später in Dörfern der Schwäbischen Alb, dann in der Nähe von Stuttgart. Die rustikale Atmosphäre von Bauernhöfen hatte ihn ebenso geprägt wie der Umgang mit Waldarbeitern, zu denen sich der Bub während der Pausen am Holzfeuer gerne gesellte. Stundenlange Wanderungen vermittelten dem Einzelgänger Einblicke in das Naturgeschehen und die Begeisterung für die Pflanzen- und Tierwelt. Daraus resultierte schon früh der ausgeprägte Berufswunsch: Förster wollte er werden. Doch der Vater drängte ihn, die höhere Forstlaufbahn einzuschlagen. So absolvierte er das Forststudium an der Universität Freiburg.

Allerdings begannen schon während der letzten Studienjahre die seelischen Konflikte. Die vom Vater vermittelte Vorstellung von einer soliden Beamtenlaufbahn, die Träume von Ehe und Familienglück waren überschattet durch das nun aufkommende Fernweh. Alles Zureden der Eltern half nichts. Er schwänzte ein Sommersemester zugunsten einer Auszeit in der Tundra von Island, anschließend in Schweden. Dort arbeitete er in der Holzfällerei, um seine Reise mit dem Motorrad bis weit über den Polarkreis fortsetzen zu können.

Zwar schloss er im Alter von 24 Jahren sein Forststudium ordnungsgemäß ab, doch die erwachte Begeisterung für die Arktis und ihre Tierwelt vereitelte zunächst die ursprünglichen Pläne. 1964, noch vor der Referendarzeit, zog es ihn in die kanadischen Urwälder. Arbeiten im Forstamt Sklavensee in Alberta verschafften ihm die Mittel für ein altes Auto, mit dem er weiter nach Nordwesten strebte. Getrieben von Sehnsucht nach Wildwestromantik in nordischer Wildnis mit Trappern und Goldgräbern, nach ursprünglichem Jagen zum Überleben. In Alaska fand er in Heinrich Springer, den er noch aus seiner Münchener Schulzeit kannte, einen Gesinnungsgenossen mit fast identischen jagdlichen und naturwissenschaftlichen Interessen. Der hatte den Ausstieg aus dem engen Deutschland geschafft und es im „Land der unbegrenzten Möglichkeiten" zu einer beachtlichen beruflichen Karriere gebracht. Doch gelang es ihm damals nicht, Kuno zum Bleiben zu überreden. Noch nicht. Das Heimweh – oder wie er es nennt: die „Gemütskrankheit der Schwaben" – war stärker. Ende des Jahres kehrte er zurück, um als Beamtenanwärter in der baden-württembergischen Staatsforstverwaltung den erlernten Forstberuf auszuüben.

Doch der entsprach nicht, oder nicht mehr, seinen früheren Vorstellungen. Zu viel reine Verwaltung, zu wenig kreatives Schaffen. Und dann das damals noch erwartete devote Verhalten des „Untergebenen" gegenüber den „Vorgesetzten" in der Beamtenhierarchie. Wie ganz anders war das doch in Amerika. Der Individualist brauchte eben die berufliche Freiheit. Mangelnde Obrigkeitshörigkeit fand sich denn auch als Vorwurf in fast allen Beurteilungen, und natürlich seine Jagdleidenschaft. Das alles führte 1967 zum schlechtesten Forstlichen Staatsexamen seit dem Krieg ...

„Wurde da etwa manipuliert, um dich loszuwerden?", frage ich im Hinblick auf die späteren akademischen Leistungen wie Doktorprüfung *magna cum laude* und Habilitation.

„Ja, den Verdacht hatte ich auch. Er schien sich später zu bestätigen, als anlässlich einer personellen Entscheidung meine Vierernote wieder zur Sprache kam und ich dann vorschlug, diesen Fall verwaltungsgerichtlich überprüfen zu lassen. Dazu kam es nicht, ich wurde umgehend befördert."

Dass er damals überhaupt blieb und nicht nach Alaska auswanderte, war vor allem einem Gespräch mit jenem zu verdanken, der bis dahin den Rekord des schlechtesten Staatsexamens hielt, und zwar auf Grund ganz ähnlicher Motivation. Das war kein Geringerer als der spätere Personalchef und schließlich zum Landesforstpräsidenten ernannte Dr. Scheifele. Unter seiner Regie änderte sich einiges in der Verwaltung. Leute mit Eigeninitiative waren ihm sympathisch. So zeigte er reges Interesse an Kalchreuters Arbeiten in der wildbiologischen Forschung, die 1970 zur Promotion über das Thema Rabenkrähe an der Universität Freiburg führten.

Sehr förderlich war dabei die nach dem Examen verfügte Versetzung in die Einöde des Hochschwarzwaldes, nach Bonndorf-Glashütte. Was vielleicht als Strafexil gedacht war, stellte sich für den jungen Forstmann als Glücksfall heraus: Zum einen verliebte er sich prompt in die endlosen Wälder, die ihn an die arktische Taiga erinnerten, und in die Romantik der damals noch kleinen Wohnung im ersten Stock dieses alten Hauses mit Plumpsklo und Holzofen. Zum anderen konnte er hier, fernab der Hektik der Zivilisation, neben den dienstlichen Aufgaben in der Standortskartierung und Forsteinrichtung seinen wissenschaftlichen Neigungen nachgehen.

„Aber wie kamst du nach Afrika?" Die vielen aus pechschwarzem Ebenholz geschnitzten Figuren, die mich noch mehr interessieren als die Antilopenhörner, lassen einen längeren Aufenthalt auf dem schwarzen Kontinent vermuten.

„Das war wieder ein Glücksfall." 1973 wurde die Forstverwaltung von der Gesellschaft für Technische Zusammenarbeit (GTZ) ersucht, einen jungen Beamten als Dozenten am College of African Wildlife Management in Tansania freizustellen. Es war wiederum Dr. Scheifele, der sich aus mehreren Bewerbungen für Kalchreuter entschied. Der habe sich mit der Materie bereits befasst und spreche Englisch. Mehr noch, er solle nach seiner Rückkehr mithelfen, die wildbiologische Forschung in der Forstverwaltung zu etablieren.

Doch daraus wurde nichts. Während der zweijährigen Abwesenheit hatte sich eine Front gebildet gegen den Kollegen, der jahrelang „seine Hobbys pflegen" und die halbe Welt bereisen konnte, während sie im „Ländle" Dienst schieben mussten. „Weißt du", erkennt er heute, „Neid ist eine Weltmacht. Da kommt ein einzelner Gönner nicht gegen an."

Die stattdessen geplante Versetzung an die Forstdirektion Stuttgart mit zudem uninteressantem Aufgabenbereich war für Kalchreuter inakzeptabel. Während eines Malariaanfalls – ein Mitbringsel aus Afrika – verfasste er im Januar 1976 sein Entlassungsgesuch. Daraufhin gab es mehrere Versuche, ihn von diesem Schritt abzubringen. Auch unter Hinweis auf die eventuell bald mögliche Übernahme eines Forstamts. Er ließ sich nicht umstimmen und erhielt schließlich am 1. April 1976 seine Entlassungsurkunde als damals jüngster Oberforstrat a. D. der Bundesrepublik.

„Aber war das nicht höchst riskant, dieser Sprung ins kalte Wasser? Im Alter von immerhin schon 37 Jahren und ohne berufliche Alternative?"

Solche Bedenken hatten damals auch wohlmeinende Kollegen und Freunde, und natürlich erst recht die besorgten Eltern. Wie kann man nur die sichere Position des Beamten auf Lebenszeit aufgeben?

Doch der Drang nach Freiheit war stärker. Im Vertrauen auf seine robuste Gesundheit, die man ihm heute noch ansieht, war er lange nicht einmal krankenversichert. „Und solange ich schießen kann, werde ich nicht verhungern."

So unkompliziert stellte sich der Lebenskünstler die Zukunft vor. Er hatte keine Ziele, keine hohen Erwartungen und war daher immer zufrieden mit sich und der Welt. Wie ein Bohemien lebte er sorglos in den Tag hinein. Josef Frhr. v. Eichendorffs romantische Novelle „Aus dem Leben eines Taugenichts" zählte zu seiner Lieblingslektüre. Und seltsamerweise kam er mit dieser Mentalität ganz gut zurecht. Wie ich meine, vor allem wegen seines facettenreichen Charakters und der daraus resultierenden Anpassungsfähigkeit.

Er liebt, ja er braucht die Einsamkeit, in der er ungestört arbeiten kann. Aber ebenso schätzt er die Geselligkeit an Jägerstammtischen, die Bierzeltatmosphäre von Volksfesten oder das besondere Flair des Münchener Hofbräuhauses, wohin ich ihn als „Wahlbayerin" gelegentlich begleitete. Er mag die ländliche Bevölkerung. Aber er versteht es auch, sich auf dem glatten Parkett der „feinen Gesellschaft" zu bewegen und sich angeregt mit prominenten Vertretern aus Politik und Wirtschaft zu unterhalten.

Aus diesem breiten Interessenspektrum resultiert ein beachtlicher Kreis von Freunden. Einige davon habe ich kennengelernt. Darunter sind wirkliche Freunde, die dem Original, wenn nötig, auch aus der Patsche helfen. Dank solcher Gönner und Mäzene konnte der Aussteiger ein turbulentes Leben führen. Ein Leben, das mich an das seiner geliebten Studienobjekte, nämlich der Zugvögel erinnert: Während des Winters flog er nach Ostafrika, in das von Dr. von Nagy gewährte Asyl. Im Frühjahr zog es ihn zurück in die Arktis, nach Alaska. Dort ist Herby, „the crazy kraut", der verrückte Deutsche, noch von früher bekannt und populär, auch bei einigen Eskimos. Heini Springer bietet ihm Unterkunft und vermittelt Kontakte zur Universität in Fairbanks. Dort bekommt er eine Menge Anregungen für wissenschaftliche Arbeiten und sein erstes Buch. Geld, sagt der Abenteurer, habe er nur für Bier, Patronen und Benzin gebraucht – und das durch den Verkauf von präparierten Schneehühnern an Touristen verdient.

Gelegentlich zieht es ihn wieder zurück in sein nie aufgegebenes Domizil in Glashütte. Zusammen mit einem Schreiner baut er einen Teil des Heustocks aus – es war die Geburtsstunde des Museums.

Im Herbst 1977 erscheint das Buch unter dem von Lektor Rudi Humme kreierten Titel „Die Sache mit der Jagd" im BLV-Verlag. Es wird ein unerwarte-

Als Nahrungsjäger in der Arktis. Doch Wasserwild zählte auch jahrelang zu den Studienobjekten des Autors.

ter Erfolg. Enthält es doch erstmals in deutscher Sprache viele hierzulande unbekannte Forschungsergebnisse. Als Germanistin schätze ich insbesondere auch die Fähigkeit des Autors, komplizierte ökologische Zusammenhänge allgemeinverständlich darzustellen. Ein Talent, das auch seine Studenten in Afrika und später an den Universitäten Saarbrücken und Poznań (Polen) zu schätzen wussten. Die Kontakte zu Pat Hemingway und anderen Amerikanern haben ihn wohl geprägt, entsprechend dem Vergleich eines ungarischen Kollegen: „Amerikanische Forscher sind bemüht, ihr Wissen zu vermitteln – deutschen Professoren geht es mehr darum, zu zeigen, wie gescheit sie sind."

Kurz nacheinander erscheinen drei Auflagen, sowie eine dänische und polnische Übersetzung. 1980 erwirbt der Fischer-Verlag die Lizenz zur Verbreitung als Taschenbuch. Laufend sichtete der Autor neue Forschungsergebnisse zu dieser brisanten Thematik, die in die vierte überarbeitete Ausgabe von 1984 und schließlich in die völlige Neubearbeitung als fünfte Auflage, erschienen 2003 im Kosmos-Verlag, einflossen. So wurde sein Erstlingswerk ein Dauerseller mit insgesamt wohl 100 000 Exemplaren. Das brachte ihm, wie er bescheiden einräumt, „etwas Biergeld".

Doch schon die erste Auflage hatte zu beruflichen Konsequenzen geführt. Der damalige Bundesminister für Ernährung, Landwirtschaft und Forsten, Josef Ertl, und sein Staatssekretär Rohr waren begeistert von der überzeugenden Darstellung. Sie wollten den Autor als Berater für Fragen zu Jagd und Naturschutz im Ministerium engagieren. Das passte dem Wildfang zunächst gar nicht. Schon wieder Staatsdienst? Er verwies auf seine frühere geringe Qualifikation als Beamter. Es half nichts. Im Gegenteil. Man suchte einen, der sich ohne Rücksicht auf Karriere energisch mit den ideologisch motivierten Vorstellungen der damals zahlreichen Jagdgegner auseinandersetzte.

So trat er im Frühjahr 1978, nun gepflegt in Schlips und Kragen, seinen Dienst in Bonn an. Dieser verschaffte ihm einerseits Zugang zu internationalen Fachgremien. Andererseits genoss er den Umgang mit einflussreichen Persönlichkeiten. Er hatte die jagdlich relevanten Reden für Minister Ertl zu verfassen, kam anlässlich eines Diners mit Altbundespräsident Walter Scheel ins Gespräch und pflegte den Kontakt zu Bauernpräsident Baron Heereman. Auf diese Weise konnte er einiges bewegen bzw. verhindern. „Zehn Jahre lang ging der deutschen Jagd nichts mehr verloren", erklärt er mir stolz.

„Und dann? Warum hast du auch diese gesicherte Stellung wieder aufgegeben?" Nun, er hatte wohl sein geregeltes Einkommen, aber nach der politischen Wende in Bonn 1982 und dem dadurch bedingten Ministerwechsel nicht mehr den Einfluss in der Ministerialbürokratie. Ich hingegen glaube, entscheidender

Im Gespräch mit
Bauernpräsident
Baron Heereman

war wohl der unwiderstehliche Drang in die Wildnis, in seine zweite Heimat Alaska. Wieder einmal war er den chaotischen Zügen seines Charakters erlegen. In dieser Hinsicht scheint er seinem Idol, dem Heidedichter Hermann Löns sehr ähnlich zu sein. Lange sollte ich ihn nicht mehr sehen.

Das knappe Überleben bei einer Walrossjagd im Eismeer war ihm Anlass, seine Memoiren zu schreiben, die später unter dem bereits erwähnten Titel „Zurück in die Wildnis" im Parey-Verlag erschienen. Fast wäre er dort geblieben, war nahe daran, seine Freundin „Pussycat", Stewardess bei Alaska Airlines, zu heiraten und sesshaft zu werden.

Doch daraus wurde wieder nichts. Die in Deutschland bereits verfügte Vollschonung aller Rabenvögel und drohende weitere Beschränkungen der Flugwildjagd veranlassten DJV-Präsident Dr. Frank zu einem Hilferuf nach dem Experten. Das war wohl ein Wink des Schicksals.

Auf die Zusage interessanter Arbeitsmöglichkeiten auf europäischer Ebene kehrte Kuno nach fast zweijähriger Abwesenheit schweren Herzens „zurück aus der Wildnis". Tatsächlich kam es aber dann kurz nach seinem 50. Geburtstag, im März 1989, zur Gründung des Europäischen Wildforschungsinstituts (EWI) als universitärer Einrichtung. Er wurde zu dessen Leiter bestimmt, mit Standort in Glashütte.

„Das war für dich wohl das, was man einen Traumjob nennt?"

„Ja, endlich der richtige Beruf. Andernfalls hätte ich ihn nicht fast zwei Jahrzehnte lang ausgeübt."

Trotz seines Alters hat Kuno nochmals so richtig aufgedreht. Einerseits jagte eine Weltreise die andere, da er verschiedene Verbände als Beobachter bei Konferenzen zu vertreten hatte. Andererseits verblieb genügend Zeit für die wissenschaftliche Arbeit in heimeliger Atmosphäre. Das ewige Hin und Her zwischen Fernweh und Heimweh war endlich in geordnete Bahnen geraten, wurde nun zur Triebfeder seines Schaffens. Die meisten Besuche von Symposien und Kongressen, insgesamt 75, fielen in diese Zeit. Ebenso ein großer Teil seiner 150 wissenschaftlichen Veröffentlichungen. Sie bildeten die Basis seiner erfolgreichen Habilitation und späteren Professur an der Uni Posen. Ein „Highlight" war die Gelegenheit, die Kernthesen seiner Habilschrift anlässlich einer internationalen Wasservogel-Konferenz im Plenarsaal des Europarats in Straßburg vorzutragen. Das war im Dezember 1994.

Zwar frönt der ruhelose Geist nach wie vor dem Wechselbad zwischen Wildnis und Zivilisation, spartanischem Lebensstil und Luxus, Abenteuer und Muße. Aber die Aufenthalte in der Wildnis wurden kürzer. Beschränkten sich auf gezielte Jagdreisen in fünf Kontinente, sollten vor allem das Museum vervollständigen. Was hat er dabei nicht alles erlebt! Ganze Abende kann er mit den Erzählungen füllen. Schließlich brachte ich ihn dazu, diese Memoiren Teil II zu verfassen. Kann doch ein beachtlicher Fanclub das Erscheinen kaum erwarten.

Akademische Ereignisse wie Habilitation und Professur werden an osteuropäischen Universitäten auch heute noch feierlich begangen.

Draußen dämmert der Winterabend. Das warme Licht der Petroleumlampe bricht sich in unseren Weingläsern auf dem „Tischtuch" aus Antilopenfell. Lässt den Eisbären noch größer, das zottige Haupt des Polarbüffels fast unheimlich erscheinen. Wo hatten diese Tiere gelebt? Wie kamen sie hierher? Darüber möchte ich endlich mehr erfahren.

Wie ein Museumsinventar wirkt auch der Hausherr selbst in der von den Jahren leicht speckigen ledernen Kniebundhose, den jägergrünen Wollstrümpfen, dem Stehkragenhemd und der Wildlederjacke. Im Sommer wie im Winter kenne ich ihn hier nur in dieser Garderobe.

Der gute Rotwein tut allmählich seine Wirkung, beflügelt den Erzähler. Sein Blick schweift in die Ferne, als durchlebe er nochmals seine frostigsten Abenteuer. Bei der niedrigen Raumtemperatur kann ich, ohnehin schon fröstelnd, die folgenden Ausführungen nur zu gut nachempfinden.

Der König der Arktis

Bitterkalt ist es im „Schlafgemach“, einem einfachen Zelt weit draußen auf dem gefrorenen Eismeer, als ich aus kurzem Tiefschlaf erwache. Den Versuch, die aus der Atemluft kondensierten Eisklumpen aus dem Bart zu lösen, gebe ich rasch auf. Die beiden Inuit, Isaac und Andrew, schnarchen noch. Sonst herrscht absolute Stille, auch von den Schlittenhunden ist nichts zu hören im Dämmern des erwachenden Tages. Die Gedanken schweifen zurück, lassen die Ereignisse der letzten Tage Revue passieren.

Wieder einmal hat es mich in die Arktis gezogen wie schon so oft. Doch diesmal habe ich mir noch höhere Ziele gesteckt, musste mich daher in nördlichere Breiten begeben. Nur 1900 Kilometer trennen uns vom Nordpol. Vielleicht die bisher größte jagdliche Herausforderung.

Eisbär – von jeher haben mich Bilder dieser Wildart und seiner frostigen Heimat fasziniert. Weißes Eis im grünen Meer, darüber das azurblaue Firmament und grenzenlose Einsamkeit. Davon träumte ich schon als Schulbub, als ein Missionar während seines Besuchs im großväterlichen Pfarrhaus von seiner Tätigkeit in Grönland erzählte. Ob sich diese Träume jemals verwirklichen ließen?

Viele Jahre später, im Januar 1988, weilte ich in Las Vegas, um auf Einladung des Safari Club International vor einem Fachgremium über Wasserwild-Management in Europa zu referieren. Natürlich nutzte ich die Gelegenheit zum Besuch der SCI-Konvention, der wohl weltweit größten jagdlichen Messe des Safari Club International.

So lernte ich auch Jerome Knap kennen. Ursprünglich ebenfalls Wildbiologe betreibt er nun die *Canada North Outfitting*, um arktische Expeditionen auszurüsten. Doch, eine Jagd auf Eisbär könne er für mich organisieren, vielleicht im Frühjahr übernächsten Jahres, erklärte er zu meiner Überraschung. Denn in den USA, somit auch in Alaska, ist durch den *Marine Mammals Act* von 1967 die Bejagung von Meeressäugetieren, also auch des Eisbären, allein den Eingeborenen gestattet. Für Weiße sind sowohl die Jagd wie auch der Besitz von Trophäen dieser Arten verboten. In Kanada gilt im Prinzip dasselbe. Doch die Regierung dort ist insofern großzügiger, als sie den Inuit-Kommunen gestattet, über die ihnen jährlich zugebilligten Quoten selbst zu verfügen. Die Kommunen können Eisbären also auch von weißen Gastjägern erlegen lassen und erteilen die erforderlichen Exportpapiere. Allerdings unter der Bedingung, dass sie unter Führung der Inuit mit Hilfe von Hundeschlitten, also auf traditionelle Weise, bejagt werden. – Ein langwieriges und fußkaltes Vergnügen, weshalb sich die Zahl der Bewerber in Grenzen hält, erklärt Jerome.

„Hättest du nicht auch Interesse an einem Polarbüffel, genannt ‚Moschusochse'?", fragte er weiter. Und ob! Auch dieses urige Wild der Hocharktis hatte mich von jeher begeistert. War dieses doch noch bis in die Würm-Eiszeit auch in Mitteleuropa verbreitet und folglich für das EWI-Museum interessant. Mit den Gletschern hatten sich die frostharten Tundrabewohner in den Norden der Alten und Neuen Welt zurückgezogen. Vor Jahrzehnten in weiten Teilen ihres rezenten Verbreitungsgebiets fast ausgerottet, waren sie inzwischen auf einigen Inseln der kanadischen Northwest Territories wieder so häufig, dass sie reduziert werden sollten. Auch das klang verheißungsvoll.

Zwei Jahre später, im März 1990, ist es dann so weit. Jerome und Halina Knap haben die Jagd auf beide Wildarten organisiert. Nach ruhigem Lufthansaflug über den Atlantik erreiche ich Montreal. Dort treffe ich am nächsten Morgen unseren Betreuer Tudor Howard-Davies und drei Spanier, die sich mit denselben jagdlichen Vorstellungen in die Arktis wagen. Kalt wird es nun werden, das ist bereits vor dem Start des Jets der Canadian Airlines zu erahnen, denn die Tragflächen werden gegen Vereisung dick mit rosa schimmerndem Frostschutzmittel eingesprüht.

Stundenlang fliegen wir über das größtenteils von Wolken bedeckte Labrador nach Norden. Zwischenlandung in Iqaluit, das früher Frobisher Bay genannt wurde und jetzt wieder seinen ursprünglichen Namen bekommen hat, an der Südspitze von Baffin Island. Dort steht die vom Outfitter leihweise zur Verfügung gestellte Ausrüstung für die Jagd in der Kälte bereit.

Der Weiterflug bietet herrliche Ausblicke in die eisige Landschaft der nordkanadischen Inseln. Die Spanier scheint das weniger zu interessieren, sie trinken Bier, plaudern und lachen – noch lachen sie.

Am frühen Nachmittag setzt die Maschine zum Sinkflug an. Resolute auf der Südspitze von Cornwallis Island kommt in Sicht. Wir landen auf dem damals nördlichsten Jet-Flugplatz der Welt. Dann der Kälteschock beim Verlassen der warmen Kabine – ein Temperaturunterschied von mindesten 50 °C. Schon während des kurzen Gangs hinüber zum Flughafengebäude frieren die sonnenverwöhnten Spanier erbärmlich, reiben sich Nase und Ohren, erfahren wohl erstmals, wie schmerzhaft Kälte sein kann.

„Warum nur habt ihr euch nicht besser eingekleidet?", frage ich sie. Das Merkblatt des Outfitters enthielt doch alle wichtigen Infos für die Jagd in der Arktis.

Schon, aber sie könnten kein Englisch, hätten auch nie geglaubt, wie „mucho frio" es hier sei. Das kann ja heiter werden. Denn unser Betreuer Tudor versteht kein Spanisch und bittet mich zu dolmetschen, so gut es geht. Inständig verlangen die Spanier nach warmer Kleidung. Glücklicherweise gibt es im Ort einen „Store", einen jener Kaufläden, in dem außer Lebensmitteln auch sonst alles zu haben ist, was das Leben in der Hocharktis erfordert. Die Spanier plündern die Regale, kaufen Parkas, Pelzmützen, Handschuhe Schals, Daunenhosen ... Der Storekeeper ist's zufrieden, so ein Geschäft hat er wohl lange nicht gemacht.

Wir beziehen das „Narwhale-Hotel", ein sturmsicheres, tunnelartiges und mit Wellblech ummanteltes Gebäude. Saisonale Arbeiter und sonstige arktische Pioniere finden hier einfache, aber ausreichend komfortable Unterkunft. Hier sollen wir bleiben, bis das Wetter den Flug mit einer kleinen Maschine zulässt. Hinüber nach Prince of Wales Island, wo wir auf Polarbüffel jagen wollen.

Noch nie bin ich so hoch im Norden gewesen. Resolute liegt fast unter 75° nördlicher Breite, also weit nördlicher als die Nordküste Alaskas. Die Tage sind hier schon im März deutlich länger als in Mitteleuropa. So nutze ich die Zeit, um mich an die Kälte zu gewöhnen. Minus 32 °C zeigte das Thermometer an der windgeschützten Seite des Hotels, doch während des Marsches durch die Inuitsiedlung ist es, bedingt durch den Nordwind, wesentlich kälter. Länger als eine halbe Stunde halte auch ich es am Anfang nicht aus. Wie mit Nadeln stechen Kälte und stiebende Eiskristalle im Gesicht. Die spanischen Waidgenossen halten nichts von derartigen Akklimatisationsübungen, sie wärmen sich im ölbeheizten Aufenthaltsraum des Hotels.

Wir müssen warten, auch den ganzen nächsten Tag über. Das Wetter sei hier zwar flugtauglich, doch eine Landung drüben in Back Bay wegen des Eisnebels unmöglich, erklärt der Pilot. Denn dort gebe es keinerlei Beleuchtung. Die Landepiste sei nur durch rot angestrichene Benzinfässer markiert.

Am späten Nachmittag des nächsten Tages kommt das Okay von Back Bay. Es kann losgehen in der sechssitzigen Maschine. Doch wir kommen nicht weit. Der Airstrip sei wieder im Nebel verschwunden, so der Funkspruch von da unten. Also umdrehen und zurück nach Resolute. Nach der Landung in tiefer Dämmerung amüsieren wir uns über die verdutzten Gesichter der Spanier. Mangels Englisch-Kenntnissen haben sie den Kurswechsel nicht mitbekommen und geglaubt, endlich am Zielort zu sein. Domingo, der ältere trägt, es mit Fassung, während seine jüngeren Landsleute, an deren Namen ich mich nicht mehr erinnere, erste Anzeichen von Säuernis zeigen. Schon wieder warten in dieser unwirtlichen Gegend.

Nach der Landung in Back Bay: grimmige Kälte und unendliche Einsamkeit

Am nächsten Tag sorgt ein großflächiges Hochdruckgebiet für beste Sichtverhältnisse. Der niedrige Flug bietet herrliche Ausblicke auf die kältestarrende Landschaft, dann können wir problemlos in Back Bay landen. Angeblich wohnen nur einige wenige Familien auf Prince Williams Island, einer Insel entsprechend etwa der Größe Bayerns. So geringe Menschendichte in völlig unberührter Natur – das war mir sympathisch. Das „Dorf" besteht nur aus vier oder fünf weit voneinander entfernten Hütten. Auf Motorschlitten nähern sich einige der Einwohner. Sie gehören zwar derselben ethnischen Bevölkerungsgruppe an wie die Eskimos von Alaska, doch gilt in Kanada Eskimo („Rohfleischesser") als Schimpfwort. Sie selbst nennen sich Inuit („Menschen"). Mehrere Kinder sind mitgekommen, für sie bedeutet die Landung eines Flugzeugs in ihrer Einöde ein besonderes Ereignis.

Auch unsere örtlichen Führer sind da. David Uingut, ein älterer Inuk (Einzahl von Inuit), dem der Frost braune Flecken, genannt *„Caribou kisses"*, ins Gesicht gebrannt hat, und sein jüngerer Kollege Nathaniel Kalluk. Ihre biblischen Vornamen deuten auf die Christianisierung dieser Region in den 1930er-Jahren durch christliche Missionare. Sie bringen uns zu unserer Unterkunft, einer spartanisch eingerichteten Hütte.

Während Tudor ein ebenso einfaches Mittagsmahl zubereitet, schießen wir unsere Waffen ein. Bei herrlichem, ausnahmsweise windstillem Wetter. Mein kleines Thermometer ist auf minus 18 °C geklettert. Wie bei fast allen Auslandsjagden führe ich die Mauser-66-Büchse, Kaliber 8x68. Sie ist einfach zu zerlegen und lässt sich daher unauffällig in einem alten, folglich vor Diebstahl einigermaßen sicheren Koffer transportieren. Noch nie hatte dies eine Veränderung der Treffpunktlage zur Folge. Auch diesmal genügt ein Probeschuss.

Dann werden wir eingekleidet für die stundelange frostige Schlittenfahrt. Konventionelle Winterkleidung reicht da nicht mehr aus. Nach meiner Einschätzung gibt es, zumindest gab es damals, kein besser isolierendes Material als die unglaublich dicht behaarte Winterdecke des Caribous, des nearktischen Vertreters unseres europäischen Rentiers. Schon Wochen zuvor hatte der Outfitter meine Körpermaße angefordert, wonach die Inuitfrauen Parka mit Kapuze, Hose, „Mukluks" (Fellstiefel) und „Mittens" (Handschuhe zum Überziehen) schneiderten. Alles war fristgerecht für unsere Zwischenlandung in Iqaluit fertig und passt nun bestens.

Der Erzähler deutet in die Ecke. Dort entdecke ich, in einem alten Sessel sitzend, das Phantom des Arktisjägers in Form der genannten und nun ausgepolsterten Montur. Die Kapuze umrahmt die mit Daunen gefütterte Gesichtsmaske. Über dem Spalt für die Mundpartie starren die hohlen Augen ins Leere – eine gespenstische Erscheinung. Der dichte „Teppich" aus hohlen Haaren lässt die enorm isolierende Wirkung dieser Kleidung erahnen. Am Ende der Expedition konnte der Jäger das Erinnerungsstück erwerben.

Polarbüffel

Bei der Jagd auf diese Wildart gibt es auch für weiße Gastjäger keine Beschränkungen hinsichtlich des Transportmittels. Die langen, hölzernen Schlitten lassen sich daher, gezogen von Skidoos (Motorschlitten), mit ziemlicher Geschwindigkeit über die harte Schneedecke bewegen. Auf diese Weise können wir an jenem Nachmittag ein beachtliches Areal der unendlichen „Barren grounds" erkunden.

Eine faszinierende Landschaft! Hügelige Tundra so weit das Auge reicht. Kein Baum, kein Strauch. Allenfalls einige vertrocknete Grashalme, Flechten oder Felsnasen, wo der Sturm den Schnee verblasen hat. Die Schneehöhe insgesamt ist eher gering – kein Vergleich mit jener, die ich aus manchen Wintern vom Hochschwarzwald kenne. Denn diese hocharktischen Gebiete sind ziemlich niederschlagsarm. Man nennt sie daher auch die „arktische Wüste". Sie wirkt wie ausgestorben. Trotz bester Sicht in der trockenen, frostklaren Luft begegnen wir während der stundenlangen Fahrt keinem Lebewesen. Auch im Fernglas wäh-

Das einzige „Bauwerk“ weit und breit – ein Steinmännchen

rend der kurzen Beobachtungspausen zeigt sich nichts. Die einzige Abwechslung in der weißen Einöde bildet gelegentlich ein auf einem Hügel errichtetes „Steinmännchen“. Die Inuit bauen sie aus plattigem Gestein, einerseits als Orientierungshilfe, andererseits als Attrappen für die Jagd. Denn die wandernden Caribous meiden diese vermeintlichen Menschen und lassen sich dann besser in die gewünschte Richtung und schließlich vor die Schützen lenken. Auch vom gesuchten Wild ist weit und breit nichts zu sehen.

„Oomingmaq“, den Bärtigen, nennen die Eingeborenen den Tundrabewohner wegen seiner unvergleichlich lang behaarten Decke, den ich bisher nur aus der Literatur kenne. Der Inuit-Name wird dieser Art somit wesentlich gerechter als die deutsche Bezeichnung „Moschusochse“ bzw. die englische „muskox“. Denn Letztere bezieht sich lediglich auf die Witterung, die Bullen, ähnlich wie z. B. Hirsche, nur während der Brunftzeit verbreiten. Doch erinnert die keineswegs an Moschus, sondern vielmehr an den stechend penetranten Geruch von Ziegenböcken. Ebenso wenig zählt die Art trotz der gedrungenen bulligen Erscheinung zu den Rindern (*Bovidae*), sondern ist viel näher mit Schafen und Ziegen verwandt. Der wissenschaftliche Gattungsnahme *Ovibos* („Schafrind“) trägt dieser Erkenntnis einigermaßen Rechnung: Die Jungtiere blöken wie Lämmer, und während der Brunft im August kämpfen die Rivalen wie Widder um den Harem. Sie rasen aus beträchtlicher Entfernung aufeinander los, worauf die zu breitem

Helm erweiterten Hornbasen weithin hörbar aufeinanderkrachen – also typisches Verhalten von Wildschafen. Dieses Ritual, das etwas an mittelalterliche Ritter-Turniere erinnert, kann sich mehrfach wiederholen.

Der siegreiche Bulle führt dann die Herde an, die während des Sommers durchschnittlich aus zehn, im Winter aus etwa 20 Tieren bestehen kann. In schweren Schneestürmen oder in Gefahr igelt sich die Herde ein: Die älteren Tiere bilden, Haupt an Haupt, einen Verteidigungsring und nehmen Jungtiere und Kälber in ihre Mitte. Vor dieser waffenstarrenden Phalanx haben selbst Wölfe Respekt, ihre einzigen natürlichen Feinde, denn die nach unten geschwungenen Hörner laufen in scharfe Spitzen aus.

Dieses Sozialverhalten könnte für den Jäger zum Problem werden. Wie lässt sich unter solchen Umständen die Erlegung weiblicher Stücke, die ja ebenfalls Hörner tragen, vermeiden? Woran ist ein wirklich reifer Bulle zu erkennen? Denn nur einen solchen will ich haben. Doch Tudor zerstreut meine Bedenken unter Hinweis auf die eingeborenen Führer. „Die werden dein Problem sicher lösen", meint er.

Doch davon sind wir noch weit entfernt. Während der stundenlangen Fahrt zeigt sich trotz des übersichtlichen Geländes nichts, was auf die Anwesenheit des begehrten Wildes schließen lässt. Nicht einmal Fährten sind zu entdecken. Die Tundra scheint in dieser Hinsicht so tot wie in den 1930er-Jahren, als man den Bestand an Polarbüffeln in den Northwest Territories – so die Recherchen des kanadischen Wildbiologen Dr. Hoefs – auf nur noch 500 Tiere schätzte. Im westlich angrenzenden Yukon und in Alaska war er ganz ausgerottet. Nicht durch Eskimos bzw. Inuit, denen das Fleisch der Caribous viel besser schmeckt. Das Problem waren vielmehr die Weißen, die als Walfänger in die Arktis zogen und immer wieder zum Überwintern gezwungen waren. Nahe der Küste bildeten Polarbüffel im Winter die einzige Fleischquelle für sie und ihre Schlittenhunde. Auch das warme, langhaarige Fell war sehr begehrt. Zwischen 1864 und 1916 wurden insgesamt 15 000 Felle von der Hudson Bay Company aus Kanada exportiert, ermittelte Hoefs.

1917 hatte die kanadische Regierung die Restbestände unter ganzjährigen Schutz gestellt. Danach ging es, auch infolge von Wiederansiedlung, allmählich aufwärts. Seit 1980, nachdem der Gesamtbestand auf über 40 000 angewachsen war, begann man mit der jagdlichen Nutzung von jährlich 2 000 Tieren. Den Inuit war es gestattet, einen Teil der ihnen zugebilligten Quoten an weiße Gastjäger abzugeben und diese zu führen.

Längst ist die Sonne unter dem winterlichen Horizont verschwunden. Nach der Rückkehr drängen die Spanier in die Hütte, um sich aufzuwärmen. Ich erreiche dasselbe durch einen Marsch in die Tundra, fasziniert von der in diesen Breiten lang anhaltenden Dämmerung. Diese nutzen auch die beiden Inuit, um noch weitere Gebiete abzusuchen. Frei von der Last der schweren Schlitten brausen sie auf ihren Snowmobiles los.

Der Schnee ist von bemerkenswert fester Konsistenz. Von Stürmen gepresst und monatelang tief gefroren, gibt er kaum nach unter den Stiefeln. In dieser Form, in der ich den Schnee in Mitteleuropa noch nie erlebt habe, bildet er wohl das Baumaterial für die Iglus, die kuppelförmigen Schneehäuser, in denen Inuit die kalten Nächte während längerer Jagdzüge verbringen. Ungewohnt klingen die Tritte auf dem harten Substrat, je nach Schneehöhe höher oder tiefer – eine unvergessliche Melodie.

Wie nur kann in diesem unwirtlichen Biotop ein größerer Pflanzenfresser überleben? Während die Caribous alljährlich ausgedehnte Wanderungen in nahrungsökologisch günstigere Regionen durchführen, sind Polarbüffel das ganze Jahr über mehr oder weniger standorttreu. Harren hier aus, obwohl sich die Sonne von Mitte November bis Anfang Februar nicht mehr zeigt, täglich 20 Stunden lang völlige Dunkelheit herrscht, allenfalls etwas erhellt durch gespenstisch flackerndes Nordlicht. Wo die Temperaturen zumindest früher wochenlang auf minus 50 °C, gelegentlich 60 °C absanken.

Hier und da ragt ein Grashalm aus der etwas dünneren Schneedecke, sonst ist keinerlei höhere Vegetation zu entdecken. Und auch die wäre im Hochwinter ja wohl nur während der kurzen Dämmerungsphase erreichbar. Zwar sollen sich die Tiere im Herbst beachtliche Fettreserven anfuttern, hatte ich der Fachliteratur entnommen. Aber wie sollen die ohne Winterschlaf monatelang ausreichen? Sind Polarbüffel wahre Hungerkünstler? Ihre Überlebensstrategie ist der Wissenschaft immer noch ein großes Rätsel. Zumal sie verschwanden, wo immer das Klima nach der Eiszeit angenehmer, also wärmer und damit feuchter wurde. Sie scheinen extrem an trocken-kalte Witterung angepasst zu sein und hatten sich mit den Gletschern nach Norden zurückgezogen. Immer mehr Respekt bekomme ich vor den mir noch unbekannten eiszeitlichen Relikten – doch wo stecken sie nur?

Mithilfe eines weithin sichtbaren Steinmännchens finde ich in tiefer Dämmerung zur Hütte zurück. Fast im Zenith steht hier der Polarstern, noch nie sah ich ihn so hoch im Firmament. Am Äquator war er nur knapp über dem Horizont zu entdecken, als ich vor Jahren mit meinen afrikanischen Stundenten den Kilimandscharo bestieg, und wir fast 6 000 m Höhe erreicht hatten.

Wir lassen uns bereits das Abendessen schmecken, als die beiden Inuit eintreffen. Mit guter Nachricht: David, der ältere, hat auf weite Entfernung zwei Oomingmaq entdeckt, nach seiner Einschätzung zwei ältere Bullen. Die würden sich während der Nacht sicher nicht weit bewegen und morgen früh zu finden sein, hofft er.

Das Thermometer fällt wieder unter minus 30 °C, doch der ständig bullernde Ölofen sorgt für eine einigermaßen komfortable Nacht. Aus dem Nebenraum dringt noch eine Weile südländisches Palaver – alle scheinen gleichzeitig zu reden – dann Ruhe. „Like a bunch of starlings at the roost." Wie ein Starenschwarm am Schlafplatz, kommentiert der eher wortkarge Engländer Tudor die Geräuschkulisse.

Zunächst sollen es die beiden Älteren versuchen, Domingo und ich, schlägt Tudor am nächsten Morgen vor. Die beiden jüngeren Spanier sind sofort einverstanden. Einer blickt bereits verdrießlich drein, hatte sich das Unternehmen wohl anders vorgestellt. Denn draußen herrscht klirrende Kälte, verstärkt durch den wieder steifen Nordwind. Ohne daunengefüllte Gesichtsmaske und Schneebrille ist es nicht auszuhalten auf dem Schlitten, den David mit seinem Snowmobile durch die Schneewüste zieht. Ohne jeden Schutz ist sein von vernarbten Frostbeulen übersätes Gesicht dem Fahrtwind ausgesetzt.

Der Sturm wird stärker, wirbelt Wolken von Schnee auf, die zunehmend die Sicht behindern. Es geht bergauf und bergab, stundenlang. Aber Zeit spielt ja für diese Eingeborenen keine Rolle, das wusste ich von früheren Unternehmungen in Alaska. Es war auch nicht erkennbar, ob David gezielt nach dem am Vorabend gesichteten Wild suchte. Kaum vorstellbar, wie dies unter solch schlechten Sichtverhältnissen überhaupt möglich wäre. Andrerseits wirkt dieser Inuk, obwohl er kaum Englisch spricht, Vertrauen erweckend.

Plötzlich erstirbt das Motorengeräusch und der Schlitten kommt auf einem Hügel zum Stehen. Tatsächlich, da hebt sich etwas ab im Inferno des Blizzards. Zwei reglose dunkle Klumpen. „Muskox", erklärt David seelenruhig. Also doch. Wie archaische Monumente aus längst vergangener Eiszeit stehen sie, kaum mehr als einen Steinwurf entfernt. Die Häupter abgewandt vom Sturm, der das lange Haarkleid peitscht – ein faszinierendes Bild. Ich kann es genießen, denn David will auf Nathaniel und Domingo warten, deren Schlitten unserer Spur folgt. Gelegentlich lässt das Schneegestöber nach und gibt die Sicht frei. Im tief gesenkten Haupt ist der breite Helm mit den weit nach unten geschwungenen Hörnern zu erkennen. Kein Zweifel, ältere Bullen, die außerhalb der Brunft fern der Herde leben.

Polarbüffel – lebende Relikte aus der Eiszeit

Immer noch stehen sie reglos, haben vielleicht noch nie Menschen gesehen, jedenfalls nicht als Feind erlebt. Verständlich, warum sie den ersten Weißen mit ihren Feuerwaffen in relativ kurzer Zeit zum Opfer gefallen waren. Dagegen hatten sie keine Fluchtstrategie entwickelt. Nur Wölfe kannten sie bis dahin als Feinde, doch die haben Respekt vor den tödlichen Stirnwaffen. Wo man mit Hunden jagte, hatten sie bezeichnenderweise diese angegriffen, den wirklich gefährlichen Menschen dagegen nicht beachtet. So hatte ich es früheren Berichten entnommen.

Die Kälte zwingt schließlich zum Handeln. Wir bekommen beide Bullen. Nun kann ich mich näher mit dem interessanten Wild befassen. Fantastisch dieses Fell, das wohl den wirksamsten Kälteschutz aller warmblütigen Tiere bieten dürfte. Das bis 70 cm lange Oberhaar erinnert an die Strähnen des Pferdeschweifs. Darunter findet sich ein dicker „Pullover" aus unglaublich dicht gepacktem Wollhaar – so kompakt, dass er das Oberhaar auf Nacken und Rücken aufrichtet, weshalb die Tiere, bei einer Schulterhöhe von nur knapp 1,50 Meter, im Winter deutlich größer wirken. Ich verstehe nun, warum Polarbüffel nur in Regionen mit trocken-kalten Wintern leben können, denn ein nasser Pullover bietet keinen Kälteschutz mehr.

Ab Mitte April löst sich das Wollhaar vom Körper und hängt dann in langen Fetzen von Mähne und Rücken. Bei älteren Bullen kann sich der Haarwechsel bis Ende September hinziehen.

Im eisigen Sturm kann nur die daunengefütterte Gesichtsmaske vor Erfrierungen schützen.

Ebenso beeindruckend ist die Stirnpartie mit dem massigen Helm, dessen Oberfläche bei näherer Betrachtung eher an verwitterndes Gestein als an Horn erinnert. Kein Wunder der weithin hörbare Knall, wenn zwei solcher Urgesteine im Kampf aufeinanderprallen.

Wir müssen uns an die Arbeit machen. Die Schnittführung in der dichten Decke ist nicht einfach. Leider kann ich wegen der Gewichtsbegrenzung des Fluggepäcks nur das Haupt mit „cape" für die spätere Verarbeitung zum Kopf/Schulter-Präparat mitnehmen. Wie bereits erwähnt, haben auch die Inuit kein Interesse am Wildbret, das ihnen wirklich nicht zu schmecken scheint. Und Schlittenhunde sind hier in Back Bay wohl schon länger durch Snowmobiles ersetzt worden. Doch ich will wenigstens das Herz mitnehmen, um es später einmal, wie auch den Lecker, mit Freunden im Schwarzwald zu verspeisen. Beides hat, das sei vorweg verraten, vorzüglich geschmeckt.

Auch um die klammen Hände aufzuwärmen, wühle ich in der Bauchhöhle in der Hoffnung auf irgendwelche nahrungsökologischen Erkenntnisse. Die erste Überraschung: Der Pansen fühlt sich prall gefüllt an, ähnlich wie bei einem morgens in der Heimat erlegten Stück Schalenwild! Wie ist das nur möglich bei der spärlichen Vegetation? Also aufschärfen. Der Inhalt besteht tatsächlich im Wesentlichen aus zermahlenem, vertrocknetem Gras, aber – und das ist wirklich unfassbar – zum Teil auch aus frischem Grün! Frisch getriebene Gräser, wie sie bei uns im zeitigen Frühjahr sprießen. Und das nach monatelangem Winter, in dem die Temperatur wohl nie über minus 20 °C angestiegen war. Wie die nur in den Pansen kamen? Hierfür habe ich bis heute keine Erklärung, fand auch in der Literatur keinerlei Hinweise. Leider versäumte ich in der Eile, den Befund durch Fotos zu dokumentieren.

Die Überlebensstrategie dieses eiszeitlichen Relikts bleibt weiterhin rätselhaft. Genauere Untersuchungen hierzu wären sicher sehr verdienstvoll. Könnten sie doch eventuell auch zur Klärung einiger der vielen noch offenen Fragen hinsichtlich des noch viel größeren, aber längst ausgestorbenen Mammuts beitragen, das ja einst mit dem Polarbüffel den eisigen Lebensraum teilte.

Allmählich lässt der Sturm nach. Bei herrlichem Winterwetter erreichen wir am frühen Nachmittag die Hütte. Zwar zieht es mich nach dem Essen wieder zum Marsch in die Tundra, doch vordringlich ist die Arbeit am Haupt der Beute, bevor dies beinhart gefriert. Die Kopfhaut, das Cape, vom Schädel zu lösen, erweist sich wegen der tief geschwungenen Hörner als ungewohnt schwierig. Schließlich gelingt es. Nun will ich mittels einer Knochensäge den Gesichtsschädel abtrennen. Denn für die Präparation genügt die Kopfplatte oberhalb der Lichter. So ließe sich das Transportgewicht beträchtlich reduzieren.

Doch dazu komme ich jetzt nicht. Tudor empfängt per Funk die Meldung eines bevorstehenden Wetterwechsels. Der Pilot wolle also heute noch fliegen, um die beiden erfolgreichen Jäger nach Resolute zurückzuholen. In einer halben Stunde müssten wir reisefertig sein. Einerseits ist mir das im Hinblick auf die Eisbärjagd ganz recht, denn die könnte sehr zeitaufwendig werden. Andererseits ist mir die nun folgende hektische Packerei zuwider. Und zu gerne hätte ich wenigstens noch einen weiteren Tag in der Tundra verbracht. Aber was hilft's.

In der Abendsonne landet die kleine Maschine problemlos auf der Schneepiste. Herzlicher Abschied von David und Nathaniel und ihren Familien. Alle sind wieder am Airstrip erschienen. Tudor fliegt auch mit, um die Eisbärjagden zu organisieren. Er weiß die beiden Spanier bei den eingeborenen Führern in guten Händen. Doch ihr älterer Waidgenosse Domingo wird ihnen fehlen, das war beim Abschied nicht zu übersehen.

Nach der Landung in Resolute nisten wir uns wieder im Narwhale-Hotel ein. Dort erkenne ich mit Entsetzen, dass ich beim überstürzten Aufbruch einen meiner Fotoapparate in der Hütte vergessen habe. Ob ich den und die damit gewonnenen Bilder je wieder sehen werde? Zu ärgerlich. Doch Tudor nimmt es gelassen. „Den Foto kriegen wir irgendwann wieder", versichert er mir. „Hättest

Erst bei der Bearbeitung der Trophäe zeigt sich der breite Helm der Stirnwaffe.

du eine Flasche Whisky vergessen, würdest du sie nie mehr bekommen." Das klingt tröstlich. Tudor schickt einen entsprechenden Funkspruch zurück nach Back Bay und ich biete ihm dabei einen Schluck aus meiner versteckt mitgeführten Flasche an. Das weiß er zu schätzen, denn in den Northwest-Territories herrscht Prohibition. Weder im Store noch an der Hotelbar ist Alkohol zu bekommen.

Am nächsten Morgen können wir ausschlafen. Es ist Sonntag. Dankenswerterweise öffnet der zuständige Wildschutzbeamte, ein korpulenter, freundlicher Inuk, für eine Stunde sein Büro, um uns die für die Ausfuhr von Trophäen und Wildbret notwendigen Dokumente auszustellen. Während die anderen den Rest des Tages vor dem Fernsehgerät in der Hotellobby verbringen, erkunde ich, inzwischen einigermaßen an die Kälte gewöhnt, die weitere Umgebung von Resolute.

Am nächsten Morgen soll ich allein weiterfliegen nach Nanisivic und von dort mit einem Taxi nach Arctic Bay gebracht werden, dem Ausgangsport für die Eisbärjagd. So jedenfalls hat es Tudor geplant. Doch mein Flugzeug kommt und kommt nicht. Schon wieder warten und nichts tun, stundenlang. Der wachsende Unmut verfliegt jedoch schlagartig bei der Meldung, die erwartete Maschine sei abgestürzt. Angeblich wegen vereister Tragflächen. Bin nun wieder sehr zufrieden mit meinem Schicksal und warte geduldig weiter. Denn trotz allen Bemühungen Tudors zeichnet sich noch keine Möglichkeit zum Weiterflug nach Nanisivic ab.

Der Zufall kommt mir zu Hilfe. Abends lerne ich an der Hotelbar den Piloten eines kleinen Postflugzeugs kennen. Morgen, am späten Nachmittag, müsse er weiterfliegen, und zwar direkt nach Arctic Bay. Jawohl, eine Person könne er mitnehmen. So ein Dusel.

Doch noch in weiterer Hinsicht soll sich die Warterei auszahlen. Der jüngere der beiden in Back Bay verbliebenen Spanier ist nervlich am Ende. Die ständige Kälte und die Monotonie der Eiswüste seien dem sonnenverwöhnten Südländer derart aufs Gemüt geschlagen, dass er die halbe Nacht heule wie ein Kind. Er habe nur noch einen Wunsch, nämlich so schnell wie möglich zurück nach Resolute und dann nichts wie heim nach Spanien.

Typische Symptome des „Arktiskollers“, erkennt Tudor aus jahrelanger Erfahrung mit Gastjägern und organisiert die ersehnte Heimreise. Da helfe kein gutes Zureden mehr. Auch nicht ein Appell an die ja bereits vorab beglichenen, nicht unerheblichen Kosten für die Eisbärjagd. Alles egal, nur raus aus dieser elenden Umgebung.

Glücklicherweise hat der Verzweifelte nach der Landung in Resolute gleich Anschluss an den Jet nach Süden. Ich sehe ihn nicht, weiß auch nicht, ob er wenigstens seinen Polarbüffel bekommen hat. Aber außer dem Spanier hat der Pilot – welch freudige Überraschung – meinen vergessenen Fotoapparat aus Back Bay mitgebracht!

Arctic Bay

Gemächlich brummt die kleine Maschine nach Südwesten. Unter uns der eisbedeckte Lancaster Sound, die breiteste Meeresstraße zwischen den nordkanadischen Inseln. Jahrhunderte hatten hier Forscher und Entdecker nach einer nordwestlichen Durchfahrt durch das Polarmeer nach Asien gesucht. Viele waren im Packeis vom Winter überrascht worden und umgekommen.

Schließlich schweben wir in weitem Bogen in die Arctic Bay ein. Am Fuße der Tundraberge ist die Siedlung gleichen Namens zu erkennen, die nördlichste auf Baffin Island. Zwar wurde die windgeschützte, südexponierte Bucht wohl schon seit Urzeiten von nomadisierenden Inuit genutzt, wie Reste ihrer in den Torf gegrabenen „Sodhouses" beweisen. Doch erst zu Beginn des 19. Jahrhunderts entstand die früher Ikpiarjuk genannte und nun etwa 500 Seelen zählende Ortschaft.

Mit seinem Postsack liefert der Pilot auch mich ab im Enokseot, einem Kombinat aus Postamt, Store und kleinem Hotel, dem einzigen des Orts. Dort liegt schon eine Mitteilung des örtlichen Wildlife Officers vor. Er wolle mich gegen 20 Uhr hier im Hotel treffen. So bleibt Zeit, mich im Ort umzusehen. Viel angenehmer als in Resolute ist die Kälte hier, denn die Berge halten den Nordwind ab.

Erstaunlich, die modernen, in Fertigbauweise erstellten Häuser, welche die kanadische Regierung um 1965 den Inuit-Familien zur Verfügung stellte. Aus einem solchen rennt plötzlich ein kleiner untersetzter Inuk auf den Fremden zu:

Die Inuitsiedlung Arctic Bay

„I am you guide.“ Verdutzt starre ich in sein nicht gerade intelligent wirkendes Gesicht. Was, der soll mein Führer sein bei einem solch schwierigen Unternehmen wie einer Eisbärjagd? Außerdem kennt er mich doch gar nicht. Will mich da etwa ein Debiler oder Angetrunkener zum Narren halten? Natürlich lasse ich mir meine Zweifel nicht anmerken. Er heiße Isaac, fährt er in gebrochenem Pidgin-English fort, und ich stelle mich der Einfachheit halber als „Herby“ vor. Morgen werde das Wetter im Eis ungemütlich, meint er nach einem kritischen Blick zum Himmel, aber übermorgen könnten wir wohl starten. Ich verabschiede mich höflich, aber immer noch zweifelnd, und begebe mich zurück zum Hotel.

Dort trifft wenig später Glenn Williams ein, der „Renewable Ressource Officer“, also der Wildschutzbeamte der Regierung der Northwest Territories. Als begeisterter Wildbiologe und Jäger lebe er schon seit Jahren in Arctic Bay und habe früher selbst Eisbärjagden geführt oder zum Sammeln biologischer Daten Jäger begleitet. Dieser Kollege ist vom Fach, das ist schon nach dem kurzen abendlichen Gespräch zu erkennen, als er mir die für die Jagd erforderlichen Papiere aushändigt.

Viel länger als geplant sitzen wir zusammen und ich erfahre eine Menge über Biologie und Management des arktischen Wildes. Ein Eisbär, das wäre wohl die Krönung eines Jägerlebens, davon habe ich schon jahrelang geträumt. Ob das klappen wird? Glenn ist zuversichtlich. Die Gemeinde bekommt jährlich eine Quote von zwölf Eisbären zugeteilt und bis zu vier weitere für Gastjäger. Nur die erfahrensten Bärenjäger dürfen Gäste führen. „Dich wird unser bester Mann führen, Isaac Shooyook, denn er hat auch die besten Schlittenhunde.“ Isaac? Also doch ...

Dann aber fährt er mit gestrenger Amtsmiene fort. Isaacs Neffe, Andrew Taqtu, wird mit seinem Snowmobile immer in der Nähe sein, doch nur um Ausrüstung und Proviant zu transportieren oder falls wir in eine kritische Situation gerieten. Die Jagd selbst, vor allem die Suche nach Bären ist nur mit Hilfe des Hundeschlittens gestattet, und wenn es noch so lange dauert. Andernfalls wird die Trophäe nach Rückkehr konfisziert.

Ich kann ihn beruhigen. Fasziniert von Jerome Knap's Berichten über diese traditionelle Jagd freue ich mich auf das Abenteuer. Wenngleich mir im Hinblick auf die zu erwartenden Strapazen und die ständige Kälte, bei Tag auf dem Schlitten, nachts im Iglu, nicht wohl ist. Mit einer Fahrt in die Hölle hat ein Literat einmal seine Bärenjagd verglichen.

Andererseits hätte ich mich für die bis Anfang der 1970er-Jahre vor allem in Alaska praktizierte Jagd mit Hilfe von Flugzeugen ohnehin nicht begeistern können. Man flog hinaus, sichtete bei guter Witterung schon bald den gewünschten

Entgegen der bei uns weit verbreiteten Meinung dienen Iglus den Inuit nur während der Jagd als Unterschlupf.

Bären, landete in dessen Nähe, um ihn zu erlegen und war am selben Tag wieder zurück in der Zivilisation.

Problematisch für die nordamerikanische Eisbärpopulation wurden damals aber erst die nun zunehmend verwendeten Motorschlitten. Zumal Eskimos bzw. Inuit, anders als weiße Gastjäger, wahllos auch weibliche und Jungtiere erbeuteten, um Fleisch und Fell zu nutzen. Auch die Altersstruktur war erheblich beeinträchtigt. Nach Ermittlungen des Fish and Wildlife Service wurden nur noch vier Prozent der Bären in der Beaufortsee über 14 Jahre alt.

Um diese Überjagung zu unterbinden, hatte die kanadische Regierung 1986 die besagte Quotenregelung eingeführt. Noch positiver wirkte sich die seit 1970 eröffnete Möglichkeit der Trophäenjagd durch Gastjäger aus. Bringt sie doch dringend benötigte Devisen. Einerseits zur Finanzierung der Forschung, andererseits in die Kassen der Kommunen und schließlich auch in die der Jagdführer und ihrer Helfer. Dies förderte die Wertschätzung des königlichen Wildes, die Inuit sehen ihren „Nanook" nun mit ganz anderen Augen.

Die kanadische Regelung resultiert aus den Erkenntnissen aufwendiger wildbiologischer Forschung. So hat die Erlegung ausgewachsener männlicher Bären – und nur daran ist der Trophäenjäger ja interessiert – kaum Auswirkungen auf die Bestandsentwicklung. Kritisch sind dagegen Eingriffe in die Weibchen-Kohorte, bedingt durch die geringe Fortpflanzungrate: Bärinnen werden im Schnitt nur alle 3,5 Jahre trächtig. Obwohl sie dann in der Regel Zwillinge werfen, liegt die durchschnittliche jährliche Reproduktionsrate bei nur 0,5 Jungen pro Bärin.

Glenn und seinen Kollegen ist es offensichtlich gelungen, die Inuit durch kurze und instruktive Poster und Merkblätter zu überzeugen. Aber wie lassen sich Eingriffe in die Weibchen möglichst vermeiden?

Zwar sind nur *führende* Bärinnen grundsätzlich tabu. Aber eine nicht von Jungen begleitete Bärin ist eben nach Größe und Verhalten kaum von halbwüchsigen männlichen Bären zu unterscheiden. Ungünstige Sichtverhältnisse erschweren zudem das Ansprechen. Nicht führende, aber trächtige Bärinnen fielen daher immer wieder der Jagd zum Opfer. Aufgrund dieser Erkenntnis beschränkte man die Jagdzeit auf das Frühjahr. Denn trächtige Bärinnen verziehen sich im Spätherbst in Schneehöhlen, werfen darin im Dezember und erscheinen erst im späten Frühjahr wieder – aber nun gefolgt von ihren Jungen und somit absolut sicher als Bärinnen anzusprechen. Durch diese zeitliche Verschiebung der Jagd ist nun der größte Teil der Weibchen vor der Bejagung sicher.

Aufgrund von Computer-Simulationen zur Bestandsentwicklung kalkulierten die Biologen nachhaltig mögliche Erlegungsraten von fünf Prozent, sofern diese nur männliche Bären betreffen, was ja nun weitgehend realisierbar wurde. Tatsächlich entwickelten sich die jährlich vom Flugzeug aus geschätzten Populationen erwartungsgemäß. „Heute besiedeln wieder 15 000 Eisbären unsere Arktis", schloss Glenn seine instruktiven Ausführungen. „Wir geben jährlich etwa fünf Prozent, also insgesamt 700 für die Jagd frei, davon bis zu 200 für Gastjäger." – Welch bemerkenswerter Pragmatismus im Vergleich zur Einstellung gegenüber Jagd und Jäger in dicht besiedelten Industrienationen ...

Glenn wünscht mir „good luck", und ich genieße die Behaglichkeit des beheizten Hotelzimmers. Wie lange werde ich wohl darauf verzichten müssen?

Es geht los

Überraschend pünktlich holt mich Andrew mit seinem Motorschlitten am Hotel ab. Minus 30 °C zeigt das Thermometer im windgeschützten Arctic Bay an diesem herrlichen klaren Morgen. Es ist wohl sinnvoll gewesen, noch einen Tag zuzuwarten. Jedenfalls hat sich Isaacs Wetterprognose bestätigt. In dieser Region könnten Fehleinschätzungen fatale Folgen haben.

Wie fahren hinüber zum Admirality Inlet, dem Meeresarm, der im Norden in den Lancaster Sound zwischen Baffin Island und Devon Island mündet. Isaac ist schon dabei, seine 15 Hunde einzuspannen. Sie tragen Zuggeschirre, die nun mithilfe unterschiedlich langer Riemen aus Robbenfell an den Schlitten gekoppelt werden. Auf diese Weise behindern sie sich nicht beim Ziehen, erläutert Andrew. Dann verschwindet er wieder Richtung Dorf und wir fahren hinaus auf das gefrorene, leicht schneebedeckte Meer.

Stundenlang steuert Isaac den Hundeschlitten nach Norden.

Arktis pur. Wie lange habe ich von diesem Erlebnis geträumt. Ursprüngliches Jagen mit den Inuit in ihrer großartigen Heimat. Den Fjord säumen hohe Felswände aus horizontal geschichtetem Gestein des Kanadischen Schildes, der ja zu den ältesten geologischen Formationen der Erde zählt. Welch majestätische Ruhe strahlen diese uralten Zeugen der Erdgeschichte aus.

Mit erstaunlicher Leichtigkeit zieht das Gespann den schweren Schlitten. Wir gleiten, etwa mit der Geschwindigkeit eines Radfahrers, immer nach Norden. Gelegentlich korrigiert Isaac die Hunde durch kehlige Befehle. Nach langgezogenem „Aiii“ ziehen sie mehr nach rechts, mit dem Ruf „Kuraii“ erreicht er eine Wendung nach links. Noch heute, 15 Jahre später, während ich diese Erlebnisse zu Papier bringe, habe ich diese harschen Kommandos im Ohr. Sie blieben in der Erinnerung, waren doch oft für viele Stunden die einzigen Laute in der absoluten Stille.

Dick eingepackt in die Cariboukleidung vermag mir die Kälte noch nichts anzuhaben. Doch nun wird der Fjord breiter und der Nordwind zunehmend stärker. Der „windchill“-Effekt macht sich bemerkbar, mag die physiologisch wirksame Temperatur auf wohl minus 50 °C absenken. Selbst im Windschatten des vor mir sitzenden Kutschers wird es langsam ungemütlich.

Mittagspause. Während die Huskys abliegen, versuche ich mich etwas warm zu laufen. Isaac kramt den kleinen Benzinkocher aus dem Gepäck, packt einen Topf voll Schnee, und dann genießen wir eine heiße Suppe. Die macht die Kälte etwas erträglicher.

Mittagspause mit heißer Suppe – höchst willkommen bei der Kälte

Die Englischkenntnisse des Inuk reichen aus für eine einfache Unterhaltung. Er scheint tatsächlich ein passionierter Bärenjäger zu sein, hat schon mehrfach Gastjäger geführt. Wie lange waren die in der Regel unterwegs? Diese Frage seines frierenden Begleiters hat er wohl erwartet. Einige hatten viel Glück, da klappte es am ersten oder zweiten Tag. Bei anderen dauerte es viel länger. „Hunt ends, when bear is bagged", grinst er und beendet damit alle weiteren Spekulationen. Die Jagd ist beendet, wenn wir den Bären haben. Wohl wissend um das zeitliche Korsett, in das sich der in der Zivilisation lebende Weiße Mann pressen ließ. Für Inuit spielt Zeit keine Rolle, das war mir schon bekannt. Aber er hatte auch Klienten, die schon beim Hinausfahren so erbärmlich froren, dass sie angesichts der Vorstellung, in dieser Kälte auch noch nächtigen zu müssen, auf sofortiger Umkehr bestanden. Auch das nahm Isaac gelassen, hatten sie doch im Voraus bezahlt.

Vor der Weiterfahrt rät er, die Waffe schussfertig zu machen. Ob das Schloss entölt sei? Doch, entsprechend den Informationen des Outfitters hatte ich vor der Abreise mit Büchsenmacher Fritz Gehri das Schloss zerlegt und im Benzinbad von jeglichem Fett und Öl befreit. Alles funktioniert reibungslos – bis auf die Sicherung. Daran hatten wir nicht gedacht. Infolge von Ölresten lässt sie sich bei diesen niedrigen Temperaturen nicht betätigen. Aber was soll's, eine unterladene Büchse ist auch sicher und im Ernstfall schnell schussfertig.

Stundenlang gleiten wir dahin, lassen die Bergketten allmählich hinter uns. Entsprechend stärker bläst der Nordwind. Die solide gefrorene Eisdecke des Fjords geht hier am „floe edge" über in das Packeis des Lancaster-Sounds. Die Meeresströmungen sind hier so stark, dass sie selbst die meterdicke Eisschicht immer wieder zerreißen. Große Eisschollen driften auseinander oder prallen gegeneinander, um dann Grate aus Packeis aufzutürmen. Frühere Flüge von Europa über den Nordpol nach Alaska boten mir aus 10 000 Metern Höhe immer wieder kurze Einblicke in diese Auswirkungen der ständigen Meeresströmungen.

Treibender Schnee hat das zerrissene und wieder zusammengefrorene Packeis zwar etwas geglättet, aber die Schlittenfahrt wird nun unruhiger und deutlich langsamer. Die Sonne versinkt hinter den Bergen im Südwesten. Wohl gegen 80 Kilometer dürften wir heute zurückgelegt haben. Wohin soll die Fahrt noch gehen? Ich bin hungrig und völlig durchgefroren. Trotz der Mukluks aus Caribou-Fell fühlen sich die Füße wie Eisklötze an.

Schließlich bringt Isaac den Schlitten zum Stehen. „Here we stay over night", beschließt er und befreit die müden Hunde aus ihren Geschirren. Doch keinerlei Anstalten zum Bau des ersehnten Iglus. Während ich mich etwas warm zu laufen versuche, schaut er immer wieder nach Süden. Dort erkenne ich im Fernglas ein winziges gelbes Pünktchen, das sich allmählich vergrößert – die Lampe eines Snowmobiles. Andrew, sein Helfer, war unserer Spur gefolgt.

Die beiden entladen auch seinen Schlitten und machen sich dann daran – zu meinem Entsetzen – ein Zelt aufzubauen ... In aller Regel pflege ich während der Jagd den örtlichen Führern nicht dreinzureden. Aber die grauenvolle Vorstellung, so die Nacht verbringen zu müssen, veranlasst mich jetzt doch zum Widerspruch: „Baut doch ein Iglu, darin ist es doch viel wärmer." Isaacs Antwort verschlägt mir buchstäblich die Sprache: „No, igloo only when cold", bestimmt er und erläutert weiter: „Now spring." Das ist doch nicht zu fassen. Jetzt ist Frühling, da braucht man kein Iglu mehr gegen die Kälte. Nicht der Gastjäger, sondern er, Isaac, bestimmt, wenn es kalt ist. Das kann ja heiter werden.

Das Zelt ist zwar geräumig, besteht aber nur aus einfachem Segeltuch und hat auch keinen Boden. Es gibt weder Feldbett noch Luftmatratze. Der Inuk legt für jeden zwei Caribou-Felle auf den „Fußboden" aus Schnee und Eis, darauf rollen wir die dicken Schlafsäcke aus. Meinen habe ich vom Outfitter geliehen, soll angeblich bis minus 40 °C warm halten. Schon jetzt habe ich Zweifel. Hungrig und durchgefroren sehe ich nur eine Möglichkeit in dieser Nacht über die Runden zu kommen, nämlich durch den Konsum großer Mengen fetten Fleisches.

Die Inuit machen sich ans Kochen. Der Benzinkocher verbreitet wenigstens kurzfristig angenehme Wärme im Zelt. Bohnen aus einer Konservendose und viel Robbenfleisch brodeln in einem großen Pott. Dieser „Eintopf" war für alle drei gedacht, doch da haben sie sich verrechnet. Zwar schmeckt mir das ungewohnte Robbenfleisch nicht sonderlich, aber es ist enorm fett und folglich kalorienreich.

Diejenigen Leser, die den „Kuno" schon aus früheren Zeiten kennen, werden sich erinnern, welche Mengen er vertilgen konnte. Der musste zwei Mägen haben, anders war das nicht zu erklären. Mit dieser Interpretation hatte ich, nebenbei bemerkt, einmal anlässlich eines Festbanketts während einer internationalen Konferenz in Sapporo die japanischen Gastgeber beeindruckt. Auf ihre höflich formulierte Frage nämlich, wie ein Mensch sich solche Mengen von Meeresfrüchten einverleiben könne. Vielleicht glauben die heute noch an den abnorm ausgeprägten Verdauungstrakt der Deutschen …

Dieser Appetit ließ mit den Jahren, etwa ab Mitte 40, abrupt nach, der „zweite Magen" war wohl geschrumpft. Aber offenbar nicht irreversibel, denn unter solchen Umweltbedingungen funktioniert er, auch zu meiner Überraschung, wieder wie früher. Während die beiden Begleiter die Hunde füttern und für die Nacht ausschirren, leere ich den ganzen Pott – und fühle mich gleich wesentlich besser. Die Fettverdauung liefert Wärme von innen zur Kompensation der niedrigen Außentemperatur.

Unvergesslich die verdutzten Gesichter der Inuit: „You gorge like Polarbear." Wie ein Eisbär hätte ich gefressen, kommentiert Andrew die Situation und beginnt nochmals zu kochen. Das geschieht euch recht, denke ich ohne schlechtes Gewissen. Hättet ihr ein Iglu gebaut. Das ist die gerechte Strafe.

Ein klarer Morgen folgt der ersten Nacht im Eis.

Eingepackt in alle irgendwie wärmenden Kleidungsstücke wühle ich mich in den Schlafsack. Nur die Oberkleidung aus Caribou-Fell hängt draußen. Die darf nie ins Zelt, hatte mir Isaac beigebracht, sonst wird sie feucht und hält nicht mehr warm. Auch das Gewehr muss draußen bleiben, um das Beschlagen und spätere Gefrieren des Schlosses zu vermeiden. Die kleine Olympuskamera führe ich dagegen stets in der Hosentasche mit, denn sie funktioniert bei tiefen Temperaturen nicht mehr.

Schlafanzug und Waschzeug sind die unnötigsten Utensilien in meinem Gepäck. Die wären wohl besser im Hotel geblieben, denn ich werde sie wohl lange nicht brauchen. Als sehr wichtig wird sich dagegen der „Nachttopf" in Form einer mit Schraubdeckel verschließbaren Plastikdose erweisen, denn das Austreten in ungenügender Bekleidung in die eiskalte Polarnacht könnte schlimme Folgen haben.

„You cold?" erkundigt sich Isaac freundlich und begibt sich auch aufs Nachtlager. Dann fallen wir in tiefen Schlaf.

Die Kälte kriecht unangenehm durch Schlafsack und Kleider. Auch Andrew erwacht, allerdings aus einem anderen Grund. Der Kettenraucher leidet eher unter Nikotinmangel. Während er hastig zwei, drei Zigaretten inhaliert, bitte ich ihn, die Kerosinlampe zu entzünden, um das minus 25 Grad kalte Schlafgemach etwas zu erwärmen. Von unten, von der „Matratze" aus zwei Meter dickem Meereis, bleibt es eiskalt. Rheumatiker oder Nierenkranke hätten wohl wenig Spaß an einem derartigen Unternehmen.

Isaac repariert die eisigen Gleitflächen seines Schlittens.

Die Sonne steht schon über den Bergen im Süden, als schließlich auch Isaac erwacht. Der scheint keine Hektik zu kennen, hat Zeit, viel Zeit. Daran wird sich der stets von Terminen geplagte Mitteleuropäer noch gewöhnen müssen.

Andrew bereitet Wasser aus schmelzendem Schnee und kocht darin Haferflocken und Kakaopulver zu einem dicken, nahrhaften Brei. Dieses Frühstück muss lange vorhalten, denn wir werden den ganzen Tag nach Norden reisen. Während Andrew das Lager abbricht, setzt Isaac sein Gefährt instand.

Eine wohldurchdachte Konstruktion ist so ein traditioneller Hundeschlitten. Er besteht nur aus Holz, ohne jedes Metall. Auch keine Nägel werden verwendet. Die beiden etwa fünf Meter langen Kufen und die Querhölzer der Tragfläche sind nur durch Riemen aus Robbenfell miteinander verbunden. Dadurch ist der Schlitten viel flexibler bei der Fahrt über das holperige Packeis. Ein starr zusammengenageltes Gebilde würde unter solchen Bedingungen nicht lange halten, erklärt der Inuk seinem staunenden Begleiter. Nicht einmal die Laufflächen der Kufen sind mit Metall belegt. Der Schlitten gleitet auf einer etwa ein Zentimeter starken Eisschicht, die Isaac nun ausbessert, indem er warmes Wasser mit Hilfe eines Fellstreifens wie mit einem Pinsel aufträgt. Es gefriert sofort und liefert eine Gleitfläche, die den ganzen Tag über halten soll. Beeindruckend, diese ursprüngliche Lebensweise der Inuit.

Die beiden scheinen ein gut eingespieltes Team zu sein. Andrews mit der Ausrüstung beladener Schlitten bleibt zunächst zurück. Er verschwindet auf seinem Snowmobile, um Hundefutter in Form einer erjagten Robbe zu beschaffen. Isaac und ich fahren stundenlang durch die Eiswüste. Bizarre Gebilde aus Packeis lassen die Stärke der Meeresströmungen erahnen. Meterhohe Eisbarrieren, senkrecht gestellte Eisplatten, auf der Leeseite von gedriftetem Schnee bedeckt, werfen lange Schatten in der Polarsonne. Die Sicht ist zwar hervorragend in der glasklaren Luft. Aber wie soll in diesem Wechselspiel von Licht und Schatten ein ja ebenfalls weißer Eisbär zu entdecken sein? Auch sonst zeigt sich keinerlei Leben.

Gelegentlich hält Isaac sein Gespann an, klettert auf einen größeren Eisblock, um Ausschau zu halten. Er hat nicht einmal ein Fernglas! Nach einer Weile zieht er dann doch ein optisches Hilfsmittel aus dem Anorak – ein offensichtlich uraltes, ausziehbares Fernrohr. So etwas Ähnliches haben, nach alten Bildern zu schließen, frühere Seefahrer verwendet. Damit leuchtet Isaac, sich langsam um die eigene Achse drehend, die weitere Umgebung ab. Bei dem kleinen Gesichtsfeld ein langwieriges Unterfangen. Aber Zeit spielt ja hier keine Rolle. „Is good method“, erklärt er, die Zweifel seines frierenden Klienten an dieser Jagdmethode erkennend.

Mit primitiver optischer Ausrüstung erkundet mein Frührer...

Und noch etwas ist mir unverständlich. Er steht da oben im Nordwind bei minus 30 Grad ohne die schützende Caribou-Kleidung. Ob er denn keine solche besitzt? Doch, bestätigt er und deutet auf die Holzkiste auf dem Schlitten. Aber die brauche er „only when cold“, nämlich bei Temperaturen unter minus 45 Grad ... Da fällt mir nun wirklich nichts mehr ein.

So vergeht dieser Tag, und auch die folgenden Tage bleiben erfolglos. An die Kälte habe ich mich etwas gewöhnt. Auch an das frostige Nachtlager im Zelt und an die ungewohnte, aber wenigstens noch ausreichende Nahrung. Deprimierender ist die schwindende Aussicht auf jagdlichen Erfolg. Trotz guter Sichtverhältnisse zeigt sich nichts außer gelegentlich alten Fährten von mittleren Bären. Das Stimmungsbarometer sinkt und sinkt.

Das scheint auch Isaac zu bemerken. Manchmal habe ich den Eindruck, dass er nicht nur nach der ersehnten Beute Ausschau hält, sondern auch seinen Begleiter beobachtet. Ahnt er dessen psychische Verfassung? Als wir wieder einmal sinnlos lange hinter einem Eisberg sitzen, stößt er mich an, um mich aufzuklären: „It is not we do nothing – no, we are waiting!“

Diese unerwartete, fundamentale Erläuterung unserer Situation verfehlt ihre Wirkung nicht, bringt mich unwillkürlich zum Lachen. Mehr noch, sie macht nachdenklich. Der Inuk scheint die Psyche des in ständiger Hektik lebenden Weißen Mannes recht gut zu kennen. Auch wenn uns dieser Terminstress noch so verhasst ist, wir können nicht mehr ohne die daraus resultierende Verplanung der Zeit leben. Und hier? Plötzlich „doing nothing“, nichts mehr tun. Tagelang keinerlei Abwechslung. Das habe mancher seiner Klienten nicht mehr ertragen und daher die Jagd abgebrochen. Isaac möchte mich davor bewahren, und das finde ich sympathisch. Nein, es ist gar nicht so, dass wir nichts tun. Wir warten doch! Warten – eine überaus sinnvolle Tätigkeit. Außerdem bleibt uns gar nichts anderes übrig. Nein, ich werde nicht aufgeben, versichere ich ihm. Noch nicht.

Wahrscheinlich sind die Inuit Weltmeister im Warten. Andernfalls hätten sie in ihrer eisigen Heimat nicht seit Jahrtausenden überlebt. Sie müssen am Eisloch ausharren, auf die Robbe warten, egal wie lange das dauert – oder verhungern. So wurde vielleicht die Charaktereigenschaft Ungeduld durch genetische Selektion aus dem Verhaltensrepertoire der Inuit verdrängt.

Noch oft erinnerte ich mich später an dieses Gespräch im Eis, auch in ganz anderen Situationen. Warten im Stau auf der Autobahn, Warten in der Schlange am Fahrkartenschalter, Warten auf besseres Wetter – Isaacs Philosophie machte alles erträglicher.

Täglich bewegen wir uns weiter hinaus in den Lancaster Sound. Eines Abends stehen wir überraschend vor offenem Wasser, vor einem über 100 Meter breiten Kanal. Folge der Meeresströmungen, die die um diese Jahreszeit wohl zwei Meter starke Eisdecke zerrissen haben.

Andrew war wie immer unserer Spur gefolgt. Diesmal kam er ohne Beute für die Hunde. So beobachten wir die Wasseroberfläche, die vom Rand her allmählich zufriert. Tatsächlich, weit draußen zeigt sich der Kopf einer Robbe. Andrew

... die unendliche Eiswüste.

sieht eine letzte Chance und sucht sich eine Auflage auf den Eisschollen. Bei der offenen Visierung seiner Büchse auf diese Entfernung ein fast aussichtsloses Unterfangen. So biete ich ihm meine mit Zielfernrohr ausgestattete Waffe an. Er reagiert nicht. Oder soll ich es selbst versuchen? Auch darauf gehen die Inuit nicht ein. Lässt das vielleicht ihr Stolz nicht zu? So kommt, was kommen muss: Andrews Geschoss lässt kurz links vor dem Ziel das Wasser aufspritzen und die Robbe ist verschwunden. Erstmals sehe ich Isaac wütend. Seine Hunde werden heute Abend nur eine spärliche Futterration bekommen, Reste der Robbe vom Vortag.

Wir kampieren nahe der Wasserfläche. Nachts schrecke ich gelegentlich auf, wenn irgendwo berstendes Eis wie ein Gewehrschuss kracht. Entsetzlich die Vorstellung, es würde genau unter dem Zelt auseinanderdriften. Die Inuit lassen sich dadurch nicht aus der Ruhe bringen. Erst später verstehe ich, warum sie im bewegten Eis immer die Nähe des offenen Wassers suchen. Dort ist das Eis ja schon einmal gerissen, die Spannung und die Gefahr erneuten Aufreißens folglich am geringsten. Die erfahrenen Führer kennen ihren eigenen Lebensraum eben von Kindesbeinen an.

Am nächsten Morgen ist der Kanal zugefroren. Die Hunde sind heute hungrig und missmutig, das fällt selbst mir auf. Gestern den ganzen Tag gearbeitet, dann die kalte Nacht ohne ausreichendes Futter. Mit „aiii" und „kuraii" dirigiert Isaac das Gespann über das holperige Packeis, knallt gelegentlich drohend mit der Peitsche, ohne jemals einen Hund zu treffen.

Andrew war gleich nach dem Frühstück auf seinem Snowmobile verschwunden, nach eindringlicher Ermahnung durch den Onkel. Natürlich verstand ich kein Wort. War es die Drohung, er selbst würde an die Hunde verfüttert, sollte er wieder ohne Beute kommen? Jedenfalls hat der Anschiss gewirkt: Um die Mittagszeit erscheint Andrew mit einer fast zwei Meter langen Robbe. Wie ein Eisbär habe er, flach auf dem Eis liegend, an einem Atemloch ausgeharrt, bis sie zum Luftholen auftauchte. Inzwischen ist die Beute beinhart gefroren. Gierig stürzen sich die Hunde auf die mit dem Beil abgetrennten Brocken, während ich genauso gierig eine heiße Suppe genieße.

Nun fährt Andrew vorweg, um einen sicheren Zeltplatz zu suchen. Wir folgen seiner Spur, ständig nach dem ersehnten Bären Ausschau haltend. Doch nichts dergleichen zeigt sich, auch keine frische Fährte, der man hätte folgen können. Eine arktische Wüste ohne Leben. Immerhin kann ich mich nun, zunehmend an die Kälte gewöhnt, an den bizarren Eisgebilden erfreuen. Sie erinnern mich an frühere Jagden im Packeis, mit Eskimos in Alaska, allerdings zu einer anderen Jahreszeit.

Abends im Zelt dreht sich die spärliche Unterhaltung natürlich auch um Eisbären. Andrew, der ausreichend Englisch spricht, erkundigt sich nach meinen Vorstellungen. Doch, es muss schon ein respektabler Vertreter dieser Spezies sein, denn ich will ihn ja für das EWI-Museum. Auch eine nicht führende Bärin? Wenn die Größe passt, ja. Mit einem neun Fuß großen Exemplar wäre ich zufrieden.

Die beiden erkennen, dass sie mir keinen „Bären aufbinden" können. Habe ich doch früher in Alaska Schwarzbär und Grizzly gejagt und bin mit der Vermessung nach dem amerikanischen Längenmaß (ein Fuß entspricht 30,5 Zentimeter) vertraut. Gemessen wird die ausgebreitete, aber nicht gespannte Decke des abgehäuteten Bären: Länge plus Breite, geteilt durch zwei, sollte neun Fuß ergeben.

Einen großen Bären wollte ich haben, so hatte ich mich daheim von den Waidgenossen verabschiedet. Oder keinen. Doch diese Vorstellung, damals so leichtfertig ausgesprochen, beginnt nun die Psyche zunehmend zu belasten. Eventuell alles umsonst? Ständiges Frieren bei Tag und Nacht, Hunger, Warten, ganz abgesehen von den nicht unerheblichen Kosten des Unternehmens – und dann als Schneider heimkommen? Es wird immer schwieriger, sich der finsteren Gedanken zu erwehren. Gibt es doch keinerlei Abwechslung in dieser Einsamkeit, keine Verbindung zur Außenwelt. Die einzigen Lebewesen sind die beiden Inuit und ihre 15 Hunde.

Eine gewisse Hilfe ist Isaacs heitere Gelassenheit. „Hunt ends, when bear is bagged", pflegt er auch weiterhin auf gelegentliche ungeduldige Fragen zu antworten: Die Jagd ist beendet, wenn wir den Bären haben. Diese stoische Ruhe, dieser Fatalismus in solchen Situationen ist beneidenswert. Zeit spielt für Inuit nicht nur keine Rolle, sie haben dafür weder Sinn noch Verständnis. Vielleicht ist diese Eigenschaft für ihr Leben so wichtig wie die Fähigkeit, Hunger und Kälte zu ertragen. Und den fürchterlichen Winter. Mit Temperaturen bis minus 60° C und ständiger Finsternis. Von Mitte November bis Anfang Februar bleibt die Sonne unter dem Horizont, wird es allenfalls kurz dämmerig. „Was machst du nur während dieser entsetzlich langen Zeit?" Isaacs Antwort wird mir unvergesslich bleiben: „I wait for spring." Ich warte auf den Frühling ...

Diese Mentalität versuche ich mir anzueignen, höre auf, Stunden und Tage zu zählen. Die Uhr bleibt im Gepäck. Tatsächlich lebt es sich so besser. Nicht mehr denken, nur durchhalten.

Polar bear!

Die aufgehende Sonne beleuchtet den First des Zeltes, dann allmählich die tieferen Partien der schlaff durchhängenden Leinwand. Ausnahmsweise ein windstiller Morgen.

Andrew wühlt sich als Erster aus dem Schlafsack, sucht nach seinen Zigaretten. Dann verlässt er das Zelt, kommt aber sofort zurück mit einer Meldung, die mich augenblicklich vom Lager reißt: „There is a polar bear!“

Doch Isaac, inzwischen erwacht, bleibt überraschend cool: „Schlaf ruhig weiter, heute ist der 1. April, da macht man bei uns solche Späße“. „Ja, bei uns auch“, entgegne ich enttäuscht und krabbele wieder in den Schlafsack. Doch Andrew bleibt dabei, schildert Details seiner Beobachtung. Wir zögern noch immer, denn wer lässt sich schon gerne „in den April schicken.“ Schließlich opfert sich Isaac. Erst als die beiden erregt vor dem Zelt diskutieren, komme ich nach. Tatsächlich, weit entfernt am Horizont, zwischen Himmel und Eis, trottet gemächlich ein Eisbär. Endlich das ersehnte Wild.

Infolge der Fata Morgana, der Spiegelung in der durch die Morgensonne etwas erwärmten Luft, wirken die Branten unglaublich lang, als ginge er auf Stelzen. Mit ihren einfachen optischen Hilfsmitteln versuchen die beiden, das weit entfernte Objekt zu taxieren. Angeregter Gedankenaustausch in unverständlichem Inuktut. „I think is big one“, so Andrews Einschätzung. „May be not“, meint dagegen Isaac, meine Begeisterung dämpfend. Denn wenn die beiden Experten sich schon nicht einig sind, dann dürfte es sich um kein starkes Exemplar handeln. Beim Anblick eines wirklich kapitalen Bären hätte es die beiden gerissen, da hätte es keiner Diskussion bedurft. Aber man kann sich ja auch täuschen. Vielleicht verbirgt sich hinter der wabernden Luftspiegelung doch der jagdliche Lebenstraum – und das Ende des strapaziösen Abenteuers. „We go look“, entscheidet Isaac. Wir wollen nach dem Frühstück losfahren, um auf die Fährte des Bären zu treffen. Daran lässt sich dessen Größe recht genau abschätzen.

Spüren die Hunde die neue Situation? Sie legen sich heute ganz anders in die Geschirre. Wir fegen buchstäblich über neues, folglich noch glattes und leicht schneebedecktes Eis. Nach weniger als einer Stunde zeichnet sich die frische Fährte im Schnee ab. Obwohl der Bär noch nicht zu sehen ist, sind die Hunde nicht mehr zu stoppen. So diskutieren wir auf dem neben der Fährte gleitenden Schlitten. Sieben, maximal acht Fuß, darin sind wir uns schnell einig. Also nicht größer als ein starker Grizzly. „You want?“, fragt Isaac und löst damit den Kampf zweier Seelen in der Brust aus. Einerseits entspricht der Bär nicht meinen Vorstellungen, andererseits wäre das Ende von Hunger und Kälte nun zum Greifen

Die Hunde haben den Bären gestellt. Isaac nimmt Maß.

nahe. Verführerisch lockt die Aussicht auf die Rückkehr in die Zivilisation, auf ein heißes Bad, beheiztes Hotelzimmer ... Und ob wir je noch einen größeren finden werden? Der Inuk versucht mich in keiner Weise zu beeinflussen, und das rechne ich ihm hoch an. Drängelnde Jagdführer mag ich nicht.

Schließlich ringe ich mich zur harten Entscheidung durch: Nein er ist nicht groß genug. Isaac nimmt's gelassen. „For me big enough", meint er dann. Er habe auch eine Lizenz und wolle den Bären selbst erlegen.

Jetzt ist der Gesuchte am Horizont zu sehen. Er hat uns entdeckt und flüchtet. Aber auch die Hunde legen noch einen Zahn zu. So kommen wir näher. Wieder dreht sich Isaac zu mir um mit einem verlockend klingenden Angebot. Ob ich nicht seinen Bären erlegen wolle? Dann hätte ich doch jetzt schon ein jagdliches Erlebnis. Nach kurzem Überlegen lehne ich ab – und bin bis heute dankbar für diese Eingebung.

Allmählich holen wir das flüchtende Wild ein. Jetzt kappt Isaac die vier längsten Leinen. Wie Raketen schießen die von der Last befreiten Kopfhunde los. Später erfahre ich mehr über dieses wohldurchdachte Handeln: Der Jäger kann nun erkennen, ob sich das Wild den Hunden stellt. Nicht alle Bären tun das. Hätte er gleich alle Hunde freigelassen, so würden diese in letzterem Fall hinter dem Bären herhetzen und mit diesem verschwinden. Der Inuk säße dann allein und hilflos auf seinem Schlitten in der Eiswüste.

Doch dieser Bär stellt sich, er fürchtet die Hunde nicht, sie sind ihm nur lästig. Erst als wir uns auf etwa 60 Meter genähert haben, kappt Isaac auch die übrigen Leinen, um den Schlitten zum Stehen zu bringen. Fünfzehn Hunde umringen nun kläffend und knurrend den Eisbären, der sie gelegentlich mit der Pranke abwehrt. Das Bild erinnert etwas an einen angeschweißten, von der Hundemeute umringten Keiler.

In aller Ruhe kramt Isaac seine Büchse aus dem Gepäck und geht kniend in Anschlag. Wartet, bis der Bär breit steht. Wartet weiter, bis er für einen Moment keinen Hund gefährden kann. Jetzt peitscht der Schuss über das Eis. Der Eisbär zeichnet zwar nicht, wird aber deutlich langsamer in seinen Bewegungen und ist nach weniger als einer Minute verendet. Die Huskys lassen von ihm ab, liegen hechelnd im Schnee.

Die Größe des Bären hatten wir auf Grund seiner Fährte richtig eingeschätzt. Ein noch nicht ausgewachsenes männliches Exemplar mit makellosem, etwas gelblich getöntem Fell. Beeindruckt vom perfekten Ablauf der Jagd mache ich ein paar Fotos, auch von Isaac, neben seiner Beute kniend.

Unvermittelt blickt er auf und grinst mich an: „May be me look stupid – but me not so stupid.“ Donnerwetter, der kann wohl wirklich Gedanken lesen, das habe ich inzwischen schon mehrfach vermutet. Offensichtlich war ihm mein erster Eindruck nicht entgangen. Damals im Dorf, als ich mir Gedanken über seinen Intelligenzquotienten machte. So kann man sich täuschen. Nein, der ist alles andere als stupid! Daher beeile ich mich, meine Begeisterung über sein vielseitiges Können zum Ausdruck zu bringen. Auch sein Schuss, gezielt über Kimme und Korn, sitzt tadellos Mitte Blatt.

Inzwischen ist Andrew mit dem Skidoo eingetroffen. Wir laden den Bären auf seinen Schlitten. Dabei fällt mir der nur kalibergroße Ausschuss auf. „Womit hast

Isaacs Freude über die Beute ist groß.

Mit solch einem primitiven Schießeisen jagt der Inuk selbst Eisbären!

du nur geschossen?" Isaac reicht mir seinen Karabiner, einen wahrhaft abenteuerlichen Schießprügel. Alles verrostet, der Schaft verwittert, von Waffenpflege keine Spur. Den Sammlern wertvoller und entsprechend behüteter Waffen in meinem Bekanntenkreis wären die Haare zu Berge gestanden bei diesem Anblick. „I got for nothing", erklärt mir der Wildnisjäger stolz. Er habe das Gewehr kostenlos bekommen, als die kanadische Armee nach dem Zweiten Weltkrieg auf moderne Waffen umstellte.

Und eine ganze Kiste voll Patronen, ebenfalls „for nothing“. Dabei handelt es sich um Infanteriemunition – ich traue meinen Augen kaum – im Kaliber British 303. Mit solchen Patronen, noch schwächer als unsere 7x57, geht der auf Eisbärjagd, und das auch noch mit Vollmantelgeschossen! Damit würden wir daheim nicht einmal Rehwild bejagen. Auf meine Frage, warum er nicht wenigstens die Geschossspitze abgefeilt habe, um mehr Wirkung im Wildkörper zu erzielen, grinst er nur. Du siehst doch, es geht auch so. Im Schloss scheint auch alles verrostet zu sein, denn der Abzug ist nur unter größter Kraftanstrengung zu bedienen. Mit solch einem Geschirr könnte ich nichts treffen. Wieder grinst der Inuk, meinen wachsenden Respekt vor ihm bemerkend.

Um die Mittagszeit sind wir zurück im Camp, wo die beiden den Bären sorgfältig abhäuten. Er ist auffallend mager, die Fettschicht unter der Haut dünn, und auch am Wildbret sind keine nennenswerten Fettpolster zu erkennen. So bekomme ich demonstriert, was mir Glenn an jenem ersten Abend über die Biologie des Eisbären berichtete.

Bis zum Alter von zwei Jahren leben die Jungtiere unter der Führung der Mutter. Sie erbeuten ihre Hauptnahrung, nämlich Robben (und nicht etwa Fische, wie gelegentlich laienhaft vermutet). Bei günstigem Nahrungsangebot können sich die Jungen gut entwickeln. Das ändert sich abrupt, wenn sie zu Beginn ihres dritten Lebensjahres von der Bärin vertrieben werden. Nun müssen sie sich selbst ernähren. Doch Jagen will gelernt sein, auch bei Eisbären. Flach auf das Eis gedrückt versuchen sie eine sich in der Sonne aalende Robbe anzupürschen. Eine ungeschickte Bewegung, und diese ist im Eisloch verschwunden. Nun ist geduldiges Warten angesagt. Auch ist anfangs noch nicht jeder Prankenhieb auf den Kopf der zum Luft holen irgendwann auftauchenden Robbe erfolgreich.

Eine weitere Möglichkeit, an die Beute zu gelangen, bleibt dem Jungbären auch noch versagt: Robbenmütter halten sich mit ihren Jungen in Hohlräumen zwischen Eis und darüberliegender harter Schneedecke auf. Der Bär wittert sie zwar mit seinem unglaublich feinen Geruchssinn, doch während des geräuschvollen Bemühens, sie auszugraben, verschwinden die Robben unter das Eis. Ein ausgewachsener Bär geht daher anders vor. Er springt über dem Robbenbau senkrecht in die Höhe, durchschlägt die Schneedecke infolge seines Gewichts und packt blitzschnell zu. Solch ein Überraschungsangriff gelingt dem Jungbären bei seinem viel geringeren Körpergewicht in aller Regel noch nicht.

Schmalhans ist also Küchenmeister in diesem Alter. Nicht genug damit: Hat der Jungbär schließlich doch einmal Erfolg, so bedeutet dies keineswegs schon eine gesicherte Mahlzeit. Bekommt ein Altbär davon Witterung, so ist es darum geschehen. Er vertreibt den Jüngling, um sich seiner Beute zu bemächtigen. Er verschlingt die Haut mit der dicken Fettschicht der Robbe, und dem „Jungjäger" verbleiben, wenn überhaupt, nur noch Fleisch und Eingeweide.

Lange Zeit rätselten die Forscher, so Glenn, wie ein Säugetier dieser Größe die mörderisch kalten Winter der Hocharktis ohne Winterschlaf überleben könne. Wie ist der enorme Energiebedarf zu decken? Man kannte den Kaloriengehalt einer Robbe, und aus einigen Untersuchungen auch die Anzahl der von Bären geschlagenen Tiere. Doch die Kalkulationen führten noch nicht zur erhofften Erklärung. Die Energiebilanz blieb negativ. Des Rätsels Lösung brachten erst kalometrische Berechnungen des Robbenfetts. Dieses erwies sich als doppelt so nahrhaft wie das Fleisch. Damit wurde verständlich, warum Eisbären Letzteres oft liegen lassen. Aus nahrungsökologischer Sicht ist es eben vorteilhafter, weiter zu jagen, um wieder an Fett zu kommen.

Diese Erkenntnis erklärt denn auch die relativ hohe natürliche Sterblichkeit der drei- und vierjährigen Bären. Immer wieder werden diese auch von Altbären geschlagen. Unvergesslich ist mir ein Foto in einer Eisbär-Monografie. Ein Hauptbär hatte eine Bärin samt ihren beiden Jungen aufgefressen. Noch tagelang zeugte die blutgetränkte Schneedecke von dem Kannibalenmahl.

Im Alter von fünf Jahren haben die Jungbären das Gröbste überstanden. Sie sind nun groß und schwer genug, um erfolgreich zu jagen und sich der älteren Artgenossen zu erwehren.

Unseren Bären schätzen wir auf etwa vier Jahre. Vielleicht hat ihn Isaacs Schuss vor einem unrühmlichen Ende bewahrt. Sorgfältig wird er zerwirkt. Wir haben nun genügend Fleisch für die Hunde. Nur die Leber versenkt Andrew sofort durch eine Eisspalte im Meer, denn sie ist infolge ihres hohen Gehalts an Vitamin A hochgiftig für Mensch und Hunde. Die Inuit wissen das. Aber früher ist so mancher im Eis überwinternde hungrige Polarforscher oder Walfänger nach dem Verzehr von Eisbärleber gestorben.

Mit Akribie kümmert sich Isaac um die Bärendecke, wäscht im Meerwasser der Eisspalte auch die letzten Schweißspuren heraus. Mit bloßen Händen – mich schaudert beim Zusehen. Sind Hände und Füße der Inuit tatsächlich besser durchblutet als die unsrigen? Dann trocknet er die Fellseite mit lockerem Schnee und faltet das wertvolle Stück sorgfältig für den Transport. Salz zur Konservierung bedarf es nicht, denn wenig später ist alles beinhart gefroren. Aus der Decke soll eine Hose geschneidert werden, erfahre ich.

Eisbärhosen waren damals bei den Inuit so populär wie bei den Bayern Lederhosen. Trotz der kurzen Haare halten sie so warm wie Cariboukleider, sind aber viel strapazierfähiger, weil die Haare nicht brechen. Die hervorragende Wärmeisolation der Eisbärhaare regte in jener Zeit denn auch die Textilindustrie zu entsprechenden Untersuchungen an. So entstand die Textilfaser Thinsulate mit ähnlich isolierenden Eigenschaften.

Verheißungsvolle Fährte?

Ein herrlicher Nachmittag. Sonnig, windstill, beste Sichtverhältnisse und mit nur minus 20 °C der bisher wärmste Jagdtag. Dennoch wollen die beiden nicht weiterjagen. Heute ist Sonntag, der Tag des Herrn, da dürfe man eigentlich gar nicht jagen. Einmal hätten sie schon gesündigt ... Ist das der wirkliche Grund? Jedenfalls muss ich ihn respektieren. Tatsächlich scheinen beide Inuit sehr religiös zu sein, wie ich später nach der Rückkehr ins Dorf beobachtete. Sonntags gingen sie sogar zweimal zur Kirche, morgens und nachmittags.

So marschiere ich alleine los. Die körperliche Bewegung war ohnehin zu kurz gekommen während der letzten Tage. Das Packeis leuchtet im Schein der tiefstehenden Sonne – ein herrliches Farbenspiel: Strahlendes Weiß, dann wieder rosarote Tönungen oder tiefes Blau. Und alles so klar und sauber, von menschlicher Umweltverschmutzung keine Spur.

So weit das Auge reicht nur Schnee und Eis. Zwischen hoch aufgetürmten Eisschollen immer wieder ebene, frisch zugefrorene Flächen. Auf einer solchen entdecke ich etwas, das den Atem stocken lässt: Die größte Bärenfährte, die ich jemals gesehen habe. Noch größer als diejenigen, die ich von der Kodiakinsel vor der Küste Alaskas kannte, wo ja die weltgrößten Braunbären leben. Die Trittsiegel der Vorderbranten sind breiter, als ich mit der Hand spannen kann. 25 Zentimeter schätze ich, also zehn Inch. Nach der vom amerikanischen Bärenforscher Duncan Gildrist entwickelten Formel müsste die Decke dieses Bären über zehn, vielleicht sogar elf Fuß messen. Jedenfalls ein gewaltiges Exemplar. Die Tritte der Hinterbranten haben Löcher hinterlassen, als hätte man einen 20-Liter-Eimer in den Schnee gestellt.

Die Fährte ist schon älter, dennoch folge ich ihr noch lange. Beflügelt sie doch nicht nur die Phantasie über diesen Koloss, sie weckt auch erstmals seit langem reale Hoffnungen. In dieser Eiswüste lebt der Traum eines Bärenjägers ...

Während des Rückmarsches verwandelt sich das Blau des Himmels in milchige Trübe. Ein weiter „Hof" um die Sonne kündigt einen Wetterwechsel an. Den erahnen auch die Waidgenossen. Andrew sägt große Blöcke aus dem Schnee und schichtet sie auf an der nordöstlichen Seite unserer Behausung. Dann sichert er mit demselben Material auch die Pflöcke der Seile, die das Zelt gespannt halten.

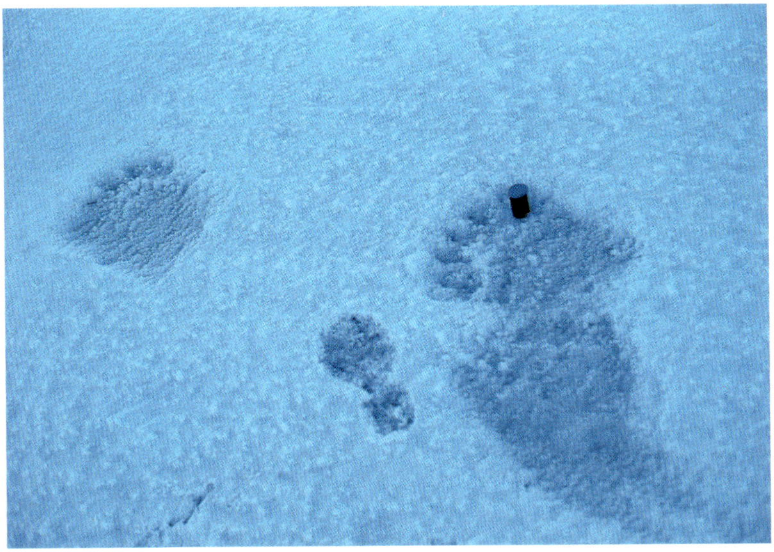

Die Filmdose im Trittsiegel der Vorderbrante des Eisbären mag deren Größe veranschaulichen.

Begeistert berichte ich Isaac von meiner Beobachtung. So ein Bär – das wär's. Ja, solche gibt es, bestätigt er unbeeindruckt. Aber dieser kann schon hundert oder zweihundert Kilometer weitergewandert sein. Besonders jetzt in der Ranzzeit legen alte Bären große Strecken zurück, auf der Suche nach weiblichen Bären. Nanook nennen Inuit und Eskimos den Eisbären, also den „Wanderer".

Auch hierüber hatte Glenn mich informiert. Infolge der langen Führungszeit sind Bärinnen nur alle drei bis vier Jahre fortpflanzungsbereit und damit für die Männchen interessant. Bei ausgeglichenem Geschlechterverhältnis kommen auf eine paarungsbereite Bärin mindestens drei männliche Artgenossen. Der Eisbärforscher Stirling schilderte Beobachtungen, wonach gar fünf oder sechs Männchen eine heiße Bärin verfolgten und sich gelegentlich heftige Kämpfe lieferten. Die Spuren von Bissen und Prankenhieben sind um diese Jahreszeit regelmäßig an Kopf und Hals ausgewachsener männlicher Bären zu erkennen.

Nachts erwachen wir vom Heulen des Sturms. Er rüttelt an den Zeltwänden, treibt seinen Schnee durch die Ritzen des Eingangs. Doch unsere Behausung hält dank der schweren Schneeblöcke, die die Leinwand auf das Eis drücken.

Viel später als sonst wird es hell. Schneesturm, alles grau in grau. Nur fünfzehn kleine Hügel sind durch die Luke zu erkennen: Die Hunde. Im Windschatten zusammengerollt auf dem Eis liegend, haben sie sich einfach einschneien lassen. Auch meine Begleiter zeigen keinerlei Aktivität. Was kann man bei solchem Wetter schon anderes tun als schlafen. So döse auch ich vor mich hin. Zum Lesen ist es zu dunkel und zu kalt. Wozu auch? Zeit spielt doch keine Rolle. Einfach nichts tun und warten, apathisch wie ein Gefangener.

Irgendwann bereitet Andrew etwas Essbares zu, sehr willkommen bei der Kälte. Isaac nimmt per Funk Kontakt mit seiner Familie auf, in kehligem, hart akzentuiertem Inuktut. Ich höre diese Sprache gern, weckt sie doch Erinnerungen an frühere Erlebnisse mit Eskimos in Alaska. Auch um mich abzulenken, erzähle ich von dortigen Walrossjagden. Das interessiert die beiden, denn diese Wildart ist hier viel seltener als drüben in der Beringsee.

Andrew muss seinem Onkel immer wieder übersetzen. „Warum sprichst du nicht besser Englisch?", frage ich Isaac. Seine Antwort klingt überzeugend: „Me not like school, me more like hunt." Nur zwei Jahre lang war er zur Schule gegangen, jagen war eben viel interessanter. Da kann ich mitfühlen. Schulpflicht wurde erst später eingeführt, davon war dann Andrew betroffen.

Jetzt lernen die Kinder außer Englisch auch wieder Inuktut in der Schule. Der Regierung ist nun sehr an der Erhaltung ursprünglicher Traditionen und Sprachen der Eingeborenen gelegen. Allerdings bedurften diese Naturvölker früher keiner schriftlichen Kommunikation. So fühlten sich erst Anfangs des 20. Jahrhunderts französische und belgische Missionare verpflichtet, einfache Schriftzeichen für die Inuktutsprache zu entwickeln. Kreise, Dreiecke, Haken und Bögen, wie sie die Indianer benutzten, oder auch abgewandelte Druckbuchstaben der lateinischen Schrift. Auch ein Lexikon wurde verfasst. Das scheint zu funktionieren. Jedenfalls hatte ich im Dorf immer wieder zweisprachige Texte in Englisch und Inuktut gesehen.

Schließlich lässt der Sturm nach, aber die Sicht ist miserabel. Eisnebel. Dennoch brechen wir zur Jagd auf. Nach meiner Einschätzung ein sinnloses Unterfangen. Denn wie sollten wir in diesem milchigen Einerlei aus Schnee und Nebel ebenso weiße Beute entdecken. Auch Fährten zeichnen sich ohne Lichtkontraste kaum ab. Und werden wir unter solchen Umständen das Zelt wiederfinden? Die Hunde verirren sich nicht, beruhigt mich Isaac. Selbst wenn unsere Schlittenspur völlig verweht ist, wittern sie ihre Tritte durch den Treibschnee.

Die nächsten Tage sind nicht besser. Wir wandern nun nicht mehr weiter, sondern kehren jeden Abend zum selben Platz zurück. Hat etwa mein Bericht über die starke Bärenfährte doch Eindruck gemacht und zu diesem Entschluss geführt?

Die Fahrt wird nun durch die aufgetürmten Eisschollen unwegsam. Wir kommen nur langsam voran. Immer wieder muss Isaac abspringen, um den Schlitten an größeren Eisblöcken vorbeizudrücken. Dann wieder verfängt sich eine

Unser Gefährt im Eisnebel – Tag für Tag dieselbe desolate Situation

Hundeleine an einem Zacken und muss befreit werden. Gelegentlich springe auch ich ab, bevor unser Gefährt umkippt und die ganze Ladung im Schnee liegt. Mit ruhiger Selbstverständlichkeit lädt der Kutscher dann alles wieder auf und macht den Schlitten startklar. Keinerlei Anzeichen von Ärger, Fluchen oder sonstigen Ausdrucksformen der Erregung. Den scheint einfach nichts aus der Ruhe zu bringen. Da habe ich wesentlich größere Probleme. Am meisten quält die Vorstellung von einem erfolglosen Ausgang dieser Tortur. In unbeobachteten Momenten soll dann ein Schluck aus der Whiskyflasche helfen, die finsteren Gedanken zu vertreiben. Die Flasche muss ich stets gut im Gepäck verstecken, denn in dieser Region herrscht ja Alkoholverbot.

Abends im Zelt versucht mich Isaac durch Gespräche aufzuheitern. „Wie alt bist du?“ – „51.“ Also genau so alt wie er. „Wie viele Kinder hast du?“ – „Nein, damit habe ich noch nicht angefangen, bin noch nicht verheiratet.“ Das ist für die beiden unfasslich: Der will einen Eisbären und hat noch nicht einmal eine Familie! Die hat bei diesem Naturvolk eben oberste Priorität. Vielleicht auch bedingt durch die frühere gefährliche Lebensweise. Bei hohen Sterblichkeitsraten konnten die Familien und Sippen eben nur bei entsprechend großer Kinderzahl überleben. Isaac hat fünf Kinder, der jüngere Andrew immerhin schon drei.

Während Andrew neue Fellsohlen auf meine durch das scharfkantige Eis lädierten Mukluks näht, berichtet er von einem Unfall mit seinem ersten Skidoo. Beim Versuch, eine frisch zugefrorene Eisdecke zu überqueren, sei er eingebrochen. Zwar konnte er noch abspringen und sich zu Fuß über das Eis retten, aber sein Fahrzeug versank in der Tiefe. Beide berichten nun, wie er spät abends heimkehrte – und strahlend über sein Missgeschick berichtete. So ein Witz: Zehn Jahre lang habe ich für dieses Skidoo gespart und nun liegt es auf dem Meeresgrund ... Fatalismus pur. Was nicht zu ändern ist, erträgt man eben mit Gleichmut und Humor.

Zu ändern wären aber doch die Toilettenverhältnisse, schlage ich vor. Nachdem wir nun wohl nicht weiterwandern, bitte ich Andrew einen Windschutz aus Schneeblöcken zu bauen. Denn es ist doch wesentlich angenehmer, bei minus 30 Grad das morgendliche Geschäft geschützt vor dem Nordwind zu verrichten. Mein Vorschlag wird am nächsten Tag realisiert. Davon profitieren dann allerdings auch die vier Junghunde. Während die elf älteren jeden Abend an der lang ausgelegten zentralen Kette angeleint werden, können sich die erst Einjährigen, die sich ohnehin nicht von der Meute entfernen, frei bewegen und einen windgeschützten Schlafplatz suchen. Prompt liegen sie morgens in meiner Toilette, woraus sie sich nur kurzfristig vertreiben lassen. Hygienisch kein Problem, denn meine Hinterlassenschaft ist im Nu hart gefroren ...

Trotz aller Bemühungen, mir die Mentalität der Begleiter anzueignen, bricht gelegentlich die Ungeduld durch: „Isaac, jetzt sind wir doch schon tagelang unterwegs, wann wird es denn endlich klappen?" – „May be today – may be not." Da habe ich es. Vielleicht heute, vielleicht auch nicht. Eine weise Antwort auf eine dumme Frage.

Aber auch Andrew scheint etwas mürbe zu werden. Zwar leidet er weit weniger unter der Kälte als ich und ist dieses primitive Lagerleben sicher schon von Kindesbeinen an gewöhnt. Aber daheim in der warmen Stube bei Weib und Kind lebte es sich eben doch um vieles angenehmer.

Ob es wirklich so ein großer Bär sein müsse, fragt er eines Morgens beim Frühstück. Die Decke eines Kleineren kann man doch ziehen und spannen bis auf neun Fuß Länge? Nein, nein damit wäre mir nicht gedient. Der Bär soll ja aufrecht stehend präpariert werden, da brauche ich die Breite ebenso wie die Länge.

Oder hat er mich gar auf den bereits erlegten Bären verweisen wollen? Jedenfalls bin ich nun heilfroh, Isaacs Angebot zum Schuss nicht angenommen zu haben. Wie einfach wäre es andernfalls, die Jagd zu beenden. Etwa so: Du hast doch deinen Bären, was sollen wir noch weiterjagen? Lass uns nun heimfahren.

Jede weitere Diskussion über die Größe der ersehnten Beute erübrigt sich, denn wir bekommen gar nichts mehr in Anblick. Eis, Schnee, Kälte, Eisnebel, die beiden Inuit und ihre 15 Hunde – Tag für Tag dasselbe. Die einzige Abwechslung ist ein Kolkrabe, der täglich ziemlich pünktlich um die Mittagszeit erscheint, wohl in der Hoffnung auf Beute zwei Runden dreht und wieder verschwindet. Er und sein rauer Ruf lenken wenigstens kurzfristig von den trüben Gedanken ab. Werde ich nach all den Entbehrungen schließlich als Schneider heimkommen? Alles umsonst? Zwar könnte ich unter solchen Umständen die Jagd zu einem günstigen Preis wiederholen, das hatte mir der Outfitter zugesichert. Aber der Gedanke daran ist unerträglich. Plagten mich doch ohnehin schon Halluzinationen von ganz anderen Urlaubsorten: Weißer Sand unter Palmen, tiefblaues Meer, tropische Wärme und braunhäutige Mädchen am Strand von Boca Chica bei Santo Domingo. Wie viel schöner wäre es jetzt in der Karibik, einige tausend Kilometer weiter südlich. – Träume eines einsamen Bärenjägers im Eismeer ...

Eines Abends erklären mir die Begleiter, die Nahrungsvorräte seien fast aufgebraucht. Auch das noch. Planung und Einteilung von Vorräten ist bei Inuit und Eskimos wenig ausgeprägt, wohl weil es während ihrer Jagdzüge immer wieder etwas Essbares zu erbeuten gibt. Was machen wir jetzt? „We eat polar bear", meint Isaac, als sei es das Selbstverständlichste auf der Welt.

Um des Himmels Willen, das ist unmöglich. Das Fleisch von Eisbären ist doch noch mehr von Trichinen befallen als das anderer Bärenarten. Immer wieder sind Polarforscher an Trichinose gestorben, das hatte ich aus früheren Berichten gelernt. Doch Isaac amüsiert sich an meinem Entsetzen: „Trichinas? We spit out." So einfach ist das. Trichinen muss man eben ausspucken. Mit diesem Gag ist es ihm wieder einmal gelungen, mich aufzuheitern.

Die beiden meinen es zwar ernst mit ihrem Menüvorschlag, gehen aber ein auf meine Bedingung: Das Fleisch müsse mindestens zwei Stunden lang gekocht werden, um eventuelle Trichinen abzutöten. Wenig später brodelt es um eine zerlegte Keule von Isaacs Bären in einem großen Topf. Zum Glück haben wir noch genügend Treibstoff für den Kocher.

Andrew ist kein Gourmetkoch, aber solche Situationen bin ich gewöhnt. Hunger ist bekanntlich der beste Koch, und so schlage ich mich wieder einmal voll. Im Geschmack erinnert das fremdartige Substrat etwas an Schweinefleisch und erwärmt rasch den durchgefrorenen Körper. Schon einmal, vor vielen Jahren in Alaska, war mein erster erlegter Bär, ein Schwarzbär, tagelang meine Nahrungsgrundlage gewesen.

Isaac hätte das Bärenfleisch auch roh verspeist, erfahre ich während des Essens. Die älteren Inuit hätten gar nicht gekocht. Wie sollten sie auch in dieser eisigen Einöde ohne jedes Brennmaterial. Das einzig Brennbare waren früher Fett und Tran der Jagdbeute. Doch das brauchte man für die aus Speckstein geschnitzten Lampen, um die düstere Behausung etwas zu erhellen und spärlich zu erwärmen.

Aber sind da nicht viele an Trichinose gestorben? Doch, schon, räumt der schicksalsergebene Fatalist ein. Immer wieder erwischt es einen. Vor allem, wenn er rohes Walrossfleisch gegessen habe. Was? Walross und Trichinen? Entgegen meinen damaligen Zweifeln soll dies zwar vorkommen, aber mit Sicherheit viel seltener als beim Eisbären. Andernfalls wären doch viele Eskimos, die an der Beringsee ja größtenteils vom Walross leben, der Trichinose zum Opfer gefallen.

Isaacs Vermutung kann ich mir nur so erklären: Das hier im Lancaster Sound viel seltenere Walross wird eben nur zur gelegentlichen Beute. Wenn nun früher ebenso gelegentlich ein Inuk an Trichinose starb, hatte man seinen Tod einfach mit dem Walross in Verbindung gebracht. Denn auf den Genuss von rohem Eisbärfleisch wollte man eben nicht verzichten ...

Welch himmelweiter Unterschied zur Mentalität in unserer zivilisierten Gesellschaft, denke ich nach dem Abendessen. Welch ein Aufwand wird hier nach der Erlegung von Schwarzwild betrieben. Obwohl die Fleischbeschau kaum je einmal einen positiven Befund zu Tage fördert. Und wo zudem der Braten in aller Regel bestens gegart auf den Teller kommt.

Das Frühstück in Form von Haferflocken und Kakaopulver, in heißem Wasser angerührt, bleibt nun die einzige zivilisierte Nahrung. Denn auch die so wohltuende Suppe um die Mittagszeit gehört nun der Vergangenheit an. Aber wir müssen doch etwas essen, wenn wir bei dieser Kälte den ganzen Tag unterwegs sind. Wir verhungern nicht, grinst Isaac und vertreibt wieder einmal meine Bedenken.

Das Vertrauen in die beiden Inuit ist stetig gewachsen. Ohne sie wäre ich ziemlich hilflos in diesem eisigen Lebensraum. Schon früh morgens brauche ich Isaacs Hilfe beim Anziehen der kältesteifen, rundum geschlossenen Fellparkas, die er mir wie einen Pullover über den Kopf ziehen muss. Abends dasselbe in umgekehrter Richtung. Und immer wieder hilft sein fröhliches Gemüt, sein ursprünglicher Humor, die trüben Gedanken zu vertreiben.

Um die Mittagszeit erscheint Andrew mit einer Robbe. Er ist unserer Schlittenspur gefolgt. Hoffentlich hat er auch für uns etwas Essbares dabei. Der Magen knurrt und die Kälte wird dann fast unerträglich. Mit einem Beil hackt Isaac fünfzehn Stücke aus der gefrorenen Beute und wirft sie den Hunden zu. Durch längeres Kauen versuchen die Tiere, die Brocken etwas anzutauen und schließlich hinabzuwürgen.

„Rest is for us." Hatte ich recht gehört? Wir sollen jetzt „leben wie ein Hund?" Mit einem Schlagmesser trennt Isaac drei Scheiben aus dem Robbenkadaver,

Das gefrorene Robbenfleisch müssen wir uns nun mit den Hunden teilen.

schiebt mir eine zu und beobachtet interessiert meine Reaktion. Gelbliche Fettschicht und schwarzes Muskelfleisch, alles beinhart gefroren. Dann folgen aufmunternde Erläuterungen.

„Eat that fat, is good against cold." Fett ist gut gegen Kälte. Ja, aber in diesem Zustand? Dann weiter: „Eat that meat, is good vitamin." Es hilft nun alles nichts, ich muss essen, im Vertrauen auf meinen Rossmagen. Schneide die Scheibe in kleine Würfel und verschlucke sie unzerkaut – so erspare ich mir den Geschmack der abenteuerlichen Mahlzeit. Tatsächlich, es geht. Beim Durchwandern der Speiseröhre tauen die Würfel spürbar auf, verursachen auch keine Verdauungsprobleme. Im Gegenteil, infolge der Energiezufuhr fühle ich mich bald viel besser.

Der Hinweis auf den Vitamingehalt des rohen Fleisches macht mich nachdenklich. Liegt darin vielleicht die Erklärung, warum die Inuit seit Jahrtausenden fast ohne Vitamin C, das sie allenfalls nach dem kurzen Sommer in Form arktischer Beeren aufnehmen konnten, überlebten? Während die weißen Pioniere, insbesondere die zum Überwintern gezwungenen Seefahrer, durchweg an Skorbut erkrankten und viele daran starben. Diese Krankheit, verursacht durch Mangel an Vitamin C, versuchten sie später durch in Fässern mitgeführtes Sauerkraut zu bekämpfen.

Das hätten sie sich viel leichter machen können, erklärt mir Glenn später. Einfach sich wie die Eingeborenen von rohem Fleisch ernähren, dann hätten sie überlebt. Denn dieses enthält sehr viel Vitamin A und D, womit sich Mangel an

Vitamin C vollständig kompensieren lässt. Beim Kochen oder Braten geht dagegen ein großer Teil des Vitamingehalts verloren. – Wieder ein Aha-Erlebnis, die Antwort auf eine Frage, die mich schon lange beschäftigt hatte. Der einfache Inuk kannte des Rätsels Lösung. Der schwindende Vorrat meiner mitgeführten Vitamintabletten ist nun nicht mehr beunruhigend.

Von den Medikamenten, vor allem gegen Erkältungskrankheiten, habe ich übrigens nichts gebraucht, trotz ständigen Frierens. In dieser menschenfernen Einsamkeit gibt es eben keine Überträger infektiöser Bakterien oder Viren.

Wieder erscheint der Rabe und findet diesmal endlich etwas Fressbares in Form unserer Nahrungsreste. Wir fahren weiter in den trostlosen Eisnebel.

Wie soll das nur weitergehen? Diese Jagd steht unter einem ungünstigen Stern. Es mag einfach nicht, da lässt sich nichts erzwingen. Das Rezept des Wartens mag wohl irgendwann zum Ziel führen. Aber bei dieser Diät – abends Eisbärfleisch, mittags gefrorene Robbe – vermag ich mich damit auf Dauer nicht anzufreunden.

Spekulieren die beiden Inuit vielleicht sogar damit? Wer weiß. Die Gespräche werden spärlicher, man versucht nicht mehr, mich aufzumuntern. Wann gibt der Weiße Mann endlich auf? Unter den gegebenen Umständen wäre ihnen das natürlich am liebsten, und zwar im Hinblick auf ihr Renommee als Jagdführer. Etwa so: Bekämen wir nur einen kleinen Bären, so wäre das ihrer Reputation zwar nicht förderlich. Wohl auch deshalb hatte mich Isaac damals nicht zum Schuss gedrängt. Völliger Misserfolg wäre allerdings noch schlechter – es sei denn, der Gastjäger würde aufgeben. Dann könnte man im Dorf glaubhaft versichern, mit solch einem „Weichei“ kann man ja nicht erfolgreich jagen.

Dieses unrühmliche Ende des Unternehmens wird immer wahrscheinlicher. Irgendwann werde ich aufgeben müssen. Aber auch ich möchte dabei wenigstens das Gesicht wahren. So entwickelte ich gegenüber Isaac folgende Vorstellung: Wir warten noch auf einen wirklich klaren Tag. Sollte sich dann trotz bester Sichtverhältnisse auch nach stundenlangem Absuchen von einem Eisberg aus kein Bär zeigen, so ist das weder eure noch meine Schuld, dann sind eben keine Bären da. Solche Situationen gibt es, wenn irgendwo eine üppige Nahrungsquelle, etwa ein gestrandeter Wal die Bären der ganzen Gegend anzieht. Eine solche Gelegenheit wittern sie auf unglaubliche Entfernung.

Doch auch die Hoffnung auf den ersehnten klaren Tag bleibt Illusion. Eisnebel oder Schneesturm, mit gleichermaßen miserabler Sicht, das ist alles, was Petrus zu bieten hat.

Überraschende Wende

Aber eines Abends ist plötzlich alles ganz anders. Bewegung kommt in die Szene, und zwar schneller, als man erzählen oder beschreiben kann.

Durchgefroren nach der langen Schlittenfahrt hatte ich mich gleich nach Rückkehr in den Schlafsack gewühlt. Draußen ist Isaac dabei, die Hunde für die Nacht an der langen Kette anzukoppeln. Plötzlich ein Tumult. Wütendes Kläffen der Huskys, erregte Schreie der Inuit, die sie zu bändigen versuchen. Offensichtlich erfolglos, denn das Geläut verliert sich in der Ferne.

Dann schießt Isaac herein. „Herby, bear – big, big, big!" Ein riesengroßer Bär kommt direkt auf das Zelt zu. Andrew wirft sein Skidoo an, muss die Hunde einfangen, das ist jetzt das Wichtigste. Aber ich soll mitkommen. Schnell den Daunenparka überziehen, für die Fellkleidung ist jetzt keine Zeit, und los geht's. Über eine Fläche, die erst in der vergangenen Nacht wieder zugefroren ist. Am Horizont ein Koloss von Eisbär, der dem offenen Wasser zustrebt. Andrew will ihm den Weg abschneiden, rast über das dünne Eis. Wenn das nur gut geht …

Ein weiteres Problem erkenne ich jetzt mit Entsetzen. In der Eile habe ich vergessen, die Daunenhose überzuziehen. Nur mit zwei dünnen Unterhosen bekleidet friere ich im Nordwind und Fahrtwind sofort erbärmlich, habe in den Knien schon kein Gefühl mehr. Noch schlimmer, die Munition ist in dieser Hose im Zelt geblieben. Hastig untersuche ich während der Fahrt die Büchse. Sie enthält drei Patronen. Dennoch, das kann kritisch werden.

Noch vor dem offenen Wasser gelingt es den Hunden, den Bären zu stellen. Aus höchster Geschwindigkeit stoppt Andrew das Skidoo so abrupt, dass es sich zweimal um die eigene Achse dreht. Dann der Befehl: „Shoot!"

Auf die Entfernung von etwa 150 Metern ist der Schlag des treffenden Geschosses deutlich zu hören – aber der Bär reagiert nicht. „Shoot higher!"

Verdammt, wo nur sitzt das Herz unter der großen weißen Blattpartie? Außerdem dreht sich der Bär ständig, um die Hunde abzuwehren. Endlich bietet sich wieder eine Gelegenheit, ohne einen Hund zu gefährden.

Der zweite Schuss ist ein Volltreffer. Alles färbt sich rot, der Bär, der Schnee und schließlich auch einige Hunde. Die Bewegungen des Bären werden langsamer, dann schläft er ein. Nun ist es höchste Zeit, die Knie und die unter den dünnen Wollhandschuhen bereits weiß gefärbten Hände zu massieren. Allmählich kehren Gefühl und Farbe zurück. Die Gefahr des Erfrierens ist vorüber.

Inzwischen ist Isaac nachgekommen, nachdem er die Szene mit seinem alten Fernrohr vom Zelt aus beobachtet hatte. Vor diesem Hauptbären haben sie Respekt, zumal mir nur noch eine Patrone verblieben ist. Vorsichtig nähern wir

Ein jahrelanger Traum wurde Wirklichkeit.

uns. Die beiden werfen Schneebälle und Eisstücke. Dann tippt Isaac auf die Augenlider. Keine Reaktion mehr. „Is dead."

Unsägliche Erleichterung.

Wir holen wärmere Kleidung und die Kamera aus dem Zelt. In der Hosentasche aufgewärmt ist die kleine Olympus trotz der Kälte für einige Bilder einsatzbereit. Die Beleuchtung – es mag gegen 22 Uhr sein – lässt dies noch zu. Meiner Bitte, sich neben den Bären zu legen, kommt Isaac verwundert nach. So sei er noch nie fotografiert worden.

Ich untersuche die Fährte des Bären. Tatsächlich, es ist dieselbe, die ich vor Tagen nicht weit entfernt entdeckt und die sehr zum Durchhalten beigetragen hatte. Ein Bär von über zehn Fuß. Ein Traum.

An Kopf und Hals finden sich deutliche Spuren der bereits erwähnten Kämpfe während der Ranzzeit. Die Inuit schätzen das Gewicht auf etwa zwölf Zentner. An einen Transport auf dem Schlitten ist daher nicht zu denken. So zieht Andrew den Bären mithilfe seines Skidoos langsam ins Camp. Das neue Eis ist glatt, kann das Fell nicht beschädigen.

Vor der Dunkelheit muss der Bär noch abgehäutet werden, denn morgen ginge nichts mehr. Schon jetzt wickeln sie Caribou-Felle um Kopf, Hals und Vorderbranten, um sie vor dem Gefrieren zu schützen. Wir arbeiten zu dritt, jeder Schnitt sitzt. Wir finden die Reste beider 14,5 Gramm KS-Geschosse, jeweils gegenüber dem Einschuss unter der Decke. Der erste Schuss saß zu tief, hat nur die Lunge durchschlagen. Dank der Anweisung von Andrew hat der

Isaac und der große Bär

zweite Schuss die obere Herzhälfte durchbohrt und zum raschen Verenden geführt.

Gegen Mitternacht ist es geschafft. Die Decke wird mit lockerem Schnee notdürftig von Schweißresten gesäubert, dann transportgerecht zusammengelegt. Nach dem Zerwirken liegt ein respektabler Fleischberg vor dem Zelt. Zuvor hat Isaac penibel die abgehäuteten Vorderbranten abgetrennt und sorgsam verpackt. Was er damit vorhabe? „I bring my wife, my wife like very much.“ Andere Länder – andere Sitten. Wie bei uns Blumenstrauß oder Pralinen als Mitbringsel von längerer Reise das Herz der „besseren Hälfte“ erfreuen – hier sind es eben Bärentatzen. Ähnlich wie bei unseren Vorfahren, den alten Germanen, die solche angeblich ja auch als besondere Delikatesse schätzten.

Wieder liege ich im Schlafsack, aber alles ist ganz anders als vor drei Stunden. Gestern noch hatte ich beschlossen, die nun zur Hälfte geleerte geheime Whiskyflasche nicht mehr weiter zu schröpfen. Für den Fall, dass es doch noch etwas zu feiern geben sollte. Jetzt ist es so weit. Jetzt werden wir die gemeinsam leeren. Alkoholverbot hin oder her, das ist mir bei solchem Anlass egal. Ich finde das begehrte Utensil auch, wie immer gut versteckt in Kleidungsstücken – aber leer! Verdunstet? Bei diesen niedrigen Temperaturen und in so kurzer Zeit? Ausgeschlossen. Da hatte mich doch trotz aller Vorsicht einer der Inuit beim Saugen am Kleidungsstück beobachtet und, ebenso heimlich, mein Verhalten kopiert ... Natürlich ließ ich mir nichts anmerken.

Welch unglaubliche Wende des Schicksals. Alles Elend vorbei innerhalb weniger Minuten, dank des entschlossenen Einsatzes von Andrew. Erst jetzt wird mir die gefährliche Situation bewusst. War es nicht höchst riskant, auf das dünne Eis hinauszurasen? Hatte er nichts gelernt aus seinem kürzlich geschilderten ähnlichen Fall, als er gerade noch mit dem Leben davonkam? Er kann meine Frage nicht verstehen. Es hat doch geklappt, was willst du mehr? Um ein Haar hätte der Bär das offene Wasser erreicht und wir hätten ihn nie bekommen.

So haben sie wohl von jeher gejagt, die Inuit. Warten, warten, warten – aber dann blitzschnell zuschlagen, ohne Rücksicht auf Verluste. Wer zu lange zögert, verhungert. Also riskieren. Die Sterblichkeit war daher früher, als alle noch von der Jagd lebten, sehr hoch und nur durch entsprechende Kinderzahl zu kompensieren.

Auch ohne Alkohol ist die Stimmung im Zelt unbeschreiblich. Ich bin den beiden unendlich dankbar. Ob es da ein Trinkgeld gäbe, nutzt Isaac geschickt meine euphorische Gemütsverfassung. Selbstverständlich, aber erst, wenn ihr mich noch wohlbehalten ins Dorf zurückgebracht habt. Dann greift er zum Funkgerät, um auch dort die frohe Kunde zu verbreiten. Sie scheint Begeisterung auszulösen. Jedenfalls tönt erregtes akustisches Durcheinander durch das Gerät. Denn nach uralter Tradition wird das Fleisch eines großen Bären unter der Sippe verteilt, erfahre ich nun. Und morgen fahren wir nach Hause.

Vor dem Einschlafen gibt Isaac noch sein Resümee des heutigen Abends zum Besten: „I you watch – you aim big bear – big moment of you life." Wie genau hat er doch wieder beobachtet, dieser Philosoph und Psychologe. Ja, es war vielleicht sogar der größte Moment meines Lebens. Dem jahrelangen Traum, dem König der Arktis gegenüberzustehen – und ihn zu bekommen.

Dann schnarchen die beiden um die Wette. Aber ich kann nicht schlafen. Wie in einem Endlosfilm ziehen die Ereignisse der letzten Tage und Wochen am geistigen Auge vorüber. Aber alles erscheint nun in rosarotem Licht, denn der Film hat ja, was ich kaum noch zu hoffen gewagt hatte, ein Happy End. Nur noch wenige Stunden in dem verdammt kalten Zelt, auf der Bettstatt aus Eis. Dann geht es zurück in den Komfort der Zivilisation.

Immer wieder kreisen die Gedanken um den Bären. Wo war er so lange geblieben und was hatte ihn veranlasst, zurückzukommen und nun doch noch seinem Erleger zu begegnen? Trieb ihn nur Neugier auf das Zelt zu oder vielleicht Hunger? Abgesehen von seltenen Fällen von „Maneatern" unter Löwen und Tigern gilt der Eisbär als das einzige Raubtier, das auch den Menschen in sein Nahrungsspektrum einbezieht. Isaac hatte von solchen Erlebnissen berichtet. Einmal sei er selbst nachts von solch einem ungebetenen Gast überrascht worden. Das Zelt, das dieser aufzureißen versuchte, war seine Rettung. An den Geräuschen sei er erwacht und habe den Bären durch die Leinwand erschossen.

Manchmal würden Inuit, zu bequem, um ein Zelt oder ein Iglu zu bauen, einfach im Schlafsack auf dem Eis übernachten. Möglicherweise hält der Bär den Inuk für eine schlafende Robbe, jedenfalls ist es um ihn geschehen. „When he wake up, is dead", so Isaacs makabrer Kommentar. Beim Erwachen ist er tot.

Im Gegensatz zum ersten Bären war dieser jedoch wohlgenährt. Rundum Fett, an manchen Partien sogar mehrere Zentimeter dick. Eigentlich erstaunlich, nach einem langen Winter mit mörderischer Kälte und endloser Dunkelheit. Einer Jahreszeit also, die seine nahen Verwandten, Braun- und Schwarzbären, unter der Schneedecke in tiefem Winterschlaf verbringen. Doch gerade dann ist der Eisbär in seinem Element, denn nur im Eis kann er erfolgreich seiner Hauptbeute, den Robben nachstellen. Für ihn beginnt die harte Zeit im Sommer, wenn sich das Eis in immer kleinere Schollen auflöst. Die Robben brauchen dann keine Atemlöcher mehr, an denen er ihnen auflauern kann.

Die Bären lungern dann an den Küsten herum, versuchen sich durch Plündern von Enten- und Gänsenestern oder den Konsum von Aas durchzubringen. Um Energie zu sparen, dösen sie dahin in einer Art „Sommerschlaf", hatte mir Glenn anschaulich erklärt. Weiter südlich, in der von Menschen dichter besiedelten Hudson Bay, durchwühlen Eisbären inzwischen auch die Mülldeponien nach irgendetwas Fressbarem. Erbärmlich verschmutzt ist dann nach kurzer Zeit ihr herrlich weißes Fell. Dort kommt es auch immer wieder zu Übergriffen auf Menschen. Bedauerliche Situationen, verbreitet über die Massenmedien.

Normalerweise habe ich keine Schlafprobleme. Unbeeinträchtigt vom Trubel der Umgebung, selbst auf dem Parkplatz an der Autobahn oder im Wirtshaus, gelingen erholsame Nickerchen. Das wissen die Leser, die den Autor persönlich kennen. In dieser Nacht aber ging nichts. Glücklicherweise sind heute auch meine Begleiter viel früher als sonst munter. Es geht heim!

Nach einem letzten Haferflocken-Frühstück zügiger Aufbruch. Eine quadratische Fläche voller Unrat, leeren Konservendosen, Küchenabfällen und Nahrungsresten wird noch eine Weile den Standort des Zelts markieren. Denn Ordnung und Reinlichkeit im zivilisatorischen Sinne kennen die Inuit nicht. – In einigen Monaten wird alles auf den Meeresgrund absinken.

Die beiden Schlitten sind voll beladen. Jetzt, nachdem die Jagd beendet ist, darf ich erstmals auf Andrews Skidoo-gezogenem Anhänger Platz nehmen. Noch di-

Am Morgen der Abreise – dank dieser Fellkleidung überstand ich alles ohne Erfrierungen.

cker als sonst eingepackt brausen wir los nach Süden. Isaac folgt mit seinem viel langsameren Hundegespann.

Endlich zeigt sich die Arktis wieder von ihrer schönsten Seite. Intensiv strahlt die im April schon recht hoch stehende Sonne auf Schnee und Eis. Das grelle Weiß ist nur durch die Gletscherbrille zu ertragen. Früher schützten die Inuit ihre Augen durch „Sonnenbrillen“ aus flachen Knochen, in die sie schmale Sehschlitze gebohrt hatten, die nur wenig Licht durchließen.

Näher und näher rücken die Felswände des sich verengenden Admirality Fjords. Ein winziges schwarzes Pünktchen vor uns auf dem Eis entpuppt sich beim Näherkommen als eine Inuitfamilie, die auf Skidoo und Schlitten zur Jagd fährt. Die ersten Menschen seit langer Zeit. Natürlich hält man an, erzählt und kocht Tee. Diese Art sozialer Kontakte ist in Gebieten solch geringer Menschendichte eine Selbstverständlichkeit. Respektvolle Bewunderung für den großen Bären.

Dann ist es geschafft. Andrew bringt mich und mein Gepäck zum vertrauten Eneoksat-Hotel. Alles Weitere würden er und Isaac erledigen – „see you tomorrow.“

Endlich wieder Wärme und Komfort. Freudig begrüßt die Wirtin den Spätheimkehrer, sieht ihm den Erfolg an der Nasenspitze an und bittet um einige Informationen. In diesen entlegenen Kommunen scheinen sich alle Bewohner für das Thema Jagd zu interessieren.

Das erste zivilisierte Abendessen! Tisch und Stuhl, nicht mehr Schneidersitz auf dem Eis. Dann das lang erträumte heiße Bad. Dann die erste Nacht im beheizten Hotelzimmer, mindestens 40 Grad wärmer als im „Schlafgemach“ auf dem Eis des Lancaster Sounds.

Am nächsten Morgen treffe ich mich mit Game Officer Glenn Williams zur detaillierten Berichterstattung. Er ist sehr angetan von unserem Erfolg – die Funkmeldung hat sich bereits herumgesprochen – und der guten Zusammenarbeit mit seinen Leuten. Ob ich Spaß gehabt hätte an dieser ursprünglichen Art des Jagens? Natürlich, bestätige ich begeistert, all den Ärger, die Zweifel, die Depressionen vergessend. Die Erinnerung filtert ja zum Glück die finsteren Phasen heraus, nur das Schöne bleibt.

Per Fax kontaktieren wir das Büro des Outfitters in Montreal. Erstmals nach dem zeitlosen Dasein im Eis bin ich wieder mit dem Kalender konfrontiert. Halina Knap kümmert sich um die Flugverbindungen. Erst in drei Tagen könne ich von Nanisivic abfliegen, lässt sie mich wissen. Aber das macht gar nichts. Jetzt, nachdem alles überstanden ist, kann ich das Flair von Arctic Bay genießen.

Dann taucht Isaac auf. Wo ist die Bärendecke? Die wird bereits bearbeitet, erklärt er mir, denn so ist sie viel zu schwer für den Transport. Dort hinten im letzten Haus des Dorfes wohnt eine ältere Expertin, die würde hervorragend arbeiten.

Ich habe nun viel Zeit und mache mich auf den Weg. In der besagten Behausung bietet sich ein unvergessliches Bild. Auf dem Fußboden der überheizten „Guten Stube“ liegt die über Nacht aufgetaute Bärendecke, ausgebreitet fast drei Meter lang und über drei Meter breit. Davor kauert, nur mit dünnem Negligé bekleidet, eine überaus füllige, grauhaarige Inuitfrau. Sie spricht kein Wort Englisch. Aber aus ihrem faltenreichen Gesicht strahlt beeindruckende Würde und Lebenserfahrung. Wahrscheinlich ist sie der führende Kopf einer Großfamilie, wie ich dergleichen von den Eskimos in Alaska kenne. Eine Matrone im besten Sinne des Wortes.

Durch Zeichensprache vermittle ich meine Bitte, ihr eine Weile zuschauen zu dürfen. Sie nickt und beschreibt mir durch dasselbe Kommunikationsmittel ihr Arbeitsprogramm. Die dicke Fettschicht entfernen, in der Schnauzenpartie die Lefzen spalten, Gehöre umdrehen und Augenlider frei schneiden. Als Werkzeug dient ihr das „Oulu“, auch „women's knife“ genannt. Ein Metallblatt mit runder, scharfgeschnittener Schneide und Griff aus Tierknochen. Damit trennt sie die dicke gelbe Fettschicht von der Oberhaut, Zentimeter um Zentimeter. Die jahrzehntelange Übung ist unverkennbar, jeder Schnitt sitzt. Ab und zu wetzt sie ihr Oulu. Dabei wabert die üppige Weiblichkeit unter dem dünnen Textil … Ein ungewohnter Anblick nach dem Leben in der eisigen Einsamkeit.

Die abgetrennten Fettstreifen sammelt sie in einem eisernen Topf. Ist dieser voll, setzt sie ihn auf den Herd, um kurz darauf den brutzelnden Inhalt mit Behagen zu verzehren – Kalorienbombe à la Inuit. Eisbärfett scheint hier so begehrt zu sein wie bei den Schwarzwäldern der geräucherte Schweinespeck.

Am Nachmittag, nach ausgiebigem Dorfbummel, schaue ich wieder herein. Die Bärendecke ist nun fast fertig. Auf dem Herd köchelt in einem großen Topf der Bärenschädel. Um das Ausfallen der Schneidezähne zu vermeiden, ragt diese Partie stets etwas aus dem Wasser. Ich bekunde meine Zufriedenheit mit ihrer Arbeit.

Jetzt wird es lebendig im oberen Stockwerk. Die Kinder haben schon etwas über den Fremden gehört. Sie kommen alle herunter und wollen ihn sehen. Sieben oder acht sind es, etwa zwischen fünf und 18 Jahre alt. Wie die Orgelpfeifen stehen sie da, starren mich aus schwarzen Schlitzaugen an. Die Kleinsten nachdenklich in der Nase bohrend, die Mittleren gelegentlich miteinander tuschelnd.

Neugierig mustern Inuitkinder den Fremden.

Dann verschämtes Gekicher. Was es da zu lachen gäbe, frage ich die beiden älteren Mädchen, die erwartungsgemäß etwas Englisch sprechen. Sie wollen zunächst nicht raus mit der Sprache, doch schließlich sind die Hemmungen überwunden. Einiges fänden sie halt so sonderbar, „very strange“: Der Mann hat Haare auch im Gesicht und zudem feuerrote. Beides reizt gleichermaßen zum Feixen, denn Inuit haben in der Regel keinen nennenswerten Bartwuchs und blauschwarzes Haar. Damit nicht genug. Er hat blaue Augen. Wenn Hundewelpen mit solchen Augen – gemeint war wohl eine milchig getrübte Iris – auf die Welt kommen, werden sie gleich totgeschlagen, denn sie sind blind. Aber der Mann da muss etwas sehen können, sonst hätte er doch den großen Bären nicht getroffen. Jetzt lacht alles befreit los.

Über die beiden Sprecherinnen erfahre ich mehr über die Familie. Nein, nicht alle sind Geschwister. Zwei waren verwaist und wurden in die Gemeinschaft aufgenommen. Dieses ausgeprägte Sozialgefühl war mir schon bei den Eskimos an der Beringsee aufgefallen. Adoptionen sind eine Selbstverständlichkeit. Dabei spielt keine Rolle, wer Vater oder Mutter war. Kinder sind einfach wertvoll. Bei der früher höheren Sterblichkeit waren sie unentbehrlich für das Überleben der Sippe.

Draußen schlagen die Hunde an. Der Vater kommt von der Jagd zurück. Umringt von den Kindern schleift er eine große Robbe in die Stube. Er schlitzt den

Bauch auf und zieht mit geübten Griffen ein weißfelliges Junges heraus. Dessen Fell sei besonders wertvoll, lässt er mich über die Töchter wissen. Während er sie im Wasser säubert, genießen die Kinder, mit kleinen Messern bewaffnet, das frische Blut, Fleisch und Fett der Robbe. – Ein unbeschreiblicher Mief erfüllt allmählich den Raum.

Am nächsten Tag bringt Isaac den Schädel und die zum Transport zusammengerollte Bärendecke. Die Alte hat mit Pulverschnee auch die letzten Schweißreste aus dem Fell gebürstet. Sehr gute Arbeit, betont er.

Endlich finde ich auch Zeit, weiter am Kopf des Polarbüffels zu arbeiten. Mit einer Knochensäge trenne ich vom Schädel alles ab, was für die spätere Präparation nicht erforderlich ist. So lässt sich das Gewicht des umfangreichen Gepäcks reduzieren. Bis zur Abreise wird alles im Gefrierhaus der Gemeinde eingelagert.

Nachdem Glenn die zum Export erforderlichen Papiere ausgestellt hat, gehen wir zusammen ins „Rathaus". Der Bürgermeister will mich sehen, um mir zu gratulieren. Er freut sich über den Erfolg in seinem Kirchspiel und über die gute Arbeit seiner Bürger.

Es ist nun deutlich wärmer geworden, nur noch minus 18 Grad zeigt das Thermometer, und ausnahmsweise windstill. Ein letzter Bummel durchs Dorf am Vorabend der Abreise. Vor einigen Häusern entdecke ich die Reste meines Bären. Hier liegt ein Oberschenkelknochen, dort ein Stück vom Brustkorb, dann ein Schulterblatt oder ein abgenagter Unterarmknochen.

Hie und da sind auch Eisbärfelle zu sehen. In großen, hölzernen Rahmen sind sie mit vielen Lederriemen zum Trocknen aufgezogen, somit auf maximale Größe gespannt. Dennoch finde ich kein Exemplar, das die Dimensionen meiner ja nicht gespannten Decke auch nur entfernt erreicht. So beschleicht mich ein ungutes Gefühl. Denn sollte diese Trophäe während der langen Reise nach Deutschland verloren gehen, wäre wohl schwer ein adäquater Ersatz zu beschaffen.

Abschied

Am nächsten Morgen ist es so weit. Die Schädel von Bär und Polarbüffel finden zusammen mit Kleidern und der zerlegten Büchse Platz im geräumigen, altgedienten Koffer, die beiden Decken werden im großen Seesack verstaut.

Herzlicher Abschied von Glenn und den beiden Inuit. Andrew freut sich riesig über die kleine Olympus-Kamera. Sein Interesse am Fotografieren erkennend, hatte ich ihm diese schon während der Jagd in Aussicht gestellt.

Isaac bekommt ein gutes Trinkgeld – und ich ein Kompliment, das ich von einem Inuk gegenüber einem Weißen nie erwartet hätte: „I like hunt with you." Offensichtlich hatte ihm diese Jagd Spaß gemacht trotz meiner hohen Ansprüche hinsichtlich der Beute und der dadurch bedingten Verzögerungen. Aber dieser große Bär hatte eben auch zu seinem Ansehen im Dorf beigetragen. Er jage gerne mit mir, was er dann auch gleich durch eine Bitte bekräftigt: „When you come back?"

Dankend lehne ich ab. Einerseits habe ich genug von dieser Art Jägerleben, andererseits den erträumten Eisbären bekommen. Das genügt. Aber Isaac lässt nicht locker. Ob ich nicht einmal im Sommer kommen möchte? Das klingt schon besser. Zur Zeit der Mitternachtssonne in der Hocharktis – fantastische Vorstellung.

Dann setzt er noch eins drauf: Jagd auf Narwal. Auf Narwal? Aber der zählt doch zu den Meeressäugern, die nur Inuit bejagen dürfen? „You go with me" – so einfach glaubt der Inuk, das Problem lösen zu können. Mit dem Versprechen, das verlockende Angebot zu überdenken, besteige ich das Taxi zum Flugplatz von Nanisivic.

Seit über dreiwöchiger Abstinenz endlich Bier! Die Crew der Canadian Airlines zeigt sich großzügig während des fünfstündigen Fluges nach Montreal.

Dem zweitägigen Aufenthalt, während dessen der Seesack mit den ungesalzenen Fellen in der Gefrierhalle des Airports eingelagert war, folgt ein ruhiger Nachtflug mit Lufthansa nach Frankfurt. Ankunft am Morgen des Gründonnerstags. Der Weitertransport der beiden Decken zum Präparatoren-Kollegen Wolfgang Schenk durch eine Speditionsfirma ist bereits von Kanada aus organisiert worden. Endlich bin ich den schweren Seesack los.

Auch Herz und Lecker des Polarbüffels haben die Reise unbeschadet überstanden. Exzellent zubereitet im heimatlichen Gasthof Reichenbächle bilden sie später die Grundlage eines Erinnerungsmahls im Freundeskreis – und somit ein Kontrastprogramm zum spartanischen Leben im arktischen Eis. Einige Szenen verfolgten mich übrigens auch hier noch nächtelang im Traum.

Noch im selben Sommer werden beide Präparate fertig. Die Kopf-Schulter-Montage des Polarbüffels in der eigenen Werkstatt, der Eisbär zusammen mit Wolfgang Schnaubelt in der Halle von Schenk in Daubach. Interessiert beobachtet Cecilia, die als Gast aus Santa Domingo am EWI weilt, die dreitägige Arbeit an der ihr völlig fremden Wildart. Ein bemerkenswerter farblicher Kontrast – der weiße Riese und das karibische „Schokimaidle".

Cecilia bestaunt die moderne Technik der Großwildpräparation in der Werkstatt von Wolfgang Schenk.

Zu zweit arbeiten wir drei Tage lang, um den weißen Riesen wieder zum Leben zu erwecken.

Bis heute bildet der wiedererstandene König der Arktis die Hauptattraktion für die Museumsbesucher – und für mich die Erinnerung an die wohl eindrucksvollste Jagd meines Lebens.

Diese Ereignisse führen fast noch zu beruflichen Konsequenzen. Ein Jahr später, anlässlich der Jagdmesse in Erding im Mai 1991, übermitteln mir Jerome und Halina Knap eine traurige Nachricht. Ihr Mitarbeiter und unser Betreuer Tudor Howard-Davies sei an Lungenkrebs gestorben. Nun suchen sie einen Nachfolger. Voraussetzung sei außer Organisationstalent Einfühlungsvermögen im Umgang sowohl mit Gastjägern wie auch mit den Inuit. Aufgrund von Berichten aus Resolute und Arctic Bay wollen sie mich hierfür engagieren.

Berufsjäger in der Arktis! Vor drei Jahren wäre ich wohl sofort auf dieses verlockende Angebot eingegangen. Doch inzwischen hat sich über das EWI die Möglichkeit ergeben, mich wieder ganz der Wildforschung zu widmen.

Wie schwer mag es ihm wohl gefallen sein, sich zwischen solch extremen Optionen zu entscheiden. Vielleicht konnte ich in diesem Fall auch etwas dazu beitragen, ihn der Zivilisation zu erhalten. Ich studierte damals in Freiburg und wir sahen uns daher viel häufiger als heute.

Stets verfolgte ich mit Interesse seine Recherchen über die Lebensweise der von ihm bejagten Wildarten. Heute beschäftigt mich die auch durch die Massenmedien zunehmend verbreitete Sorge um die Erhaltung des imponierenden Königs der Arktis: „Dein umwerfendes Jagderlebnis liegt nun fast zwei Jahrzehnte zurück. Ist es heute noch vertretbar, Eisbären zu erlegen? Wo doch als Folge der Klimaerwärmung das arktische Packeis wegschmilzt und somit ihr Lebensraum immer kleiner wird?“

Ja, mit dieser Frage habe er sich natürlich auch befasst, räumt der Wildbiologe ein und schenkt Wein nach: „Langfristig betrachtet gab es allerdings schon immer Klimaschwankungen auf der Erde, zum Teil auch sehr extreme. Allein während der letzten 1,5 Millionen Jahre sorgten hierfür mindestens vier Eiszeiten, während derer viel größere Flächen der nördlichen Halbkugel von Eis bedeckt waren als heute. In den dazwischenliegenden Warmzeiten war es dann wohl fast verschwunden. Sehr wahrscheinlich haben sich die Eisbären dieser Situation angepasst und an Land gelebt wie Braunbären, mit denen sie ja sehr nahe verwandt sind. Mehr noch, manche Forscher sehen im Eisbären lediglich eine an das Leben im nahrungsreichen Meereis angepasste und daher weiße Form ein und derselben Bärenspezies.

Die weißen Bären werden mit dem Eis natürlich zurückgehen. Daran würde auch ein Jagdverbot, wie gelegentlich vorschnell gefordert, nichts ändern. Denn auch in einer geschrumpften Population gibt es einen jagdbaren Überschuss an männlichen Bären. Dem werden die betreffenden Länder dadurch Rechnung tragen, dass sie eben weniger Jagdlizenzen für entsprechend höhere Kosten abgeben. Man braucht diese Einnahmen für das geschilderte Management."

Nachdenklich stehe ich mit meinen auch nicht gerade schmächtigen 173 cm Körpergröße vor dem weißen Riesen. Lasse das soeben Gehörte Revue passieren, während mein Gastgeber etwas Warmes zum Abendessen zubereiten will. Das ist bitter notwendig nach der Kühle der Museumshalle und der Schilderung der arktischen Kälte. Nach erstaunlich kurzer Zeit eine verheißungsvolle Meldung aus dem Erdgeschoss: „Es ist angerichtet." Doch was findet sich zu meinem Entsetzen auf unseren Tellern: Scheiben aus rohem Lachs und nicht einmal lauwarm ...

Meine Miene muss Bände gesprochen haben. „Ich dachte, der wäre so essbar", erwidert Kuno kleinlaut. Nein, das war kein übler Scherz. Von Kochkunst versteht er eben nichts, das ist mir wohl bekannt. So hat er den im Supermarkt besorgten tiefgefrorenen Lachs für gebraten gehalten, ihn dann – wie lange wohl schon? – auf der als „Natur-Eisschrank" fungierenden Ablage vor dem Küchenfenster aufbewahrt und zum Aufwärmen nur kurz in die Bratapfelnische des Kachelofens geschoben.

In der Küche finde ich Pfanne, Öl und Gewürze, um das Problem zu lösen. Gebraten duftet und schmeckt der edle Fisch vorzüglich. „Erstaunlich, wie schnell und einfach das geht", meint mein Tischgenosse, „das werde ich nun öfter mal so machen." – Daran habe ich jedoch erhebliche Zweifel. Wer so lange das spartanische Leben in der Wildnis gewöhnt war, wer problemlos rohes, ja sogar gefrorenes Fleisch verdauen kann, der findet nicht ohne ständige Anleitung zu einer zivilisierten Esskultur.

Wohlige Wärme strahlt der Kachelofen aus. Auf meine Bitte bleiben wir daher noch länger in der urgemütlichen Stube, den leckeren Weißwein genießend. Ich muss mich aufwärmen. Diesem Naturburschen scheint dagegen Kälte nicht viel auszumachen. Das war mir schon vor Jahren aufgefallen, als wir auf der zweispurigen Langlaufloipe nebeneinander durch die bezaubernde Winterlandschaft des Schauinsland glitten. Trotz des sehr kalten Januartags fuhr er Ski ohne Handschuhe und Mütze!

Dennoch sind die geschilderten Kältestrapazen, vor allem die Nächte auf der Bettstatt aus Eis für mich unvorstellbar. Noch unbegreiflicher ist das, was ich nun zu hören bekomme. Der Abenteurer hatte immer noch nicht genug. Griff Isaacs Anregung auf und begab sich wieder ins lebensfeindliche Eis, um einen Jugendtraum zu realisieren – die Suche nach dem Einhorn.

Das Einhorn

Zum Schulanfang unmittelbar nach dem Ende des Zweiten Weltkriegs schenkte mir der Großvater die von Ludwig Bechstein zusammengestellte Ausgabe der Märchen der Gebrüder Grimm. Mehr als alle anderen Erzählungen begeisterte mich die Titelgeschichte „Vom tapferen Schneiderlein" und vor allem dessen Sieg über das böse Einhorn. Es wollte ihn aufspießen, doch der Schlaumeier suchte blitzschnell Deckung hinter einem dicken Baum. Das grimmige Tier konnte nicht mehr wenden und rammte sein langes Horn tief ins Holz. Solcherart hilflos wurde es zur leichten Beute des wagemutigen Schneiders.

Das eindrucksvolle Titelbild des Buches vermittelte eine Vorstellung von dem pferdeähnlichen Wesen. Zwischen den Augen war ihm ein langes, in sich gedrehtes Horn aus der Stirn gewachsen – wahrlich ein furchterregendes Ungeheuer. Schon damals reifte in dem Schulbuben der Wunsch, ein solches zu erbeuten, sollte er je einmal Jäger werden.

Mythos Einhorn

Erst Jahre später wurde ich mit der Wahrheit konfrontiert: Das Einhorn zählt zu den Wesen, die es gar nicht gibt. Die lediglich als Mythen existieren wie Riesen, Drachen oder das Ungeheuer im schottischen Loch Ness.

Solch ein grimmiges Tier wollte ich einmal erbeuten.

Doch zu dieser Erkenntnis gelangte die Menschheit erst nach Jahrtausenden! Wohl kein anderes Tierprodukt dürfte die Fantasie derart beflügelt haben wie dieses etwa zwei Meter lange spiralig gewundene Stück Elfenbein. Niemand hatte seinen Träger je gesehen. Beschrieben hatten ihn dagegen viele, wie der kanadische Arktisforscher und Schriftsteller Fred Bruemmer recherchierte. Schon die Naturwissenschaftler der Antike wie Aristoteles oder der römische Plinius der Ältere in seiner *Naturalis historia*, um nur die Bekanntesten zu nennen. Sie beriefen sich auf Überlieferungen aus Fernost, aus China und Indien, wo das gedrechselte Horn schon vor mindestens 4 000 Jahren bekannt war. Auf uralten Handelswegen – am berühmtesten die Seidenstraße über das persische Samarkand – gelangte das rätselhafte Produkt nach Europa und mit ihm auch die fernöstlichen Vorstellungen über das Fabelwesen.

Um ein pferdeähnliches Tier handle es sich, mit elefantenartigen Läufen und einem löwenähnlichen Schwanz. Westliche Naturgeschichtler versahen es dagegen mit Hufen von Pferden oder rinderartigen Paarzehen und gelegentlich mit einem hirschähnlichen Haupt. Allen Schilderungen gemeinsam war das mitten aus der Stirn ragende Horn.

Zum weitverbreiteten Mythos avancierte das Einhorn im Mittelalter. Beschreibungen in Tierbüchern, den „Bestiarien", und bildliche Darstellungen von berühmten Malern wie Leonardo da Vinci, Raphael oder Albrecht Dürer und später Hans Holbein oder Arnold Böcklin verliehen dem nie gesehenen Phantom Gestalt. So wurde es populär in weitesten Kreisen der Bevölkerung bis in die Neuzeit.

Noch mehr als über sein Äußeres divergierten verständlicherweise die Vorstellungen über das Wesen des Einhorns. Galt es in Fernost eher als friedliches Tier, dessen Anblick von Ängsten, Schmerzen und sogar von kriegerischen Gelüsten befreien sollte, so hielt man es in europäischen Kulturkreisen für böse, aggressiv und gefährlich. Nur gegenüber Jungfrauen zeigte sich der Unhold zahm, sogar anhänglich.

Als Sinnbild der Wehrhaftigkeit fand das Einhorn Eingang in die Heraldik. Neben Adlern und Löwen wurde es beliebtes Herrschaftssignet in den Wappen adeliger, bürgerlicher und geistlicher Herren in vielen europäischen Ländern.

Das Horn selbst löste natürlich im Laufe der Jahrtausende kurioseste Spekulationen über seine immense Heilkraft gegen fast alle Krankheiten aus. Als Phallussymbol galt es, ähnlich wie die Stirnwaffe des Nashorns, als Sinnbild männlicher Potenz, vor allem in Ostasien. Aber auch im Westen erblühten die Fantasien: Das Horn, in pulverisierter Form mit Essig oder Bier eingenommen,

Über Jahrtausende beflügelte der Mythos Einhorn die Fantasie.

könne Potenzstörungen beheben, die Pest vertreiben und selbst Kranke aus dem Koma erwecken. Wohl jeder renommierte Arzt oder Apotheker versuchte das Wundermittel zu verschreiben. So wie heute die Schlange fand sich damals das Einhorn im Emblem der Pharmazie.

Am verbreitetsten war jedoch von jeher der Glaube an die Wunderkraft gegen Gifte aller Art. Vergiftetes oder durch Krankheitskeime verseuchtes Wasser werde durch Eintauchen des spiraligen Horns wieder genießbar. Mehr noch, bereits vergiftete Menschen könnten durch Einnahme von Substraten aus Einhorn dem sicheren Tod entgehen, glaubte man. In Trinkbechern, gefertigt aus diesem begehrten Horn, sollten Arsenik oder Aconit, die gebräuchlichsten, da schwer nachzuweisenden Gifte für mittelalterliche „Terroranschläge", erst gar nicht zur Wirkung kommen. Jahrhundertelang, mindestens bis zur Renaissancezeit, versuchte sich daher mit den segensreichen Einhornprodukten einzudecken, wer immer sich durch Gift bedroht fühlte.

Eine extrem kostspielige Lebensversicherung. Denn aufgrund dieser Wundergläubigkeit stiegen die Preise für das begehrte Material ins Unermessliche. Zumal dessen Ursprung und Herkunft stets ein mystisches Rätsel blieb. Chinesische und indische Händler hatten es zusammen mit Mammutzähnen wohl seit Jahrtausenden für Elfenbeinschnitzereien aus Sibirien bezogen. Je weiter westlich die Ware gelangte, desto höher stieg der Preis, bis zum 200-fachen des in

China bezahlten. In Europa wurde gelegentlich für ein einziges Horn das Zehnfache seines Gewichts in Gold bezahlt! Und das berühmte „Horn of Windsor" soll im England des 16. Jahrhunderts so viel wert gewesen sein wie ein ganzes Herrschaftsgut einschließlich des Schlosses ...

Erste Zweifel

Wie nur konnte sich der Mythos Einhorn so lange halten? Woher stammte das wundersame Tierprodukt in Wirklichkeit? Zwar gab es auch im Westen Menschen, die hierüber Bescheid wussten. Darunter die Wikinger, die schon vor 1 000 Jahren die Küsten von Grönland bejagten, immer wieder solch ein Tier erbeuteten und dessen Horn nach Europa brachten. Aber die schwiegen geflissentlich, um den Aberglauben und den daraus resultierenden fantastisch hohen Preis zu erhalten.

Dem Geheimnis auf die Spur kam erst 1577 der Engländer Sir Martin Frobisher, als er im Auftrag von Queen Elizabeth I. nach der Nordwestpassage vom Atlantik zum Pazifik suchte. Im Süden von Baffin Island fanden seine Mannen auf einer kleinen Insel „einen großen toten Fisch, der in seiner Nase ein langes, gedrehtes Horn hatte". Da dieses der Stirnwaffe des Einhorns verblüffend ähnelte, war Frobisher überzeugt, das bislang noch unbekannte „See-Einhorn" gefunden zu haben. Denn damals ging die Wissenschaft noch von einem Gleichgewichtszustand bezüglich der Tierarten zwischen Land und See aus. Das heißt, von jedem Landtier gebe es ein Äquivalent im Meer: Den terrestrischen Kühen entsprächen die Seekühe, den Pferden (Rössern) die Walrosse, den Löwen die Seelöwen, um nur einige zu nennen. Nun war also wenigstens das längst vermutete See-Einhorn entdeckt.

Weitere Reisen in diese Region brachte die Bekanntschaft mit den Inuit, die von jeher dieses Tier gejagt hatten. Es handelte sich um eine Walart, deren ganzes Leben sich im Packeis abspielt. Das Horn war nun in größeren Mengen zu bekommen – und entsprechend sank der Preis.

Nun gab es also zwei Arten von Elfenbein auf europäischen Märkten: Das sündhaft teure vom unbekannten Land-Einhorn aus Ostasien für die Reichen, und den preiswerteren Ersatz vom See-Einhorn für die weniger Bemittelten. – Doch beide ließen sich äußerlich kaum unterscheiden.

Dies, wie auch der Wandel vom tiefen Aberglauben des Mittelalters zum kritischen Hinterfragen während der Renaissance, gaben immer mehr Anlass zu generellen Zweifeln an der legendären Heilkraft beider Produkte. So kam es Anfang des 17. Jahrhunderts etwa zeitgleich zu Versuchen durch Herrscher sowohl in England wie auch in Indien. Sie wollten es nun genau wissen. Vergifteten jeweils einen Diener, in Indien zudem eine Ziege und eine Taube, und versuchten, sie durch Gaben von Einhornpulver zu kurieren. – Alle „Versuchskaninchen“ starben.

Endgültige Klarheit

Seitens der Pharmazie war man zwar eifrig bemüht, diese Fehlschläge dem geringwertigen See-Einhorn zuzuschreiben. Doch wenig später gelangte endlich ein ganzer Schädel mit Stoßzahn von Island nach Dänemark. Er wurde Gegenstand einer wissenschaftlichen Untersuchung, die 1638 als Dissertation erschien. Damit war eindeutig geklärt: Das vierfüßige Fabelwesen gibt es nicht! Jegliches „Einhorn“ dieser Welt stammt von einem Meeressäugetier, dem man nach der isländischen Bezeichnung narhual den Namen Narwal (*Monodon monoceros*) verlieh.

Rasch verbreitete sich diese Erkenntnis und dementsprechend bröckelte die Fassade blinder Gläubigkeit. Lediglich in Ostasien hielt sich die unbewiesene Vorstellung von der Heilkraft der Pulvers aus Narwalzahn wie ja auch aus Nashorn bis heute.

Als Mythos lebt das Einhorn in Märchen und Sagen auch bei uns weiter. Und der wundersam gedrechselte Stoßzahn hat nichts von seiner Faszination eingebüßt. Als Kuriosität blieb er weiterhin begehrt.

Auch mich hatte das Einhorn in seinen Bann gezogen. Würde ich ihm jemals begegnen?

Wieder im Eismeer

23. Juni 1997. Nach fünfstündigem Flug von der kanadischen Hauptstadt Ottawa setzt der Jet zum Sinkflug auf Nanisivic an, durchbricht schließlich die Wolkendecke und gibt die Sicht frei auf die hügelige Tundra im Norden von Baffin Island. Nur noch wenige Reste von Altschnee haben sich in Mulden und Talsenken gehalten. Auf den Hügeln schimmert es grün zwischen grauem Gestein.

Frühling in der Hocharktis. Den zu erleben in dieser beeindruckenden Landschaft, das hatte ich mir seit Jahren gewünscht. Seit jenem Abschied von Isaac nach der Eisbärjagd im April 1990.

Seitdem träumte ich wieder vom Einhorn, wenngleich realistischer als damals als Schüler. Ich könne ihn bei der Jagd auf Narwal begleiten, also auf das wirkliche, das Meeres-Einhorn, das hatte Isaac damals in Aussicht gestellt. Ich wollte diese geheimnisvolle Tierart kennenlernen. Hätte aber auch gerne einen Schädel mit Stoßzahn für das EWI-Museum gehabt, denn ein Vertreter der Wale fehlte noch. Er sollte dann den Studenten als Objekt für vergleichende anatomische Studien dienen.

Doch Wale sind für weiße Jäger tabu, ebenso der Besitz von Walprodukten, so die Bestimmungen der Europäischen Union zum Washingtoner Artenschutzabkommen (CITES). Aus diesem Grund war dieses Vorhaben wohl nicht zu verwirklichen.

Doch dann kam ich während der IUCN-Generalversammlung 1994 in Buenos Aires mit dem Artenschutzreferenten des Bonner Umweltministeriums, meinem früheren Kollegen Dr. Emonds, ins Gespräch. Die Wale würden von den Inuit ohnehin zu Nahrungszwecken erlegt und das Elfenbein nach Japan verkauft. Warum kann da nicht ein Exemplar nach Deutschland gelangen? An eine universitäre Einrichtung wie das EWI-Museum? Doch, meinte er, für wissenschaftliche Zwecke könne man die Einfuhr bewilligen, sofern die kanadische Regierung eine Ausfuhrgenehmigung erteilt habe.

Nun konnte ich konkret planen. Drei Jahre später traf ich während der Convention des Safari Club International in Las Vegas wieder Jerome Knap, den Outfitter für arktische Jagden und unterbreitete ihm mein ausgefallenes Anliegen. Er wolle versuchen, etwas Derartiges zu organisieren, aber es werde Zeit brauchen. Das war im Februar 1997.

Schon im Mai kommt dann positiver Bescheid. Man erinnere sich in Arctic Bay auch nach sieben Jahren noch an den Rotbart und freue sich auf dessen Besuch. Alle weiteren Informationen bekomme ich während des Treffens mit Jerome und Halina Knap in Ottawa am Abend vor dem Weiterflug nach Norden.

Ein Taxi bringt mich nach Arctic Bay. Zunächst in das vertraute Enokseat-Hotel, dann zum Büro des Jagdverbands – ja, so etwas gibt es hier inzwischen tatsächlich. Don Moore, der Geschäftsführer, erläutert mir das Unternehmen. Zu meiner Überraschung wird Isaac nicht von der Partie sein. Er sei nun zu alt, um Fremde zu führen, jage nur noch für sich, so Don. Dann macht er mich mit einem Inuk ebenfalls biblischen Namens bekannt. Moses, etwa 40 Jahre alt, werde mich führen. Der ist mir gleich sympathisch, wirkt intelligent, ruhig und besonnen. Ja, Narwale würden wir wohl sehen. Aber ob wir einen kriegten, sei eine ganz andere Frage. Das sei jedenfalls nicht einfach.

Mein Optimismus ist gedämpft. Wenn schon der Führer Zweifel am Jagderfolg hat ... Doch später erklärt mir Don, Moses sei der erfolgreichste Narwaljäger im Dorf, mit ihm wären meine Chancen am größten. Einen ähnlichen Ruf hatte ja damals Isaac hinsichtlich der Eisbären.

Wann soll es losgehen? Warum nicht gleich morgen früh? Abgemacht. Um neun Uhr wird er mich am Hotel abholen, versichert Moses und verabschiedet sich.

Am anderen Morgen warte ich vergeblich. Gegen zehn Uhr rufe ich Don an. Doch der rät, noch etwas zuzuwarten, Inuit hätten eben keinen ausgeprägten Zeitbegriff. Das ist mir nun keineswegs neu. Um die Mittagszeit frage ich mich zu Moses' Behausung durch. Schon im Vorraum ein unglaubliches Durcheinander von Gerätschaften, Kleidern und Schuhen aller Größen. Nach mehrfachem Klopfen öffnet die „Bessere Hälfte", noch im Negligé, und bittet mich einzutreten. In der „Guten Stube" krabbeln Kleinkinder, größere starren verdutzt auf den Fremden. Und am Tisch sitzt seelenruhig, noch in der Unterhose, mein künftiger Führer beim Kaffeetrinken.

„You want coffee?", fragt er höflich, als hätte es nie eine Abmachung zwischen uns gegeben. Was bleibt mir anderes übrig, als gute Miene zum seltsamen Spiel zu machen. Naturvölker lassen sich nicht treiben von den Terminvorstellungen der Weißen. Wozu auch Hektik, wenn es doch rund um die Uhr taghell ist, schon seit Wochen.

Moses stellt mir seine Kinder vor. Einige schlafen noch. Diesen da, den Dexter, den nehmen wir mit aufs Eis. Der ist jetzt elf Jahre alt und schon ein guter Jagdhelfer. Geduldig höre ich mir alles an, erkundige mich aber dann doch, wann es eigentlich losginge.

„Nice and slowly", meint er, seinen Kaffee schlürfend. Auf Schwäbisch also: „No net hudle."

Wieder geht es hinaus aufs Eismeer. Zur Sicherheit führen wir ein kleines Boot mit.

Schließlich kommt mir ein Zufall zu Hilfe. Er interessiert sich für das über der Brust hängende Fernglas, ein Zeiss 10 x 40. Das sei ein sehr gutes Glas, erklärt er mir wehmütig. Ein solches habe er auch besessen – bis er mit seinem Skidoo ins Eis eingebrochen sei. Sein Fahrzeug hätten sie noch retten können, aber das gute Zeiss liege irgendwo auf dem Meeresgrund. Das bringt mich auf eine Idee: Mein Fernglas war abgeschrieben und sollte ohnehin bald durch ein neues ersetzt werden. „Moses", bedeute ich ihm verheißungsvoll, „sollten wir tatsächlich einen Narwal erbeuten, dann bekommst du dieses Zeiss-Glas."

Die Aussicht auf ein derartiges Trinkgeld wirkt Wunder. Wenig später sind wir startklar. Bewegen uns auf zwei Motorschlitten hinüber zum gefrorenen Strand. Moses' Frau hilft tatkräftig beim Verladen von Proviant auf den angehängten Schlitten und fährt dann mit ihrem Skidoo ins Dorf zurück. Inzwischen ist es gegen drei Uhr nachmittags.

Es geht los

In gleißendem Weiß strahlt das Eis des Admirality Sounds. Wieder fahren wir nach Norden, wie vor sieben Jahren. Nur diesmal motorisiert, und entsprechend schneller gleiten die dunklen Felswände vorüber. Die intensive Sonneneinstrahlung bei Tag und Nacht hat die in der Hocharktis ohnehin geringe Schneedecke längst verschwinden lassen. Auf dem Eis ist sie in hellblau schimmernde Pfützen verwandelt. Hoch spritzt das Schmelzwasser beim Durchfahren. Doch in der auf dem Schlitten montierten geräumigen Holzkiste bleiben Dexter und ich sowie Ausrüstung und Proviant einigermaßen trocken.

Der Fjord wird breiter und das Eis zeigt Risse. Schwarzblau steht darin das tiefe Meerwasser. Es wird empfindlich kalt, obwohl die Temperatur über dem Gefrierpunkt liegen dürfte. Aber ungehindert pfeift jetzt der Boreas aus Richtung Nordpol. So ziehe ich den „survival suit" an, den knallroten, einteiligen Überlebensanzug, den mir Don mitgegeben hat. Damit sei ich unsinkbar, falls es passieren sollte. „We will find you", hat Don erklärt, im Hinblick auf die weithin sichtbare grelle Schockfarbe. Wir werden dich auf jeden Fall finden.

Das ist beruhigend, denn die Risse im Eis werden breiter. Moses, der sein Gefährt zielstrebig nach Norden steuert, muss jeweils rasch entscheiden. Hellblaues Wasser kann er durchfahren, das sind seichte Pfützen auf dem Eis. Schwarzgrünes Wasser bedeutet tiefes Meer. Schafft er es, mit Schwung über die Spalte zu kommen? Oder ist sie zu breit? Immer häufiger muss er am Eisrand entlangfahren auf der Suche nach einer Passage auf die nächste Scholle. Anfangs sind diese Sprünge über das tiefe Meer grauenerregend, doch allmählich steigt das Vertrauen in den offensichtlich im Eis erfahrenen Inuk.

Tagsüber taut die Junisonne den Schnee auf dem Eis des Meeres. Im Vordergrund eine Elfenbeinmöwe.

Nach mehrstündiger Fahrt kurze Pause. Schon längere Zeit hat Moses besorgt nach rechts geblickt. Auf den roten Eisbrecher, das Versorgungsschiff für die entlegenen Dörfer, der nun ebenfalls Richtung Lancaster Sound steuert. Der hat mir gerade noch gefehlt, ärgert er sich. Das Motorengeräusch dieses Kolosses könnte die sensiblen Narwale der ganzen Gegend vertreiben. Außerdem wolle er nach Osten, aber in der breiten Fahrtrinne des Schiffs sei das Eis klein gebrochen und daher für ihn nicht mehr passierbar. Er müsse den Eisbrecher also überholen, was aber bei dessen Geschwindigkeit wenig erfolgreich scheint. Wenn dem nur die Schiffsschraube verrecken würde! Moses hofft auf höhere Gewalt und besteigt sein Snowmobile.

Immer wieder blickt er hinüber zum etwa gleich schnell fahrenden Schiffsriesen. Doch jetzt wird dieser tatsächlich langsamer und kommt schließlich ganz zum Stehen. War das der Fluch des Inuk? Der fährt nun grinsend vor dem Kontrahenten in den Lancaster Sound. Noch Stunden später zeichnet sich das liegen gebliebene Schiff als roter Strich am weißen Horizont ab.

Gegen zwei Uhr morgens – die Sonne ist schon wieder merklich gestiegen – erreichen wir die „floe edge“, die eigentliche Treib- und Packeiszone. Die Schollen sind hier in ständiger Bewegung. Ich will endlich schlafen, aber Moses ist es zu riskant, hier ein Zelt aufzubauen. Zwar drückt der Nordwind die Schollen noch gegen das stabilere Eis. Doch sollte der Wind drehen, bestünde die Gefahr, auf einer Eisinsel nach Norden abzudriften. Nach deren Abschmelzen könnte uns das winzige Bootchen vielleicht vor dem unmittelbaren Absaufen bewahren. Aber ob damit die Rettung aus Seenot gelänge? Nein, für diesen Ernstfall hat uns

Don ein Satelliten-Telefon mitgegeben. Damit könnten wir Hilfe anfordern, wohin es uns auch immer verschlüge. Das Problem wäre dann allerdings die Bedienung des damals noch komplizierten und sehr voluminösen Gerätes. Bei meinem minimalen Verständnis für jegliche Elektronik fruchteten Dons Erklärungsversuche nichts. Moses könne damit umgehen, meinte er schließlich tröstend. Besser sei es allerdings, solch eine Situation möglichst zu vermeiden. Daher solle abwechselnd immer einer Wache halten und den Wind beobachten.

Ich bekomme meine Schlafstatt im Kasten auf dem Schlitten zugewiesen, die beiden Inuit liegen daneben auf dem Eis.

Am Vortag hatten wir kaum gegessen. Umso wichtiger ist jetzt das Frühstück. Moses kramt im geräumigen „Cooler", einer gut isolierenden Plastikkiste. Wer deren Inhalt nur zusammengestellt hat? Viel unnötiges Zeug ist dabei. Süßigkeiten, Pudding und Joghurt in Plastikdosen in Menge. Das Beste ist ein riesiger, gefrorener *Arctic jar*, ein Eislachs, nach meiner Meinung der schmackhafteste Speisefisch überhaupt. Moses kocht ein Stück davon in einer Nudelsuppe.

„Moses, where are the whales", erkundige ich mich während des Frühstücks, nachdem wir während der langen Fahrt im Eis nicht die geringste Spur der ersehnten Beute entdeckt haben. „Herby, I don't know", so seine ernüchternde Antwort. Der weiß also auch nicht mehr als ich. Schöne Bescherung.

Dabei gilt der Lancaster Sound als das „Hauptquartier der Narwale". 15 000 sollen hier den Sommer verbringen, so die Recherchen von Fred Bruemmer. Doch sie sind überaus unstet, heute hier, morgen ganz woanders. Selbst vom Flugzeug aus sind sie kaum zu erfassen. Stundenlang sieht man fast nichts

Das erste Frühstück im Eis

und hält die Tierart für sehr selten. Plötzlich zeigen sich in einem „lead“, einem lang gestreckten Kanal zwischen Eisschollen, Herden von bis zu 1 000 Exemplaren. Schon am nächsten Tag können sie dort wieder verschwunden sein.

Der Lebensraum des Narwals ist das Eis, das er das ganze Jahr über nicht verlässt. Man vermutet darin eine Anpassung an das Jagdverhalten des Schwertwals (*Orcina orcas*), des Räubers der Meere, auf Englisch „killer whale“. Wegen seiner verletzlichen hohen Rückenfinne könne er seinen Beutetieren – Kleinwalen und Robben – nicht unter das Eis folgen.

Dort ist der Narwal auch heute noch ziemlich sicher vor menschlichen Nachstellungen. Zumal sein Hauptverbreitungsareal, die Eisfelder zwischen Grönland und den nordkanadischen Inseln bis fast zum Nordpol, insgesamt etwa von der Fläche Europas, lange zu den unbekanntesten und schwerstzugänglichen Gebieten zählten. Demgegenüber wurden die weniger ans Eis gebundenen Meeressäuger wie Walross oder Weißwal während des 19. Jahrhunderts auch hier im westlichen Atlantik fast ausgerottet. Der „Eiswal“ überlebte dagegen sehr gut. Infolge seines unsteten Verhaltens hat man auch keine konkreten Vorstellungen über den Gesamtbestand. Nach vorsichtigen Schätzungen geht man von 20 000 bis 30 000 Exemplaren aus.

Wenn das Einhorn schon vom Flugzeug aus so schwierig zu entdecken ist, um wie viel geringer sind da unsere Chancen vom Schlitten aus, denke ich, während wir planlos an der Eiskante entlangbummeln. Am Horizont zeichnen sich einige Menschen ab, die steuern wir an. Es sind Inuit aus Arctic Bay. Einer erkennt mich sofort wieder, er ist der Sohn von Andrew Taqtu, Isaacs Helfer während der Eisbärjagd vor sieben Jahren. Alle sind guter Dinge, denn gestern haben sie endlich einen Narwal erbeutet. Zwar nur einen weiblichen, also ohne Stoßzahn, aber dessen Haut mit Speckschicht ist ebenso begehrt. Flach ausgebreitet liegt sie auf dem Eis. Sechs Wochen harrten sie hier an der Eiskante aus und warteten auf dieses Ereignis. Sechs Wochen, und wir haben weniger als eine Woche für diesen Trip vorgesehen ... Habe nun keine Illusionen mehr hinsichtlich des Erfolgs. Da müsste schon ein Wunder geschehen.

Das Wetter ändert sich. Die Sonne verschwindet gänzlich hinter geschlossenem Grau, und die Windstärke nimmt laufend zu. Moses steuert, viele leads überquerend, nach Westen. Jetzt hält er an, zieht die kleinere seiner Büchsen aus dem Futteral und geht am Lenker seines Snowmobiles in Anschlag. Worauf zielt er nur? Im Fernglas erkenne ich weit entfernt ein schwarzes Pünktchen im Eis. Dann peitscht der Schuss der .243-Büchse, das Pünktchen ist fast verschwunden. Ohne Kommentar schiebt er das Gewehr wieder ins Futteral. Nach etwa 150 m Fahrt in Schussrichtung stehen wir vor der Beute. Eine junge Robbe, vor ihrem

Mit einem
Meisterschuss hat
Moses eine junge
Robbe erlegt...

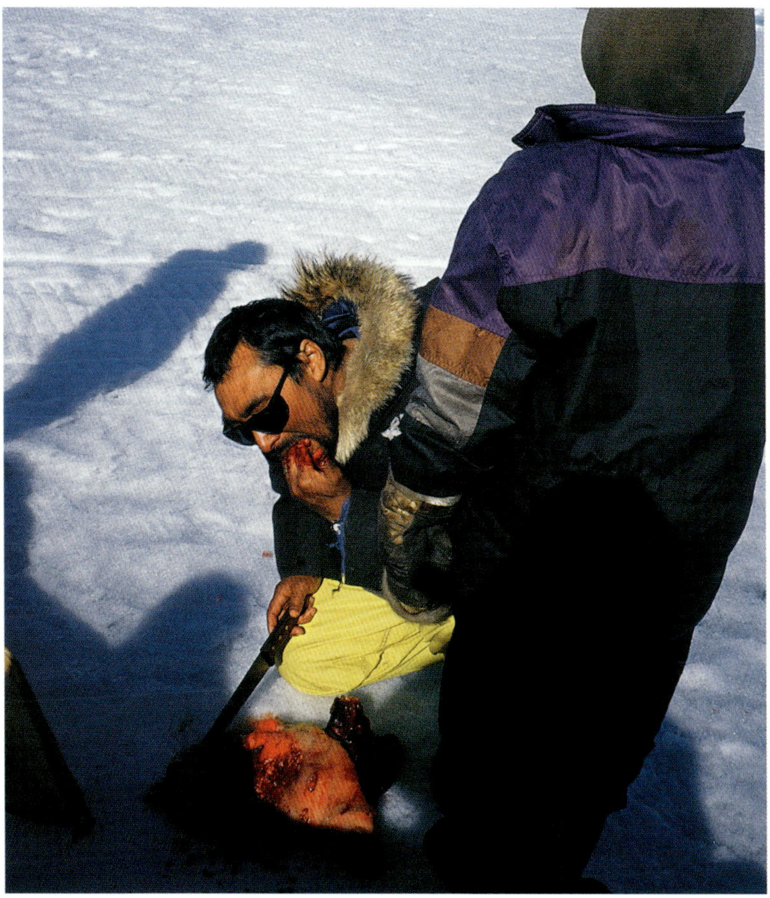

... und verzehrt nun
Hirn und Augen zum
Frühstück.

Eisloch liegend, hat er mit Kopfschuss erlegt. Auf mein Staunen erläutert er nur trocken, man müsse den Kopf treffen, sonst würde die Robbe in ihrem Atemloch verschwinden. Das ist mir nicht neu. Nein, ich staune, wie er auf diese Entfernung und vor allem bei dem starken Seitenwind dieses winzige Ziel überhaupt treffen konnte. Ach so, ja, er habe einen Meter weiter rechts angehalten „to compensate for the wind". Da fällt mir nun wirklich nichts mehr ein.

Mit erstaunlicher Geschwindigkeit häutet der erfolgreiche Schütze die Robbe ab, dabei immer wieder kleine Streifen Fett verspeisend. Jetzt sticht er ein Auge aus, isst auch dieses. Ein kleiner Schnitt, ähnlich wie beim Essen einer kleinen Tomate, soll auch hierbei das Spritzen des Inhalts beim Kauen verhindern. Das zweite Auge bietet er mir an, doch ich lehne die exotische Delikatesse dankend ab, verweise auf Dexter. Der aber schläft noch in der Kiste.

Nach Genuss des zweiten Auges reißt der Inuk die angeschossene Schädeldecke vollends auseinander, puhlt das Hirn heraus, zerhackt es auf der Innenseite der Robbenhaut, um es sich dann, Zeige- und Mittelfinger als Löffel benutzend, einzuverleiben. Das ist offensichtlich sein Frühstück, denn heute morgen hat er, wohl im Hinblick auf den geringen verwertbaren Inhalt der Proviantkiste, nichts gegessen. Nun schärft er einen schmalen Streifen entlang dem Rand der Robbenhaut und näht diese mit Hilfe dieses Riemens zu einem Sack zusammen. Darin verstaut er den zerwirkten Robbenkörper. Unglaublich flott geht ihm alles von der Hand, wohl Resultat jahrelanger Übung.

Das nicht verwertbare Gescheide auf dem Eis hat drei Exemplare einer Vogelart angelockt, die ich bislang trotz jahrelanger Aufenthalte in der Arktis nur einmal kurz gesehen hatte. Die Elfenbeinmöwe (*Pagophila eburnea*), die nördlichste Möwenart der Welt. Ähnlich wie der Narwal verlässt sie das Eis kaum einmal und ist daher den meisten Ornithologen unbekannt. Das gesamte Gefieder ist weiß. Nicht schneeweiß, wie die Unterseite der übrigen Möwen, sondern etwas gelblich, was dem Vogel seinen Namen eingetragen hat. Dunkel gefärbt sind lediglich Schnabel, Augen und Ruder.

Diese Überlebenskünstler besiedeln die unwirtlichsten Regionen, brüten bis 82 Grad nördlicher Breite. Ernähren sich von dem, was sie zufällig auf dem Eis finden. Nachgeburten von Robben, Reste von Eisbär-Mahlzeiten, ja selbst Walross-Exkremente werden gelegentlich aufgenommen.

Diesen Vertreter der Hocharktis hätte ich zu gerne für das Museum. Nein, eine Schrotflinte habe er nicht, sie erlegten alles mit der Kugel, meint Moses. Schade. Doch dann kramt er aus seiner Kiste ein altes, völlig verrostetes Kleinkalibergewehr hervor, findet auch etwas Munition. Damit ist das Problem jedoch keineswegs gelöst, denn das Schießeisen hat keine Kimme mehr. Dennoch muss ich es versuchen, schleiche mich möglichst nahe an die Vögel ran. Gierig verschlingen sie die Innereien der Robbe. So gut es geht, versuche ich, den Lauf ins Ziel zu dirigieren, verreiße dann den Schuss bei dem unmöglich harten Abzug völlig, aber – welch Wunder – die Möwe liegt im Knall. Ein reiner Zufallstreffer.

Unglaublich dicht ist das Körpergefieder, es schützt den Vogel vor den extremen Temperaturen seiner frostigen Heimat. Damit habe ich wenigstens eine Tierart von dieser Region. Die Reise hat sich also gelohnt, auch wenn sonst nichts mehr klappen sollte. Und das zeichnet sich immer deutlicher ab. „Moses, where are the whales?" – „Herby, I don't know."

Stets dieselbe Antwort auf dieselbe Frage.

Moses tuckert nun wieder in östlicher Richtung. Stundenlang. Es muss sehr anstrengend sein, immer wieder diese Entscheidung zu treffen, wenn sich schwarzgrüne Leads zeigen. Kann ich sie überfahren oder sind sie zu breit? Schließlich passiert, was ich schon längst befürchtet habe: Der übermüdete Fahrer erkennt zu spät, dass dieser Kanal nicht zu überqueren ist. Zwar kann er sein Skidoo noch rumreißen, aber durch die Zentrifugalkraft der schnellen Wendung gleitet der angehängte Schlitten unaufhaltsam Richtung Wasser. Ich kann noch abspringen, bevor die linke Schlittenhälfte in die Fluten abkippt. Glücklicherweise bleibt die Kufe der rechten Hälfte am Eisrand hängen. So kann auch Dexter, wenngleich mit durchnässtem Hintern, noch aus der Kiste aufs Eis krabbeln.

Mit stoischer Ruhe und unbewegter Miene quittiert Moses das Missgeschick. Dabei ist Eile geboten, bevor der Schlitten ganz in den Fluten versinkt und mög-

Der längst befürchtete Unfall – zum Glück mit glimpflichem Ausgang

licherweise auch das Skidoo mit hinabzieht. In dieser desperaten Situation kommt unerwartete Hilfe, und zwar wieder aus dem Alten Testament. Abraham, ein entfernter Verwandter von Moses, wollte sich auch als Helfer bei der Narwaljagd verdingen und ist unseren Spuren gefolgt. Mit Hilfe beider Snowmobiles gelingt es schließlich, den langsam sinkenden Schlitten aufs Eis zu ziehen.

All unsere Habe ist völlig durchnässt. Nur mein Schlafsack, der Dexter als Kopfkissen gedient hat, ist einigermaßen trocken geblieben.

„Shall we go home now?", fragt Moses seinen Gast aus der Zivilisation. Ich zucke die Achseln. So entscheidet er: „No, we are tough." Wir lassen uns nicht unterkriegen, wir jagen weiter.

Nun geht es um Schadensbegrenzung. Hinter einem Wall aus Eisbrocken als Windschutz gelingt es, den Coleman Stove, einen Benzinkocher, in Gang zu bringen. Daran werden die einzelnen Gegenstände in der Reihenfolge ihrer Bedeutung getrocknet. Dexter hält seinen Hintern über die Flammen und fühlt sich bald merklich wohler in der dampfenden Hose. Dann folgen die Caribou-Felle, aus denen sie vorher viel Wasser mit Hilfe von breiten Messerrücken herausgestrichen haben.

Das größte Problem ist das Satelliten-Telefon. Der ganze Kasten ist voll Wasser gelaufen, und Moses hat keinerlei Werkzeug, um daran zu arbeiten. Trotzdem macht er sich mit seinem Taschenmesser an die für mich unvorstellbare Arbeit, das Ding zu reparieren. Eine Zeitlang schaue ich ihm zu, wie er Schraube um Schraube löst. Die Einzelteile auf der Hautseite eines Caribou-Fells ausbreitet und Abraham zum Trocknen über der Flamme zureicht.

Es dauert Stunden. Das Wetter wird miserabel, stürmisch und saukalt. Durch das Herumstehen auf dem Eis friere ich erbärmlich, vor allem an den Füßen. Abraham kocht aus dem Fleisch der Robbe eine Suppe. „Eat that seal soup, that go right in you cold feet", rät Moses, immer noch mit seiner Bastelei beschäftigt. Es kostet Überwindung, die rotbraune, von Fett triefende Brühe zu schlucken. Aber tatsächlich, die „soup" wirkt erstaunlich schnell, vertreibt dank ihres hohen Kaloriengehalts die Kälte aus den Gliedmaßen.

Alle Einzelteile des Telefons sind nun trocken. Moses macht sich an den Zusammenbau der komplizierten Apparatur. Wie will der noch wissen, wohin welcher Mikrochip, in welches Löchlein welches Schräubchen gehört? Jetzt schraubt er den Deckel drauf. „You think, it will work ?", fragt er, meine Zweifel erkennend. Ausgeschlossen, das ist unmöglich. „Okay, I call my wife." Tatsächlich, seine Frau im weit entfernten Dorf antwortet.

Der Mann wird mir immer rätselhafter. Der phänomenale Schuss heute morgen, und jetzt dieses Erlebnis. Wie nur kommt der einfache Nahrungsjäger ohne höhere Schulbildung, geschweige denn einer Lehre in Elektrotechnik oder Feinmechanik mit den hoch entwickelten Attributen der Zivilisation zurecht? Hat er einfach einen „sechsten Sinn“ für technische Geräte? Er, der Vertreter eines Volkes, das noch bis vor wenigen Jahrzehnten weit isoliert von der Außenwelt lebte und nicht einmal Feuerwaffen kannte. Wahrscheinlich hat sich bei diesen Menschen durch Selektionsdruck eine hohe praktische Intelligenz entwickelt. Wie sonst hätten sie in diesem mörderischen Klima 4 000 Jahre überleben können. Wer sich in Notlagen nicht zu helfen wusste, um den war es eben geschehen.

Gegen Mitternacht sind wir wieder startklar. Der Sturm wird heftiger, Schneeflocken wirbeln. Auch die Inuit wollen diese Nacht nicht im Freien, sondern im Schutz des Zelts verbringen. Doch das ist bei der nun herrschenden südwestlichen Windrichtung aus den genannten Gründen gefährlich. So fahren wir weit nach Süden zurück, wo festes Eis eine felsige Insel umgibt. Hier sind wir sicher vor dem Abdriften nach Norden. Trotz der im Sturm knallenden Zeltwände fallen alle sofort in tiefen Schlaf.

Ich erwache von schmerzhaftem Reißen im Unterleib. Kolikartige Anfälle, die immer heftiger werden. Erste Anzeichen einer massiven Diarrhoe. Einerseits möchte ich mich des elenden Substrats entledigen. Aber dazu müsste ich aus Schlafsack und Zelt hinaus in den Schneesturm. Entsetzlicher Gedanke. Zunächst behelfe ich mich daher mit dem verschraubbaren Plastik-Nachttopf von der Eisbärjagd, doch dessen Volumen ist bald erschöpft. Nun hilft alles nichts mehr, ich muss hinaus. Warm eingepackt klettere ich über schlafende Inuit ins Freie, in Kälte und Wolken stiebenden Schnees. Jetzt gilt es, genau die Sturmrichtung zu beachten. Es klappt. Der Schnee hinter mir sieht aus, als hätte jemand in einen laufenden Ventilator geschissen ...

Die Koliken im Gedärm halten an. Ich fühle mich hundeelend. So krame ich in der Reiseapotheke. Tatsächlich, da ist noch die Schachtel des bewährten Durchfallmittels Dignoquine aus meiner Afrikazeit. Drei Pillen finden sich noch im Plastikstreifen, zwei davon nehme ich ein. Obwohl sie über 20 Jahre alt sind, helfen sie prompt. Ist das Verfallsdatum etwa nur die Erfindung pfiffiger Geschäftsleute? Jedenfalls reist die letzte Pille weiterhin um die Welt und wartet bis heute auf ihren Einsatz.

Immer noch heult der Sturm, als ich wieder erwache. Im Zelt ist es immer gleich dämmerig bei dem tief verhangenen Firmament. So kann nur die Uhr Auskunft über die Tageszeit geben. Am späten Vormittag kommt auch Moses zu sich. Ob er mir wieder ein Eislachs-Frühstück zubereiten soll? Entschieden ablehnend berichte ich von meinem nächtlichen Problem. Ja, das war die seal soup, klärt er mich auf. Die wirkt zwar Wunder gegen Kälte, aber wenn man zu viel bekommt, „it go right through you rear end“. – Welch anschauliche Beschreibung des Krankheitssymptoms. Dann kocht er Tee und findet im Cooler etwas Gebäck. Mein Zustand bessert sich laufend.

„Moses, where are the whales“, frage ich, nur um nach Stunden wieder einmal etwas zu sagen. Auch seine Antwort ist nicht neu. „Herby, I don't know.“ Bei diesem Wetter können wir ohnehin nichts unternehmen. So verschlafen wir den Tag.

Wale!

Kurz vor Mitternacht zeigt der Inuk plötzlich überraschende Aktivität. „The whales, let's go.“ Ist der jetzt von allen guten Geistern verlassen? Hat er schlecht geträumt? Auch Abraham schüttelt ungläubig den Kopf. Wale? Und aufbrechen bei diesem Sauwetter? Doch Moses besteht darauf. Alles zusammenpacken, Zelt abbauen im Schneesturm. Dexter darf in der Kiste weiterschlafen.

Viel gezielter als bisher steuert Moses nach Norden. Auch nach Überfahren größerer leads hält er eine bestimmte Richtung. Nach Stunden erreichen wir die Treibeiszone, stehen vor einem mehrere Meter hohen Wall aus Packeis. Genau da will er mit seinem Gefährt durch. Die Zielstrebigkeit ist verblüffend. Mit Äxten schlagen die beiden eine Passage in die Eisbarriere. Doch dahinter ist offenes Wasser, ein mindestens fünf Meter breiter Kanal. War jetzt die ganze Arbeit umsonst? Nein, da müssen wir drüber, erklärt Moses in stoischer Ruhe. Das ist mir in Erinnerung an das Missgeschick des Vortages doch zu viel. Moses beruhigt mich. Du kannst zu Fuß hinüber ... Das klingt wie ein schlechter Witz. Aber nach allen bisherigen Überraschungen mit diesem Tausendsassa beobachte ich interessiert sein Vorgehen.

Er sucht nach einem knapp zwei Quadratmeter großen flachen Eisstück, das wir mit einiger Mühe ins Wasser bugsieren. Dann besteigen wir dieses Floß. Um vorwärtszukommen setzt Moses ein dünnes Seil mit einem überdimensionalen dreiteiligen Angelhaken ein. Er wirft diesen auf die nächste größere Scholle, wo er sich verankert und zieht die unserige mit Hilfe des Seils über das Wasser. Wir besteigen die größere Scholle und wiederholen das Ganze bis wir auf festem Eis stehen. Moses arbeitet sich auf dieselbe Weise zurück.

Die beiden Inuit werfen nun eine Menge Eisbrocken ins Wasser, bauen eine Art Ponton-Brücke. Schließlich riskiert Moses die Überfahrt. Er holt weit aus, um genügend Schwung zu bekommen, rast dann mit Karacho über das nasse Element. Es spritzt, kracht, rattert und dampft, aber sowohl Skidoo wie auch der angehängte Schlitten landen sicher auf festem Eis. Dexter ist in seiner Kiste aufgewacht und blickt verwundert in den jungen Tag. Jetzt folgt Abraham auf seinem Skidoo. Auch ihm gelingt die waghalsige Überfahrt. Für Moses scheint alles selbstverständliche Routine. Seine Miene zeigt keinerlei Erregung.

Ohne weitere Zeit zu verlieren steuert er nach Norden weiter bis zum nächsten großen Lead. – Und da sind sie doch tatsächlich, die Narwale!

Wieder bin ich am Staunen. Nicht zufällig sind wir hier angekommen, viel zu zielstrebig war Moses vorgegangen. Nein, ich spüre bereits, was sich später noch mehrfach bestätigen sollte: Er hat einen sechsten Sinn für Narwale, seine Hauptbeutetiere.

Viel ist allerdings nicht zu sehen vom Mythos Einhorn. Hie und da taucht eine Rückenlinie aus den Fluten. Bei dem miserablen Wetter mit Sturm und ohne Sonne liegen sie tief im Wasser, erklärt Moses und macht die Büchse im Kaliber .338 fertig. Auch das Horn der Bullen ist nicht zu sehen. Woran sind letztere dann zu erkennen? An Größe und Zeichnung, „I will show you." Das ist beruhigend, denn natürlich will ich einen Schädel mit Stoßzahn.

An Schießen ist aber noch nicht zu denken. Die Wale schwimmen weit draußen im Lead und sind jeweils nur kurz zu sehen. Geschossen wird nur auf zehn, maximal 15 Meter Entfernung! Sonst ist die Gefahr, den Wal zu verlieren, zu groß. Diese Einstellung gefällt mir (sie ist leider, wie ich später erfahre, nicht weit verbreitet). Wenn es aber so weit ist, muss es schnell gehen: „You must shoot like a cowboy."

Die waghalsige Fahrt über die „Brücke" aus Eisstücken

Stundenlang ziehen die Wale hin und her. Zwischen drei und manchmal 20 sind gleichzeitig zu sehen. Alle viel zu weit. Bei der reglosen Warterei auf dem Eis friere ich erbärmlich. In etwa dreistündigem Turnus gebe ich Moses die Büchse zurück, verziehe mich in die Kiste auf dem Schlitten, um mich im Schlafsack aufzuwärmen. Einmal höre ich einen Knall, aber es war Abraham, der einen ziemlich aussichtslosen Schuss riskierte.

Am späten Abend lässt der Sturm nach und die Sonne zeigt sich. Die Wale werden weniger und verschwinden schließlich ganz. Wie viele mögen wir wohl gesehen haben? Hunderte, meint Moses, vielleicht waren sie teilweise noch auf dem Frühjahrszug in den Lancaster Sound. Nun sind sie weg, und ich habe keine Illusion mehr, einen zu bekommen unter solchen Umständen. Zumal wir nur noch einen weiteren Jagdtag haben.

Es ist Mitternacht, die Sonne hat den tiefsten Punkt ihrer Bahn erreicht, steht aber noch hoch über dem Horizont. Moses steuert in südöstlicher Richtung auf eine felsige Insel zu, wo er das Zelt aufbauen kann. Plötzlich streikt Abrahams Skidoo. Nichts geht mehr. Jetzt ist der Techniker Moses gefragt. Nach kurzem Suchen hat er den Fehler in der Zündung entdeckt. Ein dünnes Kabel hat sich gelöst. Mit dem Feuerzeug schmilzt er die Fassung und lötet das Kupferende des Kabels fest. Der Motor springt wieder an.

Die Sonne steigt schon wieder, als wir in die Schlafsäcke kriechen. Moses will noch mehr über meine früheren Jagdreisen wissen, auch über die schließlich doch noch erfolgreiche Eisbärjagd mit Isaac. Mit etwas Glück werden wir den noch sehen. Er wohne nicht mehr im Dorf, wolle aber am Wochenende an die Eiskante kommen.

Mit dem Beschluss, morgen an den *lead* mit den Narwalen zurückzukehren, schlafen wir ein.

Die letzte Chance

Doch davon ist beim Erwachen am späten Vormittag keine Rede mehr. Er habe heute Nacht die Wale gehört. Doch das kann bei einer Entfernung von mehreren Kilometern bis zum lead gar nicht sein. „Moses, this is our last day, our last chance“, erinnere ich ihn. „Yes, I know”, bestätigt er und schläft wieder ein. Ein für Weiße unbegreifliches Verhalten eines Führers am letzten Jagdtag. Und das bei herrlichstem Wetter. Intensiv strahlt die Sonne, taut die „nachts“ gefrorenen hellblauen Pfützen auf dem Eis wieder auf. Ich habe nun Zeit, die Elfenbeinmöwe abzubalgen.

Um die Mittagszeit geruht Moses doch aufzustehen, „nice and slowly“ wie immer, wenn es nichts zu versäumen gibt. Die Wale sind alle fort, so seine Be-

Herrlich hebt sich die Elfenbeinmöwe gegen das azurblaue Firmament ab.

gründung. Leider hat er wieder verdammt recht. Als wir den lead erreichen, ist weit und breit kein Wal zu sehen. Gestern noch Hunderte, heute keiner mehr.

„Where are the whales?" – „I don't know", so die spärliche Konversation am Eisrand.

Ich gebe die Sache endgültig auf. Es ist Samstag, der 28. Juni. Anders als die Eisbärjagd ist dieses Unternehmen zeitlich begrenzt. Mein Rückflug nach Montreal am 30. Juni ist fest gebucht. Moses hat Wort gehalten: Wale werden wir sehen, ob wir einen kriegen, ist fraglich. Dann eben nicht. Es kann nicht immer klappen.

So genieße ich den herrlichen Tag, planlos der Eiskante entlang nach Westen bummelnd. Wundervoll heben sich die weißen Elfenbeinmöwen gegen den azurblauen Himmel ab. In weiter Ferne wechselt ein Eisbär über die Schollen. Nur mit dunkler Gletscherbrille ist die intensive Rückstrahlung von Schnee und Eis zu ertragen. Mit dem vergammelten KK-Gewehr versuchen wir einen Eissturmvogel zu erbeuten, doch auch das misslingt, weil ihn die Strömung abtreibt.

Das schöne, fast windstille Wetter hat mehrere Inuit aus Arctic Bay an die Eiskante gelockt. Immer wieder tauchen am Horizont kleine Gruppen auf. Natürlich nimmt Moses mit ihnen Kontakt auf. Einfach vorbeizufahren wäre unhöflich. Smalltalks in Inuktuk. Leider ist Isaac nicht dabei. Auch sie haben keinen Wal erwischt. Jetzt nähert sich ein Trupp von etwa einem Dutzend Prachteiderenten, fliegt über die Köpfe der sich unterhaltenden Inuit. Einer reißt ein halbautomatisches KK-Gewehr von der Schulter und eröffnet das Feuer, blub – blub – blub ... Der siebte oder achte Schuss erwischt dann wirklich noch eine Ente, auf wohl über 150 Meter. Dexter und ein anderer Bub rennen los, apportieren mit strahlenden Gesichtern die Beute.

Inzwischen ist es wieder Abend, einige Inuit begeben sich auf ihre Snowmobiles, um die Rückfahrt ins Dorf anzutreten. Wir wollen später nachkommen, machen aber jetzt noch die Gruppenfotos, wie üblich beim Abschied.

Was ist nur mit Moses los? Er wird plötzlich nervös. Sofort aufsitzen, ordnet er an, ohne sich von der Gruppe zu verabschieden. Auf meine Frage antwortet er nur „the whales". Zielstrebig steuert er nach Nordwesten, lässt sich durch nichts abhalten. Auch nicht durch ein entgegenkommendes Skidoo, dessen Fahrer verständnislos den Kopf schüttelt. Weiter. Die Sonne senkt sich tiefer. Was das nur soll?

Dann glitzert offenes Wasser im Schein der nächtlichen Sonne – und dort sind Wale! Die Szene dominiert ein gewaltiger Grönlandwal (*Balaena mysticetus*), wohl an die 20 Meter lang. Wie ein U-Boot taucht er ab. Zum ersten Mal sehe ich solch einen „bowhead", das Hochwild der Eskimos in Alaska, von dem mir mein früherer Kompanion Slwooko so viel berichtete. Meterhohe Dampf- und Gischtfontänen aus den Atemlöchern zeugen von der Anwesenheit zweier weiterer Ozeanriesen. Dann tauchen auch sie auf.

In der Nähe der Großwale halten sich gerne Narwale auf. So auch hier. Sollen wir doch noch eine Chance bekommen? Ganz anders als gestern schwimmen sie heute bei dem schönen Wetter. Langsamer, sich oft um die eigene Achse drehend. Ab und zu hebt einer das Haupt, zeigt den in der Sonne glitzernden langen Stoßzahn. Dann wieder tauchen alle fast gleichzeitig ab.

„Moses, this is our last chance". – „Yes, I know." Der Angesprochene bleibt cool, seine Miene zeigt keinerlei Erregung.

Wir bewegen uns am Eisrand auf und ab. Die Wale scheinen sich zu unterhalten. Zwitschernde, zirpende und pfeifende Laute sind zu vernehmen, dann wieder dumpfes Grunzen. Beim Abtauchen prustet es aus dem Atemloch.

Ich versuche zu drängeln, aus Sorge, die Wale könnten wieder plötzlich verschwinden.

„No, wait!" Warten auf eine wirklich günstige Situation. Darin sind Inuit Weltmeister, das ist mir ja bekannt. Aber jetzt empfinde ich dieses Verhalten als Nervensäge, sind doch die Wale gar nicht so weit weg. Was ist, wenn sie uns entdecken?

„Moses, this is our last chance." – „Herby, I know." Also weiter warten und beobachten.

Jetzt taucht ein größerer Wal mit breitem Rücken und gezeichnet wie ein Leopard direkt auf uns zu. Ich sehe keinen Stoßzahn, muss mich ganz auf Moses' Erfahrung verlassen.

Narwale! Wird es doch noch klappen?

„Shoot! Now!“, brüllt er, als der Wal sich auf etwa 15 Meter genähert hat.

Blutrot färbt sich das Meer. Der wohl in die Halspartie Getroffene ist sofort verendet, treibt durch seinen Schwung noch weiter, aber in unsere Richtung.

Dann geht alles so schnell, dass ich nicht nachkomme mit Fotografieren. Mit Hilfe von Wurfangeln ziehen sie den Wal näher an den Eisrand. Abraham schlingt ein Seil um die Schwanzflosse. Daran knüpft er einen Flaschenzug, dessen vorderes Seilende am Skidoo angehängt wird. Moses fährt los, und im Nu liegt der fünf Meter lange und über eine Tonne schwere Koloss auf dem Eis.

Die Stimmung ist unbeschreiblich. Ein Traum, der längst nur noch Illusion war, ist Wirklichkeit geworden. Genau um Mitternacht des letzten Jagdtages. Das Wunder ist geschehen – dank der erneuten Eingebung von Moses.

Dessen Gesichtsausdruck ist nun ganz anders. Er wirkt entspannt, freut sich, strahlt. Er weiß, nun bekommt er das ersehnte Fernglas. Vielleicht stand er deswegen genauso unter Erfolgsdruck wie ich. Nur hat er alle Emotionen stets unter der Miene stoischer Gelassenheit verborgen gehalten.

Endlich halte ich in Händen, wovon ich schon als Schulbub geträumt habe, das Einhorn. Fast zwei Meter lang ragt es aus der plump wirkenden Kopfpartie. Faszinierend, die nach links gedrehten Spiralen. Ich verstehe nun den jahrtausendealten Mythos um den Zahn und seinen Träger.

Mit Hilfe einer Wurfangel ziehen sie den Wal an die Eiskante ...

... um dann ein Seil um die Schwanzflosse zu schlingen.

Jetzt liegt der Koloss auf festem Eis.

Happy End in der Mitternachtssonne des letzten Jagdtages.

Der allmählich ansteigende Gasdruck im Körper des Wals drückt den Mageninhalt aus dem Maul. Es sind fast ausschließlich kleine rosafarbene Garnelen. Sie zählen neben Jungfischen zur Hauptnahrung. Die Wale erbeuten sie, indem sie mit offenem Maul durch Garnelen- bzw. Fischschwärme kreuzen. Gelegentlich treiben sich mehrere Wale diese Beute gegenseitig zu, um sich regelrecht vollzuschlagen.

Die Inuit drängen zur Arbeit. Für mich schärfen sie das Haupt ab und machen sich dann an das Abschwarten der über zwei Zentimeter starken Haut- und Speckschicht, genannt „muktuk". Sie ist sehr vitaminreich und gilt als Leckerbissen der Eskimos von Sibirien bis Grönland. Der kleine Dexter kann es nicht erwarten. Mit dem Taschenmesser schnipselt er seinen „Candy" aus der Schwanzflosse des Wals.

Dank dieser traditionellen Nutzung des Muktuk blieb den Inuit die ansonsten international geächtete Jagd auf Wale erhalten. Ist sie doch Teil ihrer Kultur, auch wenn das Fleisch heute seine Bedeutung als Nahrungsmittel für Mensch und Schlittenhunde weitgehend verloren hat. So bleibt der abgehäutete Koloss in aller Regel unangetastet auf dem Eis liegen, bis ihn Eisbären in Kürze völlig „entsorgen".

Mir zuliebe schärft Moses die Bauchseite des Narwalbullen auf. Zum einen will ich wissen, ob diese Art ähnlich wie die Großwale mit einem Penisknochen ausgestattet ist. Die Inspektion verläuft negativ. Zum anderen möchte ich ein Stück des großen Herzens mitnehmen, um es daheim einmal im Freundeskreis zu verspeisen. Weit weniger kulant wird meine Bitte nach einer entsprechenden Kostprobe von Muktuk beschieden. Doch schließlich bekomme ich auch davon ein Stück.

Im Schein der Mitternachtssonne tauchen nur zehn Meter vom Eisrand entfernt wieder die drei gewaltigen Grönlandwale auf, während ich den Kopf des Narwals abfleische. Der besteht zum größten Teil aus dem voluminösen Sonarsystem, das zu meiner Überraschung nicht im Gehirn liegt, sondern vor dem flachen Gesichtsschädel aufsitzt. So verleiht es dem Kopf seine ballonartige Form.

Das melonenförmige Organ ist verantwortlich für Lautäußerungen. Es besteht aus mehreren Schichten unterschiedlich dichten Öls, die durch die sie umgebende Hautmuskulatur modelliert werden, bildet also eine Art Resonanzboden für die Luftsäcke. Aus diesen wird die Luft durch zwei lippenförmige Spalten und schließlich durch das am Oberkopf liegende Blasloch gedrückt. Durch Veränderungen in der Melone lassen sich die tiefen Töne modellieren, die höheren Frequenzen dagegen durch Kontraktionen der Lippen. So verfügen die Tiere über ein beachtliches Repertoire von Tönen, die von Infra- bis Ultraschall reichen. Mit-

Der ballonartige Vorderkopf des Narwals enthält das komplizierte Sonarsystem.

hilfe dieser Vielfalt an Lauten orientieren sie sich in der Dunkelheit unter Wasser – Narwale können bis zu 30 Minuten lang und bis 400 Meter tief tauchen – nach dem Echolotprinzip.

Doch wie kann der Wal die reflektierten Schallwellen aufnehmen, wo doch keine nennenswerte Ohröffnung zu erkennen ist? Abraham verweist auf den eben ausgelösten Unterkiefer. Er ist zahnlos, dünnwandig und prall mit dickem Öl gefüllt. Dieses Substrat leitet den an irgendeinem Objekt reflektierten Schall über das offene Hinterende des Kiefers direkt ins Innenohr. Nun verstehe ich, wie die Wale untereinander Kontakt halten, aber auch – ähnlich den Fledermäusen – Hindernissen ausweichen und Nahrung suchen. Beim viel größeren Verwandten, dem in der Tiefsee tauchenden Pottwal, ist dieses Sonarorgan besonders groß und überproportional ausgebildet.

Pottwal, Weißwal (Beluga) und Narwal zählen zu den Zahnwalen, doch nur bei den beiden Ersteren sind Ober- und Unterkiefer komplett mit Zähnen bestückt. Beim Narwal sind die Zähne auf einen langen Stoßzahn reduziert. Der sitzt aber keineswegs zentral am Kopf, wie sich jetzt beim Abfleischen zeigt, sondern in der linken Hälfte des Oberkiefers. Die rechte Seite ist verkümmert. Mehr noch, der gesamte überraschend kleine Knochenschädel ist asymmetrisch linksseitig verschoben, als diene er nur als Halterung für den Stoßzahn.

Das war zu Urzeiten sicherlich anders. Darauf deutet die heutige Entwicklung des Einzeltiers. Nach der Lehre des Zoologen Ernst Haeckel spiegelt sich darin ja die stammesgeschichtliche Entwicklung der Tierart in zeitlich geraffter Form wider. So sind in jungen Narwalen bis zu etwa einem Jahr die Zahnanlagen *beidseitig* gleich ausgebildet, übrigens auch bei weiblichen Tieren. Dann aber entwickelt sich nur die linke Anlage des Bullen zum Stoßzahn weiter. Doch dies kommt in seltenen Fällen (ca. drei Prozent) auch bei Kühen vor.

Noch seltener wachsen beide Anlagen zu Stoßzähnen aus: bei etwa einem von 500 Bullen. Ein einziges Mal wurde eine Kuh mit zwei Stoßzähnen erlegt, ergaben Bruemmers Recherchen. „Double-tuskers make our blood boiling." Bei solch einem Anblick würden sie kochen vor Erregung, meinten die Inuit.

Vermutlich hatten einst beide Geschlechter zwei Stoßzähne. Warum gingen sie den Kühen ganz, den Bullen zur Hälfte verloren? Wie wird die Entwicklung weitergehen? Sehr selten finden sich bereits Bullen ohne Stoßzahn. Wird das der Narwal der fernen Zukunft sein?

Wozu dient dieser Stoßzahn dem Einhorn eigentlich? Hierüber wurden im Laufe der Jahrhunderte abenteuerliche Vorstellungen entwickelt. Mit einer mörderischen Waffe sei dieses Tier ausgestattet. Es erdolche damit 50 Tonnen schwere Grönlandwale, durchsteche selbst Schiffswände …

Etwas Nachdenken hätte auch alle Spekulationen über das Horn als Mittel zum Nahrungserwerb, etwa zum Aufspießen von Beutetieren, ad absurdum geführt. Denn wie sollten sich dann die nicht mit diesem Werkzeug ausgestatteten Kühe ernähren? Nein, zur Erbeutung und Verdauung seiner Nahrung bedarf der Narwal gar keiner Zähne.

Handelt es sich dann vielleicht um Waffen, die bei Rivalitätskämpfen der Bullen untereinander eingesetzt werden? Unwahrscheinlich, denn der ernsthafte

Walspeck „muktuk", schätzen die Inuit als besondere Delikatesse.

Einsatz dieser Speere hätte in der Regel wohl tödliche Folgen für mindestens einen der Kontrahenten. Viel wahrscheinlicher sind Rangeleien um Dominanz bzw. um die Gunst der Kühe, wobei den Stoßzähnen eher die Funktion von Floretts beim Fechten zukommt. Tatsächlich ist mehrfach auch fotografisch belegt, wie zwei Bullen „ihre Klingen kreuzen".

Mehr weiß man bis heute nicht über Funktion und Bedeutung des Stoßzahns, erkläre ich Moses nach getaner Arbeit am Schädel. „Oh yes, I know", widerspricht dieser. Er wisse sehr wohl darüber Bescheid. Nach allen bisherigen Überraschungen mit Moses bin ich nun neugierig. Gebe aber zu bedenken, dass er dann mehr Informationen haben müsse als die gesamte Wissenschaft. Auch das bestätigt er und rückt schließlich heraus mit seiner fundamentalen Erkenntnis: „God has made for me to make money." Für ihn hat Gott den Narwal mit Stoßzahn ausgestattet, damit er sein Auskommen habe ...

Diese Interpretation des einfachen Inuit ist fürwahr neu in der jahrhundertelangen Diskussion unter Gelehrten. Sie entspricht jedenfalls insofern der Realität, als ich nur auf der Suche nach diesem Stoßzahn, diesem legendären Einhorn um die halbe Welt gereist bin. Und außer „money" bekommt er ja auch mein Fernglas.

Damit fand die Jagd ein unerwartet gutes Ende für uns beide. Und zwar ziemlich genau dort, wo ich vor sieben Jahren den Eisbären erbeutete. Die Silhouetten einiger markanter Felsregionen in der Ferne sind mir noch gut in Erinnerung. Der Narwal ist allerdings weit schwieriger zu bekommen, das wurde mir

Nach tagelanger Anspannung strahlende Gesichter

inzwischen klar, weil man völlig im Dunkeln tappt. Der Eisbär hinterlässt wenigstens eine Fährte, der man eventuell folgen kann.

Wirklich, in letzter Minute hat es noch geklappt. Wir hatten ja schon die Rückreise angetreten. Dazu ist es nun zu spät. Wir wollen wenigstens noch einige Stunden schlafen.

Während die Inuit das Zelt aufstellen, interessiert sich der Jungjäger Dexter für die Eissturmvögel, die sich um Fleisch- und Fettreste balgen. Auf dem Bauch liegend robbt er näher, kaum beachtet von der gierigen Schar. Als Jagdgerät führt er einen langen Bootshaken mit sich. Wie das nur funktionieren soll? Doch während ich im Zelt eine Schlafstatt vorbereite, kommt er schon mit seiner zappelnden Beute an und freut sich über das verdiente Trinkgeld.

Abbalgen werde ich den Vogel später. Jetzt ist es Zeit, auf unseren Erfolg anzustoßen. Auch Dexter bekommt ein kleines Schlückchen aus der Whiskyflasche.

Trotz der Kälte sitzt er halbnackt da. Er wirkt etwas pummelig, wie fast alle Inuit. Denn Körper und Gliedmaßen sind rundum von Fettgewebe umhüllt, was wohl zumindest teilweise ihre beachtliche Kälteresistenz erklären mag.

Moses wird gesprächig, beantwortet viele meiner Fragen. Ja, das Jagen im Eis, den Umgang mit diesem heimtückischen Element habe er vor allem von seiner Mutter gelernt. Die sei früher routinierte Jägerin gewesen, habe ihn mit aufs Eis genommen, wann immer dies neben seiner Schulpflicht möglich war. Jetzt jage sie nicht mehr, arbeite aber viel zu Hause, vor allem an der Zubereitung von Fellen. Schließlich stellt sich heraus, sie war es, seine Mutter, die vor sieben Jahren meine Eisbärdecke so mustergültig bearbeitet und für den Transport vorbereitet hatte. Wie geht es ihr heute? Gesundheitliche Probleme, vor allem mit der Galle. Das überrascht mich nicht. Zu gut erinnere ich mich an die Unmengen Eisbärfett, die sie sich an jenem Morgen einverleibte.

Mit dem letzten Schluck aus der Flasche geht ein überaus bewegter Jagdtag zu Ende. Denn im Grunde waren wir nur einen Tag lang unterwegs. Aber der dauerte über 150 Stunden. Die Sonne ist nie untergegangen, bei Bewölkung wurde es etwas dunkler, niemals Nacht. In der Erinnerung haftet alles wie ein Traum. Ein Traum von jenem langen Tag im Eis, der sich auch nach Rückkehr in den Schwarzwald noch nächtelang wiederholt.

Hoch über uns schwebt an Nylonfäden der Schädel mit dem zwei Meter langen Stoßzahn, über dessen Herkunft die Menschheit über fast zwei Jahrtausende gerätselt hat. Auch für mich war der Bericht ein Aha-Erlebnis. Anhand einer gerahmten Fotoserie an einem der Balken kann ich die Reise ins Eis verfolgen, bekomme einen Eindruck von den Eingeborenen, die dieses ausgefallene Unternehmen ermöglicht haben.

Draußen heult der Winterwind. Gelegentlich knackt es in dem alten Gebälk. Jetzt unterbricht die große Kuckucksuhr die Stille. Mitternacht. Die letzten der zwölf Schläge des betagten Uhrwerks klingen etwas matter. Sie mahnen zur Bettruhe. Welch ein Unterschied zum zeitlosen Dasein der Inuit: Im Sommer ständig Tag, im Winter ewige Nacht – da bedarf es keiner zeitlichen Planung. In keiner ihrer Hütten habe er eine Uhr gesehen, ihre glitzernden Armbanduhren sind lediglich Statussymbol, erklärt der Weitgereiste.

In dieser Hinsicht hat er, der sich doch sonst in kein Schema zwängen lässt, von den Naturvölkern offensichtlich nichts angenommen. Auch in anderen Räumen des alten Gebäudes, im Büro, im Wohn-, ja selbst im Schlafzimmer tickt es ständig, klingt es zu jeder halben und vollen Stunde. „Lebst du nach solch strengem Zeitschema?", frage ich ungläubig.

„Bei der Arbeit schon. Aber meine Begeisterung für alte Uhren, vor allem die Regulatoren aus dem 19. Jahrhundert, hat andere Ursachen. Wie du weißt, bin ich im großväterlichen Pfarrhaus aufgewachsen, als der Vater in Kriegsgefangenschaft war. Dort wurden wir Kinder sehr religiös erzogen und – entsprechend dem mittelalterlichen Weltbild – stets auf die Vergänglichkeit alles Irdischen hingewiesen: Der Mensch sei nur *viator mundi*, ein Wanderer durch die Welt, auf dem Weg zur Ewigkeit. Tickende Uhren sollten stets daran erinnern. Eine hat mich als Bub besonders beeindruckt. An Stelle des Kuckucks erschien jeweils das Skelett des Sensenmanns als Symbol für den Tod, um die Stunde zu verkünden. ‚*Tempus fugit* –

Das Einhorn im EWI-Museum

memento mori' war über dem Türchen zu lesen. Die Zeit flieht – sei eingedenk des Todes."

Zwar hat der solcherart Erzogene, wie ich noch zu hören bekomme, aufgrund naturwissenschaftlicher Erkenntnisse und Erfahrungen mit anderen Religionen diese früheren Vorstellungen ziemlich revidiert. Hat doch auch aus diesem Leben einiges gemacht. Geblieben ist seine Gelassenheit gegenüber Schicksalsschlägen, seine „Wurstigkeit" hinsichtlich typisch „Weltlichem" wie Ruhm und Ansehen oder materiellen Gütern. Und geblieben sind die Erinnerungen an schöne Jugenderlebnisse. Verträumt lauscht er manchmal dem vibrierenden Ausklingen des Schlagwerks, genießt die beruhigende, meditative Wirkung.

„Hast du auch von diesem Muktuk gegessen?", frage ich während des Frühstücks. Die Frage hätte ich mir sparen können. Kuno isst fast alles, ohne Verdauungsprobleme. Zu meiner Verwunderung konnte er auch den erwähnten Plan realisieren, ein Stück des Walherzens in den Schwarzwald mitzunehmen. Die Küche des Gasthofs Sommerau verwandelte das unbekannte Substrat in ein lukullisches Mahl für eine Runde geladener Waidgenossen. Zur Einstimmung gab es kleine Häppchen Muktuk, roh und gekocht.

Einen ganz anderen Aspekt unserer größten Tiere lerne ich so kennen. Mit Interesse habe ich die jüngst wieder über die Medien verbreitete Kampagne „Rettet die Wale!" der Schützer-Organisation Greenpeace verfolgt. Aber ist der Walfang nicht längst verboten? Aufgrund seiner Teilnahme an diesbezüglichen Konferenzen kann mir der Biologe hierzu einiges berichten.

„Ja, in den 1970er-Jahren hatte man endlich die Konsequenzen aus den Folgen der fast zwei Jahrhunderte währenden, gedankenlosen Ausbeutung der Walbestände als Rohstoffquelle gezogen. Nachdem einigen größeren Arten, die eine Menge Öl, Fett und Tran für industrielle Produkte lieferten, die Ausrottung drohte. Die Internationale Walfang-Kommission (IWC), der auch viele nicht direkt betroffene Staaten angehören, hatte ein völliges Fangverbot verfügt. Das war auch insofern durchzusetzen, als die Industrie durch die Fortschritte der Petrochemie nicht mehr auf Walprodukte angewiesen war. Walöl wurde durch Erdöl ersetzt. Seither haben sich bis auf die größte Art, den Blauwal, alle Walarten wieder erfreulich erholt.

In der heutigen Diskussion geht es um die Nutzung der Wale als Nahrungsmittel. Die Ureinwohner der Arktis, Eskimos bzw. Inuit, blieben von diesem Fangverbot ausgenommen. Selbst vom großen Grönlandwal billigt man ihnen gewisse Fangquoten zu, mit Rücksicht auf ihre uralte Tradition. Das ist heute kein Thema mehr."

Aber was ist mit den Japanern, Norwegern und Isländern, die seit Jahren unter fadenscheinigen Argumenten das Fangverbot ignorieren?

„Die haben eben auch von jeher gerne Walfleisch gegessen, auch wenn sie nicht darauf angewiesen sind. Aus biologischer Sicht ist dieser Wandel der Kommission von einem Extrem ins andere nicht nachzuvollziehen. Auch Wale sind Wildtiere, die in artspezifischem Umfang genutzt werden können. Dies gilt besonders für die kleineren Arten, wie etwa den Schweinswal, dessen Fleisch den Norwegern als De-

Mit Behagen genießen die Schwarzwälder Waidgenossen die Delikatessen vom Eismeer.

likatesse gilt. Die sind heute sehr häufig und waren wohl auch früher nicht gefährdet. Daher werden diesbezügliche Anträge der drei Walfangnationen auch in Zukunft für leidenschaftliche Debatten während der CITES- und IWC-Konferenzen sorgen.

Theoretisch könnte die Bejagung des Narwals ein Problem werden, denn der Verkauf des Stoßzahnes als vermeintliches Potenzmittel nach Ostasien bringt den Inuit gutes Geld. Aber wie du nun weißt, ist diese Art aufgrund der genannten Schwierigkeiten in ihrem eisigen Lebensraum vor kommerzieller Ausbeutung gut geschützt.

Das war bei einem Landsäugetier, dessen Hörner aus ähnlichem Aberglauben sehr begehrt waren, bzw. heute noch sind, ganz anders." Kuno deutet auf ein seltsames Kopfpräparat mit ausgeprägter Ramsnase – eine Saiga-Antilope. „Darüber wirst du bald mehr erfahren", entgegnet er auf meine Fragen. Heute Abend am Jägerstammtisch in der Sommerau. Interessierte Kurgäste werden auch da sein.

Der Schnee knirscht unter den Stiefeln. Beide lieben wir solche nächtlichen Fußmärsche. Besonders wenn, wie heute, das bläulichweiße Mondlicht den verschneiten Wald verzaubert.

Am großen Stammtisch am Kachelofen eine fröhliche Runde. Doch nach unserem Erscheinen verstummen die Gespräche in Erwartung des angekündigten Berichts über ein ausgefallenes Jagderlebnis. Auch ich bin gespannt wie ein Flitzebogen.

Die Wunderwaffe

Moskau International Airport, 23. September 1989. „Suchen Sie jemanden?“ Der adretten Blondine ist der hilflos um sich blickende deutsche Waidmann aufgefallen.

„Ja, ich suche den mir zugesagten Reisebegleiter für die Jagd in Kasachstan. Könnten Sie mir dabei behilflich sein?“ Dann die Überraschung: Sie selbst, Lida, sei hierfür vom Intourist-Büro bestimmt worden, nachdem zurzeit kein männlicher Kollege verfügbar sei. Sie verstehe nichts von Jagd, aber es bliebe mir nichts anderes übrig, ich müsse mit ihr Vorlieb nehmen. Natürlich tue ich das gerne, denn sie ist mir gleich sympathisch.

Sie brauche nur zu dolmetschen und organisieren, das Jagdliche mache ich schon, erkläre ich ihr. Aufgrund früherer Erfahrungen hatte ich das Reisebüro Egon Lechner frühzeitig gebeten dafür zu sorgen, dass mir für diesen Trip in die ferne Kirgisensteppe eine effiziente Begleitung von und bis Moskau zur Verfügung gestellt wird.

Erst um Mitternacht können wir nach Tselinograd weiterfliegen, so bleibt Zeit zum Abendessen in einem Moskauer Restaurant. Lida erzählt aus ihrem Leben. Zwei Studien habe sie absolviert, Chemie und Psychologie, aber bis heute keinen adäquaten Arbeitsplatz bekommen. Seit zwei Jahren sei sie geschieden, und ich erfahre auch warum: „Es ist nicht gut, wenn die Frau gescheiter ist als der Mann.“ Mehrere Kostproben ihrer Intelligenz und ihres Durchsetzungsvermögens werde ich während der nächsten Tage kennenlernen.

Zunächst gilt es am National Airport am anderen Ende Moskaus unsere Tickets für den Weiterflug zu erkämpfen. Das ist zu jener Zeit nicht einfach, weil die Fluggesellschaft „Aeroflot“ offensichtlich über die Kapazität der Maschine hinaus Buchungen angenommen hat. Entsprechend ist das Gedränge am Schalter. Trotz ihrer zierlichen Gestalt boxt sich Lida durch das Gewühl und wir bekommen unsere Plätze im Flugzeug.

Im Morgengrauen Ankunft in Tselinograd, im östlichen Teil der Sowjetrepublik Kasachstan. Empfang durch zwei Regierungsvertreter in der überraschend vornehm ausgestatteten „VIP-Lounge.“ Ähnliches gilt für die Hotelzimmer, in denen wir bis zur Weiterreise am frühen Nachmittag ausschlafen können.

Bald liegen die öden sozialistischen Plattenbauten der Stadt hinter uns, und ich bekomme einen ersten Eindruck von der unendlichen Weite der damaligen

Unendliche Weite der Kirgisensteppe

Sowjetunion. Stundenlang fahren wir im VW-Bus durch die buchstäblich brett-ebene Landschaft der Kirgisensteppe. Schon als Schüler im Erdkunde-Unterricht faszinierte mich die Schilderung dieser Region.

Anfangs noch einige Dörfer entlang der immer schlechteren Straße, dann nur einzelne, verwahrloste Gehöfte.

Zunehmend energischer diskutiert Lida mit dem Fahrer, der offensichtlich weder das Ziel noch den Weg dorthin zu kennen scheint. Die Nadel der Tankuhr sinkt bedenklich, und weit und breit keine Tankstelle. Schließlich fragen sich die beiden nach einem Treibstofflager in einem Weiler durch.

Dann kommt der Regen und damit ein weiteres Problem. Denn mit der überaus fruchtbaren Schwarzerde dieser Region ist auch die Straße befestigt, die sich alsbald in glitschige Schmierseife verwandelt. Nur noch im Schneckentempo kommen wir voran, bis ein quergestellter Lastwagen die Straße bis auf Weiteres völlig blockiert.

Diese Situation in der grenzenlosen Weite veranschaulicht, was ich früher schon beim Studieren meines Atlanten erahnte: Wie absolut sinnlos waren doch die kriegerischen Expansionsbestrebungen westeuropäischer Diktatoren. Je weiter die Heere Napoleons und Hitlers nach Osten vorstießen, desto weiter wurde der zu besetzende Raum, desto mehr verloren sie sich in der Unendlichkeit. Solche Feldzüge mussten schon an diesen geografischen Hürden scheitern.

Es wird Abend, und rasch bricht die Nacht herein. Immer noch diskutieren die beiden über den richtigen Weg zum mir unbekannten Ziel. Kaum mehr ein

Lichtschein deutet auf eine menschliche Siedlung hin, nur noch Sterne am Nachthimmel. Irgendwann werden wir wohl anhalten und die Nacht im Auto verbringen müssen, denke ich.

„Was wollen Sie eigentlich jagen in dieser Einöde", unterbricht Lida meine Grübelei. Das Wort „Saiga" ist zwar gefallen, als man ihr diese Mission aufgetragen hat, aber sie kann sich nichts darunter vorstellen.

Mir ist diese in vieler Hinsicht eigenartige Antilope schon lange aus der Literatur bekannt. Reichte ihr Verbreitungsgebiet doch noch im 18. Jahrhundert bis ins europäische Russland, in prähistorischer Zeit noch viel weiter nach Westen, wie fossile Funde beweisen. Demnach waren auch die nacheiszeitlichen Steppenregionen der norddeutschen Tiefebene Heimat der Saiga-Antilope. Deshalb, wie auch wegen ihrer ausgefallenen Erscheinung, von der ich mir ja hoffentlich bald selbst ein Bild machen kann, wolle ich ein oder zwei Exemplare für das Museum des Europäischen Wildforschungsinstituts, erläutere ich Lida.

Etwas zügiger fahren wir auf der inzwischen wieder trockenen Piste durch die Nacht. Inzwischen haben auch meine russischen Begleiter die Hoffnung aufgegeben, das angepeilte Jagdlager heute noch zu erreichen. Ihre Vorstellung ist nun, ein Gebäude zu finden, in dem man vielleicht komfortabler übernachten kann als im Auto. Doch schon seit Stunden haben wir kein Zeichen menschlicher Besiedlung mehr erkennen können, nur noch Steppe.

Kurz vor Mitternacht erscheint in weiter Ferne ein winziges Licht am Horizont. Dieses steuern wir nun direkt an, nachdem sich die Piste ohnehin im Nichts verloren hat. Durch das Fernglas betrachtet erscheint das helle Pünktchen wie eine einsame Glühbirne in der Finsternis. In deren Schein tauchen dann drei einfache Wohnwagen auf. Beim Eintreten die große Erleichterung – wir sind tatsächlich im lange gesuchten Jagdcamp. Man habe uns schon erwartet. Na endlich.

Dann die nächste Überraschung: Zwischen Russen, Wodkaflaschen und Zigarettenqualm drei Amerikaner! Zur damaligen Zeit vor der politischen Wende fast unglaublich. Aber sie sind ebenfalls Jagdgäste, und für harte Dollars öffnete sich eben auch der eisernste Vorhang.

Aber es kommt noch toller: „I think, I know you", fragt einer der beiden beleibteren „sport hunters", nachdem er mich eingehend gemustert hat. Nein, das ist völlig ausgeschlossen, gebe ich ihm zu verstehen.

Doch er besteht darauf: „Have you been in Alaska?"

„Yes, several times."

„Do you know Henry Springer?"

„Yes, of course, he is a good friend of mine."

Das einfache Saiga-Camp in der Steppe

„So you must be Herby."

Also doch – so klein ist die Welt! Er sei Pat Steward, lebe in Alaska und sei ebenfalls mit Heinrich Springer befreundet. Der habe ihm von Herby und seinen Besuchen erzählt und ihm Fotos gezeigt. Am roten Bart hat er mich nun erkannt.

Die drei haben ihre Saigas schließlich bekommen, die Jagd ist für sie beendet, aber ihr Bericht wenig ermutigend.

„Wie viele Patronen hast du mitgebracht", fragt der ebenfalls füllige Leo Walsh.

„35, aber ich will nur eine, höchstens zwei Saigas schießen", erkläre ich.

„Dafür wirst du aber alle deine Patronen brauchen", prophezeit Walsh.

Zu meinem Verständnis schildern sie die Jagdmethode: Man fahre im geländegängigen Lada über die Steppe und schieße auf die flüchtenden Saigas ... Diese Art zu jagen ist mir natürlich zutiefst zuwider. Zudem gilt die Saiga trotz ihrer relativ kurzen Läufe als die schnellste Antilope, denn sie rennt im „Passgang", d. h. Vorder- und Hinterlauf jeder Körperseite greifen gleichzeitig aus. „So rasen sie wie Ratten über die Steppe." Dabei könnten sie eine Geschwindigkeit von 80 Stundenkilometern erreichen. Drei Tage hätten sie gebraucht, um ihre fünf Saigas zu bekommen.

Das wolle ich nicht mitmachen, bitte ich Lida, dem Campmanager und Jagdleiter Leonid zu erklären. Doch der hat schon selig hinter seinen Wodkaflaschen geschlafen und blinzelt nun missmutig auf die nächtlichen Störenfriede. Dann schildere ich ihm unsere in der Steppe von Tansania erprobte Methode, wenn es darum ging, einen einzelnen Bock einer Gazellenart zu erbeuten: Man beobachtet aus der Ferne, wo er sich regelmäßig aufhält, fährt dann dorthin, worauf der Schütze unauffällig aus dem Fahrzeug gleitet und sich in etwas höherer Vegetation versteckt. Die Aufmerksamkeit der Herde ist ganz auf das weiterfahrende Auto gerichtet, sie kommt zurück und der Bock wieder in sein Territorium. So stelle ich mir auch die morgige Saigajagd vor.

Lida hat alles geduldig übersetzt, doch ihr beschwipster Gesprächspartner zeigt sich wenig beeindruckt. Jetzt seien wir in der Sowjetunion und da bestimme er, Leonid, wie gejagt werde. Nach diesem wenig ermutigenden Kommentar zieht er sich in seine Schlafkammer zurück.

Am anderen Morgen, meinem ersten bezahlten Jagdtag, rührt sich auch um 8 Uhr noch nichts. Sonntägliche Ruhe im Camp und über der weiten Steppe. Ich habe meine Mauser-66-Büchse zusammengebaut. Wie bereits erwähnt, nehme ich sie auf solchen Reisen immer in einem möglichst abgenutzten normalen Koffer mit. An dem haben Diebe kaum Interesse, während Gewehrkoffer gern gestohlen werden.

Als um 9 Uhr außer Lida immer noch niemand zu sehen ist, beschließe ich, den obligatorischen Probeschuss auf eine improvisierte Scheibe direkt vor dem Fenster von Leonids Wohnwagen abzugeben. Der Knall der selbst geladenen 8x68-S-Patrone mit 11,7 Gramm schwerem KS-Geschoss tut seine Wirkung. Ein heiserer Aufschrei, dann Rumpeln und Rumoren – der Chef ist aufgestanden.

Sein erster Griff am Frühstückstisch gilt der Wodkaflasche. Er leert ein ganzes Wasserglas, ohne abzusetzen. Ein Auge sei nun geöffnet, aber er müsse ja mit beiden Augen sehen. Mit dieser Erklärung gießt er ein zweites Glas hinunter. „Freundschaft", prostet er mir zu, eines der wenigen deutschen Wörter, die er kennt. Das kann ja heiter werden.

Dann verschwindet Leonid zu meinem Entsetzen mit seinen beiden Helfern im Lada in der Steppe. Sie müssten in die Stadt, hat er Lida erklärt, seien aber um die Mittagszeit zurück. Was der wohl unter „Stadt" versteht?

Als das Team dann erst gegen 14 Uhr zum Mittagessen erscheint und er wieder mit schnapsgefülltem Glas auf „Freundschaft" machen will, platzt mir der Kragen. Ich habe diesen Tag für die Jagd bereits abgeschrieben und bitte meine Dolmetscherin, Leonid unmissverständlich klarzumachen, dass es morgen so nicht weitergehen kann, „sonst ist Feindschaft". Mit einem Engagement sondergleichen wettert Lida los. Eine Schimpfkanonade in mir unverständlichem, aber doch eindrucksvollem Russisch prasselt auf die Delinquenten nieder.

Der Anschiss wirkt, zu meiner Überraschung sogar sofort. Jetzt gleich, obwohl schon später Nachmittag war, wollten sie mit mir zur Jagd fahren. Nur, Lida müsse hierbleiben, das sei Voraussetzung. Darauf aber kann ich mich keinesfalls einlassen. Ich poche auf den Vertrag und kann mich schließlich durchsetzen. Anstatt des zweiten Helfers nimmt Lida auf dem Rücksitz Platz.

Trotz seines Wodkapegels steuert Leonid den Lada einigermaßen geradlinig über die Steppe. Es gibt dort offensichtlich keine Ziesel, die durch ihre Bauten „Schlaglöcher“ gegraben hätten. Schon bald taucht am Horizont eine kleine Herde Saigas auf, die sich sofort in Bewegung setzt. Nun geht alles rasend schnell.

Leonid gibt Gas, holt allmählich auf, nur noch 30 Meter vor uns fegt die Herde über die niedrige Vegetation. Plötzlich brechen die beiden Böcke, kenntlich am Gehörn, nach rechts aus und suchen das Weite. Leonid bremst so abrupt ab, dass ich mit dem Kopf gegen die Windschutzscheibe schlage, aber wenigstens noch die Büchse mit Zielfernrohr vor einem harten Aufprall schützen kann. „Schieß“, befiehlt er. Noch bevor der Wagen steht, bin ich im Anschlag auf den letzten der davonstürmenden Böcke, schwinge instinktiv eineinhalb Körperlängen vor und lasse fliegen, auf inzwischen über 100 Meter eine fast aussichtlose Situation.

Doch zu meiner maßlosen Überraschung findet die Kugel ihr Ziel. Der Bock rouliert drei, vier Mal und bleibt verendet liegen. Mit unbewegter Miene quittiert Leonid den Erfolg, gibt vielmehr sofort wieder Gas, um den anderen Bock einzuholen. Ich wolle doch zwei, bedeutet er mir. Eigentlich habe ich unter solchen Umständen schon genug mit dem einen, doch für Diskussionen ist jetzt keine Zeit. Näher und näher kommen wir dem flüchtenden Bock, wieder schert er nach rechts aus. Abruptes Abbremsen, Anschlag, Mitschwingen, Schuss – und auch er rouliert mehrmals.

Die Russen staunen, ich noch mehr. Zwar hatte ich vor dieser Jagdreise am Schießstand Hüfingen fleißig trainiert, aber die Saigas hier waren doppelt so weit und mindestens dreimal schneller als der „laufende Keiler“.

Jedenfalls ist nun die für drei Tage gebuchte Jagd überraschend schnell am ersten Tag beendet. So finde ich Zeit, mich mit dem interessanten Wild zu befassen, während meine Begleiter mit dem Aufbrechen beschäftigt sind – bei den Schüssen, jeweils schräg von hinten durch den ganzen Wildkörper, eine delikate Arbeit. Doch haben sie genügend Wasser dabei, um Wild und Hände zu reinigen.

Der gesamte Körperbau der Saiga ist auf schnellen Lauf ausgerichtet. Der massige Rumpf, nicht länger als die Höhe am Widerrist, ruht auf schlanken Läufen. Beim Passgang, der häufigsten Bewegungsform, insbesondere während der wei-

Überraschender Jagderfolg schon am ersten Tag...,

... auch dank Lidas energischem Einsatz

ten saisonalen Wanderungen, wird das klobige Haupt tief getragen. Das auf diese Weise stromlinienförmige Tier bewegt sich schnell und gleichmäßig. Selbst in rasender Flucht kommt es selten zu hohen Sprüngen – ein gewisser Vorteil beim Schuss auf das schnelle Wild.

Aufgrund ihrer Figur und Bewegungsform ist die Saiga schon von Weitem von anderen Antilopen zu unterscheiden. Das gilt noch mehr für die ausgeprägte Kopfform: Der stark aufgeblähte bucklige Windfang überragt den Äser wie ein kurzer beweglicher Rüssel, mit kleinen, dicht nebeneinander liegenden Nasenlöchern – ein wahrlich kurioses Gesicht. Warum nur diese einmalige Besonderheit unter allen Antilopen? Darüber wurde schon viel spekuliert. War es einfach eine Laune der Schöpfung? Oder ein Relikt aus der stammesgeschichtlichen Entwicklung von Antilopen und Gazellen?

Der russische Zoologe Professor Bannikov sieht dieses zweifellos altertümliche Merkmal jedoch als Anpassung an das Leben in staubigen Halbwüsten. In solchen Lebensräumen war die Saiga ja schon während der Eiszeiten weit verbreitet. Der Zwang zur Entwicklung des voluminösen Nasenvorhofes ergab sich aus dem speziellen Verhalten der Saigas: In größeren Herden – bis zu einigen Tausend Tieren – wandern sie dicht gedrängt mit einer Geschwindigkeit von etwa 20 Stundenkilometern, manchmal über Entfernungen von mehreren Hundert Kilometern. Bei der geringen Schulterhöhe und dem im Passgang tief getragenen Haupt ist der Windfang stets von einer dichten Staubwolke umgeben. Der Nasenvorhof dient dabei als Staubfilter, bei großer Kälte wohl auch zum Vorwärmen der Atemluft. Drüsensekrete binden dabei den Staub, das stark entwickelte Blutgefäßnetz fördert den Wärmeaustausch. Die ausgeprägte Gliederung der Lungen durch Furchen und Einschnitte vergrößert die respiratorische Oberfläche und erhöht so die Atmungsaktivität während des schnellen Laufs.

Im Gegensatz zum Windfang sind die Lauscher viel kleiner als bei anderen Antilopen und zum Schutz gegen Staub auch auf der Innenseite dicht behaart. Das Leben im Rudel in übersichtlicher Landschaft macht besondere Hörleistungen zur Warnung vor Prädatoren weitgehend überflüssig.

Beide erlegten Böcke haben ein knapp 30 cm langes Gehörn, hell wachsfarben mit vielen ringförmigen Wülsten verziert und dunklen Enden. Ist es diese

Bislang kannte ich die kuriose Saiga-Antilope nur von Museen.

ausgefallene, etwas dem Bernstein vergleichbare Färbung des Horns, was die Fantasie der asiatischen Heilkundler anregte? Jedenfalls war der Kopfschmuck der Saigas von jeher sehr begehrt in der fernöstlichen Pharmazie, galt doch das daraus hergestellte Pulver als Wundermittel gegen eine Vielzahl von Gebrechen und sicherlich auch als Aphrodisiakum. Ähnlich wie dem Nashorn war dieser Aberglaube und die daraus resultierende Verfolgung auch dieser Wildart anfangs des 20. Jahrhunderts fast zum Verhängnis geworden. Auf weniger als tausend Tiere war danach der Weltbestand zusammengeschmolzen, berichtet mir später der russische Kollege und Saiga-Experte Valeri Neronov. Ein Paar Hörner erzielten denselben Preis wie ein gutes Reitpferd!

Wiederum ein typisches Beispiel für Marktjagd nach wertvollen Wildprodukten: Je seltener, desto höher der Preis – es drohte die Gefahr der Ausrottung ...

In letzter Minute die Notbremse zog nach Gründung der UdSSR 1917 deren erster Generalsekretär, der passionierte Jäger Lenin. 1919 erließ er strenge Schutzgesetze, jegliche Jagd auf Saigas wurde bei hoher Strafe verboten. Mit durchschlagendem Erfolg: Bis Anfang der 1960er-Jahre hatte sich die Antilope wieder in viele längst verwaiste Areale mit einem Gesamtbestand von etwa zwei Millionen Tieren ausgebreitet. Die größte Population mit 600 000 Exemplaren lebe nunmehr in Kasachstan, wovon jährlich 10 % jagdlich genutzt würden, so Neronov.

Die beiden Böcke sind versorgt und auf einem Gestell am Heck des Lada verstaut. Trotz der mir unsympathischen Jagdmethode bin ich sehr zufrieden mit dem Erfolg. Heute Abend wird wohl Wodka in Strömen fließen, ahne ich. Doch dann verlangsamt sich unsere Heimfahrt, und die beiden Männer diskutieren angeregt in mir unverständlicher Sprache. Sie scheinen etwas auszuhecken. Dann muss mich Lida in den Plan einweihen: Also, sie hätten ja gesehen, ich könne mit meinem Geschütz umgehen. Daher solle ich es nochmals zum Einsatz bringen, denn sie sollten zwei weitere Saigas für sich selbst haben ...

Das ist nun wirklich das Letzte, was ich will. Meine Schießkünste nochmals unter Beweis stellen? Das kann nur schiefgehen, denke ich mir. Sicher werden nach diesen glücklichen Treffern vier oder fünf Fehlschüsse folgen und der Nimbus des erfolgreichen Schützen wäre dahin.

„Nein“, erkläre ich, „mir reicht’s, lasst uns heimfahren.“ Doch Leonid gibt nicht auf: „Die weitere Beute wird dich nichts kosten, und Patronen hast du doch noch genug.“ Mir fällt kein sachliches Gegenargument ein, und so bleibt mir nichts anderes übrig als schließlich einzuwilligen. Ich kann nur hoffen, dass die einbrechende Abenddämmerung die Jagd bald beenden wird.

Doch es kommt anders. Schon nach kurzer Fahrt erscheint ein Rudel Saigas am Horizont, und das Erlebnis des Nachmittags wiederholt sich auf verblüffend ähnliche Weise. Wieder scheren zwei Böcke in rasendem Tempo nach rechts aus. Leonid stoppt abrupt, befiehlt „Schieß!" und ein Bock rouliert ... Sofort gibt er wieder Gas, um den zweiten einzuholen. Als ich den im Zielfernrohr finde, ist er wohl schon 180 Meter entfernt, kaum noch zu erreichen. Drei Saiga-Längen schwinge ich vor, und er überschlägt sich mehrfach wie ein gut getroffener Hase. Den Knall hat er wohl nicht mehr gehört.

Meine Begleiter im kleinen Fahrzeug sind sprachlos, und auch ich kann es nicht fassen.

Sie starren mich an, dann meine Büchse. „Unglaublich", meint schließlich Lida. Dann eine erregte Diskussion der beiden russischen Jäger, der ich interessiert lausche, aber leider nichts verstehe. Mehrmals glaube ich, ein deutsches Wort herauszuhören. Lida bestätigt, sie würden über eine „Wunderwaffe" reden. Also doch. Sie kennen den Begriff von der älteren Generation, die im zweiten Weltkrieg gegen die Deutschen kämpfte, offensichtlich ohne konkrete Vorstellung über diesen Waffentyp.

Die „Wunderwaffe" sollte gegen Kriegsende – das sei an dieser Stelle den jüngeren Lesern erläutert – doch noch die Wende zugunsten der Deutschen bringen. Es handelte sich dabei um die legendäre „V2" (V stand für Vergeltung), also eine in Entwicklung befindliche zweistufige Rakete, ausgestattet mit Atom-Sprengkopf. Der deutschen Wehrmacht sollte sie Mut machen zum Durchhalten – während auf der anderen Seite die Rote Armee angefeuert wurde, den Krieg zu beenden, bevor eine solche Waffe mit angeblich katastrophaler Wirkung zum Einsatz käme.

Jetzt, nachdem ich nun wirklich nicht mehr als Schütze gefordert sein werde, kommt mir eine spitzbübische Idee. „Jawohl", lasse ich Lida übersetzen „das ist sie, die Wunderwaffe, die unfehlbare mit der ungeheuren Wirkung. Sie wurde nun doch noch gebaut."

Der Gesichtsausdruck meiner Begleiter ist unbeschreiblich. Also doch. Mit ehrfürchtigem Staunen untersuchen sie meine inzwischen entladene Mauser 66. Ob sie sich ausmalen, was dieses Ding in Kriegszeiten angerichtet hätte?

Auch diese beiden Böcke werden aufgebrochen und am Heck des Lada festgezurrt. Doch während der Heimfahrt hält Leonid nochmals an, und Lida muss wieder übersetzen. Also, ich dürfe niemand auch nur ein Sterbenswörtchen über die beiden letzteren Saigas erzählen! – Bin ich da für eine Gaunerei missbraucht worden? Nach dem sprichwörtlichen Motto „Russland ist groß, und der Zar ist weit ..."?

Auf derlei Fragen bekomme ich keine Antwort. Mangels Kenntnis der russischen Sprache könne ich ja kaum etwas ausplaudern, entgegne ich, aber was sei mit den Amerikanern heute Abend im Camp? Spontan entwickelte Leonid eine glaubhaft klingende Darstellung für den Fall diesbezüglicher Fragen: Während der Rückfahrt nach erfolgreicher Jagd hätten wir am Horizont ein flüchtendes Fahrzeug entdeckt und dieses schließlich gestellt. Tatsächlich, es seien Wilderer mit zwei erbeuteten Saigas gewesen. Nach Feststellung der Personalien hätten wir ihnen das Wild abgenommen ...

Doch im Camp finden wir nur die Familien der Jäger vor, also kein Problem. Erst in der Dunkelheit kommen die drei Amerikaner von der Gänsejagd zurück. Jetzt, gegen Ende September, ziehen unglaubliche Massen von Blässgänsen von ihren Brutgebieten im westsibirischen Tiefland nach Südwesten Richtung Aralsee und Kaspisches Meer, wo sie vermutlich überwintern.

„Du hast deine beiden Saigas schon – und das mit nur zwei Patronen?" Staunend nehmen es die Waidgenossen aus Übersee zur Kenntnis. Das muss natürlich gefeiert werden. Der Wodka-Vorrat im Camp scheint unerschöpflich. Entsprechend steigt die Stimmung in dem kleinen Wohnwagen, und Lida ist ständig als Dolmetscherin gefordert.

„Warum lachen diese Männer immer", fragt die kleine Natascha, Tochter eines der Jäger, mit Blick auf die beiden wohlgenährten Amerikaner Pat und Leo. Ihre Mutter klärt sie auf, unter Hinweis auf ihr unbefriedigendes Dasein in der damaligen UdSSR: „Die sind frei und haben genug Geld." Dies gilt zwar genauso für ihren hageren Jagdfreund, doch der schaut stets verdrießlich drein. Sein empfindliches Verdauungssystem verträgt die rustikale Kost der kasachischen Küche schlecht und den Wodka schon gar nicht. Erst nach Mitternacht endet das Gelage.

Als ich erwache, sind die Amerikaner bereits reisefertig für den zweiten Teil ihres Programmes, nämlich die Jagd auf Thur im Kaukasus bei Baku. Jetzt wollen sie noch meine Jagdbeute besichtigen. Ich führe sie hinter den Wohnwagen – aber da liegen, zu ihrem Staunen und meinem Entsetzen, nicht zwei, sondern noch alle vier Saigas ... Wieso das? So musste ich doch noch Leonids Darstellung über die Herkunft der beiden überzähligen Stücke zum Besten geben. Die beiden Beleibten sind davon überzeugt – die Lichter von zwei Tieren seien schon etwas eingetrocknet, die müssten eindeutig schon früher erlegt worden sein.

Der Hagere hingegen glaubt mir nicht. „Wie viele Patronen hast du noch?" „Dreißig", entgegne ich ahnungslos – und damit ist der Schwindel aufgeflogen, denn ich hatte nur einen Probeschuss abgegeben. Unter dem Siegel der Verschwiegenheit muss ich nun mit der Wahrheit herausrücken.

Die Saiga-Strecke (links im Bild ein erlegter Dachs)

Die Amerikaner reisen ab, mit gewaltigem Respekt vor der deutschen „Wunderwaffe“: Vier Saigas mit vier Schuss ...

Einige Gäste bitten um die Speisekarte. Auch wir sind hungrig. „Für dich wieder ‚Landstreicher-Menü‘ und ‚Kuno-Wein‘?“, fragt der Sommerauer Wirt seinen Stammgast. Und weil mich die Neugier packt, schließe ich mich meinem verschmitzt nickenden Begleiter an. „Also zweimal ‚Kuno‘“, wiederholt der Wirt, kommt mit zwei Schoppen lieblichen Weißweins zurück, während die Bedienung ein dekoratives Jute-Säckchen von der holzgetäfelten Wand angelt. Jetzt wird es klar: Dieses „Menü“ besteht aus trockenem Brot verschiedener Sorten, Überbleibseln vom Frühstückstisch vergangener Tage, vielleicht Wochen. Dazu ein Töpfchen Schweineschmalz und Wein, so viel er trinken kann – das ist im Menüpreis inbegriffen. Da der „Landstreicher“ stets zu Fuß unterwegs ist, hält sich sein Weinkonsum im Hinblick auf den steilen Rückweg nach Glashütte in Grenzen.

Einige Gäste beobachten staunend das Zeremoniell, nachdem sie derlei natürlich nicht in der Karte dieses bekannten Feinschmeckerlokals finden konnten. „Das ist das Brot, das für die Pferde bereits zu hart ist“, feixt der seltsame Gast und zerbeißt geräuschvoll das steinharte Substrat. Der Wirt erbarmt sich meiner und bringt mir ein Körbchen mit frischem, duftendem Bauernbrot.

Kuno scheint es hervorragend zu schmecken. Oder liebt er vor allem den Kontrast zu den lukullischen Galadiners, die während der nächsten gesellschaftlichen Ereignisse wieder anstehen? Dann wird er wieder ganz Gourmet sein, die Delikatessen mit allen Sinnen genießend.

Genauso viel Zeit lässt er sich hier. Die Zuhörer, die ihre Mahlzeit längst beendet haben, werden schon ungeduldig: Wie ging es weiter in der Kirgisensteppe?

Aus dem Leben der Saigas

Nun, nachdem die Jagd schon am ersten Tag beendet ist, habe ich viel Zeit. Leonid und sein Begleiter verschwinden mit zwei Saigas Richtung „Stadt", was immer damit gemeint sein mag, und ich helfe dem Präparator Petrowitsch bei der Zubereitung meiner beiden Trophäen. Von dem stärksten Bock, natürlich dem zuletzt erlegten, will ich später ein „head-mount", ein Kopf-Schulter-Präparat anfertigen, der andere soll als Schädel die Eigenheiten des Kopfskeletts veranschaulichen.

Dann habe ich während einer ausgedehnten Wanderung Gelegenheit, den Lebensraum dieses eigenartigen Steppenbewohners kennenzulernen. Charakteristisch sind dürrebeständige Gräser (*Stipa-*, *Festuca-*, und *Agropyron*arten) und niedrige Halbsträucher, vor allem Beifuß (*Artemisia*)-Arten, auch Wermut genannt. Sie liefern zwar nicht viel Pflanzenmasse, sind aber wohl das ganze Jahr über, wenngleich in unterschiedlichem Maße, verfügbar. Nach reichlichen Niederschlägen sprießt das Grün, in Trockenperioden wird die Nahrung spärlicher, während sie unter einer gefrorenen Schneedecke kaum mehr erreichbar ist.

Wie das Nahrungsangebot ist auch die Möglichkeit der Tränke im Steppen- und Halbwüstenklima extremen örtlichen Schwankungen unterworfen, denn die Flachseen trocknen oft aus oder gefrieren im Winter zu.

Diesen Eigenheiten ihres unwirtlichen Lebensraums hat sich die Saiga-Antilope durch saisonale, aber auch ständige aperiodische Wanderungen angepasst. Sowohl die großen Herden von mehreren Tausend Tieren wie auch kleinere Trupps sind in ständiger Bewegung auf der Suche nach Äsung und Wasser. Sie sind die Nomaden der Steppe. Im rasch trippelnden Passgang können sie in wenigen Tagen Hunderte von Kilometern zurücklegen und auf diese Weise unwirtlichen Situationen ihres instabilen Lebensraums ausweichen.

Ähnliche Verhältnisse mögen in den Kältesteppen während der Eiszeiten geherrscht haben. Dementsprechend weit war die Saiga zu jener Zeit verbreitet. Fossile Funde fanden sich von Südengland über Sibirien bis Alaska, ermittelte Bannikow. Sie ist somit die einzige Antilope, die einst auch Europa besiedelte. Über die damalige Landbrücke „Beringia" konnte sie sich bis nach Nordamerika ausbreiten und bildete auch dort ein wesentliches Element der Fauna.

Nachdenklich betrachte ich eine frisch verendete Saiga. Woran ist sie wohl eingegangen? Ohne äußere Verletzungen und in guter körperlicher Verfassung liegt sie in der Steppenvegetation. Ich vermag das Rätsel nicht zu lösen, aber dieser Fund erinnert mich an die aus der Literatur bekannte, hohe artspezifische Sterblichkeitsrate. Denn die Unwirtlichkeit des Lebensraums fordert immer wieder hohe Opfer. Es kommt sogar zu periodischem Massensterben durch Nahrungsmangel während und nach besonders strengen Wintern. Einen alljährlichen Tribut fordern die Wölfe, besonders hier in Kasachstan, wo sie zahlreich vorkommen und die Saiga ihre Hauptbeute bildet. Über 20% der Population soll ihnen zum Opfer fallen, kalkulierten die Wolfsforscher.

Zu den natürlichen Todesfaktoren kommen die Verluste durch menschliche Nutzung. Denn von jeher wurden die Saigaherden, abgesehen vom genannten Interesse an den Hörnern, als willkommene Fleischquelle betrachtet. Früher gedankenlos ausgebeutet, kamen während der sowjetischen Planwirtschaft jährlich etwa zehn bis 20 % der Population zur Strecke. In den 50er-Jahren des letzten Jahrhunderts waren dies immerhin fast 200 000 Tiere.

In kaum mehr zu überbietender Anschaulichkeit schilderte der bekannte kirgisische Schriftsteller Kirgis Aitmatov das Leben der Saigas unter ständiger Bedrohung von Wolf und Mensch. Mit unglaublich barbarischen Methoden wurde diese Fleischquelle angezapft, wenn es galt, das im fernen Moskau festgelegte Plansoll der Proteinversorgung zu erfüllen.

Wie können die Saigas solch hohe Verluste verkraften? Einmal durch ihre nomadisierende Lebensweise, die es gestattet, nach Naturkatastrophen – etwa Extremwintern – entvölkerte Lebensräume durch Zuwanderung rasch wieder zu besiedeln. Zum anderen durch eine für eine Wildart dieser Größe extrem hohe Fortpflanzungsrate. Schon im Alter von acht Monaten und noch nicht einmal ganz ausgewachsen beteiligen sich die Schmalgeißen mit jeweils einem Kitz an der Fortpflanzung. Fast alle älteren setzen zwei, selten sogar drei Kitze.

Böcke werden später, mit etwa 20 Monaten geschlechtsreif, doch können sie erst in höherem Alter zur Fortpflanzung beitragen. Denn Saigas leben, noch ausgeprägter als andere Säugetiere, extrem polygam, d. h. ohne jede Paarbindung. Vielmehr etablieren die Böcke zu Beginn der Brunft Anfang Dezember ihre Territorien, in denen sie möglichst viele Geißen zu versammeln suchen. Seinen Harem, der aus bis zu 30, gelegentlich bis 50 Geißen bestehen kann, verteidigt der Bock vehement gegen andere männliche Konkurrenten. Nicht selten enden die erbitterten Kämpfe sogar tödlich für einen der Rivalen. Die Überlebenden sind allerdings nach der etwa vierwöchigen Brunftzeit so abgemagert, dass sie gegen Ende des Winters oft in Massen verenden bzw. leichte Beute der Wölfe werden. Nach harten Wintern kann der Anteil der Böcke in der Population auf weniger als fünf Prozent absinken.

Diese Strategie, dieser brutal anmutende Umgang der Natur mit der Männchen-Kohorte, ist aus populationsdynamischer Sicht durchaus vorteilhaft. Denn infolge der Haremsbildung bedarf es nur weniger Böcke zur Fortpflanzung. Wenn diese nach der Brunft „wertlosen“ Bestandsmitglieder als Konkurrenten für die spärlich gewordene Äsung entfallen, können die Weibchen und ihr Nachwuchs besser überleben. So können sich die Bestände selbst nach hohen Verlusten rasch erholen und verwaiste Areale wieder besiedeln.

Fast alle anderen Mitglieder der eiszeitlichen Fauna sind längst ausgestorben. Diese urtümlich anmutende Antilope überlebte dank ihrer besonderen Strategie bis heute.

Es dämmert bereits, als Leonids Lada wieder im Camp eintrifft. Sie entladen einen Sack voller Wodkaflaschen – Erlös für die beiden Saigas? Dann entsteigt dem Fahrzeug noch eine dritte Person, Genosse Funktionär aus der „Stadt“, erklären sie mir. Er wolle unbedingt die Wunderwaffe sehen. Ich deute auf einen Haken an der Baracke. Mit unverkennbarem Respekt betrachtet er das Gewehr von allen Seiten, wagt kaum es anzufassen. Die beiden haben ihm wohl Ungeheuerliches berichtet. Dann machen sie mir klar, er wolle das Ding auch in Aktion sehen ...

Nein, um des Himmels Willen, nein! Ich bin entsetzt über das erneute Angebot, meine Treffsicherheit zu demonstrieren, denn irgendwann muss das schiefgehen.

Andererseits habe ich auch diesmal kein plausibles Argument gegen ihren unmissverständlich artikulierten Plan. Widerstand ist also zwecklos, und wortlos willige ich ein. Lida allerdings müsse hierbleiben, sie habe bei der Vorbereitung

Einer der Jäger mit seiner Familie

des Abendessens zu helfen. Ihr erklären sie, wir wollten nur zur Gänsejagd, und dabei werde sie wirklich nicht gebraucht...

Tatsächlich steuern sie zum Schein ein großes Feuchtgebiet an. Dann, außerhalb der Sichtweite des Camps, geht es zurück in die Steppe. Mir bleibt nur noch die Hoffnung, dass wir so spät abends keine Saigas mehr finden. Aber nein, schon zeichnet sich ein kleines Rudel am Horizont ab. Doch warum nur steht es wie angewurzelt, macht es keinerlei Anstalten zur Flucht, selbst als wir uns schon auf etwa hundert Meter genähert haben? Erst jetzt wird das Verhalten verständlich, denn es handelt sich um sieben weibliche Tiere und die dürfen in dieser Gegend, jedenfalls zu dieser Jahreszeit, nicht bejagt werden. Dies löst eine erregte Debatte aus, deren Ergebnis man mir nun verständlich zu machen versucht: Geißen sind zwar geschützt, aber sie schmecken besser als Böcke, ich solle also eine erlegen.

Das geht mir nun wirklich zu weit. Schon einmal habe ich, ohne es zu wissen, gegen gesetzliche Regelungen verstoßen. Höflich, aber bestimmt lehne ich ab. Doch der Funktionär besteht darauf, die Wirkung der Wunderwaffe kennenzulernen. Darin sieht Leonid seine Chance: „Herby – ich – bitte Wunderwaffe – bitte – ich." Schließlich willige ich ein.

Leonid klettert aus dem Vehikel, ergreift mit zitternden Händen die Büchse, um sie auf dem Autodach in Stellung zu bringen. All das scheint das Wild nicht zu beunruhigen. Dann, endlich: Wumm! – Doch ohne Reaktion verharrt das Rudel, demonstriert Nervenstärke. Nervös repetiert der Schütze, die leere Hülse rollt klappernd über das Blechdach. Dann, nochmals: Wumm! – Jetzt reicht es den Saigas aber doch, sie verabschieden sich in rasch zunehmender Geschwindigkeit von der Szene, während Leonid mir hastig das Gewehr zurückgibt: „Herby – du schießen – dawei, dawei." Doch ich bleibe bei meiner Entscheidung.

Schließlich sehen alle ein, es ist nun sinnlos, das Rudel in der tiefen Dämmerung noch zu verfolgen. Dennoch ist der Eindruck auf meine Begleiter gewaltig – so viel technische Raffinesse in diesem vermeintlichen Kriegsgerät: Selbst für den Fall, dass es einmal in Feindeshand fallen sollte, wurde vorgesorgt: Die Wunderwaffe funktioniert nur in der Hand eines Deutschen ...

Rückreise

Am nächsten Tag geht es zurück. Über Tselinograd, dann im nächtlichen Flug nach Moskau. Beim Abschied drücke ich Lida außer einem guten Trinkgeld in der geschätzten westlichen Währung einen Gutschein in die Hand. Einen spontan verfassten Voucher für einen Urlaub im Hochschwarzwald, als besondere Anerkennung ihrer Verdienste. Ihre Begeisterung hierüber hält sich jedoch in Grenzen. „Was nützt mir dieses Stück Papier? Ich habe keinen Pass und werde auch niemals eine Ausreisegenehmigung aus der UdSSR bekommen." Sie möge ihn dennoch gut aufbewahren, rate ich ihr, in Vorahnung der sich unter Gorbatschow bereits abzeichnenden politischen Wende. Dann reise ich weiter nach Astrakhan am Kaspischen Meer, um an der Generalversammlung des Internationalen Büros für Wasservogelforschung teilzunehmen.

Drei Jahre später, Anfang August 1992. Abends klingelt das Telefon. Welche Überraschung: Lida. „Ich habe jetzt Pass und kann ausreisen. Gilt dein Gutschein noch?" „Selbstverständlich", bestätige ich ihr, „wann kommst du?"

Schon in der darauffolgenden Woche ist sie hier, zum nicht geringen Erstaunen der Bevölkerung von Holzschlag-Glashütte: eine leibhaftige Russin ... Es gefiel ihr ganz gut in der ländlichen Idylle, wenngleich sie sich den „Goldenen Westen", von dem sie jenseits des „Eisernen Vorhangs" immer träumten, anders vorgestellt hatte.

Eines Nachmittags sind wir bei einem befreundeten Förster-Ehepaar zum Kaffee eingeladen. Man staunt über das perfekte Deutsch der Russin. Woher wir uns kennen, erkundigen sich die Gastgeber. Diese Frage beantwortet Lida ausführlich, schildert viele Details, auch die jagdlichen. Aber warum nur starrt sie der Waidgenosse an, als wären ihm diese neu? Hatte ich ihm nach meiner Rückkehr doch schon alles erzählt. „Also stimmt diese Geschichte doch", fragt er jetzt stau-

Erinnerungen an die Kirgisensteppe

nend, und ich habe verstanden. Er hatte mir damals zwar geduldig zugehört, aber nichts geglaubt ... Und nun kommt da in sein Wohnzimmer eine Augenzeugin, die sie bestätigt, die Wirksamkeit der Wunderwaffe.

Fast mehr noch als die jagdlichen Aspekte scheint die Stammtischler dieses Après-Ereignis zu interessieren. Ihre Mienen sprechen Bände. Unglaublich, eine junge Russin besucht diesen Einsiedler. Das beflügelt die Fantasie. Jäger sind ja der Weiblichkeit nicht abhold, das ist mir wohlbekannt. Mehr noch: Erotische Abenteuer stehen für manche ähnlich hoch im Kurs wie jagdliche Erlebnisse. Erinnerungsfotos beider Kategorien in ihren „Poesiealben" belegen dies überdeutlich. So versuchen einige Zuhörer, delikate Fragen loszuwerden, doch in meiner Anwesenheit schweigt der Kavalier.

Wie gut kann ich mir Lidas jähes Erwachen aus dem Traum vom „Goldenen Westen" vorstellen: ein 200-jähriges Bauernhaus, und darin dieser „Junggesellen-Haushalt". Damals waren Küche und Präparationswerkstatt räumlich noch nicht getrennt. Esswaren und Chemikalien, Werkzeuge, Koch- und Essgeschirr – alles kunterbunt durcheinander. Der typische Geruch von Holzrauch vermischte sich gelegentlich mit dem Odeur aus dem Eimer für die abgehäuteten Tierkerne. In den Winkeln alte, verstaubte Spinnweben. Welche Frau könnte es hier dauerhaft aushalten?

Und dann das Mittagsmahl zum Ende der Blattzeit: Bratkartoffeln mit Rehhirn. Zwar hatte Kuno für seinen Gast vorsorglich auch zivilisierte Lebensmittel eingekauft. Doch dieser Lebensstil war selbst für die ganz sicher nicht verwöhnte Russin zu rustikal. Dennoch blieb sie zwei Wochen, stellte aber keinen Antrag auf „dauerndes Bleiberecht".

Seit zehn Jahren bewohnt der Hausherr das ganze Gebäude, hat sich im Erdgeschoss eine Wohnung eingerichtet, mit gemütlichem Wohn-, Schlaf- und Gästezimmer und sogar einer Küche, die diese Bezeichnung schon eher verdient. Mir bietet sie jedoch immer noch ein chaotisches Bild. Nichts liegt Kuno ferner als die Motivation zum Putzen und Aufräumen, dazu habe er „keine Zeit". Während ich dies anlässlich eines Besuchs in einer umfassenden Aktion – die wohl nach meiner Abreise nicht lange sichtbar blieb – nachholte, entdeckte ich zu meinem Entsetzen zwischen all den Lebensmitteln eine offene Schachtel Rattengift.

Kühlschrank? Fehlanzeige. Im kühlen Klima des Hochschwarzwaldes genügt dem Schwaben das Fensterbrett an der Nordseite zur Aufbewahrung verderblicher Lebensmittel.

Gespeist wird im Wohnzimmer am runden, mit dem Fell einer Rappenantilope überzogenen Tisch. Schon das Frühstücksszenario ist unvergleichlich. Ein altes

„Welche Frau könnte es hier dauerhaft aushalten?“

Holzbrett, eine mit Porzellankleber geflickte braune Teekanne mit dazu gehörender Tasse werden meist nicht abgeräumt, sind sie doch am nächsten Morgen wieder im Gebrauch. Brot liegt tagelang offen in der Küche herum, bis es, genügend ausgetrocknet, Kunos Geschmack entspricht. Die harte Kruste sei gut für das Zahnfleisch, grinst er und belegt sein Brot mit dem auf der Fensterbank gelagerten Weichkäse verschiedener Sorten. Betagte Stücke fließen bereits. Dann schmeckt er am besten, meint der Gourmet. Scheiben von Knoblauchzehen und roten Zwiebeln ergänzen den Brotaufstrich. Dazu knabbert er Mohrrüben, Petersilienwurzeln, Sellerie und sonstiges scharfes Wurzelgemüse, natürlich alles roh.

Erklärt sich dadurch sein überdurchschnittlich entwickeltes Immunsystem? An das aus dieser Esskultur resultierende ständige Knoblauchfähnchen hat sich mein empfindsames Riechorgan erstaunlicherweise gewöhnt.

Ja, die arme Lida. Luxus hat sie hier nicht vorgefunden. Vielleicht hat sie aber dieses Lebensmotto, nur mit dem Notwendigsten auszukommen, ähnlich amüsiert wie mich. Auch Kuno selbst kann in dieser Hinsicht von Herzen über sich selbst lachen.

Später gibt mir noch ein Aspekt dieser Saigajagd zu denken. Fast zwei Jahrzehnte sind inzwischen seit seiner Reise in die Kirgisensteppe vergangen. Wäre eine solche Jagd heute noch möglich, möchte ich wissen.

Lida im „Goldenen Westen"

„Wahrscheinlich nicht", erwidert Kuno: „Die Saigabestände haben überall drastisch abgenommen und sind aus vielen Teilen ihres Verbreitungsgebiets verschwunden. Offensichtlich also dieselbe Entwicklung wie vor einem Jahrhundert und möglicherweise aufgrund derselben Ursachen. Denn mit dem Zerfall der Sowjetunion haben die Wilderei und insbesondere der illegale Handel mit den begehrten Hörnern drastisch zugenommen. Dazu kommen zunehmende Störungen durch die Entwicklung menschlicher Infrastrukturen, die den Lebensraum der Saigas durchschneiden.

In Sorge um das Überleben seiner Forschungsobjekte schlug Valery Neronov inzwischen auch auf internationaler Ebene Alarm. So findet sich die Saiga seit 1995 auf der Roten Liste gefährdeter Tierarten der IUCN. Dies führte zur Aufnahme in Anhang II des Washingtoner Artenschutzabkommens (CITES), in der Hoffnung auf effizientere Kontrolle des grenzüberschreitenden Handels mit den Hörnern." Mit Nachdruck erklärt Kuno: „Es muss gelingen, die ursprüngliche Steppenlandschaft zu erhalten, und diese Wildart, die ihr so hervorragend angepasst ist, vor der Ausrottung zu bewahren. Davor sind zwei weitere eiszeitliche Relikte, Polarbüffel und Rentier bzw. Caribou, in ihrer menschenleeren arktischen Heimat heute viel sicherer."

Dann höre ich von einer anderen, der Saiga in mancher Hinsicht sehr ähnlichen Antilopenart. Auch sie war dem Weltenbummler eine eigene Reise wert, diesmal nach Nordamerika. Ohnehin beseelt von Wildwest-Romantik bin ich gespannt auf das nächste Abenteuer.

Auf Pronghorn im Wilden Westen

Schwermütig singt der Wind in der langen Antenne des „Pickup", des typischen amerikanischen Nutzfahrzeugs. Wir sitzen auf einem Hügel der Vorberge der Rocky Mountains im US-Staat Colorado und beobachten. Vor uns erstreckt sich eine unendliche Ebene nach Osten, die Prärie.

Die Melodie des Windes schwillt an, ebbt ab. Sie weckt Vorstellungen aus längst vergangenen Tagen, Erinnerungen an Büffelherden und Indianer, die diesen weiten Lebensraum Zigtausende von Jahren besiedelten und in Harmonie miteinander lebten.

Bis vor einem Jahrhundert der Weiße Mann nach Westen vordrang und beide vernichtete. Er nahm die Prärie für sich allein in Anspruch, sah in ihr nur Weideland für sein Vieh oder zerstörte sie für seinen Ackerbau.

Hier allerdings, im „Wilden Westen", blieb infolge geringer menschlicher Besiedlungsdichte doch noch einiges erhalten. So auch weite Areale der ursprünglichen Steppenvegetation aus Beifuß oder Wermut *(Artemisia)*, hier „sagebrush" genannt. Wie in der Kirgisensteppe Vorderasiens prägt dieses intensiv riechende Gewächs hier den Charakter der Prärie. Und wie dort für die Saiga ist der Sagebrush hier ebenfalls wesentlichste Nahrungskomponente einer Antilopenart, nämlich der Pronghorn, auf deutsch gelegentlich „Gabelbock" genannt. Wegen dieser in mancherlei Hinsicht einmaligen, andererseits aber auch sehr an die Saiga erinnernden Wildart bin ich hier, wiederum in der Absicht, ein Exemplar für das EWI-Museum zu erbeuten.

Die Gelegenheit hierzu verdanke ich vor allem Jagdfreund Heini Springer aus Alaska. Denn Pronghorns sind begehrtes Jagdwild in Nordamerika, die Nachfrage ist daher groß. Doch die Wildschutzbehörde, der *Fish and Wildlife Service*, vergibt jährlich nur eine bestimmte Anzahl von Jagdlizenzen. Sie wird ermittelt aus den Bestandsschätzungen und Erfahrungswerten über nachhaltige Nutzung der Populationen. So muss das Los unter den Antragstellern entscheiden. 1988 zählte Heini zu den glücklichen Gewinnern, doch großzügig trat er seine Lizenz an mich ab, obwohl er selbst auch noch keine Pronghorn erlegt hatte.

Seit dem frühen Morgen sind wir schon unterwegs. Bud Kreutzer ist Eigentümer dieses für europäische Vorstellungen riesigen Areals, auf dem er als „Ranger" mit seiner Frau Betty extensive Viehwirtschaft betreibt. Aber er ist auch Jäger, daher haben wir uns gleich bestens verstanden. Heute, am 30. September, ist noch Schonzeit, so will er mich mit dem Jagdgebiet und der Wildart vertraut machen, die ich bisher nur aus der Literatur kenne.

Dort unten äst ein zwölfköpfiges Rudel der kontrastreich gezeichneten, knapp damwildgroßen Pronghorns. Sie ist die einzige heute noch lebende Art einer in Nordamerika zur Tertiärzeit weitverbreiteten Wiederkäuerfamilie der *Antilocapridae*. Nur während der Eiszeit gab es einmal eine weitere Antilopenart in der Neuen Welt, nämlich die Saiga, die Beringia, somit auch die damalige Kältesteppe Alaskas besiedelte.

Zur Indianerzeit war die Pronghorn nach dem Bison die häufigste Schalenwildart des westlichen Kontinents. Viele Millionen lebten in den Steppen und Halbwüsten von Saskatchewan im Norden bis Mexiko im Süden. Aber dann rückten die weißen Siedler nach Westen vor. Sie sahen in dem Wildreichtum einerseits eine leicht auszubeutende Fleischquelle, andererseits aber auch vermeintliche Nahrungskonkurrenten und Krankheitsüberträger für ihr Weidevieh. Beide Motive führten zu rücksichtsloser Verfolgung und schließlich fast völligem Verschwinden dieser Charakterart innerhalb weniger Jahrzehnte. Zu Beginn des 20. Jahrhunderts mögen nur noch 20 000 Pronghorns gelebt haben.

Eine traurige Parallele zum Schicksal der Saigas in der Alten Welt und in derselben Zeitepoche. Nur die Motivation der Verfolgung war hier etwas anders.

Glücklicherweise war auch hier dank strenger Schutzbestimmungen in letzter Minute die Ausrottung zu verhindern. So konnten sich auch die Pronghorns bemerkenswert rasch wieder in den verbliebenen Prärien ausbreiten und auf insgesamt etwa eine Million Tiere anwachsen. Modernes Wildlife Management garantiert heute ihre Erhaltung bei nachhaltiger jagdlicher Nutzung.

Auch hier auf Buds Ranch haben wir heute viel Wild gesehen, auch einige respektable Böcke. Am Abend vor dem ersten Jagdtag besprechen wir beim Whisky das weitere Vorgehen. Die Brunft geht ihrem Ende zu, daher könne ich den Bock meiner Wahl erlegen, erklärt mir der Rancher großzügig. Meine gute alte Mauserbüchse 8 x 68 ist diesmal zu Hause geblieben, denn hier im Wilden Westen hat fast jeder ein umfangreiches Waffenarsenal.

Bud empfiehlt mir seine „flat-shooting“ .270 Winchester, also eine Büchse mit sehr gestreckter Flugbahn.

Nur mit seiner geplanten und hier wohl generell praktizierten Jagdmethode kann ich mich nicht anfreunden: „Du wist sehen, wie rasch die Pronghorns den Beginn der Jagdzeit registrieren. Sie werden auf weite Entfernung flüchtig, wenn sie unseren Pickup eräugen. Du musst also eventuell weit schießen, und flüchtige Pronghorns sind zudem sehr schnell. Aber wir nehmen genügend Patronen mit“, versucht er mich zu beruhigen. Doch anders als der im vorigen Kapitel geschilderte Leonid hört er mir wenigstens interessiert zu, als ich meine in Afrika bewährte Methode schildere. Das wird hier nicht funktionieren, meint er zweifelnd, als wir uns nach ausgiebigem Schlaftrunk zu Bett begeben.

Der Morgen des 1. Oktober kündigt sich durch einen hellroten horizontalen Wolkenstreif am östlichen Firmament an. Kurz darauf erglüht die Prärie in den Strahlen der aufgehenden Sonne, und es ist völlig windstill. Gemächlich steuert Bud den Pickup durch die Sagebrush-Vegetation, hält immer wieder an zur Beobachtung. Heute, am ersten Jagdtag, inspizieren wir die Pronghorns genauer. Noch ist weit und breit kein Schuss gefallen, und außer mir jagt hier noch niemand. Dennoch scheinen die Tiere heute nervöser. Einige Gruppen haben seit gestern ihren Standort gewechselt, andere sich zu größeren Herden vereinigt und in unwegsames Gelände zurückgezogen.

Pronghorns sind ja bekannt für ihr sehr flexibles Sozialverhalten. So sind ältere Böcke einerseits sehr territorial und verteidigen ihren zehn- bis zwanzigköpfigen Harem energisch gegen andere Geschlechtsgenossen. Dann wieder findet man sie inmitten viel größerer Herden, in denen jüngere Böcke nicht nur geduldet werden, sondern auch zur Fortpflanzung kommen. Vor allem gegen Ende der Brunftzeit zeichnen sich solche Änderungen im Aufenthalt und in der Sozialstruktur ab. Nach Ansicht einiger Wildbiologen der Universität von Colorado spielen dabei auch Störungen durch Jagd eine gewisse Rolle.

So vergeht der Vormittag. Wir sehen zwar viel Wild, aber es gelingt unter den geschilderten Umständen nicht, einen älteren Bock auszumachen, geschweige denn, an einen solchen heranzukommen. Von der Hetze einer Herde, mit dem Ziel, schließlich irgendetwas zu erbeuten, willl ich weiterhin nichts wissen. Es muss doch eine andere Möglichkeit geben, grüble ich während des Mittagessens in der Ranch und nach dem Erwachen aus ausgedehnter Siesta. Mein gestriger Optimismus ist der Ernüchterung gewichen.

Am späten Nachmittag steuern wir wieder die Vorberge des Gebirges an. In weiter Entfernung zeigt sich eine kleine Herde in unübersichtlichem, weglosem Terrain. Nur einen einzigen Bock können wir darin ausmachen. Wie alt mag er sein? Ein Blick durchs Spektiv stimmt optimistisch, denn die Gabeln seines Gehörns sind deutlich oberhalb Lauscherhöhe angesetzt. Der wäre der Richtige, bedeute ich meinem Begleiter, den muss ich kriegen. Aber wie?

An eine Hetze per Pickup ist in diesem Gelände nicht zu denken. So liegt es an mir, eine Strategie zu entwickeln. Die Antilopen haben den Pickup auf dem gegenüberliegenden Hügel natürlich längst entdeckt, äugen immer wieder herüber und entfernen sich langsam Richtung Ebene. Ich schlage Bud vor, hier oben im Pickup zu warten, um die Tiere abzulenken. Vielleicht gelingt es mir, gedeckt durch das Fahrzeug, unbemerkt zu verschwinden und mich dann in dem System von Erosionsrinnen anzupürschen. Der Waidgenosse scheint von dem Plan wenig überzeugt zu sein, hat aber auch keinen besseren Vorschlag und wünscht schließlich „good luck" – Waidmannsheil auf Amerikanisch.

Deckung habe ich zwar in den bis drei Meter tiefen Rinnen, die die Wassermassen nach gelegentlichen wolkenbruchartigen Regengüssen in die Prärie gegraben haben, aber Geröll und Felsbrocken behindern das Vorwärtskommen beträchtlich. Noch schwieriger ist es, von da unten den Standort der Herde zu erahnen. Das sah von oben viel einfacher aus. Endlich gelingt aus einer weniger tiefen Seitenrinne ein vorsichtiger Blick auf das Plateau. Tatsächlich, dort äst die Herde, äugt gelegentlich zum Pickup hinauf, ist aber noch viel zu weit für einen Schuss.

Ich verschwinde wieder in der tieferen Rinne und arbeite mich vorwärts. Noch etwa 200 Meter, jetzt könnte es vielleicht klappen. Während ich nach einer Möglichkeit zum Ersteigen des Steilufers suche, entdecke ich zu meinem Entsetzen eine weibliche Pronghorn nur wenige Meter entfernt, direkt über der Hangkante und erstarre reglos. Es nützt nichts mehr, die großen dunklen Lichter, die dieser Wildart ihr hervorragendes Sehvermögen verleihen, haben den Todfeind erkannt, und weg ist sie. So rasch es geht, krabbele ich hinauf zur Hangkante – und entdecke, was nun nicht mehr anders zu erwarten war: Die ganze Herde flüchtet davon in die deckungslose Prärie, unerreichbar für meine Büchse.

Jetzt kann nur noch ein Trick helfen, den ich aus Berichten passionierter Pronghornjäger kenne. Als sich die Tiere weit außerhalb Schussweite allmählich beruhigen und zurückäugen, ist der gefürchtete Mensch verschwunden. Stattdessen flattert da etwas Weißliches im Steppenwind, das ihre Neugier weckt. Sie halten inne, kommen zögernd näher, allen voran der Bock ...

Längst kauere ich tief geduckt im Beifuß, die Büchse aufgelegt im unteren Teil eines dreibeinigen Fotostativs, das ich für weite Schüsse bei höherer Bodenvegetation mitführe. Am oberen Ende flattert das rasch befestigte Taschentuch.

Immer deutlicher zeichnet sich der neugierige Bock im Zielfernrohr ab, gefolgt von seinem Harem. Hoffentlich geht jetzt nichts mehr schief, noch ist der Wind günstig. Endlich, nur noch knapp 200 Meter entfernt, stellt er sich etwas breit, und raus ist der Schuss. Der Bock liegt im Knall, die Herde stiebt davon.

Unsägliche Erleichterung, endlich habe ich die seit Jahren erträumte Pronghorn-Antilope. Triumphierend winke ich hinauf zu Bud. Der winkt ebenso begeistert zurück, hat er doch das ganze Unternehmen mit seinen Höhen und Tiefen von hoher Warte mit dem Fernglas verfolgt. Bis er mit seinem Vehikel,

Waidmannsheil in der nordamerikanischen Prärie

mehrere Erosionsrinnen umfahrend, ankommt, habe ich Zeit, mich mit der Beute eingehender zu befassen.

Warum war ich an dieser Wildart so besonders interessiert? Sie ist nicht nur die einzige „Antilope" Amerikas. Sie ist in mehrerer Hinsicht einzigartig in der Welt, was sich besonders auffällig in ihrem Kopfschmuck zeigt. Bei keiner anderen horntragenden Huftierart ist das Horn gegabelt, vergleichbar dem Geweih von Hirschen. An diese erinnert noch ein weiteres einmaliges Kuriosum: Alljährlich wird das Horn abgeworfen und wieder neu gebildet. Dieser Prozess verläuft allerdings anders als bei den Cerviden, denn die Knochenzapfen verbleiben am Schädel. Sie erinnern in diesem Stadium etwas an die einer Gams, nachdem zur Präparation der Trophäe die „Schläuche" abgezogen wurden. Nur sind die Knochenzapfen der Pronghorn stets von einer hornbildenden Haut umgeben. Sie produziert bereits gegen Ende der Brunftzeit, also etwa ab Ende September, das neue Horn, geschützt durch die alte Hornscheide, die dann im November/Dezember abgestoßen wird.

Von da an wächst das neue Horn kontinuierlich, bildet im Spätwinter die Gabel und ist erst gegen Ende Juni fertig. Denn danach beginnen die territorialen Auseinandersetzungen, in denen die Größe des Kopfschmucks eine bedeutende Rolle zu spielen scheint. Meist genügt das Imponiergehabe des Alten, um jüngere Böcke einzuschüchtern. Doch kommt es zwischen gleichstarken Rivalen gelegentlich zum Kampf, in seltenen Fällen mit tödlichen Verletzungen. Natürlich hätte ich für das Museum gerne als Anschauungsmaterial so einen abgestoßenen Hornschlauch gehabt. Doch dieses Material verrottet natürlich viel schnel-

Die lang ersehnte Pronghorn im EWI

ler als die Knochensubstanz von Abwurfstangen. So dauerte es viele Jahre, bis mir Heini Springer sogar zwei „Passschläuche" organisieren konnte.

Bemerkenswert ist auch die kontrastreich gezeichnete rotbraune, unterseits weiße Decke und deren Haarstruktur. Ganz anders als die in ähnlichem Klima lebende Saiga mit ihrem wolligen Vlies schützt sich die Pronghorn gegen die Winterkälte. Ihre Haare sind hohl und erinnern so wiederum an die der Winterdecke von Cerviden, etwa der Caribous oder auch unseres Rehwildes. Sie sind zwar brüchig, stehen aber sehr dicht und isolieren bestens durch die Lufteinschlüsse.

Eine besondere Bedeutung als Signalgeber hat der Spiegel, also der weiße Fleck am „Heck" der Tiere. Bei diesen Steppenbewohnern ist er wesentlich größer als beim Reh- oder Weißwedelwild. Wie bei diesen werden die langen weißen Haare bei Gefahr gespreizt. So können sich die einzelnen Gruppen der scharfsichtigen Pronghorns selbst auf weite Entfernungen gegenseitig warnen – ein wirksames Kommunikationsorgan.

Inzwischen ist Bud angekommen. Er freut sich wie ich über den überraschenden Jagderfolg schon am ersten Tag. Der hat ihn überzeugt von der Jagdmethode, die er zuvor so kritisch beurteilte.

Ebenso begeistert ist Betty nach unserem Eintreffen in der Ranch. Herrlich schmecken die überdimensionalen Steaks, die sie für uns zubereitet hat. Auch beim Whisky hält sie gut mit, denn so ein Ereignis muss ja gefeiert werden. Ein bemerkenswertes Paar, die beiden. Sie kann reiten, schießen, das Vieh versorgen, sich um Jagdgäste kümmern – in jeder Hinsicht die rechte Hand ihres Mannes. Die Glut im offenen Kamin, das fahle Mondlicht über der unendlichen Prärie und absolute Stille – Wildwestromantik pur. Erst gegen Mitternacht beenden wir diesen ereignisreichen Tag.

Am nächsten Morgen, Sonntag, zeigt mir Bud sein Waffenarsenal und lässt mich mit Schwarzpulver aus seinem Vorderlader schießen. Diese urtümlichen Büchsen sind hier wieder sehr populär. Es gibt sogar eigene Jagdzeiten nur für „muzzle-loaders".

Ich habe meine Arbeit an der Pronghorn – Zerwirken, Präparation von Kopfhaut und Schädel – noch nicht beendet, da kommen bereits Freunde aus Trinidad angereist, um mir zu gratulieren. Fuzzy Ringo und ihre Familie, die ich aus Alaska kenne – ein fröhliches Wiedersehen. Hier in dieser Einöde kennt jeder jeden, Entfernungen spielen keine Rolle.

Jeder bekommt ein Stück des schmackhaften Wildbrets. Den Ziemer reserviere ich für „Pussycat", meine Gastgeberin im winterlichen Alaska, wohin ich am nächsten Tag weiterreise.

Ja das war jene Zeit, in der Kuno mit dem Gedanken spielte, den Rest seines Lebens in Alaska zu verbringen. Das eingangs erwähnte berufliche Angebot in Europa hat das verhindert, und vielleicht konnte ich auch etwas dazu beitragen. So hängt das herrliche Präparat zwischen den genannten abgestoßenen Passschläuchen hier im Museum.

Noch etwas habe ihm die Rückkehr in die Heimat erleichtert, sagt der Abenteurer, nämlich seine frühere ausgeprägte Leidenschaft für die Jagd auf Rehwild. Davon zeugen allein die zahllosen Geweihe, dicht an dicht aufgereiht an sämt-

„Sind die auch von hier?“

lichen der uralten, noch mit der Axt behauenen dunklen Balken der Halle. Noch nie habe ich so viele Rehkronen in einem Raum gesehen. Wie viele mögen es wohl sein? „Ziemlich genau 400.“ Unfasslich – wie viel Zeit muss der wohl auf der Jagd verbracht haben. Alle, große und kleine, sind in chronologischer Reihenfolge aufgehängt.

Bei seinem erstaunlichen Gedächtnis erinnert sich der Waidmann noch an Ort, Zeit und andere Umstände der Erlegung der weitaus meisten Trophäen. „Meinen ersten Bock habe ich als Forststudent am 4. Juli 1960 im Freiburger Mooswald geschossen“, erklärt er und deutet auf ein mickriges Gehörnchen. „Das war ein Fest in der Bude meines Studienkollegen Eberhard Härle. Mit reichlich Bier haben wir den Aufbruch, also die Innereien verspeist, trotz leichten Befalls der Leber mit dem ‚Kleinen Leberegel‘“.

Etwas abseits hängen zwei überdimensionale Rehtrophäen. Sind die auch von hier? Nein, meint Kuno verheißungsvoll und beginnt zu erzählen.

Der Lebensbock

Nur langsam finde ich aus tiefem Schlaf in der weichen Mulde eines verrotteten Heuhaufens zurück in die Wirklichkeit. Es ist früher Abend. Mein Führer Iwan neben mir beobachtet immer noch unablässig die umliegenden Waldränder, hält Ausschau nach dem legendären Sibirischen Rehwild.

Vorgestern, am 6. September 1992, traf ich abends in Moskau ein. Lida, die qualifizierte Reisebegleiterin während der Saigajagd in Kasachstan vor drei Jahren, holte mich wieder am International Airport ab. Mit ihr verbrachte ich auch den gestrigen Tag in Moskau. Leider hatte aber das Intouristbüro für diese Jagd nicht sie, sondern einen männlichen Kollegen als Reisebegleitung ausersehen.

Am Abend trafen wir den aus der Schweiz angereisten Waidgenossen Alexander Baldinger. Mit ihm flog ich vom National Airport über Omsk und Novosibirsk weiter nach Barnaul im südsibirischen Tiefland, das wir heute Morgen erreichten.

Immer einsamer wurde die Gegend während der holperigen Fahrt im Geländefahrzeug. Wir folgten zuerst dem hier noch kleinen Fluss Ob, der nach über zweitausend Kilometern als mächtiger Strom ins Nordpolarmeer mündet, dann seinem Nebenfluss Carysh, immer nach Süden. Gelegentlich passierten wir kleine Dörfer mit typisch russischen Holzhäusern. Dann erreichten wir die Vorberge des russischen Altaigebirges, des nordwestlichen Ausläufers des Mongolischen Altai.

In adretten Holzhäusern des Camps in Südsibirien finden wir Unterkunft.

Herzliche Begrüßung im Carysh-Camp. Erst im vorigen Jahr wurden die komfortablen Holzhäuser in diesem von einem Engländer gepachteten Revier fertiggestellt. Der Brüsseler Jagdfreund Philip Kantor gab mir den Tipp, nachdem er hier erfolgreich gejagt hatte.

Nach herzhaftem russischem Mittagsmahl tauchten unsere örtlichen Führer auf. Der ältere kam auf mich, den älteren der beiden Gäste, zu und stellte sich kurz vor. Iwan heiße er. Der Name war mir von Philips Erzählungen bekannt: „Versuche mit dem Iwan zu gehen, der ist ein hervorragender Jäger."

Sie stellten eine Scheibe auf zum Probeschießen. Alex machte zwei Schüsse aus seiner 8x68-Doppelbüchse, ich einen aus der „Wunderwaffe" im selben Kaliber. Alle drei Schüsse saßen bestens, etwas hoch für eventuell weite Entfernungen. Die Führer waren zufrieden.

Iwan machte einen sehr selbstbewussten Eindruck. Das veranlasste mich, den Dolmetscher um ein Gespräch mit ihm zu bitten. Ich wolle nur *einen* Sibirischen Rehbock, aber der solle, da für das EWI-Museum gedacht, schon ein respektabler sein. Folglich würde ich hierüber selbst befinden wollen, mich also nicht zum Schuss drängen lassen. Iwan quittierte die Belehrung erwartungsgemäß mit etwas mürrischer Miene, hatte aber wohl verstanden.

Nach den spärlichen Angaben in der Literatur scheint das asiatische Rehwild etwas später im Jahr zu brunften als das europäische. Daher hatten wir für diese Jagd die zweite Woche im September gewählt. Ich zeigte Iwan meinen bewährten Rehblatter, den ich einzusetzen gedachte. Er kannte solch ein Instrument, lehnte jedoch ab: „Hier nix gutt."

Die Rufjagd scheint beim Sibirischen Reh nicht zu funktionieren. – Oder sie wurde noch nie ernsthaft versucht. Trotz der ungünstigen trocken-heißen Witterung waren wir schon am Nachmittag zum Abendansitz aufgebrochen.

Immer noch gegen den „Jetlag", die Auswirkung des Zeitunterschieds zu Deutschland ankämpfend, döse ich jetzt vor mich hin. Von diesem Heuhaufen können wir die große Waldwiese überblicken. Dahinter, über dichtem Birkenwald, erstrecken sich am Horizont sanft geschwungene Höhenzüge, kahl oder nur schütter bewaldet. Die einsame Landschaft ist mir sehr sympathisch, erinnert etwas an die Tundra Alaskas.

Iwan stößt mich an, versucht etwas zu erklären. Das ist nicht einfach. Er kennt keine Fremdsprache, und ich verstehe kein Russisch. Doch unter Jägern bedarf es nicht vieler Worte, und so kapiere ich allmählich: Dort hinten im Unterholz des Birkenwaldes habe er für einen Moment das Gesicht eines Rehes gesehen, wisse aber nicht, ob „Mama" oder „Papa". Das Stück hat sich wohl wieder niedergetan, so jedenfalls deute ich seine Handbewegung. Alles über 300 Meter entfernt – Augen muss der Kerl haben ...

Da sich sonst nichts zeigt, pürschen wir in guter Deckung näher. Iwan hat sich den Platz genau gemerkt. Jetzt versuchen wir, die hecheldichte Vegetation aus Schilf, Brennnesseln und Buschwerk mit dem Fernglas zu durchdringen, Staude für Staude, Blatt für Blatt.

„Große Bock", haucht Iwan plötzlich. Ich sehe nichts als grünes Pflanzengewirr, obwohl er mir genau die Richtung zeigt: Rechts unterhalb jenes waagrechten Birkenastes. Nichts.

„Große, große Bock." Iwan ist sichtlich erregt. Und ich werde allmählich nervös, denn ich kann immer noch nichts erkennen. Zu fremd ist mir noch die Vegetation, in der dieser passionierte Nimrod aufgewachsen ist.

Jetzt hat sich etwas bewegt. Nein, das ist kein Schilfhalm, das ist das Ende eines Geweihs! Dann wieder nichts. Der Bock sitzt wohl im Bett und döst vor sich hin.

Nach geraumer Zeit rührt sich etwas mehr. Offensichtlich hat der Bock das Haupt gewendet und dabei Schilf und Brennnesseln bewegt. Erstmals bekomme ich eine Ahnung von Höhe und Auslage des Geweihs – und werde noch aufgeregter als Iwan. So etwas habe ich überhaupt noch nie gesehen! Kein Zweifel, weniger als 100 Meter trennen mich vom Ziel jahrelanger Pirschgänge und Reisen. Dort drüben sitzt der Traumbock meines Lebens.

Wir müssen warten. Zu oft war ich in solchen Situationen, als dass die innere Erregung zu äußerer Nervosität geführt hätte. Jetzt nur keinen Fehler machen. Zu groß ist die Gefahr, dass der Bock nach dem Hochwerden sofort im Dickicht verschwindet. Dann würden wir ihn wohl nie mehr sehen.

In guter Deckung kauern wir auf dem Boden. Die Büchse ruht in der Gabel einer primitiven Zielhilfe aus zwei zusammengebundenen Aststücken.

Zeit zum Nachdenken. Viele Erinnerungen werden wach. Schon als Schüler, lange vor dem ersten Jagdschein, faszinierte mich die Beobachtung von Rehen, machte mich zum Naturfreund. Später habe ich Rehwild jahrzehntelang passionierter bejagt als alle anderen Wildarten, vielleicht mit Ausnahme von Flugwild. Die Stärke der Trophäe war nebensächlich. Jedes Gehörn, auch von Jährlingen und selbst Knopfböcken bedeutet eine Erinnerung an oft spannende Jagderlebnisse. Diese bescherte auch die Bejagung von weiblichem Wild und Kitzen. Wohl dank solcher Einstellung konnte sich der revierlose Jäger über mangelnde Jagdeinladungen nicht beklagen. Aber einmal wollte ich einen wirklich kapitalen Bock, den Lebensbock.

Gesehen hatte ich ihn gelegentlich, auch in heimischen Revieren. Schon als Forststudent im Freiburger Mooswald und später in Oberschwaben im Revier von Jagdfreund Sepp Frick. Doch jedes Mal hatte ich Hemmungen, als Gast den sicherlich stärksten Bock des Reviers ohne Rücksprache mit dem Jagdherrn zu erlegen. Zwar wurde er daraufhin großzügig freigegeben, aber nie hatte ich eine weitere Chance. Das haben Böcke so an sich.

Zweimal versuchte ich es mit Freunden im schottischen Hochland. Unvergesslich ist mir ein Kapitalbock, den ich im Mai 1972 spät abends auf weite Entfernung in der Heide entdeckte. Wie ein Blumenkohl wucherte das vielendige Gehörn zwischen den Lauschern. Zum Anpürschen war es schon zu dunkel. So beschloss ich, trotz mangelnder Ausrüstung und ohne Rücksicht auf die zweifelhafte Witterung dort oben zu übernachten. Suchte Zuflucht in einer für die Grousejagd ausgehobenen Mulde. Kurz darauf goss es in Strömen. Ein Minimum an Schutz boten nur zwei Plastik-Müllsäcke. Der eine reichte von unten kaum bis zur Gürtellinie, im anderen steckten Kopf, Oberkörper und die Büchsflinte. Auf das unbedeckte Zwischenstück prasselte der Regen – die ganze Nacht über. Im Nu war ich völlig durchnässt und fror erbärmlich. Zumal sich die Mulde allmählich mit Wasser füllte. Gewissen Trost spendete die Whiskyflasche – und die Hoffnung auf eine erfolgreiche Morgenpürsch.

Endlich dämmerte es. Erwartungsvoll wühlte ich mich aus dem klatschnassen Quartier. Dann die maßlose Enttäuschung: Dichtester Nebel, an Jagd war nicht zu denken. Jetzt nichts wie zurück in das schottische Castle. Selten habe ich ein heißes Bad so genossen. Wieder war es nichts mit dem Lebensbock ...

Später hörte ich von kapitalen sibirischen Rehböcken. Im Anschluss an ein CIC-Symposium in Irkutsk 1990 waren wir Gäste der Russen. Gemeinsam mit dem slowakischen Wildbiologen Pavel Hell versuchte ich es am ostsibirischen Baikalsee. Es war eine urige Jagd. Wir lebten in einer primitiven, mit Moos abgedichteten Blockhütte, und Wodka floss in Strömen. Aber wegen zu vieler Wölfe und Wilderer kam kein Stück Rehwild in Anblick.

Ebenso erfolglos blieben zwei Reisen in die Mongolei mit Heini Springer. Im Mittleren Altai, wo wir 1982 erfolgreich auf Argali und Steinbock jagten, gab es kein Rehwild. Ein Jahr später und weiter nördlich sah ich kurz einen starken Bock in einer Schneise, wurde aber nicht fertig. – Nein, noch nie war ich meinem Ziel so nahe wie jetzt. Und ich muss keinen Jagdherrn um Erlaubnis fragen.

Jetzt bewegt sich da drüben wieder was, anhaltender als bisher. Ich bringe mein Geschütz in Stellung. Tatsächlich, der Bock hat seine Siesta beendet, wird hoch, zeigt etwas Rot von der Rückenlinie ...

Ein Monster von Rehbock!

Im Schuss ist nichts mehr zu sehen, aber gleichzeitig höre ich den Aufschlag der treffenden Kugel.

Alles ging blitzschnell, von Iwan unbemerkt. Erschrocken vom Knall starrt er mich fragend an. „Bock kaputt?“ Ich nicke zuversichtlich.

Wenig später stehen wir vor einem wahren Monster von Rehbock. Offensichtlich kapital auch für sibirische Verhältnisse, denn Iwan ist außer sich vor

Begeisterung. Ich natürlich noch mehr. Es ist der seit Jahrzehnten gesuchte Lebensbock.

Vom Schussknall alarmiert steuert Iwans Helfer das Geländefahrzeug bergan. Viel früher als erwartet kommen wir ins Camp zurück. Wie ein Lauffeuer verbreitet sich dort die frohe Kunde, alles läuft zusammen. Selbst die Köchin lässt die Bratkartoffeln stehen, um die Beute zu begutachten. Seit Jahren sei kein solcher Bock erbeutet worden, meinen die örtlichen Jäger. 40 Zentimeter Stangenlänge, über 30 Auslage, sechs lange Enden, gute Perlung und ausgeprägte Rosen von 17 bzw. 18 cm Umfang, schwarzbraun gefärbt vom Fegen in den Erlen.

Stark ist er auch im Wildbret. Leider steht keine Waage zur Verfügung. Mindestens 40 kg aufgebrochen schätze ich, also doppelt so schwer wie das westeuropäische Rehwild. Früher betrachtete man das asiatische Reh lediglich als dessen Unterart. Heutige Systematiker sehen darin eine eigene Art (*Capreolus pygargus*), obwohl es zu Kreuzungen kommen kann. Über solche hat man in der Vergangenheit immer wieder versucht, unser Rehwild „aufzuarten“. Doch all diesen, aus heutiger Sicht unsinnigen Bemühungen war kein dauerhafter Erfolg beschieden.

Lange halte ich dem nun in einer Birke hängenden Bock die Totenwacht, genieße die wunderbare Stille im einsamen Sibirien.

Rasch wird es dunkel. Dann der Lichtschein des zweiten Fahrzeugs. Ob sie auch Erfolg hatten? Leider nicht. Nicht einmal Anblick haben sie gehabt, was bei der trocken-heißen Witterung nicht überrascht.

Ich kenne Alex seit vielen Jahren als guten Jagdkameraden, denn er ist frei von jeglichem Jagdneid. Der Anblick meiner Beute verschlägt ihm verständlicherweise die Sprache. Dann sein Kompliment: „Da isch ja a Gwaltshurebock.“ – Waidmannsheil auf Schwyzerdütsch. Überrascht ist er allerdings nicht: „Da isch wieder emol echt Kuno.“ – „Nein, nein“, widerspreche ich, „ohne Iwan hätte ich heute auch nichts bekommen. Der Erfolg ist im Wesentlichen ihm zu verdanken.“

Zum Glück haben die Russen (noch) genügend Weißwein, denn dieses Ereignis bedarf einer ausgiebigen Feier. Obwohl Alex am Morgen früh heraus muss. Ich werde ausschlafen können, für mich ist die Jagd ja schon an diesem Abend beendet. So willigt der Waidgenosse ein, es in der Frühe mit Iwan zu versuchen. Um Mitternacht sinken die beiden Zecher todmüde in die Kissen.

Ein herrlicher frischer Morgen, ganz anders als der gestrige Abend. Hoch steht die Sonne über dem Carysh-Fluss, schaut mir beim Frühstück zu. In der Ferne kullert ein Birkhahn. Doch die Gedanken kreisen immer nur um die jüngsten

Interessiert beobachten die Russen die Bearbeitung der Trophäen.

Ereignisse. Dieser Bock soll einen Namen bekommen! „Iwanowitsch" – in Anerkennung der exzellenten Führung. Offensichtlich hatte dieser ältere Bock sein Territorium in bester Deckung, aus der er wohl höchst selten austrat. Insofern war er trotz der Nähe zum Camp unbekannt geblieben.

Jetzt nähert sich das Fahrzeug der Jäger. Alex strahlt. Ein riesengroßer Bruch ziert seinen Hut. Doch er dämpft gleich meine Erwartungen: „So groß wia diin isch er natürli nööt." Auf der Pritsche liegt ein kapitaler Bock – jedenfalls gemessen an mitteleuropäischen Verhältnissen. Doch die schon völlig grau verfärbte Decke wie auch später das Gebiss weisen ihn als Jährling aus. Ob Iwan ihn zum Schuss gedrängt hätte? Nein, er habe ihm die Entscheidung überlassen, berichtet der Erleger. Aber das ist doch erst der Anfang. Wir sind ja noch einige Tage hier.

Der Tag vergeht mit der Präparation der Trophäen. Auch Alex wünscht sich von seinem Bock eine Kopf-Schulter-Montage. Sein starkes Sechsergehörn lässt ein eindruckvolles Präparat erwarten. Ein Bock wie im Bilderbuch. So bearbeite ich beide Capes. Habe nun Zeit, viel Zeit.

Alex versteht sich sehr gut mit seinem jungen Führer. Er möchte ihn nicht enttäuschen und zieht am Abend und auch an den folgenden Tagen wieder mit ihm los. Mit dem Vorsatz, sich nun auf ältere, also noch nicht ganz verfärbte Böcke zu konzentrieren.

Dank des raschen, überwältigenden Jagderfolgs ist mein Führer Iwan nun zum Nichtstun verurteilt. Aber das passt dem Vollblutjäger überhaupt nicht. So versucht er, mich mit Hilfe des Dolmetschers zum Weiterjagen zu animieren. Schließlich willige ich ein, zumal wir ja noch fünf Tage hier sein werden. Einem dem „Iwanowitsch" vergleichbaren oder gar noch stärkeren Bock werden wir zwar nicht begegnen. Aber vielleicht einem abnormen, einem uralten oder sonst interessanten Sibirier. Wir werden viel pürschen, verspricht Iwan. Pürschen in dieser reizvollen Landschaft. Einfach herrlich. Also abgemacht.

Schon am nächsten Morgen während der Fahrt durch ein Seitental des Carysh entdecken wir hoch oben in den schütter bewaldeten Bergwiesen einen fahlroten Bock. Keinerlei Verfärbung ins Winterhaar ist zu erkennen. Offensichtlich ein alter Bock, stark im Wildbret, mit massigem Träger. Das 60-fache Fernrohr zeigt dann einen Kopfschmuck, der den Atem stocken lässt. Hohe Stangen mit gewaltiger Auslage. „Nix Bock – Maral!", staunt Iwan begeistert. Wirklich, das Gehörn erinnert eher an das Geweih eines Maralhirschen. Ja, der interessiert mich natürlich. Iwan freut sich, es gibt wieder Arbeit.

Wohl eine Stunde brauchen wir für den Aufstieg. Aber der Gesuchte ist verschwunden. Trotz des übersichtlichen Geländes ist nichts mehr von ihm zu sehen, als habe ihn der Erdboden verschluckt.

Nun geht es tagtäglich, morgens und abends, nur auf diesen Bock – ohne Erfolg. Entweder wir sehen den „Krasny", also den Roten, gar nicht, oder er verabschiedet sich schon auf astronomische Entfernung. Verhofft nochmals am Horizont, damit wir uns richtig ärgern können, und verschwindet. Jegliches Nachpürschen bleibt erfolglos, obwohl Iwan diese Kunst meisterhaft beherrscht.

Dabei berücksichtigt er auch den Aktivitätsrhythmus seiner Beute. Jeweils gegen zehn Uhr vormittags beendet er die Pürsch. Bock schläft jetzt, teilt er mir durch entsprechende Handbewegungen mit. Am späten Nachmittag pflegen wir dann wieder loszuziehen – um uns weiter veralbern zu lassen.

Das scheint ein raffinierter alter Bursche zu sein. Wie sehr erinnert er mich doch an den mit allen Wassern gewaschenen „Berggeist". Jenen uralten Steinbock, der mich vor just zehn Jahren, im September 1982, ständig an der Nase herumführte. Und zwar gar nicht so weit von hier, nämlich auf der mongolischen Seite des Altaigebirges. Ob es auch diesmal ein „happy end" geben wird?

Es sieht nicht danach aus. Auch bei Alex klappt nichts mehr. Doch das tut unserer Stimmung keinen Abbruch. Spätestens der erste Umtrunk nach der Rückkehr, kredenzt von der jungen Köchin, einer adretten Blondine mit dichtem Lockenhaar, bringt die Welt wieder in Ordnung. Leider scheitert jegliche weitere Konversation mit ihr an sprachlichen Problemen. Das macht nichts, tröstet der Dolmetscher, die ist gut verheiratet.

Das freundliche Küchenpersonal

Zum Erstaunen der Russen sitzen die beiden Waidgenossen Abend für Abend im gemütlichen Kaminzimmer, trinken und palavern bis Mitternacht. Was die sich nur alles zu erzählen haben?

Umso betrüblicher eines Abends die Nachricht, es gäbe weder Wein noch Bier mehr. Die Vorräte seien aufgebraucht. Was? Haben die nicht mit unserem Durst gerechnet? Doch, sicher. Aber das von Barnaul aus losgeschickte, mit Getränken beladene Fahrzeug sei nicht angekommen, so die wenig befriedigende Erklärung des Dolmetschers. Es tauchte auch während der noch verbleibenden Tage nicht auf ... Wie gut, dass wir uns in Moskau reichlich mit dem guten Crown Royal-Whisky eingedeckt haben.

Ein völlig verregneter Tag unterbricht die Bockjagd. Während ich mich in die mitgebrachte Literatur vertiefe, nützt Alex die Zeit, um mit einer geliehenen Baikal-Flinte etwas Flugwild zu erbeuten. Die Wege sind nun völlig verschlammt, sie können sich nur noch im allradgetriebenen Fahrzeug fortbewegen. Erst am Abend kommen sie zurück, zufrieden mit der Strecke: drei Birkhähne, von denen es riesige Flüge gab, eine Nebelkrähe und eine wahrlich kapitale Elster. Bis tief in die Nacht bin ich als „Alexanders Hofpräparator" mit Abbalgen beschäftigt.

Das Wetter bessert sich. Aber Iwan wird allmählich nervös, warum nur soll es unbedingt dieser hinterfotzige „krasny" Bock sein? Wo wir doch – im Gegensatz zu den beiden anderen Jägern, die leider kaum Anblick hatten – gelegentlich auf ganz ordentliche Böcke stoßen. Davon wäre doch einer vielleicht einfacher zu kriegen? Doch ich bestehe darauf: Nur der Krasny soll es sein – oder keiner.

Rückfahrt in der Dämmerung des vorletzten Jagdtages. Jäh bremst der Fahrer ab. Ein Wolf! Kurz verhofft er vor uns auf der Piste. Große Aufregung im Fahrzeug. Scheibe runter, Büchse in Anschlag. Doch Isegrim entschwindet in Riesensätzen hinter einer Geländewelle. Trotz rasender Fahrt ist er in der Dunkelheit nicht mehr zu finden. Nur eine Sekunde hätte noch gefehlt. – Wieder mein übliches Pech bei der Wolfsjagd.

Am nächsten Morgen glänzt der Krasny durch Abwesenheit, schon zum zweiten Mal in Folge. Hat er sich vielleicht verstellt? Iwan will ihn daher an diesem letzten Abend am Gegenhang suchen. Aber da ist er natürlich auch nicht. Nur ein zwar passabler, aber höchstens mittelalter Bock zeigt sich. Uninteressant.

Es wird dämmerig. Noch eine Stunde, die letzte überhaupt, wird das Büchsenlicht reichen. So schlage ich vor, es nochmals in seinem Einstand zu versuchen. Vom Tal aus entdecken wir hoch oben in den Matten drei Stück Rehwild. Eines davon ist, im Fernrohr gerade noch zu erkennen, der Krasny! Jetzt nichts wie rauf. Auch hierbei zeigt sich Iwans Erfahrung als Jagdführer. Zuerst starten wir durch so schnell es geht, um Zeit zu gewinnen. Oben am Berg bremst er das Tempo ab, damit nicht Atemnot und Herzrasen einen eventuell rasch erforderlichen schwierigen Schuss vereiteln.

Doch dort oben angekommen finden wir nur noch die beiden weiblichen Stücke, der Krasny ist wieder einmal weg. Plötzlich entdeckt ihn Iwan am Gegenhang der Schlucht rechts von uns – und schon springt er ab. Muss nun alles riskieren, es ist die letzte Chance. Der Rucksack auf einem Stein bietet eine leidliche Auflage, um den Flüchtenden im Fadenkreuz zu verfolgen. Etwa 200 Meter entfernt scheint er sich sicher zu fühlen. Oder hat er Zweifel? Hat er seinen Gegner in der Dunkelheit doch nicht richtig erkannt? Jedenfalls verhofft er kurz – und das ist sein Fehler. Im Zielfernrohr ist zwar kaum mehr etwas zu erkennen, aber dann bestätigt der satte Kugelschlag den tödlichen Treffer.

„Krasny Bock kaputt“, brüllt Iwan seine Erleichterung hinaus – Waidmannsheil auf Russisch. Der passionierte Führer war wohl tagelang genauso unter Stress gestanden wie sein Gast. Wie damals beim Berggeist. Mit Hilfe des Blitzlichts gelingen noch einige Aufnahmen, dann ziehen wir die Beute zu Tal.

Erleichtert hatten auch die beiden am Jeep wartenden Russen den Schuss am Berg registriert. Jetzt kreist eine Wodkaflasche. In ihrer Begeisterung reden alle drei durcheinander. Leider kann ich nichts verstehen. Aber ich glaube, sie haben begriffen: Um wie viel spannender als die Erlegung irgendeines beliebigen Bockes war doch die tagelange Pürsch auf den alten Krasny.

Der alte „krasny“ Bock

Hoffentlich hatte auch der Jagdfreund Waidmannsheil, denke ich während der Rückfahrt durch die Nacht. Gestern hatten sie einen interessanten Bock entdeckt, den wollten sie heute beim abendlichen Auswechseln abpassen.

Fast gleichzeitig treffen die Fahrzeuge im Camp ein. „Hesch endlich de verdammd Krasny?“, fragt Alex, den Bruch an meinem Hut erkennend. „Jawohl, aber wie ist es euch ergangen?“ Alex deutet auf die leere Pritsche ihres Jeeps. Es habe fast geklappt. Der Bock sei war gekommen, aber sehr spät und viel weiter entfernt als erwartet. Der Schuss sei ihm zu riskant gewesen. Wie ärgerlich.

„Was machen wir jetzt?“, frage ich, besorgt um die Stimmung an diesem letzten Abend. „Da macht nüüt, jetzt suffe mr din dod.“ Das taten wir denn auch, mit den letzten Whisky-Reserven.

Neben uns, auf einem Teller aufgebahrt, das Haupt des Krasny. Nicht so stark wie der Iwanowitsch, aber mit 37 cm Auslage ebenfalls ein kapitaler Sibirier. Was natürlich noch viel mehr zählt: Seiner Schläue und Unberechenbarkeit verdanke ich viele Pürschgänge in ursprünglicher Landschaft. Spannend bis zum krönenden Abschluss, an den ich kaum mehr geglaubt hatte. Und wie reizvoll war es doch, auf diese Weise sowohl das Wild wie auch einen damit vertrauten einheimischen Jäger kennenzulernen.

Um diese Eindrücke zu vertiefen, planen unsere Führer noch einen Besuch bei einem ihrer Waidgenossen im Dorf. Oder wollen sie ihm vor allem vorführen, was wir erbeutet haben? Leider ist er nicht zu Hause. Seine Frau führt uns in die „gute Stube“. Neben Großfotos halbnackter Pinup-Girls ziert die Wände

Nach spannender Jagd der letzte Umtrunk mit Alex Baldinger

eine respektable Sammlung kapitaler Trophäen. Sie vermittelt einen guten Überblick über das südsibirische Rehwild. Darunter ist allerdings kein Bock von der Stärke des Iwanowitsch. Welchen Dusel hatten wir doch an jenem ersten Abend.

Nach herzlichem Abschied von den uns lieb gewordenen Menschen bringt uns der Dolmetscher zurück nach Barnaul. Ruhiger Nachtflug im Aeroflot-Jet nach Moskau. Alex fliegt zurück in die Schweiz.

Ich bleibe noch drei Tage auf Einladung von Lida, ihre Revanche für den Besuch im Schwarzwald vor sechs Wochen. Wir wohnen in dem winzigen Appartement in einem jener typischen Plattenbauten, das sie mit ihren Eltern teilt. Von einer eigenen Wohnung kann sie wie die meisten jungen Russen nur träumen. Tagsüber zeigt sie mir Moskau und ein jagdwirtschaftliches Unternehmen in der Umgebung. Welch erstaunliche gesellschaftspolitische Wende seit unserem ersten Treffen vor drei Jahren.

Damals herrschte noch der Geist der Breschnew-Ära. So war den Bediensteten des Intourist-Büros jeglicher private Umgang mit dessen Kunden strikt verboten. Zuwiderhandlungen hätten sie den Job gekostet. Überall befürchteten sie Spitzel. So hatte ich zum Beispiel während der Fahrt in der Metro absolut zu schweigen, um nicht von den Passagieren als Bürger des kapitalistischen Westens erkannt zu werden.

Jetzt ist alles ganz anders. Gorbatschows Perestroika hat Wunder gewirkt. Arm in Arm schlendern wir über den Roten Platz, besuchen das Kreml-Museum oder das große Kaufhaus Gum. Inmitten der Menschenmassen unterhalten wir uns ungeniert auf Deutsch. Niemand nimmt mehr Anstoß daran.

Schon eine Woche später treffe ich Alex wieder anlässlich des vom CIC organisierten Zugvogel-Symposiums in Amsterdam. Auch Philip Kantor ist da, der uns den Tipp für das Carysh-Revier gab. Wie ist es euch ergangen? Seine Spannung steigt sichtlich während unseres ausführlichen Berichts. Schließlich zücke ich das Foto vom erlegten Iwanowitsch. Das verschlägt ihm fast die Sprache. „Verdammt, den habe ich damals übersehen", gesteht er, gratuliert mir aber herzlich zum Lebensbock. Den feiern wir dann nochmals ausgiebig mit gutem Rotwein.

Irgendwie kann ich die Freude der Waidmänner an einer so lange erträumten Beute nachvollziehen. Daraus resultieren dann solche Feiern, zu denen ich, obwohl ohne jegliche jagdliche Ambitionen, gelegentlich eingeladen werde.

Den Lebensbock wollte der Erleger zudem noch mit mir allein zelebrieren. Zu meiner Freude im „Goldenen Engel" im Glottertal bei Freiburg, bekannt durch die Fernsehserie „Die Schwarzwaldklinik". Die Idee weckte nostalgische Erinnerungen. Hatten wir dieses feine Restaurant doch schon während meiner Studentenzeit des Öfteren besucht und dann sehr ausgiebig. Wir beide gehören eben zu den langsamsten Essern und größten Genießern der Welt. Was die nur stundenlang zu bereden hatten, rätselte die Wirtin vielleicht, als wir zu ihrer Erleichterung als letzte Gäste endlich ihr Lokal verließen.

Die beiden Genießer

„Ich denke, heute sollten wir Wildschweinbraten essen", schlägt der Gastgeber nach nur kurzem Blick in die Speisekarte vor. Lässt diese schnelle Entscheidung wieder eine Story erwarten? Folgte auf den Lebensbock etwa der Lebenskeiler? Mein Gegenüber nickt.

Herrlich schmeckt der Spätburgunder Rotwein zu den rosa gebratenen Medaillons und beflügelt das Erzählertalent. Er schwärmt vom ursprünglichen Jagen in unberührter Natur, kommt wieder auf sein Idol Hermann Löns zu sprechen. Der war ewig ein Habenichts, hatte nie ein eigenes Revier, so wenig wie Kuno, aber in entlegenen Teilen der Lüneburger Heide durfte er beobachten und jagen. Durch seine zahllosen Schilderungen von Jagd- und Naturerlebnissen ist Kuno diese Landschaft bis heute ans Herz gewachsen. Nirgends jage er lieber als dort. Damals schon, vor 100 Jahren, hatte Löns gegen die neureichen Jäger gewettert, die sich zu wenig für die Erhaltung der Natur einsetzten, nur ans Totschießen dachten. Dabei biete das Jagen doch so viel mehr.

Kuno kommt ins Schwärmen, und ich erkenne seine Seelenverwandtschaft mit dem großen Vorbild. Schon Löns habe sich erfreut am bunten Sandlaufkäfer, am schwermütigen Gesang der Heidelerche und – er zitiert wörtlich: „Abends spinnt und spult die Nachtschwalbe ihr Lied, wie ein altes Spinnrad schnurrt sie." Ein Jahrhundert später fasziniere ihn der Vogel ebenso, wenn er gelegentlich während der Bockjagd in der Heide in einer Panzerkuhle des heutigen Truppenübungsplatzes übernachte. All die Eindrücke habe Löns während seiner Pirschgänge gesammelt. Ja, auch er gehe am liebsten auf die Pirsch, sitze ungern auf Hochsitzen herum.

Der Heidedichter prägte durch seine Jagd- und Naturschilderungen das Denken der Jäger und Naturschützer seiner Zeit nachhaltig. Offensichtlich möchte Kuno durch seine Publikationen ähnlich wirken. So kann ich leicht nachvollziehen, wie ihn eine der zahllosen Buchbesprechungen der ersten Auflage der „Sache mit der Jagd" in den späten 1970er Jahren freute: „Seit Hermann Löns hat niemand mehr das Denken der Jäger so beeinflusst wie Kalchreuter."

Das Wildschwein hat köstlich geschmeckt. Anlass für den Erzähler, wieder unter Bezug auf Löns, von der Jagd auf diese urige Wildart zu berichten, während er sich nach dem Espresso die obligatorische Zigarre ansteckt. Erneut entführt er mich in eine mir völlig fremde Welt.

Ein Hauptschwein

So lautet der Titel einer jener herrlichen Jagdgeschichten von Hermann Löns, die der Vater uns Kindern einst vor dem Einschlafen vorlas. Ein uriger alter Keiler, mit allen Wassern gewaschen, muss das gewesen sein. Die Jägerei der ganzen Gegend war verrückt nach ihm. Er hatte sie genarrt und gefoppt – bis er schließlich durch einen jungen Forsteleven mit der blanken Waffe zur Strecke kam.

Trotz der von Löns inspirierten damaligen Begeisterung für dieses urige Wild wurde ich später nie ein großer Saujäger. Für die hierzu notwendigen, stundenlangen nächtlichen Ansitze fehlt mir das Sitzleder und bei Drückjagden meistens der Anlauf. Aber einmal wollte ich einen wirklich starken Keiler. Einen von der Sorte, die in der waffenlosen Nachkriegszeit heranreifen konnte.

Hie und da erinnert noch das präparierte Haupt eines solchen Bassen an jene Zeit. Etwa über dem Stammtisch im „Haghof" im Welzheimer Wald oder in der „Steinasäge" im Hochschwarzwald. So etwas schwebte mir seit Jahrzehnten vor. Solch ein Urian, ein wirkliches Hauptschwein, sollte es einmal sein.

In Deutschland würde das kaum klappen können. Zwar hatten hier die Sauen und dementsprechend die Schwarzwildstrecken seit Jahren beträchtlich zugenommen. Aber wirklich kapitale Keiler, also solche mit einem Gewicht von aufgebrochen mehr als drei Zentnern, waren und sind bis heute infolge der intensiven Bejagung höchst selten. Daher reiste ich mit Freunden nach Polen, Ungarn und in die damalige Tschechoslowakei, doch der Traumkeiler kam auch dort nie in Anblick.

Umso interessierter lauschte ich den Berichten von Jagdfreund Alfred Lühmann, Forstmann in Niedersachsen und passionierter Saujäger. Er hatte früher mehrfach in Rumänien gejagt, bis Staatschef Ceaucescu aufgrund seiner eigenen verrückten Jagdleidenschaft in den 70er-Jahren des letzten Jahrhunderts die Grenzen für ausländische Jäger dicht machte. „Dort hättest du das finden können, was du suchst", erklärte Alfred. Denn im Südosten, in Rumänien und Bulgarien, leben die kapitalsten Sauen Europas.

Dort war nun nichts mehr zu machen. So hatte ich bereits mit einer Jagdreise in den äußersten Osten der damaligen UdSSR geliebäugelt. Am Ussuri, an der Grenze zu China, sollen die größten Keiler unseres Planeten ihre Fährte ziehen.

Aber dann kam alles anders. Mit dem Sturz und der Exekution des Diktators begann 1989 die politische Wende auch in Rumänien. Die Grenzen wurden durchlässiger, auch für Jäger. Nach einer erfolgreichen Einzeljagd, um die neue Situation zu erkunden, konnte Alfred seine seit Jahren in Polen bewährte achtköpfige „Saujagdgruppe Lühmann" erstmals nach Rumänien führen. Ein Platz war überraschend frei geworden, so konnte ich mitreisen. „Das sind alles gute Schützen", bemerkte Alfred am Telefon. Ich hatte verstanden und übte fleißig. Nicht nur am Schießstand auf den „laufenden Keiler", sondern auch mit der ungeladenen Waffe auf bewegliche Ziele verschiedenster Art.

Saujagd im Banat

Am 25. Januar 1992 ist es so weit. Eine Maschine der rumänischen Fluglinie Tarom bringt uns von Frankfurt zum Flugplatz von Timisoara, Hauptstadt der westrumänischen Provinz Banat. Aber welch frostiger Empfang! Zwei Panzer sind aufgefahren, dazwischen mehrere bewaffnete Soldaten und Polizisten mit Kalaschnikows. Alle mit der unbewegten Miene, die die Bediensteten der Ostblock-Diktaturen gegenüber den verhassten westlichen Kapitalisten aufzusetzen pflegten. Man bedeutet uns Jägern, uns in Reih und Glied zwischen Flugzeug und Panzern aufzustellen und zu warten. Einige Waidgenossen sind schockiert, nehmen dieses Verhalten sehr persönlich. Wie soll das nur weitergehen?

Endlich nähert sich vom Terminal das Ende der misslichen Situation in Form des Dolmetschers und örtlichen Organisators Heinz Vogel. Trotz seiner Behinderung – ein Bein ist amputiert – bewegt er sich sehr behände, begrüßt uns der Reihe nach mit Handschlag, mich zu aller Überraschung mit Namen. „Natürlich kenne ich Sie", erklärt er auf meine verdutzte Frage, „von den Farbfotos in ihrem Buch ‚Zurück in die Wildnis'". Allgemeine Erheiterung, die Stimmung steigt allmählich.

Vogel schleust uns elegant durch Pass- und Zollkontrollen. Auch mit Waffen und Munition gibt es keinerlei Probleme. Das Personal hat offensichtlich Respekt vor dem eloquenten Deutsch-Rumänen. Auch von der Jagd selbst scheint er einiges zu verstehen, was ich seinen Gesprächen mit Lühmann entnehme.

Jagen in den urigen Wäldern des Banat – für fast alle von uns ein bislang unerfüllbarer Traum. Saujagd bei Schnee und Kälte. So hatten wir es uns gewünscht. Die ersten beiden Tage jagen wir im Revier Savirsin. Die Jagd ist gut vorbereitet. Nach bewährter Manier in der gut eingespielten Gruppe werden vor jedem Treiben die Stände verlost. Ab und zu knallt es. Die ersten Sauen kommen zur Strecke.

Saujagdstimmung

Mittagsmahl am prasselnden Holzfeuer. Die Kälte macht hungrig. Dagegen hilft jetzt die derbe rumänische Hausmannskost, garniert mit dem hier üblichen Pflaumenschnaps, dem Slivovic. Rasch freunden wir uns mit dem Jagdpersonal an. Die ideologischen Barrieren sind gefallen.

Abends ausgelassene Stimmung im Hotel. Traditionsgemäß hält der Tages-Jagdkönig eine kurze Rede, lässt die Ereignisse Revue passieren.

Am Abend des zweiten Tages sind außer mir bereits alle Schützen der Gruppe erfolgreich gewesen. Insgesamt liegen 14 Stück Schwarzwild. Ich habe noch nicht einmal Anblick gehabt. „Heribert, deine Zeit kommt noch", versucht mich Alfred zu trösten. Das ist aber nicht nötig. Denn einerseits bin ich solche Situationen von heimischen Saujagden gewöhnt. Andererseits lag ja die Eisbärenjagd erst zwei Jahre zurück und deren unerwarteter Erfolg überstrahlte noch lange Zeit jegliche jagdliche Enttäuschung. Besonders Helmut Teufsen aus Niedersachsen, Alfreds „rechte Hand" bei der Betreuung der Gruppe, interessiert sich für alle Details der ausgefallenen Expedition ins arktische Eis. Die Zuhörer schaudern bei der Vorstellung der kalten Nächte im Zelt. Wie viel angenehmer haben wir es doch jetzt im beheizten Hotelzimmer.

Während der nächsten beiden Tage jagen wir bei Faget in einem von Ceaucescu's Revieren, wo ich endlich Anblick habe und einen Überläufer bekomme. Wahrlich kapital, gemessen an mitteleuropäischen Verhältnissen.

Am folgenden Morgen verschlägt mich das Los auf einen Stand hoch oben im Bergwald und zudem im dichten Stangenholz. So bleibt das Zielfernrohr im

Zwischenbilanz nach dem Treiben

Rucksack. Habe hier wenig Hoffnung auf Anlauf. Kann daher das nachholen, was ich bei den unbeschreiblichen sanitären Verhältnissen des Hotels – die Toilette ist nur in Gummistiefeln zu benutzen – ohnehin in den Wald verlegen wollte, das Morgengeschäft. Plötzlich knacken unten am Hang schwere Äste, dann fegt ein großer schwarzer Schatten durchs Gehölz. Der Schuss bei heruntergelassener Hose ist nur ein Reflex in die einzige etwas offenere Schneise in der steilen Schlucht. Aber, welch Wunder, die Sau liegt im Knall. Jetzt höre ich das Schlagen der Waffen – ein Keiler! Der erste überhaupt, der während dieser Jagd zur Strecke kommt.

Wahrlich ein Saudusel, gleich in mehrerer Hinsicht. Denn beim späteren Abstieg zur Beute entdecke ich einen armdicken Holunderstamm genau in der Schusslinie. Das 14,5-gr-KS-Geschoss, Kaliber 8x68, hat ihn mitten durchschlagen, ist dann aufgepilzt weitergeflogen und hinter dem Teller in den Schädel des Keilers eingedrungen. Der hat den Knall wohl nicht mehr gehört.

Jetzt bricht es wieder, nachdem es am benachbarten Stand hinter der Kuppe zweimal geknallt hat, dann stiebender Pulverschnee. Auf den Schuss in die weiße Wolke liegt eine weitere Sau, diesmal ein Überläufer.

Nach Ablauf der vereinbarten zwei Stunden für das Treiben bleibt etwas Zeit für die Totenwacht. Ja, so kann's gehen, Alfred hatte es geahnt. Noch nie habe ich solch einen Keiler erbeutet. Acht Zentimeter ragen die Waffen aus dem Gebrech. Für mich noch beeindruckender, der riesige Kopf, ideal für die Präparation. Ein Rumänen-Keiler mit Dimensionen, wie ich sie von dieser Reise erträumt hatte.

Ich begebe mich hinüber zum Nachbarschützen. Auch Helmut hat zwei Sauen, darunter ebenfalls einen Keiler. Mit geringerem Kopf, dafür noch stärkerem Gewaff.

Das Bergen der Sauen ins Tal braucht seine Zeit. Während die anderen am Nachmittag weiterjagen, löse ich die Kopfhäute beider Keiler aus, denn beide haben gutes Winterhaar.

Am späten Abend bringt uns ein Bus ins nächste Revier. Für die nächtliche Fahrt haben wir uns reichlich mit gutem rumänischem Rotwein eingedeckt. Dem kann ich nun guten Gewissens zusprechen, denn für mich ist die Jagd im Wesentlichen gelaufen. Dachte ich.

Ein herrlicher Wintermorgen im verträumten Dorf Sarlota. „Charlottenburg" hieß es früher, wie der alte Markstein am Ortsrand ausweist. Er erinnert an die Zeit der Habsburger, als die Provinz Banat noch zu ihrer Kaiserlich-Königlichen Donaumonarchie gehörte. Vor 250 Jahren hatte Kaiserin Maria-Theresia vor allem Schwaben angeworben, um dieses Land urbar zu machen. So war eine Siedlung entstanden, die heute noch an die einstigen Dörfer der Schwäbischen Alb erinnert, in denen ich die Kindheit verbrachte.

Ein beachtliches Aufgebot an Treibern hat sich inzwischen auf dem Dorfplatz eingefunden. Kein Wunder, zählte doch Sarlota zu den Leibjagdrevieren von Staatschef Ceaucescu, weiß Heinz Vogel zu berichten. Außer Sauen gibt es hier auch weibliches Rot- und Damwild. Für den Vormittag ist nur ein großes, daher weit abgestelltes Treiben geplant. Herrlich, diese uralten Eichen und Buchen.

Noch etwas benebelt vom Rotwein döse ich, an eine Eiche gelehnt, vor mich hin. Da hat sich doch etwas bewegt in der Strauchschicht? Grauschwarz wie eine Sau, aber dafür viel zu hoch. Die Treiber können noch nicht da sein. Ein Waldarbeiter im Treiben? Der hat ja Nerven ... Jetzt verschwindet er hinter einer dicken Eiche, taucht wieder auf.

Nein, um Himmels Willen, das ist kein Mensch – das ist ein Monstrum von Keiler! Ein „Klavier", ein Esel, weit größer als alles, was wir bisher gesehen haben. Bevor ich reagieren kann, ist der Spuk im Unterwuchs verschwunden.

Hie und da knallt es, aber ich habe keinen Anblick mehr. Dafür viel Zeit, um mich über meine Verschlafenheit zu ärgern. Die Freude über den gestrigen vermeintlichen Lebenskeiler ist stark gedämpft. Nein, dieser da, der wär's gewesen.

Die Waidgenossen laben sich schon am Mittagsmahl, wärmen sich am Feuer auf. Einige Sauen sind zur Strecke gekommen, kein Keiler. Von einem solchen

Diskussion um meinen Riesenkeiler

kann ich nun berichten. Ungläubiges Staunen, dann Gelächter: „Schlaf du erst mal deinen Rausch aus, dann wird der Keiler von alleine kleiner." Wer den Schaden hat, braucht sich ja bekanntlich nicht um den Spott zu sorgen. Aber ich weiß, was ich gesehen habe.

Am Nachmittag zwei kleinere Treiben. Ich bekomme nur einen offensichtlich verirrten Frischling, habe dafür Zeit, meine Nachbarschützen zu beobachten. Zuerst Alfred, später Helmut. Was die mit ihren halbautomatischen Büchsen leisten, ist phänomenal. Alfred reibt mit vier Schüssen eine hochflüchtige Rotwildfamilie auf. Helmut gelingt Ähnliches an einer Rotte Sauen. Da sind wirkliche Könner am Werk. Auch sonst knallt es allenthalben. Entsprechend hoch schlagen die Wogen der Stimmung im Jagdhaus, in dem einst der Staatschef wohnte.

Vor dem Treiben am letzten Tag besuchen wir den inzwischen pensionierten Berufsjäger Kowatsch. Viele Jahre hat er unter Ceaucescu gedient. Sein „Jagdzimmer" ist bemerkenswert: Nur einige wenige Trophäen – dafür an den Wänden eine Unmenge von Fotos. Zeugnisse erfolgreicher Führungen seines Dienstherrn und dessen Jagdgästen.

Ein Bild reißt mich vom Hocker: An einem Balken hängen sechs Keiler, vier davon kapital. Die beiden anderen sind derart riesig, als handele es sich um ostasiatische Vertreter oder gar um eine ganz andere Wildart. Also doch! Da schaut her, belehre ich die ungläubigen Waidgenossen, solch ein Kaliber ist mir gestern durch die Lappen gegangen. Ausgeschlossen, entgegnet Alfred, der das Revier auch aus früheren Zeiten kennt, dieses Foto ist nicht von hier. Lächelnd widerspricht ihm Kowatsch. Er sei immer nur hier in Sarlota tätig gewesen ...

Heinz Vogel und sein Helfer Josef Leretter, ebenfalls Deutsch-Rumäne, nehmen mich auf die Seite. Solche Riesenkeiler gebe es, aber sie seien auch in Rumänien selten. Und noch seltener kämen diese alterfahrenen Recken während einer Gesellschaftsjagd zur Strecke. Beim geringsten Verdacht wechselten sie frühzeitig aus dem Treiben und niemand bekomme sie zu Gesicht.

Das scheint sich auch an diesem letzten Nachmittag zu bestätigen. Überall knallt es. Ganz am Schluss bekomme ich noch einen Überläufer, der nach einem zweiten Schuss in Sichtweite verendet. Dennoch wird er angeblich nicht gefunden, behaupten die mit der Bergung beauftragten Treiber. – Warum sollen die armen Kerle nicht auch etwas von der Jagd haben. Und ich brauche das Stück nicht zu bezahlen.

Eine ansehnliche Strecke liegt abends vor dem Jagdhaus. Darunter zwei wirklich kapitale Sauen von etwa drei Zentnern Gewicht, die wohl jeder als Keiler angesprochen hätte. Aber es sind Bachen. Die Enttäuschung ist den Erlegern anzusehen. In dieser Hinsicht war Diana nur Helmut und mir hold gewesen.

Eine überaus spannende und erfolgreiche Jagd geht zu Ende. Insgesamt hat das achtköpfige Team in sechs Tagen 61 Stück Hochwild zur Strecke gebracht. Die Rumänen sind begeistert. Wir seien die erfolgreichste Gruppe seit Öffnung der Grenzen.

Beim aufgehenden Vollmond schlendere ich durch das idyllische Dorf. Viele Häuser stehen leer. Ihre Bewohner haben sich nach der Wende nach Westen abgesetzt. Dorthin, von wo ihre Vorfahren vor mehr als zwei Jahrhunderten aufbrachen, um ein neues Leben zu beginnen. Wie bitter waren sie enttäuscht worden durch die jüngste sozialistische Diktatur.

Aus ökologischer Sicht hinterließen sie eher eine heile Welt. Ohne hektische Betriebsamkeit. Ohne die zweifelhaften Segnungen westlicher Agrarreformen. – Drüben im Turm der alten Dorfkirche ruft der Steinkauz in die Abendstille.

Am nächsten Morgen bringt uns Heinz Vogel zurück zum Flugplatz von Timisoara. Er spricht mich nochmals auf das Buch an, das ihn offensichtlich beeindruckt hat, dann auf diese kurze Begegnung mit dem Urian, dem Hauptschwein. Ja, das lässt mir keine Ruhe. „Kommen Sie doch einmal zur Rauschzeit, im Dezember. Da sind die Keiler auf den Läufen, wandern von einer Rotte zur anderen. Da könnte es vielleicht klappen“.

Ein neuer Anlauf

Ein unbekannter Vogelruf weckt mich aus dem Halbschlaf während des frühmorgendlichen Sauen-Ansitzes. Es ist noch stockdunkel, daher kann es sich wohl nur um eine Eule handeln. Um einen Habichtskauz, bestätigt mir später Kowatsch.

Gestern bin ich wieder in Sarlota angekommen, am 10. Dezember 1995. Heinz Vogel holte mich in Timisoara ab.

Auch mehr als drei Jahre nach jener denkwürdigen Saujagd hatte er mein Anliegen nicht vergessen. Ende November klingelte das Telefon: „Können Sie schnell kommen, bald ist Rauschzeit“. Natürlich konnte ich.

Neben mir sitzt Wasille, damals noch Assistent. Inzwischen ist er Forstmeister des Bezirks um Sarlota. Eine beachtliche Leibesfülle dokumentiert seinen neuen beruflichen Status. Wir warten. Allmählich leuchtet der Neuschnee heller, und schärfer zeichnen sich die Eichenkronen gegen den grauen Himmel ab. Aber nichts rührt sich. Nach drei Stunden baumen wir durchgefroren ab.

Einfaches, aber überreichliches Frühstück im Jagdhaus. Bevor Vogel abreist, betont er nochmals die Bedeutung des Unternehmens. Natürlich bekomme ich nicht viel mit von der Unterhaltung, aber die Erwähnung des CIC scheint Wasille mächtig zu beeindrucken. Genießt doch der Internationale Jagdrat bis heute hohes Ansehen in den osteuropäischen Staaten. Damals war ich Präsident der CIC-Zugvogelkommission. So werden sie alles versuchen, um mich zum Erfolg zu bringen.

Aber niemand weiß so recht, wie das anzustellen ist. Wo zieht in den unendlichen Wäldern ein starker Keiler seine Fährte? Wie kann man seiner habhaft werden? Ich weiß um die Schwierigkeit, habe daher keine zu hohen Erwartungen.

Wasille weist seine Förster an, mit Mais zu kirren und dann die Fährten der nächtlichen Besucher zu kontrollieren. Bei dem Neuschnee könnte dies erfolgreich sein. Tagsüber wollen wir pürschen, ab dem späten Nachmittag ansitzen.

Die langen Abende im Gastzimmer des Jagdhauses sind sehr gemütlich. Frau Forstmeister tut alles, den westlichen Gast mit Speis und Trank zu verwöhnen. Nur mit der Heizung im riesigen Kachelofen meint sie es zu gut. Immer wieder muss ich nachgelegte Scheite aus dem Brennraum nehmen. Auch der Wein wird zu warm. Eine Flasche stelle ich zum Abkühlen vor das Fenster. Das ist wohl naiv, denn schon nach kurzer Zeit ist sie verschwunden ...

Herrlich, diese Ruhe. Stundenlang kann ich mich dem Studium der mitgebrachten Fachliteratur widmen. Keinerlei Störung. Gelegentlich bellt ein Hund in die Winternacht.

Dörfliche Idylle von Sarlota

Es hört auf zu schneien, dafür wird es bitterkalt. Glühende Pünktchen bewegen sich durch die Dunkelheit, als wir morgens wieder losfahren. Mütter, die ihre Kinder zur Schule begleiten. Jede muss Glut aus dem heimischen Herd mitbringen für den Ofen im Klassenzimmer, klärt mich Wasille auf. Die Gemeinde scheint völlig verarmt zu sein.

Diesen und den nächsten Tag verbringe ich in zwei weiteren Förstereien. Die Führer geben sich größte Mühe. Aber bei dem harschigen Schnee ist jegliche Pirsch illusorisch. Viel zu laut hallen unsere Schritte durch die Eichenwälder. Auch der spätere Gang zum Abendansitz scheint die Sauen zu warnen. Wir bekommen kein einziges Stück zu sehen.

Jeweils in der Dunkelheit holt mich Wasille wieder ab. Er scheint seitens seiner Direktion unter Erfolgsdruck zu stehen. Wütend über die Misserfolge sch... er die Bediensteten zusammen. – Ein Führungsstil wie einst unter dem Despoten Ceaucescu. Die Förster tun mir leid. Verstohlen stecke ich ihnen das verdiente Trinkgeld zu.

Der für eine Woche geplante Jagdaufenthalt geht allmählich zu Ende. Die Hoffnung auf den großen Keiler ist längst begraben. Werde wohl als Schneider abreisen. Was tut's, interessant war es allemal.

Überraschend setzt Tauwetter ein. Es regnet die ganze Nacht. Vom Schnee ist fast nichts mehr zu sehen. Heute führt mich wieder ein anderer Jäger. Ein junger Kerl mit stechend schwarzen Augen, wahrscheinlich Zigeunerblut. Ganz anders als seine Kollegen geht er vor. Zielstrebig steuert er den alten, klapperigen Pkw über verschlammte Waldwege bergan in ziemlich dichte, jüngere Eichenbestände. Oanna spricht sogar einigermaßen Deutsch. An seinem Hut entdecke ich das Abzeichen des Bayrischen Jagdverbands. Ja, er habe schon einmal erfolgreich geführt.

Aus dem Kofferraum kramt er eine alte Doppelflinte, lädt einen Lauf mit „Rollern", also grobem Schrot, den anderen mit einem Flintenlaufgeschoss, „falls Keiler angreift". Er wirkt sachkundig und zuversichtlich.

Fast geräuschlos pürschen wir durch das Unterholz eines Mittelwalds. Leichter Nebel behindert die Sicht. Mit einem Feuerzeug prüft Oanna ständig den leicht küselnden Wind. Er führt kein Fernglas mit sich, scheint also gute Augen zu haben. Aber was ist nur mit seinem Gehör? Warum reagiert er nicht auf das gelegentlich zu vernehmende dumpf grunzende Brummen vor uns? Das kann doch nur von Sauen stammen.

Im nächsten Moment wird im Dickicht eine ganze Rotte hoch. Wir erstarren. Sie haben zum Glück keinen Wind bekommen, trollen daher unschlüssig hin und her. Gewaltige Bachen sind darunter mit Widerristhöhen von fast einem Meter. Die Sicht ist denkbar schlecht, aber schließlich entdecke ich ein Monstrum von Sau, deutlich höher als alle anderen. Große Platten verkrusteten Schlamms aus der Suhle kleben an seinen Flanken. „Keiler!", haucht Oanna, und ich habe dasselbe Gefühl.

Er drängt mich nicht zum Schuss. Er weiß, ich will nicht irgendeinen, sondern einen ganz kapitalen. Und hierüber will ich gerne selbst entscheiden.

Oanna durchleidet Qualen, denn auch er steht unter Erfolgsdruck. Schließlich wird das Haupt für einen Moment frei. Kein Zweifel, ein respektabler Keiler. Die Höhe stimmt jedenfalls, aber wie lang ist er? Zudem will ich die Waffen auch von vorne sehen. Nur so lässt sich deren Stärke taxieren, das hatte mir einst Helmut beigebracht.

Die Möglichkeit dazu bietet sich schneller, als uns recht ist. Ein Ästchen knackt unter meinem Stiefel, den Keiler reißt es herum. Wahrlich, gewaltige Waffen! Aber im nächsten Moment ist er mit der ganzen Rotte verschwunden ...

Oanna schickt einen flehentlichen Blick zum Himmel und bekreuzigt sich: „Mein Herr, warum nicht schießen?" Das erkläre ich ihm im Flüsterton und lobe seine vortreffliche Führung. Das wäre der Richtige gewesen. Lass uns mal so weitermachen.

Das Lob tut ihm sichtlich gut. Er hat einfach einen Instinkt für Sauen, denke ich, ihm vorsichtig hinterherpürschend. Denn schon nach einer halben Stunde höre ich wieder das grunzende Brummen – er offensichtlich wieder nicht. Auf einen imitierten Vogelruf blickt er mich fragend an. Ich bedeute ihm, hier zu warten, denn hinter der leichten Anhöhe vermute ich die Sauen.

Kurz bevor ich den Scheitel des Hügels erreiche, taucht der Widerrist einer kapitalen Sau auf. Vorsichtig weiter. Jetzt ist wieder die verkrustete Schlammplatte zu sehen. Tatsächlich, es ist wieder der Basse. Hat er uns vorhin für harmlose Waldarbeiter gehalten und ist deshalb nicht weiter geflüchtet? Das sollte ihm zum Verhängnis werden. Aber ich muss noch einige Schritte weiter, um ihn tiefblatt zu erwischen.

Der aufkommende Nebel verschluckt den Knall der 8x68 mit dem schweren KS-Geschoss. Der Keiler poltert durch das Dickicht davon, doch am Krachen des Totholzes lässt sich die Todesflucht akustisch verfolgen. Plötzlich Stille, ein gutes Zeichen.

Auf nur etwa 40 Meter habe ich geschossen. Hätte er das Mündungsfeuer gesehen, wäre es für mich wohl eng geworden. Denn Oanna mit seiner Doppelflinte war ein gutes Stück zurück.

Wir eilen dorthin, wo das Poltern schließlich aufhörte.

Oanna bekreuzigt sich wieder, aber doch ganz anders als vorher. Dann führt er einen wahren Freudentanz auf. Ich muss sozialistische Bruderküsse über mich ergehen lassen. Er ist völlig aus dem Häuschen. Was da liegt, ist ein vielleicht acht- bis neunjähriges Hauptschwein, wie es selbst in Rumänien nur höchst selten zur Strecke kommt.

„Wasille kriegt Herzinfarkt“, stammelt Oanna, als er sich wieder gefangen hat. Es folgen einige Fotos bei allerdings ungünstigen Lichtverhältnissen. Dann das

Wahrlich ein Hauptschwein!

nächste Problem: Wie diesen Urian bergen? Er liegt inmitten ausgedehnter Eichen-Hainbuchenwälder. Oanna überlegt. Mindestens zwei Stunden würde es dauern, bis er mit einem Traktor anrücken könne. Trotzdem beschließe ich, hierzubleiben – Totenwacht beim lange ersehnten Lebenskeiler. Nach spannender Pirsch habe ich ihn bekommen und nicht vom Hochsitz aus am Maishaufen totgeschossen. Das war die Jagd, die ich mag.

Warum nur hat man mir erst jetzt, in letzter Minute, diesen qualifizierten Führer zugeteilt? Gilt er wirklich als das letzte Aufgebot? Nein, keineswegs, erfahre ich später von Kowatsch. Oanna ist wohl der routinierteste Saujäger im Forstbezirk. Aber gerade deshalb ist er nicht beliebt bei seinen Kollegen, denn sie verdächtigen ihn der Wilderei ...

Stunde um Stunde verrinnt. Es dämmert schon. Von Oanna ist nichts zu sehen und nichts zu hören. Bei dem Zustand ihrer Kraftfahrzeuge kann unterwegs viel passiert sein. Ich muss mich allmählich auf eine Übernachtung im Wald einstellen. Und das ohne Feuer. In keiner der Taschen finden sich Streichhölzer. Wie ärgerlich. Zwar ist es nicht sonderlich kalt, aber ich muss irgendeinen Unterschlupf suchen, ohne dabei im Nebel die Orientierung zu verlieren. Anhaltspunkte bieten ehemalige, nun halb verrottete Jagdschirme aus der Zeit von Ceaucescus Gesellschaftsjagden. An diesen taste ich mich talwärts, entdecke dann eine überdimensionale überdachte Wildfütterung mit genügend altem Heu, um darin zu übernachten. Erleichtert eile ich zurück zum Keiler.

Endlich das ersehnte Knattern eines Fahrzeugs. Oanna naht mit drei Helfern und entschuldigt sich vielmals, während wir mit viel Mühe den Koloss auf den Anhänger hieven. Er musste diesen Traktor im Nachbardorf organisieren, nachdem der einzige im Forstamt funktionierende noch unterwegs war, um weitere Maiskirrungen für meinen Keiler anzulegen ...

Während der Rückfahrt stoßen wir zufällig auf dieses Team, höchstpersönlich von Wasille angeführt. Sein Gesicht beim Anblick unserer Ladung ist unbeschreiblich. Nicht ein Stein, ein zentnerschwerer Felsblock fällt ihm vom Herzen. „Ist unglaublich", das ist alles, was er von sich geben kann, um dann Oannas Bericht zu lauschen.

Im Hof des Forstamts versammeln sich immer mehr Menschen. Etwas Besonderes sei zur Strecke gekommen, das hat sich im Nu im Dorf herumgesprochen.

Das Abschwarten der Sau möchte ich selbst beaufsichtigen, denn diese Haut ist mir so wichtig wie die Waffen, mache ich Wasille klar. Doch der besteht vehement darauf, dass wir beide jetzt gemeinsam zu Abend essen. Nein jetzt, nicht später! So bleibt mir nur, seinen Leuten die gewünschte Schnittführung anzudeuten.

Mein erfolgreicher Führer Oanna mit dem Keiler

Das üppige Abendessen nach dem langen Tag ist allerdings höchst angenehm. Dazu brauchen wir einen Slivovic nach dem anderen, um das Ereignis zu würdigen. Auch Frau Forstmeister langt tüchtig zu. In mehreren Fässern wird dieser heimische Pflaumenschnaps im Keller des Forstamts gelagert. So kommen wir erst zu später Stunde und in gehobener Stimmung wieder in den Wildraum.

Da liegt die Schwarte ausgebreitet, ohne Pürzel fast zwei Meter lang und über 2,20 m breit, typisch für altes Wild. Doch vom Wildbret ist nichts, aber auch gar nichts mehr zu sehen. Ich glaube, mit diesem Keiler habe ich nicht nur mir, sondern vielen hungrigen Dorfbewohnern eine Weihnachtsfreude bereitet. Natürlich hätte mich das Gewicht interessiert. Aber auch hierüber ist nichts in Erfahrung zu bringen. Nach meiner Schätzung hätte er selbst jetzt, am Ende der Rauschzeit, noch fünf Zentner, zuvor wohl einiges mehr, auf die Waage gebracht.

Viel länger als geplant, nämlich den ganzen nächsten Tag zieht sich die Bearbeitung der Schwarte hin. So wie sie daliegt, ist sie viel zu schwer für den Transport als Fluggepäck. Außerdem muss ich sie nach Gewicht bezahlen. Zunächst müssen die Schlammkrusten der Flanken runter. Hierfür bietet sich eine im Hof stehende Badewanne an, angeblich aus Ceaucescus ehemaligem Gästezimmer stammend. Zum Gaudium der Arbeiter schwimmt darin nun eine Sauschwarte. Mehrere Waschgänge sind notwendig, bis das Wasser einigermaßen sauber bleibt.

Das nächste Problem zeigt sich beim Dünnschneiden. Dieses Hauptschwein hat größere und viel stärkere Schilder aus verknorpelter Haut unter den Flanken als der vor drei Jahren erlegte Keiler. Fast fünf Zentimeter muss ich beidseitig abtragen, mit einem Ziehmesser aus meiner Afrikazeit.

Die Schilder boten offensichtlich wirksamen Schutz in Kämpfen mit Rivalen während der Rauschzeit, denn darunter kommen vernarbte Wunden zum Vorschein. Die Schilder schützten vor Verletzung lebenswichtiger Organe.

Wasille und Oanna beobachten gelegentlich die sich über Stunden hinziehende Arbeit. Das hätten sie wohl von einem Vertreter des CIC nicht erwartet.

Endlich ist die Haut fertig zum Einsalzen. Doch wo das viele Salz hernehmen? Mit solch einem Bedarf hat wohl niemand gerechnet. So müssen wir auf das im Schuppen lagernde Steinsalz für die Salzlecken zurückgreifen. Ein Arbeiter zerkleinert die Brocken mit der Axt, ein anderer versucht das Substrat mit dem Beil zu pulverisieren – ein mühseliges Geschäft. Aber schließlich liegt genügend Salz auf der Hautseite, um die Entwässerung in Gang zu bringen. Noch am nächsten Morgen fließt Salzwasser aus der zusammengefalteten Schwarte.

Inzwischen hat Oanna den Schädel ausgekocht und abgefleischt. Auch den will ich fürs Museum mitnehmen. So liegen nun auch die Waffen vor. Sie bestätigen Oannas spontane Begeisterung nach der Erlegung. 25 Zentimeter messen die Gewehre, und acht der Umfang der Haderer. Goldmedaille, strahlt Wasille. Aber das ist das, was mich am wenigsten interessiert. Nein, ich habe einen klassischen, reifen Rumänen-Keiler erbeutet, wie er auf Drückjagden kaum einmal zur Strecke kommt.

„So einen werden Sie wohl nie mehr kriegen“, meint der Schwarzwildkenner Kowatsch bei meinem Abschiedsbesuch am Sonntagmorgen. Denn solch

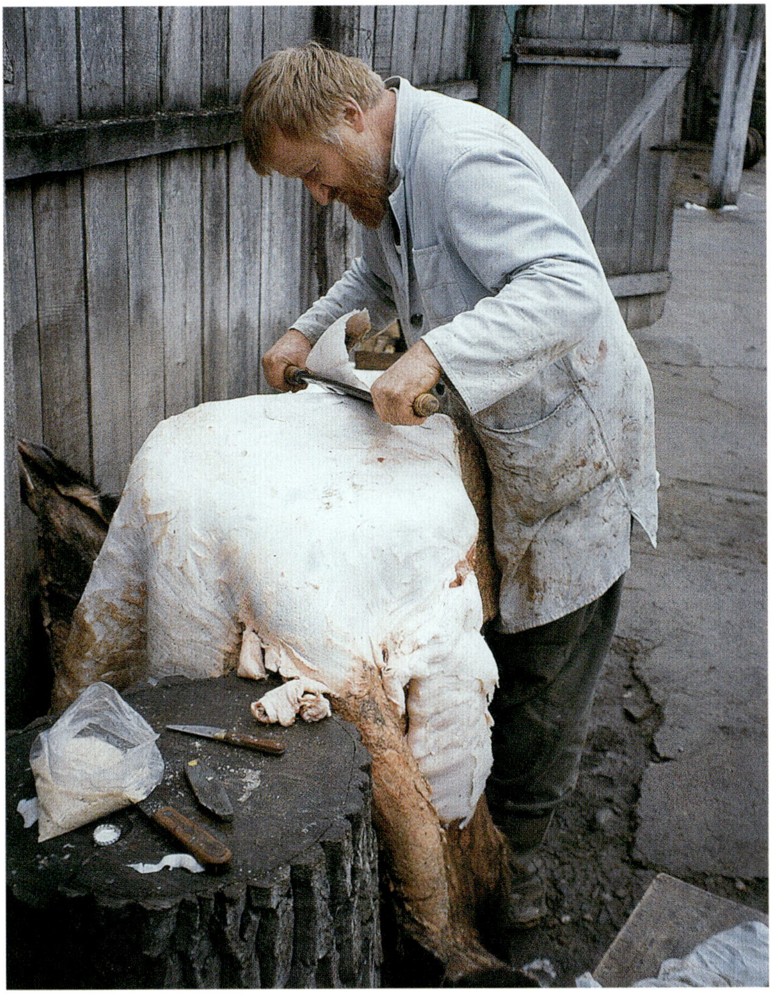

Viel Zeit erfordert die Vorbereitung der Schwarte für die Rückreise.

schwergewichtige Keiler haben meist keine besonderen Waffen. Bei diesem da ist alles kapital. Darauf trinken wir noch einige Pflaumenschnäpse.

Das bringt den altgedienten Berufsjäger in Stimmung. Er kann ja nun freimütig erzählen über Erlebnisse mit seinem früheren Dienstherrn. Der Diktator pflegte seine politischen Inspektionsreisen in die verschiedenen Landesteile stets mit Jagden zu verbinden. Allerdings ließen seine Schießkünste immer mehr zu wünschen übrig. Seinen Unmut über die Fehlschüsse bekamen dann seine Untertanen während der anschließenden politischen Rede zu spüren. Wütend kritisierte er die Zustände der Region, mit nichts war er zufrieden. – Bis man ihm während der Rede einen Zettel zuschob: Zwei Medaillenhirsche ge-

Ein „Plakat“ von Sauschwarte

funden! Das mäßigte den Ton merklich. Bald darauf eine weitere Meldung: Silbermedaillenhirsch gefunden! Jetzt wurde die Rede noch freundlicher. Und als man ihm schließlich von einer erfolgreichen Nachsuche auf einen Goldmedaillenhirsch berichtete, war nicht nur sein seelisches Gleichgewicht wieder hergestellt, sondern die ganze Region in bester Ordnung. Statt der angekündigten Strafsanktionen sollte es nun Zuschüsse für dringend notwendige Maßnahmen geben.

Zwei Tage lang hatten dann aber die örtlichen Jäger alle Hände voll zu tun, um die von Ceaucescu angeblich angeschossenen, in Wirklichkeit jedoch gefehlten Hirsche zu erlegen und die Trophäen nach Bukarest zu schicken. Denn höchst eigenhändig pflegte er sich vom Wahrheitsgehalt der Meldungen zu überzeugen ...

Welche Perversion des Waidwerks, denke ich beim Verpacken meiner Utensilien für die Rückreise. Mit der Exekution des Diktators hatte das rumänische Volk auch diesem Treiben ein Ende gesetzt.

Lehrjahre – Lehrprinzen

„Wie bist du eigentlich zur Jagd gekommen? Erblich vorbelastet?" Diese Frage hatte mich schon länger interessiert. Gelegenheit bietet sich anlässlich eines ungewöhnlichen Abendessens im Gasthof „Reichenbächle" in Holzschlag.

Mein Tischherr ist kurz zuvor von Nordirland zurückgekehrt, wo er mit Freunden auf Waldschnepfen jagte. Einige davon hat er bereits präpariert. Nun genießen wir den vom Koch schmackhaft zubereiteten „Schnepfendreck" als Vorspeise – was genau das ist, nämlich der Darm mit Inhalt, erfahre ich etwas schockiert erst mit der letzten Gabel –, dann die gebratenen Kerne. Kuno verspeist sie wie üblich mit allen Knochen.

Nein, keiner seiner Vorfahren sei Jäger gewesen. So weit sich die Ahnentafel väterlicherseits zurückverfolgen ließ, seien bis auf den Vater alle Vorfahren evangelische Geistliche gewesen: Pfarrer, Stadtpfarrer, einer Dekan. Das überrascht mich schon. Andererseits verstehe ich nun den fast missionarischen Eifer bei der Verbreitung seiner Erkenntnisse in Wort und Schrift. Seine theatralischen Reden, wenn er gegen lediglich emotional begründete oder schlichtweg falsche Behauptungen zu Felde zieht. Er versteht es, seine Hörer zu fesseln. Sie lauschen ihm wie wohl einst die Gemeinden den Predigten seiner Vorfahren.

Doch diese waren auch große Naturfreunde, wanderten und beobachteten viel. Sein bereits erwähnter Onkel, der prominente Ornithologe Prof. Dr. Ernst Schüz, ehemals Leiter der Vogelwarte Rositten in Ostpreußen, begeisterte den kleinen Heribert schon als Schüler für die Vogelkunde. Aber zur selben Zeit faszinierten den Zwölfjährigen auch die Naturschilderungen und Jagderlebnisse des Heidedichters Hermann Löns. In seinem Schulkameraden Fritz Wörwag fand er einen Gesinnungsgenossen.

Die beiden eiferten dem großen Vorbild nach, durchstreiften die Jagdreviere von Wörwag's Vater in den Wäldern um Stuttgart – ohne Rücksicht auf die dadurch stark beeinträchtigten Schulleistungen. Niemals hätte es sich der Schüler träumen lassen, dass er später selbst alljährlich in einem von Löns' Heiderevieren würde jagen können. Nämlich in einem von seinem Freund Hinrich Lühmann verwalteten Dienstbezirk im Bundesforstamt Siebensteinhäuser. Drei Jahre lang hatte damals Löns auf den „Schwarzen vom Jammertal" gepirscht, bis er ihn im Mai 1900 zur Strecke brachte. 105 Jahre später, während der Blattzeit 2005, gelang es Kuno nach ebenso langem Bemühen, es Löns gleichzutun und endlich seinen kohlschwarzen Rehbock zu erbeuten. – Den Forstort nennen sie seither „Kunos Jammertal".

Jagdlich passionierte Forstmänner wie Karl Trawniczek …

Während der Schulferien, die er meist in Dettingen bei Heidenheim auf der Schwäbischen Alb verbrachte, lernte Kuno in dem Forstmann Karl Trawniczek einen überaus passionierten und routinierten Jäger kennen, der offensichtlich auch über pädagogische Talente verfügte. Denn von da an hatte der dreizehnjährige

... und Martin Dengler waren seine ersten Lehrprinzen.

Pennäler nichts anderes mehr im Kopf, als ebenfalls Förster und Jäger zu werden. Unter Aufsicht dieses Lehrprinzen – so nennt man solch eine Person in der jagdlichen Ausbildung – konnte er sein erstes „Wildtier“, ein Eichhörnchen, erlegen. Das war im August 1952. Dabei übte er sich bereits im Abbalgen, in der Konser-

Der Lehrling nach einer erfolgreichen Krähenjagd

vierung der Haut und selbstverständlich in der Zubereitung des Wildbrets. Es habe vorzüglich geschmeckt.

In späteren Jahren erlernte er von Trawniczek die Pirsch auf Rehwild, die dieser meisterhaft beherrschte. Sie blieb des damaligen Eleven liebste Jagdart, bis heute. Davon zeugen schon die vielen Rehkronen in der Halle.

„Und die Flugwildjagd, mit der du dich beruflich so eingehend befasst hast?"

Relativ spät, erst gegen Ende des Forststudiums an der Uni Freiburg bekam er dazu Gelegenheit. Das Städtische Forstamt stellte ihm einen Begehungsschein für die Jagd auf Krähen im „Rieselfeld" aus. In diesem damaligen Klärgebiet für städtische Abwässer wimmelte es von den schwarzen Gesellen. Dennoch hatte er am Anfang erhebliche Schwierigkeiten, mit der neu erworbenen Flinte der schlauen Vögel habhaft zu werden.

Hilfe kam dann in Person des pensionierten Oberförsters Martin Dengler, der in derselben Mission unterwegs war. Unter seiner Anleitung und dem Einsatz von präparierten Artgenossen als Lockvögel verbesserte sich die Trefferquote des Lehrlings erheblich: Im Schnitt zwei Krähen mit drei Patronen. Damit war der Lehrprinz zufrieden. Mehr noch, er begeisterte seinen Schüler jahrelang für diese Jagd. Daraus erwuchs das wissenschaftliche Interesse an der Rabenkrähe, über die Kuno dann im Juli 1970 am Forstzoologischen Institut der Uni Freiburg promovierte. Ich verstehe nun die Bedeutung des Präparats im Museum. Das Messingschildchen um den Hals weist es als die 1 000. erlegte Rabenkrähe aus.

Von diesem altgedienten Waidmann, liebevoll „Opa Dengler" genannt, lernte Kuno in zahllosen abendlichen Gesprächen eine Menge über Niederwildjagd und -hege. War dieser doch als Förster und Berufsjäger eines adeligen Dienstherrn in seiner schlesischen Heimat jahrzehntelang mit dieser Materie befasst gewesen. In manchen Monaten hätte er mehr Schussgeld als Gehalt gekriegt, und Krähen hätten dazu wesentlich beigetragen, nach seiner Schätzung wohl insgesamt über 10 000 – eine heute kaum mehr vorstellbare Lebensstrecke.

Leider verstarb der geschätzte Lehrer kurz vor der Promotion seines Schülers. Zu seiner Beerdigung kamen, wie von ihm gelegentlich spaßhaft prophezeit, tatsächlich auch drei Vertreter der Krähensippe. Von vielen Trauergästen registriert, drehten sie nach harschem Ruf eine Ehrenrunde über dem Grab, als wollten sie sich von einem alten Bekannten verabschieden.

Zwölfmal schlägt die Kuckucksuhr, als wir nach einstündigem Rückmarsch durch den finsteren Wald zurückkehren. Geisterstunde! Im Dämmerlicht der Petroleumlampe und der durch Rotwein beflügelten Fantasie scheinen die Tiere wirklich zu leben. Lebendig werden jedenfalls Kunos Erinnerungen beim Blick auf die Galerie von Hirschgeweihen, die lange Schatten an die schräge Decke werfen.

Wie kommt ein Jäger, der noch nie ein eigenes Revier hatte, zu so vielen Rotwild-Trophäen, frage ich mich. Aufschlussreich sind einige der Blockbilder. Die Fotos zeigen außer dem Erleger einen ehrwürdigen älteren Herrn mit gepflegtem Schurrbart in zünftiger jagdlicher Kleidung. Auch auf einer Medaille ist er abgebildet. Wer ist denn das? Es ist Herzog Albrecht von Bayern!

Am Gesichtsausdruck meines Gesprächspartners erkenne ich sofort, welch hohen Stellenwert diese Persönlichkeit in seinem Leben wohl haben muss. „Du weißt ja, wie mich Hermann Löns schon seit der Schulzeit gefesselt und geprägt hat, obwohl dieses große Vorbild längst in den ewigen Jagdgründen weilte. Dann begegnete ich dem Herzog und habe ihn ähnlich verehrt wie den Heidedichter. Denn nun hatte ich nicht nur ein lebendes Idol, sondern einen im wahrsten Sinne des Wortes königlichen Lehrprinzen. Über 15 Jahre erstreckte sich diese Lehrzeit."

Darüber will ich natürlich mehr wissen. Trotz der späten Stunde beginnt Kuno über den damals schon betagten Grandseigneur zu erzählen.

Königliche Hoheit

1. Mai 1982. Immer hitziger wurde die Debatte nach meinem Referat während des Internationalen Symposiums „Das Rehwild im Spannungsfeld der Jagd, Forst- und Umweltpolitik“, veranstaltet von der Hanns-Seidel-Stiftung in Wildbad-Kreuth, Hochburg der bayrischen CSU. Die Veranstalter hatten auf meiner Mitwirkung bestanden, obwohl, oder gerade weil ich mich nicht als „Rehwildexperte“ verstand. Immerhin konnte ich mit ersten Ergebnissen der baden-württembergischen Rehwildmarkierung aufwarten, eines landesweiten Langzeitprojekts der damals von mir geleiteten Wildforschungsstelle.

Mit einer Erkenntnis hatte ich offensichtlich ins Wespennest gestochen: Nur etwa ein Fünftel der insgesamt markierten Rehe wurde später gemeldet als erlegt, überfahren oder durch sonstige Todesursachen umgekommen. Weit über die Hälfte blieb für immer verschollen, musste also natürlichen Sterblichkeitsfaktoren zum Opfer gefallen sein.

Das war den damaligen etablierten Jagd- und Rehwildpäpsten zu viel. Das konnte, das durfte nicht sein. Widersprach doch eine solche Behauptung diametral all den Bemühungen des deutschen Waidmanns, der sein Wild hegt, pflegt und in Notzeiten füttert. Des Jägers „liebstes Kind“, das Rehwild, soll an Hunger, Krankheiten oder Altersschwäche eingehen, vom Jäger unbemerkt und in solchem Ausmaß? Mein Hinweis auf ganz ähnliche Erkenntnisse bei anderen Wildarten wie auch aus der Vogelberingung nützte nichts. Mit solch ungeheuerlichen Aussagen war ich als junger Wissenschaftler diskreditiert, jedenfalls hinsichtlich des Rehwilds.

Doch plötzlich wurde es ruhig im Saal. Ein älterer Herr, vor dem offensichtlich alle Respekt hatten, ergriff das Wort und erklärte mit leiser, heiserer Stimme: „Recht hot er, der Dr. Kalchreuter, ganz recht hot er. I woaß es, I bi selber neigschloffa in d' Dickunga. Do liegen s' drin, d' Skelett vo dene Reh, wo ma nia mehr sigt.“ Niemand wagte zu widersprechen, die Diskussion war beendet.

Die unerwartete Schützenhilfe kam von keinem Geringeren als Seiner Königlichen Hoheit, Herzog Albrecht von Bayern. Ich kannte ihn bis dahin nur flüchtig, und auch sein fantastisches Buch „Über Rehe in einem Steirischen Gebirgsrevier“ war mir damals nur vom Hörensagen bekannt. In der Kaffeepause kam er auf mich zu und gratulierte zu meinen unpopulären Aussagen. Auch er hatte, wie ich, in Dickungen eine Menge Rehschädel gefunden. Wir waren uns weitgehend einig: Die natürliche Sterblichkeit geht mit steigender Bejagungs-

Der erste Kontakt mit Herzog Albrecht von Bayern

intensität zurück. Aber damals wurden eben in Bayern und weiten Teilen Baden-Württembergs jährlich nur drei bis vier Rehe pro 100 ha Waldfläche erlegt. Kompensatorische Sterblichkeit also auch beim Schalenwild und nicht nur beim Flugwild, wie die Rehpäpste glaubten.

Aus dem Gespräch resultierte die Einladung in das berühmte Forschungsrevier Weichselboden in der Steiermark. Welche Ehre! Doch der vorgeschlagene Termin „in der erschten Auguschtwoch" machte mich nachdenklich. Fiel der doch in die Blattzeit, und da pflegte ich von jeher nichts anderes zu machen, als der Bockjagd zu frönen. So gab ich Terminschwierigkeiten vor, die der Menschenkenner jedoch alsbald zu durchschauen schien.

„Bringa S' fei d' Bix mit", ergänzte er seine Einladung – und zerstreute damit alle meine Bedenken. Selbstverständlich hatte ich Zeit zu kommen und freute mich riesig.

Erstmals in Weichselboden

Am späten Vormittag des 1. August traf ich im Eldorado der Rehwildforschung ein und war begeistert. Schon von dem geräumigen herzoglichen Jagdhaus, ganz aus Holz errichtet im steirischen Baustil. Wie gut passte es in diese großartige Bergwelt.

Am Mittagsmahl nahm auch Ihre Königliche Hoheit Herzogin Jenke teil. Die passionierte Tierfotografin begleitete ihren Gatten auf vielen seiner Pirschgänge, insbesondere während der Blattzeit. So entstand das einzigartige Bildmaterial, insbesondere über Rehböcke bekannten Alters, für das besagte Buch und für den später erschienenen Folgeband „Weichselboden".

Zwischen Suppe und Hauptgang entdeckte ich den Schädel eines solchen Kapitalbocks am anderen Ende der Tafel. Ob der nur zufällig da lag? Wahrscheinlich nicht. Eher wollte der Gastgeber die Einstellung des jungen Wildbiologen testen. War der vielleicht ein Vertreter des neu aufgekommenen „ökologischen" Denkens und folglich beseelt von einer grundsätzlichen Aversion gegen jegliche Art von Jagdtrophäen?

Interessiert beobachtete er meine Begeisterung. „Der hat doch mindestens 500 Gramm", schätzte ich vorsichtig, das Objekt in Händen abwägend. Nein, über 600, und von dieser Sorte fielen alljährlich zwei oder drei an, klärte er mich auf. Das klang allerdings unglaublich für einen, der immerhin schon zwei Jahrzehnte lang in verschiedensten Revieren Rehwild bejagt hatte. Dann folgten ausführliche Erläuterungen.

Hypothesen

Schon von Kindesbeinen an hatte sich der nun 77-jährige Herzog intensiv mit Rehwild befasst. Aus dieser langjährigen praktischen Erfahrung erwuchsen die Zweifel an mancherlei Hypothesen über die Qualität unserer Rehe, die allerdings mehr vom jeweiligen Zeitgeist geprägt waren, als auf konkreten Forschungsergebnissen basierten:

Das Rehwild ist degeneriert, hieß es während des Dritten Reiches und auch schon davor. Entsprechend der damaligen Ideologie galt es daher, „Artverderber" auszumerzen, also alles, was nicht dem „Hegeziel" entsprach, zu erlegen. Örtlich versuchte man sich gar in der „Aufartung" durch Einkreuzen der viel stärkeren Sibirischen Rehe. All diese Bemühungen waren erfolglos, der „Phänotyp", also das Aussehen unserer Rehe blieb unverändert und nach menschlicher Einschätzung unbefriedigend („kurzschädelige Kümmerformen mit schwachen Trophäen").

Später, beginnend in den 1970er-Jahren, war dann, so der Herzog, „die Ökologie ausgebrochen", auch in der Wildbiologie und in der Forstwissenschaft. Das Interesse am Kopfschmuck des Schalenwildes galt nun als verwerflich, denn dieser „Trophäenkult" sei letztlich schuld an den überall viel zu hohen Wilddichten. Sie beeinträchtigten nicht nur die Verjüngung unserer Wälder. Auch das Wild selbst, insbesondere das Rehwild, leide dadurch unter Äsungsmangel, daher die

Wie herrlich passt
das herzogliche
Jagdhaus in die
Gebirgslandschaft!

Kümmerformen. Die logisch klingende Konsequenz aus dieser Hypothese: Nur durch drastische Reduktion der Wilddichte wäre den Rehen zu helfen, nur so ließe sich das Äsungsangebot für die Wenigen verbessern, nur so würden Körpergewicht und, als weitere Konditionsweiser, Schädel- bzw. Unterkieferlänge zunehmen.

Auch diese Rechnung war in aller Regel nicht aufgegangen, d. h. entsprechende Experimente hätten keine nennenswerten Erfolge gezeitigt. Warum eigentlich nicht?

Antworten auf diese Fragen sollte das Langzeitprojekt Weichselboden vermitteln, basierend auf langjährigen Beobachtungen des Herzogs. Hatte er doch schon während seines forstwissenschaftlichen Studiums und noch mehr während seiner späteren Tätigkeit als Berufsjäger in verschiedenen Hoch- und Niederwildrevieren von den Alpen bis in die Karpaten Gelegenheit, Rehwild in unterschiedlichsten Lebensräumen kennenzulernen.

Welch reiches Nahrungsangebot steht dem Wild doch das ganze Jahr über in natürlichen Waldökosystemen zur Verfügung, verglichen mit demjenigen in monotonen und zudem von Menschen frequentierten Kunstforsten der typischen Wirtschaftswälder! Sind die Kümmerformen der Rehe in letzteren vielleicht durch Nahrungsmangel bedingt? Durch geringe Bodenvegetation und völlig fehlende Herbstmast in Form von Eicheln und Bucheckern in Nadelholz-Monokulturen? Also durch Nahrungsengpässe, die auch durch noch so drastische Reduktion der Wilddichte nicht wettzumachen sind?

Aus diesen Überlegungen resultierte das 1961 begonnene Forschungskonzept in dem von den Österreichischen Bundesforsten gepachteten Revier: Auf großer Fläche, auf 9 000 ha nämlich, soll dem Wild die fehlende Herbstmast wenigstens teilweise ersetzt werden durch das Angebot von stärkehaltigen Präparaten (Pellets aus Mais, Sesam und Kokos). Jeweils ab 1. August wurden die vielen kleinen, über das Revier verteilten Futterstellen beschickt, um möglichst vielen der ja territorial lebenden Rehe den Zugang zu ermöglichen. Selbstverständlich fehlte es nicht an Kritikern verschiedenster Couleur. Doch dem Herzog ging es nicht um „die Zucht starker Böcke zum eigenen Jagdvergnügen", zumal er selbst schon länger nicht mehr auf Rehwild jagte. Nein, es ging einzig und allein um die Frage, welche Faktoren letztlich Stärke und Wohlbefinden der Rehe bestimmen.

Antworten

Wir gingen hinüber in die „Boandlkammer", das Beinhaus, wie der Herzog in der ihm eigenen Bescheidenheit die Arbeitsräume im benachbarten stilvollen Gebäude nannte. Denn die Massen an wissenschaftlichem Material war selbst

Eine ungeahnte Fülle wissenschaftlichen Materials enthielt die „Boandlkammer“.

für einen mit der Materie vertrauten Besucher einfach überwältigend: Hunderte von Rehschädeln, Unterkiefer von markierten Rehen, somit genau bekannten Alters, über 3000 Abwurfstangen, die meisten von bestimmten Böcken über Jahre hinweg gesammelt und als Serien geordnet, an den Wänden eine Vielzahl instruktiver Grafiken und Tabellen und schließlich Nahaufnahmen aus dem Revier von Kapitalböcken, wie ich sie noch nie gesehen hatte.

Schmunzelnd beobachtete Königliche Hoheit das unverhohlene Staunen ihres Gastes. Dann folgten erste Erläuterungen, zunächst zum wichtigsten Ergebnis des Forschungsprojekts: Die oben genannte Vermutung des Herzogs hatte sich voll und ganz bestätigt. Schon während der ersten zehn Jahre hatte sich der Habitus der Rehe deutlich verändert, sie waren größer und stärker geworden. Lag das Gewicht erwachsener Böcke vor 1962 im Schnitt bei knapp 15 kg (aufgebrochen mit Haupt), so brachten sie nun durchschnittlich über 20 kg auf die Waage.

Verändert hatten sich aber auch die Körperproportionen und gegenüber früher auch das Aussehen von Haupt und Gesichtsausdruck infolge des längeren Schädels. Ausreichend ernährt und daher voll ausgewachsen entsprach das Wild in Weichselboden nun weitgehend dem Habitus der „östlichen Rehe“ – einem jahrzehntelang angestrebten, aber nie erreichten Hegeziel. Hier ließ es sich realisieren, und zwar ohne jegliche Veränderung der Erbmasse oder Wahlabschuss nach bestimmten Geweihmerkmalen: Entscheidend waren offensichtlich allein die Umweltbedingungen.

Wie sich diese auch auf die Geweihentwicklung auswirkten, das demonstrierte eindrucksvoll eine Schautafel: Die oberste Reihe zeigt die jeweils stärksten Rehkronen vor 1962, darunter hingen die entsprechenden aus der Zeit danach. Der Unterschied in der Geweihstärke war verblüffend. Man mochte glauben, es handele sich um zwei verschiedene Wildarten.

Kurz und prägnant formulierte der Herzog die Erkenntnisse aus dem Forschungsprojekt: *Nicht das Rehwild bedarf der „Aufartung", sondern die Reviere*!

Es war schon später Nachmittag, daher unterbrach der Wissenschaftler seine Ausführungen, um mir das Revier zu zeigen. „Jetzt geh'ma Bladln, wann S' a Glück ham, schiaßn S' Ihren Lebensbock." Ich glaubte, nicht recht gehört zu haben, doch die Erklärung folgte alsbald.

Der Verpächter des Reviers Weichselboden, die Verwaltung der Österreichischen Bundesforste, wollte den Pachtvertrag nicht mehr verlängern, angeblich wegen zu hoher Wilddichte und folglich unvertretbarer Schäden an der Waldvegetation. Genau Letzteres konnte aber gar nicht stimmen, betonte der Herzog und vermutete ganz andere, nämlich sehr menschliche Motive hinter diesem Ansinnen. Zumal auch Gutachten namhafter Forstwissenschaftler des Wiener Instituts für Bodenkultur die Vorwürfe widerlegten. Es half alles nichts, die Bundesforstverwaltung blieb bei ihrem Entschluss, das so hoffnungsvolle und einmalige Projekt zu beenden. Nur zwei weitere Jahre, bis 1984, wollte sie dem Pächter noch zubilligen. Resignierend fügte sich dieser in sein Schicksal, mit dem Entschluss, das Revier im erwünschten Zustand zurückzugeben, nämlich wildleer. Seine vier Berufsjäger wie auch die Gäste sollten während der noch verbleibenden Jagdzeit alles erreichbare Schalenwild erlegen.

Alsbald folgte ein überraschender Anruf aus Wien: Böcke sind zu verschonen. Aha, da lag der Hase im Pfeffer. Die Herren von der Forstverwaltung wollten wohl später die kapitalen Trophäen selbst erbeuten ... Nein, nein, Böcke machten doch auch Schaden, entgegnete der Pächter und sah sich in seiner Vermutung bestätigt. „Jetzt geh ma los, und mir nemma jeden Bock, den wo ma kriaga kenna."

Die erste Pirsch

Meine erste Pirsch mit Königlicher Hoheit begann mit einem Fiasko meinerseits. Gemächlich steuerte uns Jäger Otto Fluch durch herrliche Mischwälder bergan. Flächige Naturverjüngung, wo immer das Altholz genügend aufgelichtet war, und kein nennenswerter Wildverbiss zu entdecken. Erstaunlich, nach den soeben gehörten Vorwürfen.

Welch ein Unterschied: Die jeweils besten Böcke aus der Zeit vor (obere Reihe) und während des Projekts (Mitte und unten)

Oben am Hang, im rauen Altholz, äugte ein Gamsbock auf die ihm offensichtlich vertrauten Menschen herab. Ein etwa fünfjähriger, sehr gut veranlagter Bock. Umso überraschender die Aufforderung: „Macha S' Eahna fertig, mir miassn 'en nemma, a wenn 's Sünd is."

War es die Aufregung über das unerwartete Jagderlebnis – ich hatte noch nie einen Gamsbock erjagt –, war es der gute, aber starke Kaffee der Herzogin, den ich als Ersatz für den ausgefallenen Mittagsschlaf zu reichlich genossen hatte, oder war es zu weit für meine während der Blattzeit geführte und auf 100 Meter Fleck eingeschossene 8x57-Büchse? Jedenfalls ging der erste, nervös abgegebene Schuss fehl, und der zweite wohl ebenso, denn ruhig wie ein Standbild beobachtete der Bock den verzweifelnden Schützen. Beim dritten Schuss kam ich endlich gut ab, doch auch der hatte nicht die ersehnte Wirkung. Ohne zu zeichnen verabschiedete sich das begehrte Wild und verschwand bergauf im dichteren Bestand.

Der jagdlich interessierte Leser vermag sich wohl meinen desolaten Gemütszustand vorzustellen. Solch eine Gelegenheit für einen revierlosen Jäger, endlich einen Gamsbock zu bekommen, zudem in einem solch berühmten Revier – und dann ein Patzer nach dem anderen. Und das auch noch im Beisein Herzog Albrechts von Bayern, des wohl prominentesten deutschen Waidmanns. Doch der wie auch sein Jäger quittierte mein Elend mit stoischer Ruhe. Hatten sie dergleichen schon mit anderen Jagdgästen erlebt? Mit den Worten „I glab, d' Bix schiaßt net, mach' mr an Brobeschuss", versuchte der Herzog mein stark lädiertes jagdliches Image zu retten.

Natürlich lag es nicht an der Büchse, das war mir klar. Der gut gemeinte Vorschlag wäre aber auch insofern nicht zielführend gewesen, als ich nur noch eine Patrone hatte. Das allerdings löste unerwartete Heiterkeit bei den beiden altgedienten Waidmännern aus. Kommt der mit nur vier Patronen nach Weichselboden! Doch diese rückblickend auch mir unverständlich spartanische Ausrüstung war begründet in der bescheidenen Annahme, ich wäre eben auf *einen* Rehbock eingeladen. Jäger Fluch rettete die Situation, indem er mir seine Büchse (Kaliber 5,6x52) anbot, und so konnten wir die Pirsch fortsetzen.

In Serpentinen ging es weiter bergauf. Völlig überraschend räumte mir der Heilige Hubertus eine weitere Chance ein. Da stand doch, diesmal hangabwärts und auf kurze Entfernung, derselbe Gamsbock – seelenruhig, als habe er von solch einem Schlumpschützen ja nichts zu befürchten. Doch diesmal hatte er sich getäuscht, diesmal wurde er mein, durch einen ausgezirkelten Blattschuss.

Das „Bladln" wollte noch nicht klappen an jenem 1. August. Es war eben noch etwas zu früh, so der Experte auf Grund seiner jahrzehntelangen Erfahrungen mit Rehböcken. Schließlich reagierte am späten Abend doch einer auf die herzoglichen Fieptöne, aber es ging zu schnell im dichten Bestand. Hatte er die Kugel oder nicht? Während das Herzogspaar mit dem geliebten Dackel den Anschuss untersuchte, tauchte der Bock hoch oben am Hang auf einer Schneise kurz auf, verhoffte auf den Pfiff des Jägers – und lag im Knall, auf über 200 Meter. „Sakra, dös war fei a harter Schuss", so der Kommentar meiner Begleiter. Ich war einigermaßen rehabilitiert.

Bewegte Vegangenheit

Nach dem Abendessen, in der behaglichen Atmosphäre des Kaminzimmers, kamen wir uns näher. Infolge einer lange zurückliegenden Operation wegen Kehlkopfkrebs war des Herzogs Stimme zwar beeinträchtigt, doch der Verständigung tat dies keinerlei Abbruch, zumal er so viel Interessantes zu berichten wusste. Von seinem Urgroßvater, dem legendären Prinzregenten Luitpold, dessen markantes Profil mit Vollbart und Jägerhut ich von alten Briefmarken der königlich-bayrischen Post kannte, hatte er die Liebe zu Wild und Jagd geerbt. Die Jägerei hatte offensichtlich stets einen hohen Stellenwert im Hause Wittelsbach, dessen Anfänge bis ins 12. Jahrhundert zurückreichen. Seit 1805 regierten dessen Vertreter von Napoleons Gnaden das Königreich Bayern. So herrschten die Wittelsbacher über Bayern von 1180 bis 1918, also 738 Jahre lang.

Viel interessanter als die Geschichtsbücher erzählte Herzog Albrecht aus dem Leben seiner Vorfahren. Einen großen Teil des Jahres verbrachten sie im Gebirge, vor allem beim Gamsriegeln und bei der Hirschbrunft. Im Sommer besuchten die Regenten nach wohldurchdachtem Plan die Reviere von Ost nach West, ab Herbst jagte man in umgekehrter Richtung. Auch die Regierungsgeschäfte wurden in luftiger Höhe erledigt. Die Verbindung zur Kanzlei in München war durch einen Boten gewährleistet, der einmal wöchentlich mit der Unterschriftsmappe im jeweiligen Jagdhaus erschien. Die herbstlichen Jagden wurden nur kurz unterbrochen durch den Festzug zum Münchener Oktoberfest, das die Monarchen stets höchstpersönlich eröffneten. – Was für ein herrliches Leben ...

Das Königshaus war offensichtlich sehr populär beim bayrischen Volk. Auch nach über einem Jahrhundert leben einige markante Persönlichkeiten in der Erinnerung fort, so der genannte Prinzregent Luitpold. Seine Jagden waren jeweils ein Ereignis für die örtliche Bevölkerung, aus der sich die Treiberwehr für das Gamsriegeln rekrutierte.

Wer denn nun der Prinzregent sei, wollte einmal ein Neuling beim Anblick der Jagdgesellschaft wissen. „Der do drieben, der mit der schiachn Joppn", bekam er zu seiner Überraschung zu hören. Denn wie ein ganz gewöhnlicher Bergjäger war der königliche Jagdherr gekleidet, mit zünftiger kniefreier Lederhose, Wadenstutzen und einer abgetragenen Joppe, die wohl so manchen Sturm erlebt haben musste.

Vor der Jagd pflegte der Prinzregent jeden Treiber mit Handschlag zu begrüßen. Dabei war einmal einer gerade mit dem Anzünden eines billigen Glimmstängels beschäftigt. Mit den Worten „Geh, nemma S' oane vo mir, dia is besser" überreichte er dem verdutzten Treiber eine feine Zigarre aus seinem Lederetui. Doch als ihm der Jagdherr auch noch beim Anzünden derselben behilflich sein wollte, lehnte der solcherart Beschenkte entschieden ab: „Wissen S', Hoheit, a so a guade muaß I bei 'nera bessern Glegnheit racha." Als Kenner der Volksseele verstand der Prinzregent, was damit gemeint war. Am Sonntag, nach dem Kirchgang, wenn sich die Prominenz des Dorfes im Wirtshaus versammelte, wollte er allen zeigen, wie königlich er beschenkt worden war.

Der gute Wein, den der Herzog und ich gleichermaßen zu schätzen wussten, beflügelte auch die Erinnerungen an dessen eigene Jugend. Anno 1911, als der kleine Albrecht im Alter von sechs Jahren schulpflichtig wurde, gab ihm sein Vater, Kronprinz Rupprecht von Bayern, zu verstehen: „Bua, jetzt kimmst ind Schual, jetzt duast feschd lerna, weil du muast amol a Kini wern". Doch mit der Rolle des künftigen Thronfolgers, des Königs von Bayern, wollte sich der damalige Lausbub nicht anfreunden: „Na, Baba, I mog amol a Jaga wern". Mit einer „Watschn" reagierte der Vater auf den Widerspruch seines Sohnes. Von wegen „antiautoritäre Erziehung" ...

Der Erste Weltkrieg, in dem der Vater als Feldmarschall und Heerführer Kaiser Wilhelms II. diente, und die Revolution 1918 machten jedoch alle derartigen Zukunftspläne zunichte. Die Monarchie wurde abgeschafft. Albrechts Großvater, Ludwig III., der letzte Bayernkönig, musste ins Exil gehen. Doch weder er noch sein Sohn Rupprecht noch Enkel Albrecht verzichteten je förmlich auf die Thronrechte. Auch das Volk hing weiterhin an dem beliebten Königshaus. Um dessen Vertretern einen standesgemäßen Lebensstil zu ermöglichen, gründete die erste republikanische Landesregierung den „Wittelsbacher Ausgleichfonds" und lieferte ihnen damit bis heute die materielle Grundlage, auch für die späteren herzoglichen Forschungsprojekte.

Trotz der politischen Wirren und wirtschaftlichen Nöte der Nachkriegszeit schien Albrecht dank seines fröhlichen Gemüts seine Jugend zu genießen. Den seriösen älteren Herrn über seine damaligen Streiche berichten zu hören, war herzerfrischend. Den bayrischen Schriftsteller Ludwig Thoma hatte er noch persönlich gekannt, und dessen „Lausbubengeschichten" zählten zu seiner Lieblingslektüre. Sie hatten ihn wohl zu ähnlichen Lumpereien motiviert.

So bot sich Gelegenheit, eine Begebenheit zu hinterfragen, über die ich einmal in einem Buch gelesen hatte. Anlass war die Trauerfeier im Rahmen einer Fürstenbeerdigung gewesen, an der der Herzog hatte teilnehmen müssen. Eine Pickelhaube, die sein in Andacht vor ihm stehender Besitzer auf der Bank abgelegt hatte, inspirierte ihn zu einer diabolischen Idee. Unbemerkt von der andächtigen Gemeinde verschob er sie „schee langsam" in die gewünschte Richtung. Als man sich wieder setzte, landete der Trauergast mit dem Allerwertesten prompt auf der Spitze seines Helms. Mit dem Kommentar „der hot fei gschrian wiara Hirsch" bestätigte der Erzähler den Bericht über seinen Jugendstreich.

Königliche Hoheit war aufgewachsen wie andere Jugendliche, kannte daher das Volk aus ureigenster Anschauung. Während der Schulzeit hatte er offensichtlich dieselben Probleme wie so mancher seiner bürgerlichen Mitschüler. Das „Maturum", heute Abitur genannt, habe er nur bestanden dank der Maulwürfe. Wie bitte? Ja, deren Fang habe er beherrscht, das sei viel interessanter gewesen als Lernen. Das samtweiche Fell habe damals gutes Geld gebracht. Und damit habe er genügend Schnaps besorgen können, um lernwilligere Klassenkameraden zu bestechen. Sie hätten ihn abschreiben lassen, und nur so habe er schließlich seinen Schulabschluss erreicht – könne allerdings bis heute weder lesen noch schreiben ...

Diese letzte, maßlose Untertreibung war bezeichnend für den Charakter Herzog Albrechts von Bayern. Jegliche Angeberei war ihm zuwider. Nur über Anmerkungen von Herzogin Jenke, die ihn gelegentlich auch auf Drückjagden begleitete, erfuhr ich von seiner phänomenalen Treffsicherheit. Einmal kamen ihm gleichzeitig ein Fuchs und zwei Keiler, alle hochflüchtig. Obwohl nur mit einer Doppelbüchse ausgerüstet, bekam er alle drei, weil er zuerst den Fuchs „packte". Denn der wäre beim ersten Schussknall weg gewesen, während die Sauen ihre Richtung behielten. So konnte er nachladen und auch den zweiten Keiler erlegen.

Viel zu rasch verging die Zeit. Um Mitternacht erinnerte die Herzogin an den nächsten Morgen, an dem wir doch früh aufstehen wollten. Die Reaktion ihres Gatten werde ich nie vergessen: „Jenke, i här di scho geh, du moanst, mir solladn ins Bett geh. Mir dad'n a geh, aber mir kenna net, weil mir no so an fierchderlichen Durschd ham. Jetzt gehsd bittschön obe und holsd a große Boutei rauf." Wortlos fügte sich die „bessere Hälfte", brachte eine Zweiliter-Weinflasche aus dem Keller und empfahl sich, eine Gute Nacht wünschend.

Ja, er war trinkfest, mein königlicher Gastgeber, und trotz der späten Stunde quicklebendig. Zumal ihn ein zufällig angeschnittenes Thema faszinierte, die Balzjagd auf die Waldschnepfe. Er, wie ja viele Jäger, konnte nicht begreifen, wie diese uralte Jagdtradition in Deutschland durch Verbot vernichtet worden war. Der Verlust der wenigen im Frühjahr erlegten Schnepfenhähne hätte doch sicherlich keinerlei negative Auswirkungen auf deren Besätze gehabt?

Nun war es an mir zu erzählen. Ich war damals Koordinator der Forschungsgruppe Schnepfenvögel des Internationalen Büros für Wasservogelforschung und hatte aufwendige Untersuchungen zu eben dieser Frage in England, Schweden und Deutschland initiiert. Die Ergebnisse waren übereinstimmend: In jeder Brutpopulation – und zwar unabhängig von deren Dichte – gibt es außer den eifrig balzenden und meist mit mehreren Hennen kopulierenden Hähnen auch solche, die sich (noch) nicht an der Fortpflanzung beteiligen. Sie treten erst nach Ausfall eines dominanten Hahns in Erscheinung und können dessen Rolle schon nach ein bis zwei Tagen übernehmen. Dank dieser „Männchen der Reserve" war es in keinem der Experimente gelungen, ein Balzareal „leer zu schießen". In einigen Fällen waren gegen Ende der Balzzeit noch dieselbe Zahl abends streichender Hähne zu beobachten wie zu Beginn des Versuchs.

Der Herzog war begeistert. Deckten sich doch die mit moderner Forschungsmethodik von Ausschluss-Experiment und Telemetrie gewonnenen Erkenntnisse weitgehend mit dem, was die Alten schon erahnt hatten. Ein vergilbter Stich im Flur des Jagdhauses, sicher über ein Jahrhundert alt, demonstrierte auf humorvolle, vermenschlichende Weise das Liebesleben des „Vogels mit dem langen Gesicht": Im Mittelpunkt hielten sich die Casanovas auf, in Frack, Schlips und Kragen. Sie umwarben aufreizend gekleidete und sich unmissverständlich benehmende Schnepfendamen. Einige der Hochzeiter wurden erhört – wenigstens für eine Nacht. Das polygame Fortpflanzungsverhalten dieser Vögel war offensichtlich schon seit langem bekannt, und ebenso alt ist wohl die Assoziierung mit dem Gewerbe der „Schnepfen" im Rotlicht-Milieu. An der Peripherie der Szene tummelten sich die Junggesellen, die noch keinen Zugang zum „schönen Geschlecht" hatten. Sie vergnügten sich auf ihre Weise, palaverten und soffen. Herrlich die Darstellung eines sich übergebenden Schnepfen-Jünglings ...

Geh'ma Bladln

Nach nur allzu kurzer Nachtruhe gings wieder zur Jagd, nun im Revier des Jägers Hans Eisbacher. Die heutige Hochdruck-Wetterlage war sicher günstig für unser Vorhaben.

Der Herzog war ein Meister der Rufjagd, das wurde mir an diesem Vormittag klar. Schon von Kindesbeinen an hatte er dieser Leidenschaft gefrönt und im Laufe seines Lebens – so seine Schätzung – etwa 6 000 Böcke hergeblattet. Seit Jahren allerdings nur noch für seine Jagdgäste oder für seine fotografierende Gattin.

Jäger Hans Eisbacher

Zu meiner Überraschung verwendete er hierzu nicht, wie in früheren Zeiten üblich, das Buchenblatt, nach dem ja diese Jagdart genannt ist, und auch nicht einen der im Handel angebotenen Blatter. Nein, er baute sich seine Instrumente selbst. Jeweils im März, erklärte er mir, das sei der schlimmste Monat des Jahres, denn da gäbe es gar nichts zu jagen. In einem Zigarrenkistchen führte er ein ganzes Sortiment von Blattern mit sich, handgeschnitzt aus verschiedenen Hölzern und mit Zungen aus Kunststoff versehen. So stand ihm ein breites Spektrum von Tönen zur Verfügung, vom feinen Kitzfiep bis zum lauten Geschrei aus der „Trompetn", dem breitesten seiner Instrumente.

Es klappte bereits am ersten „Standl". Der Bock lag mit Herzschuss nach wenigen Fluchten. Zu des Jägers und noch mehr meinem Erstaunen ließen es sich Königliche Hoheit nicht nehmen, meinen Bock aufzubrechen. Er wollte mir die alte Schule demonstrieren, wonach bei der toten Arbeit kein Tropfen Schweiß die Decke des Wildes verunreinigen durfte. Er beherrschte auch diese handwerkliche Seite der Jagd perfekt, hatte er doch viele Jahre in Ungarn und Siebenbürgen als Berufsjäger gedient und prominenteste Gäste geführt. Keiner seiner Jäger konnte ihm etwas vormachen; die kollegiale, fast freundschaftliche Zusammenarbeit war daher auch getragen von großem fachlichem Respekt vor dem adeligen Dienstherrn.

Dieser kannte auch die allzu menschliche Seite der jagdlichen Praxis. So durften die Jagdgäste die Leistungen der sie führenden Jäger nicht direkt durch Trinkgeld honorieren. Denn unbewusst hätte sich dessen zu erwartende Höhe vielleicht doch auf die Qualität der Führung auswirken können. Und genau das galt es zu vermeiden. Hätte doch mancher seiner Gäste das Trinkgeld noch nötiger gebraucht als der Jäger, so der Herzog unter Anspielung auf den enteigneten Adel in sozialistischen Regionen.

Wir versuchten es an verschiedenen vom Jäger vorbereiteten Blattständen, hatten auch fast ausnahmslos Anblick, aber nicht immer kam ich zu Schuss. Ein offensichtlich älterer Bock traute den verlockenden Fieptönen noch nicht, umschlug daher den Stand in guter Deckung, um auch Witterung vom Objekt seiner Begierde zu bekommen. Stattdessen bekam er unsere, erkannte den Schwindel und verabschiedete sich laut schreckend. Ein anderer bemerkte selbst die vorsichtige Bewegung, als ich die Büchse in Anschlag bringen wollte, und verschwand so plötzlich, wie er gekommen war. Die Blattjagd sei die spannendste von allen Jagdarten, „weil ma so vui verpatzn ko", kommentierte der Herzog das *Mist*geschick.

Die durchweg gute Reaktion auf das Blatten veranlasste den Jäger um die Mittagszeit zu der Frage: „Hoheit, geh ma jetzt auf an Halsbandler?" Dann, nach positivem Bescheid seines Anliegens: „Drum, sonst hätt i jetzt Urlaub gnomma."

Bei dem legendären „Halsbandler" handelte es sich um einen Bock, der vor acht Jahren als Kitz mit einem weißen, mit Nummer versehenen Halsband gekennzeichnet worden war, erfuhr ich nun. Er war stets mittelmäßig geblieben und hatte es nie zu einem eigenen Territorium gebracht. Daher bemühte man sich schon seit Jahren, seiner habhaft zu werden. Doch seine Unstetigkeit hatte alle derartigen Anstrengungen vereitelt, selbst während der Blattzeiten zeigte er sich kaum einmal.

Der Jäger vermutete den Halsbandler heute auf einer vom kristallklaren Bergbach umflossenen Insel. Wir bezogen Stellung am gegenüberliegenden Ufer. Die dichte Vegetation, hier wie auf der Insel, war unserem Vorhaben nicht gerade förderlich. „Do muaß fei gschwind geh", mahnte der Herzog.

Tatsächlich ging dann alles sehr schnell. Schon nach der ersten Blattstrophe sprang etwas Rotes, dann blitzte es weiß am Träger. Der Bock verhoffte jäh am Bach und schon war die Kugel aus dem Lauf. Er quittierte den Schuss mit einer blitzartigen Kehrtwendung und war so schnell verschwunden, wie er gekommen war.

Die beiden Waidmänner sahen mich fragend an. Doch obwohl ich auf den Stich schießen musste – in dieser Situation blieb keine andere Wahl – hatte ich ein gutes Gefühl. Der Jäger kannte bachaufwärts einen Steg, über den wir auf die Insel gelangten. Es war nicht einfach, in dem Gestrüpp der Bachaue nach Schusszeichen zu suchen. Doch dann leuchtete hellroter Lungenschweiß, der uns schließlich zum verendeten Bock führte. „Endlich hot 's an Halsbandler derwischt." Krönung des erfolgreichen und für mich sehr lehrreichen Vormittags.

Wir genossen die verdiente „Jausn", eine herzhafte Brotzeit, in einer einfachen Jagdhütte. Natürlich gab es jetzt nur ein Thema: Böcke und Blattzeit. Unermüdlich berichtete der Herzog aus seinen jahrzehntelangen Erfahrungen, beantwortete viele meiner Fragen. Es schien ihm Spaß zu machen, sein reiches Wissen an einen wirklich interessierten jungen Kollegen weiter zu geben. Kritisch nahm er aber auch Stellung zu mancherlei Hypothesen, die dieser auf Grund eher gelegentlicher Beobachtungen entwickelt hatte: „Dokter, dean S' net schbekulieren, mir wissen S' net."

Diese Ehrlichkeit, auch hinsichtlich seiner eigenen wissenschaftlichen Arbeit, habe ich stets an ihm geschätzt. Wie wohltuend unterschied er sich darin von manchen Jagdpäpsten oder Professoren, die im Vertrauen auf die Ausstrahlung ihres akademischen Titels glauben, zugunsten einer selbstkreierten schönen Vorstellung vom Boden der Tatsachen abheben zu können. Nach dem Motto: „Wenn ich das als Professor *ex cathedra* so verkünde, dann ist das so." Nein, mein Gesprächspartner räumte selbstkritisch ein, auch nach sieben Jahrzehnten intensiver Befassung mit der Blattjagd gäbe es in vieler Hinsicht mehr Fragen als Antworten. Entscheidend wichtig für den Jagderfolg sei nur eines – „'s muaß megn" ...

Es muss mögen. In dieser weisen Erkenntnis sind all die vielen Unwägbarkeiten summiert, die letztlich das jeweilige Verhalten des Bockes gegenüber den Fieplauten bestimmen. Umstände, die wir nicht kennen und wohl auch nicht beeinflussen könnten. Das mag so manchen Waidmann trösten, der geglaubt hatte, nach dem Besuch der immer wieder in der Jagdpresse angebotenen „Blattjagd-Seminare" nun wirklich die alten Böcke im Revier zu bekommen – und der am Ende der folgenden Blattzeit trotz vollmundiger Versprechen nicht erfolgreicher war als zuvor.

Während der kurzen Mittagspause hatte das Wetter umgeschlagen. Irgendwo schien ein Gewitter aufzuziehen. Es wurde schwül, kein Lüftchen wehte, und die Sonne war hinter düsterem Grau verschwunden, als wir die Jagd fortsetzten. Aber nun ging nichts mehr. Wo immer wir es auch versuchten – kein Bock zeigte sich, trotz des reichhaltigen musikalischen Angebots aus den verschiedenen Blattinstrumenten.

Die dumpfe Schwüle hatte auch mich schläfrig gemacht, zumal ich in Erinnerung an das Malheur des Vortages beschlossen hatte, künftig während der Jagd auf den Genuss von Kaffee gänzlich zu verzichten. Ein Rippenstoß, verbunden mit der Aufforderung: „Schaun, net schlofn!“ holte mich in die Wirklichkeit zurück. Peinlich, dieser Vorwurf des viel älteren Begleiters ...

Ich war zwar wieder wach, nicht so die Böcke. Es hat nicht mehr mögen. Davon unbeeindruckt führte der Herzog das Programm des Tages zu Ende. Doch auch dieser Nachmittag hatte einen positiven Aspekt. War er für mich doch Anlass, den Einfluss der Witterung auf das Verhalten der Böcke während der Blattzeit genauer zu beobachten und die Erkenntnisse bei der künftigen jagdlichen Planung zu berücksichtigen. So ließ sich wohl mancher erfolglose Einsatz vermeiden.

Der Herzog hingegen schien dem Faktor Wetter vielleicht deshalb wenig Beachtung zu schenken, weil er von Kindesbeinen an ohnehin die ganze Blattzeit über seiner Leidenschaft frönte, unabhängig vom Erfolg.

Vor der Abreise am nächsten Tag zog es mich nochmals in die „Boandlkammer“, diese einzigartige Informationsquelle zu einigen viel diskutierten Themen der Rehwildbiologie.

Wie alt ist der Bock?

So lautet wohl die häufigste Frage nach der Erlegung eines Bockes, dann wieder im Freundeskreis und erst recht im Rahmen von Trophäenschauen der Hegeringe.

Als wichtigstes Kriterium gilt dabei der altersbedingte Zahnabschliff des Unterkiefers. Auf Grund von markierten Rehen, deren Alter also bekannt war, hatten frühere Jagdwissenschaftler eine Serie alterstypischer Abschliffbilder entwickelt, die es ermöglichen sollten, das Alter jedes Bockes aufs Jahr zu bestimmen. Sie gingen dabei von grundsätzlich gleicher Abschliffintensität bei allen Rehen aus. Später erkannte man zwar gelegentliche Abweichungen von der Norm, versuchte diese aber durch standörtliche Unterschiede – harte Äsung auf Sandböden, weiche auf kalkreichem Substrat – zu erklären.

So hatte auch ich es 25 Jahre zuvor als angehender Jungjäger im „Blase“ gelernt. Allerdings waren mir im Laufe der Zeit, nach Erlegung von einigen Hundert Rehen, immer mehr Zweifel an dieser so einfachen Methodik der Altersbestimmung gekommen. Zu oft stand der Zahnabschliff im Widerspruch zu anderen Altersmerkmalen wie Verhalten, Körpergewicht oder die Ausbildung von Geweih und Rosenstöcken.

Nun bestätigte die herzogliche Sammlung von etwa 30 Unterkiefern markierter Rehe meine Bedenken voll und ganz. Denn selbst bei diesem relativ kleinen Kollektiv war der Abschliff bei gleichaltrigen Rehen derart unterschiedlich,

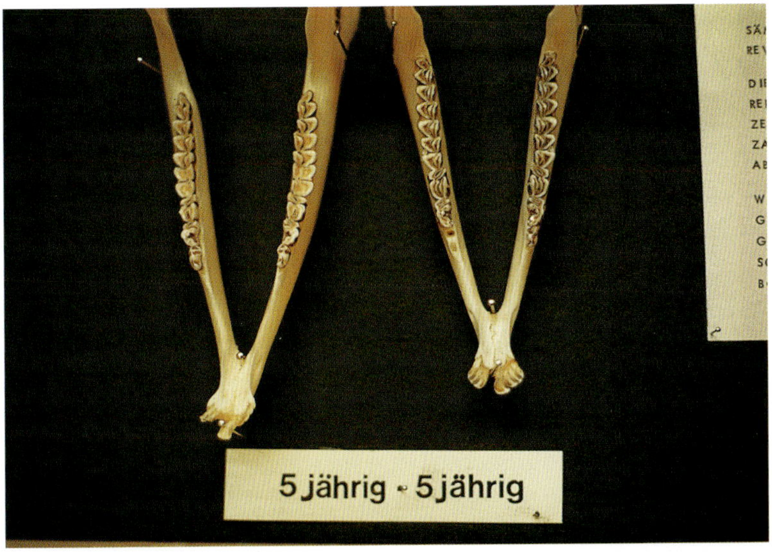

Wie genau lässt sich das Alter nach dem Zahnabschliff bestimmen?

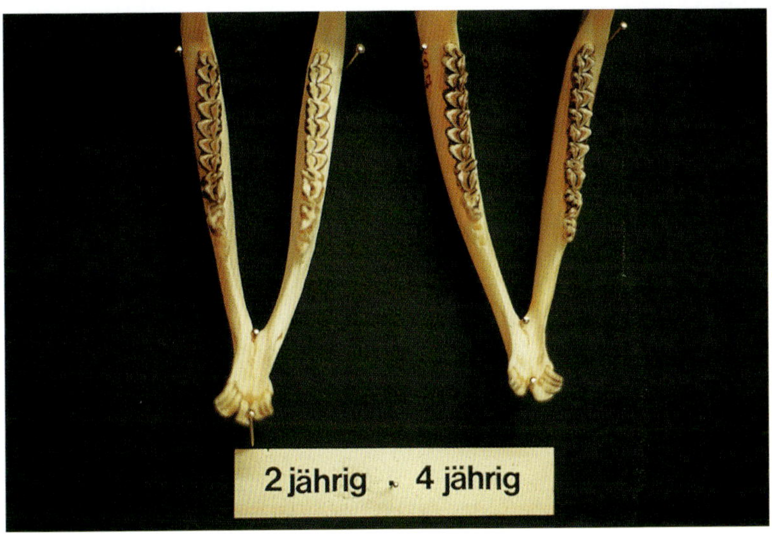

dass er kaum zur Altersbestimmung dienen konnte. Wie auf obenstehenden Fotos zu erkennen, hatten zum Beispiel ein zweijähriges und vierjähriges Reh etwa denselben Abschliff, während man umgekehrt den beiden Fünfjährigen nach der klassischen Methode einen Altersunterschied von mindestens drei Jahren bescheinigt hätte.

Je höher das Alter, desto größer die Irrtumswahrscheinlichkeit. Doch selbst Jährlinge sind ab September nicht mehr sicher von Zweijährigen zu unterscheiden. – Und das ganze Material stammte, wohlgemerkt, aus ein- und demselben Revier, also identischen Standortbedingungen ...

Schmunzelnd berichtete der Herzog über leidenschaftliche Debatten von Jagdpäpsten und anderen, „dia wo immer so gscheid daherredn“ beim Anblick dieser didaktisch klug aufgebauten Schausammlung. Kuriose Hypothesen seien da entwickelt worden, nur um die simplen, althergebrachten Vorstellungen zu retten. Die Wirklichkeit sehe anders aus, denn Rehe seien halt Individualisten wie Menschen auch. Es gebe solche mit gutem Gebiss bis ins hohe Alter, andere hätten schlechte Zähne, die sich früh abnutzten oder ausfielen. Warum nur sei der Mensch immer wieder versucht, Wildtiere in erdachte, einfache Schemen zu pressen, in die sie infolge der Variabilität biologischer Merkmale eben nicht hineinpassten? So der Kommentar des Herzogs.

Wie recht er damit hatte, das konnte ich Jahre später erkennen, als mich Jagdfreund Fritz Wörwag mehrmals in ein nahe gelegenes Revier im steirischen Hochschwab zur Gamsjagd einlud. Bei dieser Wildart bedarf es keiner Markierung, denn das Alter lässt sich ja bei jedem erlegten Stück an den Jahrringen der Kruken genau ablesen.

So entdeckte ich auch bei dieser Wildart erhebliche individuelle Unterschiede des Zahnabschliffs und verstand, was ich früher in meinem „Blase“ gelesen hatte: Der Zahnabschliff ist kein geeigneter Altersweiser beim Gamswild. Beim Rehwild hingegen klammert man sich weiterhin an diese ungeeignete Methodik. Aber was wären auch Trophäenschauen ohne die traditionellen Streitigkeiten, ob dieser Bock zwei oder drei, jener sechs oder sieben Jahre alt ist ... Wesentlich realistischer wäre die Einstufung in die Altersklassen: Jung – Mittelalt – Alt, was für die üblichen Hegekonzepte auch vollauf genügen würde.

Was wäre aus diesem Bock noch geworden?

Diese Frage ergibt sich zwangsläufig aus den Überlegungen zum Alter. Ist es ein „Zukunftsbock“ oder gar ein „Sündenbock“, der dem Jungjäger zur ersten Beute wurde? Wie wird der Jagdherr reagieren?

Mit der Entwicklung des Kopfschmucks der Rehböcke hatte sich der Herzog ebenfalls jahrelang befasst: In welchem Alter schiebt der Bock sein bestes „Gwichtl“?

Insgesamt über 3 000 Abwurfstangen hatten die vier Berufsjäger im Laufe der Zeit gesammelt. Die meisten fanden sich an Fütterungen, wo sie während der Zeit des Abwerfens im Spätherbst beim Anstoßen an eigens hierfür angebrachten Querhölzern vollends abbrachen. Aufgrund individueller Merkmale am Petschaft, also der Sollbruchstelle unterhalb der Rose, ließen sich die Abwürfe über

Jährlinge!

Jahre hinweg bestimmten Böcken zuordnen. Vielen dieser Abwurfserien war der Schädel des schließlich erlegten Bockes beigefügt. Jagdgäste erhielten von ihrer Trophäe einen absolut naturgetreuen Abguss, das Original verblieb grundsätzlich in der Sammlung.

Aus dem wohl einzigartigen und übersichtlich angeordneten Datenmaterial ließ sich Folgendes erkennen:

- Eine stattliche Anzahl von Böcken hatte bereits als Jährling ein beachtliches Sechser-Gehörn geschoben.
- Der größte Sprung hinsichtlich Gehörnmasse (bis über 100 Gramm pro Stange!) vollzog sich vom Jährling zum Zweijährigen. Insbesondere spätere Kapitalböcke hatten in diesem Alter derart zugelegt, dass man sie oft nicht mehr erkannte und für zugewechseltes Wild hielt. Solche Böcke trugen dann im dritten, spätestens vierten Jahr ihr stärkstes Gehörn.
- Die Abwurfserien widerlegten auch die landläufige Meinung, der Kopfschmuck würde von Jahr zu Jahr kontinuierlich zulegen und erst im hohen Alter zurücksetzen. Vielmehr blieben Böcke, die diesen Sprung in der Gehörnmasse im zweiten Jahr nicht geschafft hatten, eher mittelmäßig. Sie legten in einigen Jahren etwas zu, nahmen in anderen wieder ab und begannen etwa ab dem siebten Lebensjahr zurückzusetzen.

Wie viel entscheidender die Umwelt als die „Veranlagung“, also die genetische Konstitution, auch die Entwicklung des Gehörns beeinflusst, das mögen die beiden folgenden Beispiele veranschaulichen:

Er hatte einst als Knopfbock begonnen …

- Zu Anfang des Projekts war es gelungen, einen Knopfbock einzufangen, zu markieren und für einige Zeit in das 70 ha große Versuchsgatter zu verbringen. Bei reichlichem Nahrungsangebot schob er schon als Zweijähriger ein massiges Achter-Gehörn. Später wurde er im Alter von sechs Jahren als Kapitalbock erlegt, sein Schädel (mit Oberkiefer) wog 550 Gramm.
- Der stärkste Bock, der je in Weichselboden lebte, hatte seinen Einstand in unmittelbarer Nähe des Jagdhauses. Er zeigte keinerlei Scheu vor Menschen, konnte daher ungestört Äsung aufnehmen, wann immer er dieser bedurfte.

Die Köchin ließ ihrem „Hausfreund“ gelegentlich sogar Salatabfälle zukommen. Im dritten Lebensjahr schob er sein stärkstes Gehörn, die Abwurfstangen wogen 533 Gramm, was einem Schädelgewicht von 870 Gramm entsprochen hätte. Nach der Erlegung im Alter von sechs Jahren durch einen ungarischen Angehörigen der Herzoglichen Familie brachte der Schädel immer noch 692 Gramm auf die Waage.

So weit einige revolutionäre Erkenntnisse aus dem Langzeitprojekt Weichselboden. Ob sie sich verallgemeinern ließen? In vieler Hinsicht schon, aber es könne auch örtlich bedingte Abweichungen geben, betonte der Herzog aufgrund seiner Erfahrungen in sehr verschiedenen Rehwildrevieren. So würde er immer wieder befragt nach erfolgreichen Bejagungskonzepten – von Waidmännern, die bisher von solchen Böcken nur träumen konnten. Welche Jährlinge sie schießen sollten? „Hauptsach, gnua!“, pflegte er dann kurz und bündig zu antworten, im Wissen um die hohe natürliche Sterblichkeit in dieser Altersklasse. Es reiche, körperlich sehr starke und solche mit Sechser-Gehörnen zu schonen.

Und die älteren Böcke? Unter welchen Umständen wäre deren Erlegung „richtig“ oder „falsch“? Die Auswertung des enormen Datenmaterials hatte dem Herzog die Fragwürdigkeit der Prognosen, wie sich ein Bock wohl weiterentwickelt hätte, gezeigt. Daher sein pragmatischer Rat: „Schiaßn S’ den Bock, der wo Eahna gfallt, oder den, wo S’ frei ham.“

Erinnerungen an die Blattzeit 1982 in Weichselboden: ganz rechts der „Halsbandler“

Eine Menge Neues hatte ich erfahren während dieses kurzen Besuchs im jagdlichen Eldorado und einen überaus kenntnisreichen und zudem sehr sympathischen Forscher-Kollegen kennengelernt. Ein Jammer, dass dieses Projekt abgebrochen werden sollte, dachte ich während der Rückfahrt in den Hochschwarzwald.

Monsieur

Ein Jahr später, im Sommer 1983, kam überraschend ein Anruf aus Schloss Nymphenburg in München, und zwar von Frau Wastian, der engagierten Leiterin des Büros: „Der Herr Herzog dad sich wahnsinnig gfrein, wenn S' ihn no'mal bsuchn dadn in Weichselboden. Ham S' Zeit in dr letzdn Juliwoch?" Natürlich hatte ich Zeit, freute mich ebenso wahnsinnig und bat, dies Seiner Königlichen Hoheit mitzuteilen.

Anlass war diesmal der Besuch eines jungen französischen Kollegen, mit dem mich der Herzog bekannt machen wollte. Hatte der doch sein Buch „Über Rehe" in die französische Sprache übersetzt.

Inzwischen war das Revier zur Rückgabe an die Verpächterin, d. h. die Verwaltung der Österreichischen Bundesforste, nach deren Vorstellungen vorbereitet worden, also weitgehend wildleer. So jedenfalls die Einschätzung unseres Gastgebers vor der Abfahrt in den herrlichen Bergwald. Nur aus Gewohnheit nehme er seine Büchse mit, bat uns aber, vorab zu klären, wer diese benutzen sollte, wenn wir wider Erwarten doch noch Anblick hätten. „Haben Sie schon einmal in Weichselboden gejagt", fragte ich den französischen Gast. „Nein, ich habe überhaupt noch nie einen Rehbock erlegt", antwortete Monsieur (dessen Namen ich in Anbetracht der folgenden Ereignisse fairerweise nicht nennen möchte). Tatsächlich war damals die Rehwilddichte in weiten Teilen Frankreichs so gering, dass mancher der zahlreichen Jäger im ganzen Leben nie auf diese Wildart zu Schuss kam. So sollte er hier seine Chance bekommen, erklärte ich ihm, und Monsieur strahlte überglücklich.

Vor einem Großkahlschlag ließ der Herzog anhalten, um uns die Folgen dieser damals noch verbreiteten forstlichen Praxis zu erläutern. Wie konnte hier ein Mischwald entstehen, wenn der Altbestand großflächig geräumt wurde anstatt das alte Holz vorher aufzulichten, um die Verjüngung einzuleiten, und es dann streifenweise einzuschlagen? So blieb der Forstverwaltung nichts anderes übrig, als auf der Kahlfläche Fichten zu pflanzen – und hinterher das Wild für die forstliche Monokultur verantwortlich zu machen.

„Hoheit, do hint is no a Reh", unterbrach der Jäger die Ausführungen seines Dienstherrn. Tatsächlich, da stand ein Bock in der Fichtenkultur. Er hatte uns wohl schon längere Zeit beobachtet. Monsieur wurde bleich vor Erregung, als ihm der Herzog seine Büchse reichte. Endlich sollte ein Lebenstraum in Erfüllung gehen. Trotz der guten Auflage zitterte der Lauf wie ein Lämmerschwanz. Schließlich brach der Schuss – und der Bock ging in hohen Fluchten ab. „Au weh, des is schiaf ganga", so der Kommentar des erfahrenen Waidmanns.

Entgeistert starrte der Schütze der enteilenden Beute nach. Er konnte es nicht fassen. Vorbeigeschossen? Das durfte einfach nicht wahr sein. „Können wir nicht doch den Anschuss untersuchen?" Monsieur tat mir unendlich leid, daher unterstützte ich seine Bitte, obwohl auch ich vom Fehlschuss überzeugt war. Wir mussten doch wenigstens noch etwas unternehmen. „Also, no schaugts halt noch."

Wir begaben uns Richtung Anschuss, eingewiesen von den im Fahrzeug verbliebenen Jägern. Hier irgendwo muss der Bock gestanden haben. „Da, Schweiß, sogar Lungenschweiß." In plötzlich erwachender Begeisterung verwies Monsieur auf das hoffnungsvolle Schusszeichen. Tatsächlich, hellrot leuchtete es in der niedrigen Vegetation. Hin- und hergehend fanden wir immer mehr davon. Ein Stein fiel von des Schützen Seele und strahlend meldeten wir den drüben Wartenden: „Lungenschweiß, der Bock liegt mit Sicherheit!"

Mit ungläubigem Kopfschütteln entstieg der Herzog dem Fahrzeug, begleitet von seiner Gattin Jenke und dem für solche Fälle stets mitgeführten Dackel. Während sie näher kamen, erkannte ich mit Entsetzen die Realität: Das hellrote Substrat stammte nicht vom Bock – sondern von zertretenen Erdbeeren. Wir selbst hatten unter unseren Stiefeln immer mehr „Lungenschweiß" produziert... Monsieur starrte mich an, als habe man ihm einen Bierschlegel vors Hirn gehauen. Er brachte keinen einzigen Ton über die blassen Lippen, und so war es an mir, dem inzwischen eingetroffenen Nachsuchen-Gespann unseren fatalen Irrtum einzugestehen.

Der Herzog reagierte mit unbewegter Miene. „Geh ma", war sein einziger Kommentar, und das fanden wir fast noch unerträglicher als ein verdientes schallendes Hohngelächter.

Monsieur war, wie man in solchen Fällen zu sagen pflegt, „am Boden zerstört". Zum jagdlichen Missgeschick auch noch diese Blamage. Teilnahmslos, in sich gekehrt saß er da, konnte sich weder an der herrlichen Landschaft noch an dem kreisenden Steinadler erfreuen. Umsonst auch die väterlichen Bemühungen des Herzogs: „Nemma S' es net so tragisch, vielleicht hamm S' nomal a Chance." Nichts half Monsieur aus seiner Lethargie.

Grüngolden leuchteten die Bergwiesen in der Abendsonne. Vor einer einsamen Alm hielten wir an, um mit der Sennerin zu plaudern. Derartige soziale Kontakte zwischen Jägern und der bäuerlichen Bevölkerung sind ja in solch entlegenen Gegenden eine nette Selbstverständlichkeit. Sie hatte wohl den Schuss gehört. „Habt S' wos gschossn?" Der Herzog winkte nur ab.

Dann erschien, für mich völlig überraschend, ein weiteres weibliches Wesen in der Tür der Sennhütte. Bildhübsch, mit Idealfigur und, wie das weitere Gespräch zeigte, sehr gebildet. Wie kommt dieses Model in diese Einöde, wollte ich während der Rückfahrt wissen. Sie sei die Schwester der Sennerin, studiere in Wien und mache Urlaub auf der Alm, erläuterte die Herzogin, meine Faszination bemerkend. Schade, dass ich am nächsten Tag schon abreisen musste. Den französischen Gast hingegen konnte nicht einmal diese feminine Erscheinung aufmuntern.

Dies gelang erst während des Abendessens durch das Angebot, es doch morgen nochmals mit dem Jäger zu versuchen. Beflügelt von neuer Hoffnung begab sich der leidgeprüfte Gast zeitig zur Ruhe, denn um sechs Uhr früh sollte es losgehen. Das Herzogspaar bat mich um Verständnis, dass ich diesmal, wegen des heutigen Malheurs, in jagdlicher Hinsicht wohl leer ausgehen würde. Klar, zuerst musste Monsieur den ersehnten Rehbock bekommen, hatte ich doch im letzten Jahr ausgiebig waidwerken können. So konnten wir morgen ausschlafen und dem guten Rotwein zusprechen. Nun lernte ich auch einige finstere Kapitel aus des Herzogs bewegter Vergangenheit kennen.

Es begann mit der Machtergreifung Hitlers, der die Popularität der Wittelsbacher beim bayrischen Volk für seine Ziele ausnutzen wollte. Doch diese lehnten das diktatorische Regime strikt ab. So drohte die Inhaftierung, der sich der Vater, Kronprinz Rupprecht, durch Flucht ins Exil entziehen konnte.

Bei der damals praktizierten Sippenhaft waren nun alle Mitglieder der Königlichen Familie in Gefahr. Prinz Albrecht konnte sein Studium der Forstwissenschaft, Zoologie und Botanik nicht fortsetzen, doch gelang ihm und seiner Familie noch rechtzeitig die Flucht über Tirol nach Ungarn, der Heimat seiner ersten Gemahlin, Gräfin Marie Draskovich und Prinzessin von Bayern.

Zwar folgte für ihn die bereits erwähnte überaus lehrreiche Zeit als Berufsjäger und Jagdführer sowohl in den Karpaten wie im Tiefland der Balkanstaaten, zuletzt vor allem in Ungarn. Doch 1944, als die politischen Allianzen mit Nazi-Deutschland zusammenbrachen und die SS auch in Ungarn das Regiment übernahm, fielen zunächst die Familie, dann auch er in die Hände der Häscher. Im Flugzeug transportierten sie ihn aus dem Jagdrevier ins Konzentrationslager.

Dies Erlebnis habe er in so schauderhafter Erinnerung, dass er Jahrzehnte lang kein Flugzeug mehr bestieg.

Viele Gefangene starben im KZ, und ihn hätte um Haaresbreite dasselbe Schicksal ereilt, als in der Baracke die Ruhr ausbrach. Schon Symptome der Krankheit, vor allem Durchfall, bedeuteten das Ende der Häftlinge: Benzolspritze ins Herz und ab ins Krematorium ... Er selbst hätte nur überlebt, weil er strikt jegliche Nahrungsaufnahme verweigert hätte und wohl deshalb nicht infiziert worden war.

In bemerkenswerter Sachlichkeit schilderte der Herzog diese finsteren Abschnitte seines Lebens. Wohl dank seiner tiefen Religiosität konnten die entwürdigenden Misshandlungen auch seiner seelischen Konstitution, seinem fröhlichen Gemüt nichts anhaben. Stets strahlte er Würde und Menschlichkeit aus, geblieben war nur die Verachtung jeglicher Gewalt und auf Lügen basierender Ideologien.

1955 starb sein Vater. Albrecht, der Erbprinz, wurde nun sein Nachfolger als Chef des Wittelsbacher Hauses und nahm den Titel „Herzog von Bayern" an. Jetzt konnte er mehrere seiner Vorstellungen von Forschungsprojekten in die Tat umsetzen. Zunächst im dem Wittelsbacher Ausgleichsfonds gehörenden Köschinger Forst bei Ingolstadt, dann auch in Weichselboden. Seine zweite Gattin, die ebenfalls aus Ungarn stammende Marie-Jenek („Jenke") Gräfin Keglevich von Buzin, engagiert und humorvoll, unterstützte und ergänzte ihn dabei in jeder Hinsicht. Insbesondere lieferte sie das Bildmaterial zur Dokumentation seiner Forschungsergebnisse, die ihm viel Anerkennung bei Wissenschaftlern des deutschsprachigen Raums einbrachten.

So wäre er auch unter diesem Aspekt überaus dankbar für das „zweite Leben", das ihm nach dem Ende des NS-Regimes geschenkt worden war, beschloss der Herzog seine Erzählung. Nur, in letzter Zeit überkomme ihn immer wieder ein ungutes Gefühl, eine Vorahnung eines schrecklichen Ereignisses. „Es is mir scho vui z'lang guat ganga, do kimmt wos", meinte er, als wir uns lange nach Mitternacht zur Ruhe begaben.

Schon im ersten Morgengrauen höre ich im Halbschlaf Rumoren in der Kammer nebenan. Monsieur macht sich zur Jagd fertig. „Ob die überhaupt noch mal eine Chance bekommen", denke ich, und versinke wieder in Tiefschlaf.

Gegen acht Uhr, wir lassen uns gerade das Frühstück schmecken, kommen die beiden Waidmänner zurück. Monsieur kreidebleich, wortlos und den Tränen nahe. „Scho wieder vorbei", erklärt der Jäger, und der Herzog greift sofort helfend ein. „Do schiaßt d' Bix net. Geh, macht's an Brobeschuss." Die beiden begeben sich zum nahe gelegenen Schießstand. Nach ihrer Rückkehr wirken sie keineswegs erleichtert, denn die herzogliche Büchse schoss absolut korrekt. „Also, no brobiert's es no mal."

Nachdem sie erneut losgezogen waren, erinnerte sich der Herzog an Jagdgäste, die nur mit der Schrotflinte aufgewachsen waren, den schwingenden Schuss daher meisterhaft beherrschten, aber größte Schwierigkeiten hatten, einen ruhigen Kugelschuss abzugeben. Oder sei es die besondere Faszination, die eben von einem Rehbock ausgehe, dessen Bejagung folglich mehr als die anderer Wildarten das Nervenkostüm belasten könne, gab ich zu bedenken. Ich kenne erfahrene Großwildjäger, die ausgerechnet beim Schuss auf den Rehbock vor Erregung zu flattern beginnen. Auch mich kann es gelegentlich noch erwischen, trotz jahrzehntelanger Bejagung dieser Wildart, selbst bei einem mickrigen Knopfspießer.

Am späten Vormittag kamen die beiden zurück. Monsieur war jetzt nervlich am Ende, Tränen der Enttäuschung kullerten. Zu aller Überraschung hatten sie doch noch mal Anblick – und wieder ging der Schuss daneben. Rührend nahm sich der Herzog der zerrütteten Psyche seines Gastes an. „Also, do miaß ma jetzt nochdenken. Des muaß doch an was liegen, dass wieder net klappt hot."

Seine diesbezügliche Recherche wird mir unvergesslich bleiben: „Ham S' vielleicht an starken Kaffee trunkn?"

„Nein", entgegnete der Leidgeprüfte, „ich habe überhaupt keinen Kaffee getrunken." – „Ja, no hammer's ja scho, weil's *koan* Kaffee trunkn ham, drum ham S' vorbeigschossn."

Die allgemeine Heiterkeit über die herzogliche Analyse des Problems färbte schließlich auch auf den unglücklichen Schützen ab. Erstmals konnte er wieder lächeln, wenngleich etwas gequält.

Fünfzehn Jahre später, das sei an dieser Stelle eingefügt, traf ich Monsieur zufällig anlässlich einer französisch-deutschen Gesellschaftsjagd im städtischen Forstamt Baden-Baden. Er erkannte mich sofort wieder. „Ihr Anblick erinnert mich an die schwärzesten Stunden meines Lebens ..."

Abschied von Weichselboden. Für mich war es ein Abschied für immer, denn das Forschungsprojekt musste nun in der geschilderten Weise beendet werden, was damals in Fachkreisen Unverständnis, ja Empörung auslöste. Wenigstens gelang es noch, die gesamte umfangreiche Sammlung in das den Wittelsbachern gehörende Schloss Grünau bei Neuburg an der Donau zu überführen, wo sie später als „Rehwildmuseum" in den großen Räumlichkeiten übersichtlich und didaktisch klug wieder aufgebaut werden konnte.

Die vier Berufsjäger, deren Dienstverhältnis nun ebenfalls zu Ende ging, blickten in eine ungewisse Zukunft. Wenigstens sollte jeder noch den stärksten Hirsch seines Reviers erlegen, zur Erinnerung und als Anerkennung für ihre langjährige engagierte Mitarbeit, verfügte der großzügige Dienstherr.

Auch für mich gab es bei der Abreise noch einen Lichtblick: „Ham S' Zeit am 2. Dezember? No kimma S' zur Saujagd nach Stammham." Hocherfreut sagte ich zu, auch im Hinblick auf die Möglichkeit, mit dieser in jeder Hinsicht interessanten und für mich lehrreichen Persönlichkeit Kontakt zu halten.

Stammham

Kurz darauf kam die schriftliche Einladung zu dieser sogenannten Professoren-Jagd. Die Idee hierzu war aus den politischen Ambitionen des Herzogs geboren, der stets bemüht war, zur Erhaltung des bewährten deutschen Waidwerks beizutragen. Dies wurde seit den späten 1970er-Jahren infolge zunehmender Jagdkritiker verschiedenster Couleur immer wichtiger, aber auch schwieriger. So war es ihm ein besonderes Anliegen, gleichgesinnte Wildbiologen, Jagdwissenschaftler, aber auch einflussreiche jagende Politiker zum Gedankenaustausch zu vereinen, wozu diese schon traditionelle Saujagd im Köschinger Forst eine ideale Plattform bot. In diesem Jahr sollte sie, wie gesagt, am 2. Dezember stattfinden.

Doch dann, am 5. Oktober 1983, erfüllte sich die erwähnte finstere Vorahnung des Herzogs auf schreckliche Weise. Ihre Königliche Hoheit Herzogin Jenke von Bayern war durch einen tragischen Unfall ums Leben gekommen. Mit Bestürzung entnahmen das bayrische Volk und die vielen Freunde der allseits beliebten Chefin des Wittelsbacher Hauses die Nachrichten aus der Tages- bzw. Jagdpresse. Wie ich später erfuhr, war sie, entgegen ausdrücklicher Anordnung ihres Gatten, ohne Fahrer mit dem Geländefahrzeug im Berg unterwegs gewesen, um Wild zu fotografieren. Offensichtlich abgelenkt durch ein Fotomotiv hatte sie in einer engen Kurve die Herrschaft über das Fahrzeug verloren und war in diesem in die Tiefe gestürzt. Welch herber Schicksalsschlag für den Herzog, der nun auch seine zweite Lebensgefährtin verloren hatte.

Der Schock saß tief, auch und vielleicht besonders bei den jagenden Freunden der Familie. Wie sicherlich viele andere wollte auch ich meinem Mitgefühl Ausdruck verleihen und rief nach einiger Zeit zunächst die Herzogliche Verwaltung an. Doch bevor ich etwas loswerden konnte, kam die überraschende Ankündigung: „Die Jagd findet statt. Der Herr Herzog wird sie wie immer selbst leiten, bittet aber darum, von jeglichen Beileidsbekundungen abzusehen." Mit dieser Standardauskunft war das Telefonat beendet.

Erwartungsvoll reiste ich nach Stammham.

„Professoren-Jagd"

Saujagd in Stammham. Die Einladung zu diesem Höhepunkt des Jagdjahres bedeutete eine besondere Ehre, die mir von nun an jährlich zuteil wurde. Schon die vorabendlichen Fachgespräche in der Gaststube des Köschinger Waldhauses beim Dunkelbier der herzoglichen Brauerei waren ein Erlebnis. Die „Professoren", denen zu Ehren diese Jagd genannt wurde, rekrutierten sich im Wesentlichen aus Wissenschaftlern des Arbeitskreises Wildbiologie und Jagdwissenschaft an der Universität Gießen und jagenden Forstwissenschaftlern des Instituts für Bodenkultur der Universität Wien.

Außer den Stammgästen war immer wieder jagdliche Prominenz aus dem deutschsprachigen Raum geladen. So konnte man sich in zwangloser Runde unterhalten mit Bundesminister Josef Ertl oder dessen Staatssekretär Hans-Jürgen Rohr vom Bonner Landwirtschaftsministerium, Landesforstmeister Dr. Volquardts von der Regierung Schleswig-Holsteins, Industriellen wie Karl Flick oder Robert Heitkamp, dem Meisterschützen Conrad Viernhier oder Vertretern des Hochadels der ehemaligen Donau-Monarchie. Standesunterschiede spielen ja bekanntlich keine Rolle mehr, wenn es um die Jagd geht.

Früh mussten wir am nächsten Morgen aus den Federn. Punkt acht Uhr war Aufbruch zur Jagd, denn sechs bis sieben Treiben waren in diesem fast 4 000 ha großen Waldgebiet geplant.

Dieses Gebiet ist zwar umzäunt, um landwirtschaftliche Schäden durch Sauen in der Umgebung zu vermeiden, doch vom Gatter war während des ganzen Jagdtages nichts zu sehen. Die nachhaltige jagdliche Nutzung des Schwarzwildes trägt nicht unwesentlich zum wirtschaftlichen Ertrag des Köschinger Forsts bei. Insgesamt kommen jährlich etwa 800 Sauen zur Strecke.

Die mehr oder weniger abgeschlossene Population bot sich aber auch für verschiedene Forschungsprojekte an, die der engagierte Oberförster Stefan Erl mit seinen Helfern nach den Vorstellungen des Herzogs betrieb. Eine beachtliche Zahl von Frischlingen war markiert worden. Die spätere Auswertung der Markenträger erbrachte interessante Erkenntnisse zum altersbedingten Zahnabschliff der Keilerwaffen. So zeigte sich auch bei dieser Wildart eine beträchtliche individuelle Variation des Abschliffs – und damit die Fragwürdigkeit des Bemühens, das Alter eines erlegten Keilers gemäß dem in Lehrbüchern propagierten Schema auf das Jahr genau ansprechen zu wollen.

Ausgangspunkt der Saujagden – das Köschinger Waldhaus

Erl gelang auch der Nachweis, dass Bachen gelegentlich zweimal im Jahr frischen, was damals allenthalben ungläubige Kritik hervorrief. Inzwischen ist dieses Fortpflanzungsverhalten, bedingt durch zunehmend milde Winter, sicher noch häufiger und dürfte zu der drastischen Zunahme der Schwarzwildbestände beitragen.

Die Treiben waren mustergültig organisiert. Man spürte die jahrelange Erfahrung des Jagdpersonals. Dennoch ließ es sich der Herzog nicht nehmen, mit seinen beiden schwarzen Kurzhaardackeln selbst in der Treiberwehr mitzumarschieren. Selbst dabei hatte ihn früher seine Gattin Jenke oft als Hundeführerin begleitet.

Gefürchtet war des Herzogs „Manöverkritik“, wenn einmal etwas nicht nach seiner Vorstellung lief. Mit langen Schritten und wehender Lodenkotze konnte dann der damals schon fast 80-jährige Jagdherr daherstürmen, um mit sachlichen, aber deutlichen Worten für Ordnung zu sorgen. Aber auch die Schützen bekamen gelegentlich ihr Fett ab. Etwa wenn im ersten Treiben noch keine Sau zur Strecke kam. Denn diese sollte traditionsgemäß in der Wildküche des Waldhauses zu schmackhaften Würsten für das abendliche Schüsseltreiben verarbeitet werden. Mit der Drohung „wenn's nix trefft's, no kriagt's hait Obend koane Wirschd“ appellierte er an die Schießfertigkeit der Truppe, was dann in aller Regel schon im nächsten Treiben Wirkung zeigte.

Höchstpersönlich beaufsichtigte der betagte Jagdherr die Treiben.

Die hier praktizierten, relativ kurzen und übersichtlichen Treiben waren in mehrerer Hinsicht vorteilhaft. Die Schützen blieben aufmerksamer, froren bei kalter Witterung nicht so durch und verhielten sich daher ruhiger als bei mehrstündigem Daueransitz. Die Sauen waren aus kleineren Dickungen leichter herauszubringen, und die Hunde fanden regelmäßig rasch zu ihren Führern zurück.

Diese kleineren Treiben wurden oft weit voneinander entfernt durchgeführt, um Störungen durch Schüsse oder überjagende Hunde und damit das vorzeitige Auswechseln der Sauen aus dem Folgetreiben zu vermeiden. Der Transport der Schützen in nur wenigen Fahrzeugen war bestens organisiert. Schließlich stiegen bei mehreren Treiben die Chancen der einzelnen Schützen auf Anblick. Die Jagdleitung war stets bemüht, möglichst alle Gäste wenigstens einmal zu Schuss zu bringen, was bei der Unberechenbarkeit der Sauen natürlich nicht immer gelingen konnte.

Insbesondere bei der Saujagd scheinen ja Diana, Hubertus oder wer auch immer für das Heil des Waidmanns zuständig sein mag, ihre Gunst sehr willkürlich auf ihre Jünger zu verteilen. So gibt es Jäger, die haben fast immer, oft auch mehrfach Anblick und bei entsprechender Schießfertigkeit auch Erfolg, egal wo sie angestellt werden. Auch bei anderen Saujagden konnte ich dies immer wieder beobachten, was rational nicht zu erklären ist.

Umgekehrt gibt es Pechvögel, deren Erfolg dem Jagdherrn besonders am Herzen liegt, die daher auf „Kaiserständen" platziert und dennoch von den Sauen gemieden werden. Wie treffend hat doch ein österreichischer Berufsjäger diese unergründliche Launenhaftigkeit des Schicksals formuliert: „Beim Jagen, Schnaxln un Singa ko mer nix derzwinge."

Jedenfalls wurden in Stammham nach jedem Treiben die Karten neu gemischt, unter besonderer Berücksichtigung derer, die noch keinen Bruch am Hut trugen. Mit markiger Kommandostimme verlas Oberförster Erl die Namen der den jeweiligen Fahrzeugen zugeteilten Schützen, die nun hoffnungsvoll dem nächsten Treiben entgegenfieberten. Dank dieser Organisation sah man bereits um die Mittagszeit allenthalben zufriedene Gesichter. Sofern ich mich erinnere, blieb ich, obwohl sonst eher zu der genannten, weniger mit Anlauf verwöhnten Kategorie von Saujägern zählend, bei den herzoglichen Jagden nur einmal „Schneider". Ein anderes Mal, im Jahr 1993, hatte ich in jedem der sechs Treiben Erfolg, und einmal bekam ich gar meinen bis dahin stärksten Keiler.

Herrlich schmeckte der Eintopf am traditionellen mittäglichen Rastplatz, und hinterher die gute Zigarre. Der überdachte, nach Süden offene, geräumige Unterstand schützte die Jagdgesellschaft vor Witterungsunbill, und an kalten Wintertagen genossen wir die wärmende Glut der Holzfeuer. Mit zwei weiteren Treiben ging dann ein unvergesslicher Jagdtag zu Ende.

Übrigens ohne Jagdhornblasen, das sei an dieser Stelle angemerkt. Denn diese vermeintlich alte Tradition entwickelte sich im Grunde erst im Laufe des 20. Jahrhunderts, ist also wesentlich jünger als die jagdlichen Gebräuche des Wittelsbacher Hauses. Der Herzog konnte sich mit diesem „Trompeten-Brimbo-

Förster Erl jr. gratuliert zu meinem Keiler.

rium", wie er es einmal nannte, nie anfreunden. Auch zum An- und Abblasen der Treiben hörte man nur einfache Huptöne.

Uralter Tradition entsprach dagegen das Streckelegen am Abend beim Köschinger Waldhaus. Dort lagen dann etwa 50 Sauen und einige Füchse im Schein der Fackeln, flankiert vom Jagdpersonal mit seinen Hunden. Eine gewisse historische Note erhielt dieser Ausklang der Jagd durch die Anwesenheit von zwei „Saupackern", Vertretern einer grobschlächtigen, an Rottweiler erinnernden Hunderasse. Sie wurden damals von der herzoglichen Verwaltung gehalten, zur Erinnerung an die Zeit vor Erfindung der Feuerwaffen. Als man das wehrhafte Wild noch mit dem Sauspieß bejagte, waren die Saupacker unentbehrliche Helfer.

Es wurden keine Reden geschwungen. Die Schützen bedankten sich nur persönlich bei ihren Anstellern für deren Bemühung um ihren Jagderfolg.

Ein Hetzartikel über die „Massenschlächterei" im Köschinger Forst, erschienen Mitte der 1980er in einer Tageszeitung, veranlasste die Jagverwaltung, die Tradition des Streckelegens zu beenden.

Ich kann beide Standpunkte nachvollziehen. Einerseits die uralte Tradition, das i-Tüpfelchen am Ende einer erfolgreichen Jagd. Andererseits erinnere ich mich noch genau an meine eigenen Gedanken und Gefühle, als ich im Donaueschinger Schloss im Januar 1995 nach der turnusmäßigen Entenjagd zum ersten Mal eine Jagdstrecke zu Gesicht bekam. Auch mir stockte der Atem. Natürlich dient so eine Strecke vor allem dazu, dem Jagdherrn und allen Jägern einen Überblick zu vermitteln, was sie an diesem Tag erlegt haben. Solch eine Dokumentation der Ernte eines Jagdtages kann jedoch auf Nichtjäger, die zufällig einen Blick auf die aufgereihte Batterie von „Tierleichen“ erhaschen, anders wirken: Der Feldherr und seine siegreichen Mannen schreiten die Linie der Gefallenen der gegnerischen Truppe ab.

Kuno zuckt nur mit den Schultern. Für derlei Sensibilitäten hat der Pragmatiker wenig Sinn und setzt seinen Bericht über jene Jagd fort.

Jagdpolitik

Die anschließenden stimmungsvollen Abende im Köschinger Waldhaus, das herzhafte Abendessen, bestehend aus Teilen des tagsüber erlegten Wildes, und die anregenden Gespräche, manchmal bis in die Morgenstunden, werden wohl allen Teilnehmern unvergesslich bleiben. Der Herzog, stets aufmerksamer Beobachter der jagdpolitischen Szene, pflegte diese Gelegenheiten zu nutzen, um aktuelle Probleme mit Fachleuten und politischen Entscheidungsträgern zu diskutieren. In hehren Zorn konnte er geraten angesichts leichtfertiger Behauptungen oder gar bewusster Lügen, die letztlich nur darauf abzielten, Wild und Waidwerk in Frage zu stellen, vor allem die folgenden:

- Es gibt grundsätzlich und überall zu viel Schalenwild, so viel wie nie zuvor, daher der desolate Zustand unserer Wälder. Gegen forstliche Monokulturen hilft nur drastische Reduktion von Reh- und Rotwild, einschließlich lokaler Ausrottung.
- Befiederte Tiere gibt es dagegen grundsätzlich zu wenig, sie sind daher vollständig von der Jagd zu verschonen – Ende der Flugwildjagd.
- Räuber haben keinerlei negativen Einfluss auf ihre Beutetiere, alles regelt sich von selbst. Jagdliche Eingriffe in die Prädatorenfauna sind daher nicht nur überflüssig, sondern strikt abzulehnen.

Mit bissigem Sarkasmus geißelte er diese neu aufgekommene, ideologisch motivierte Differenzierung in gute und böse Tiere, denn er kannte die Wirklichkeit ökologischer Zusammenhänge aus ureigenster Erfahrung als Forstmann und Berufsjäger. Er kämpfte für die Wahrheit, für das Lebensrecht aller Wildarten, aber auch für deren pflegliche Bejagung. Also lange bevor der Begriff der nachhaltigen Nutzung nachwachsender Naturgüter im heutigen internationalen Naturschutz Einzug hielt.

Die Wissenschaftler hörten dem erfahrenen Praktiker stets aufmerksam zu, und mich inspirierte er damals, nebenbei bemerkt, dazu, relevante Forschungsergebnisse zu sichten und in der 2003 erschienenen Neuausgabe der „Sache mit der Jagd" zu veröffentlichen.

Aber auch Politiker konnte der Grandseigneur überzeugen und dank seiner Beziehungen zu einflussreichen Persönlichkeiten einiges bewegen, beziehungsweise fragwürdige Entwicklungen verhindern helfen. Ein diesbezügliches Ereignis ist mir besonders in Erinnerung geblieben.

Nach kurzer Nachtruhe Frühstück vor der Jagd am 8. Dezember 1986. Drei Dienstwagen der Regierung, eskortiert von mehreren Streifenwagen der Polizei, erscheinen auf dem Parkplatz am Köschinger Waldhaus. Was ist denn da los? „Der Strauß kimmt", klärt der Herzog seine erstaunten Gäste auf. Tatsächlich, einer der Karossen entsteigt der bayrische Ministerpräsident Franz-Josef Strauß. Die markante Gestalt – der Kopf schien ohne Hals direkt auf den Schultern zu sitzen – kannte ich bisher nur von Fernsehsendungen. Mit ihm waren mehrere Mitglieder seines Kabinetts der Einladung zur diesjährigen Professorenjagd gefolgt.

War das Zufall? Oder hatte dabei das aktuelle jagdpolitische Problem eine Rolle gespielt, das schon während der Gespräche am Vorabend die Gemüter erregte: Alle Rabenvögel – bisher „vogelfrei" und ganzjährig bejagbar – sollten nun als „besonders geschützt" in die novellierte Bundesartenschutz-Verordnung aufgenommen werden. Also denselben Schutzstatus erhalten wie Kranich, Steinadler oder Wachtelkönig! Das zuständige Bundesumweltministerium glaubte, auf diese Weise die Brüsseler Vogelrichtlinie in nationales Recht umsetzen zu müssen. Andernfalls drohe der Bundesrepublik Deutschland ein Verfahren vor dem Europäischen Gerichtshof.

Entsetzen, nicht nur bei Jägern, sondern in weiten Kreisen der vogelfreundlichen Bevölkerung. Sie sollten nun tatenlos mit ansehen müssen, wie Rabenkrähe, Elster und Eichelhäher die Nester ihrer befiederten Lieblinge plünderten, die Jungen tothackten. Nur durch den Bundesrat, also die Vertreter der damaligen elf Bundesländer, war diese Entwicklung noch zu verhindern. Dort schien sich in dieser Frage eine Pattsituation abzuzeichnen. Bayern hatte sich noch nicht entschieden. Diesem Land käme somit die Rolle des Züngleins an der Waage zu, hatte ich erfahren.

„Also, do muaß heit was gscheng", erklärte ein Vertrauter des Ministerpräsidenten, den ich von früheren Saujagden kannte. Er bot sich an, mich mit dem Allgewaltigen bekannt zu machen, sobald sich eine günstige Gelegenheit dazu bot.

Besprechung mit Ministerpräsident Franz-Josef Strauß (rechts im Bild) in der Mittagspause

Die war nach dem ersten Treiben noch nicht gegeben. Strauß hatte zwar schon Anlauf, aber gefehlt. „Do wart ma no, des kimmt scho no besser“, riet mein Mittelsmann.

Nach dem zweiten Treiben strahlte der prominente Waidmann: Er hatte zwei Keiler erlegt. – „Jetza pack mers.“

Wir saßen im selben Bus zum nächsten Treiben. „Franz-Josef, horch amol, der Dr. Kalchreuter hot dir wos ganz Wichtigs zum Berichten.“ Er stellte mich kurz vor als Leiter des Fachgebiets Wild- und Jagdökologie der damaligen BFANL, der sich intensiv mit der Rabenvogel-Problematik befasst habe. So konnte ich darlegen, wie Bonn die Brüsseler Richtlinie interpretierte, wie man diese Vorstellungen durchzusetzen versuchte mit der Lüge, alle anderen EU-Länder hätten bereits diese Vollschonung verfügt. In Wirklichkeit sei das Gegenteil der Fall, wie ich von meinen ausländischen Kollegen wisse. In England, zum Beispiel, gäbe es weiterhin keine Schonzeit für die Rabenvögel ...

Die Miene meines Gegenübers verfinsterte sich zunehmend, erinnerte an die eines annehmenden Keilers, Haderer und Gewehre wetzend. Brüssel und Bonn, ohnehin Reizworte für den überzeugten Bajuwaren – dann diese Lüge. Und schließlich das beispielhafte Verhalten der von ihm sehr geschätzten englischen Premierministerin Maggie Thatcher, die in ihrem Inselreich den Brüsseler Bürokraten trotzte. Jetzt war er ganz Ohr, vor allem hinsichtlich der Bedeutung Bayerns in der anstehenden Sitzung des Bundesrats. Als ich ihm dann berichten musste, Bayern sei sich in eben dieser Frage leider noch nicht einig – das Umweltministerium war für diese Regelung, das Landwirtschaftsministerium dagegen – , da polterte der Regierungschef los: „Jo, des gibt's doch gar net, Bayern muss doch mit einer Zunge reden! Am Dienstag is Kabinettsitzung, ja dene werd i was verzehln. Dank schee für die Information."

Der Bus hielt, wir stiegen aus. Mein Mittelsmann war sehr zufrieden. „Sia, die Kabinettsitzung werd a Gaudi." Ob der Ministerpräsident die Unterredung bis dahin nicht wieder vergessen hätte, wagte ich zu zweifeln. „Na, der Strauß vergisst nix, un so was scho gar net."

Ein herrlicher Jagdtag ging zu Ende. Vor dem Abendessen der übliche Umtrunk im Köschinger Waldhaus. Strauß versammelte seine Mannen an einem der großen Tische und bat mich, ebenfalls hier Platz zu nehmen. Er war bester Stimmung. „Unter anderem" hatte er sechs Keiler zur Strecke gebracht. Als ihn dann noch die telefonische Meldung erreichte, er sei heute auch Großvater geworden, schlugen die Wogen der Begeisterung höher und höher. Es war ein Genuss, diesem eloquenten Vollblut-Politiker zuzuhören.

Terminliche Engpässe pflegte er mit Hilfe seines Privat-Jets, den er selbst flog, zu überwinden. In stets vehementem Einsatz gegen sozialistische Tendenzen in der Bundesrepublik. Besonderen Spaß schienen ihm Diskussionen mit „linken Journalisten" zu bereiten, die er mit sarkastischem Spott bedachte. „Jusos (Jungsozialisten) sind Leute, die alles bestreiten – außer ihren Lebensunterhalt." Aber auch die damals sich etablierenden „Grünen" waren ihm in dieser Hinsicht nicht geheuer. „Wissen S'", warnte er, „a jede greane Tomatn wird mit der Zeit rot."

Für Heiterkeit sorgten auch einige Episoden aus dem Bundestag. Da hatte doch einmal ein Kollege – wenn ich mich recht erinnere, der Abgeordnete Mischnik – gewagt, das Parteiorgan der CSU zu verunglimpfen mit den Worten, der „Bayernkurier" fände allenfalls auf seiner Toilette sinnvolle Verwendung ... Schlagfertig prophezeite ihm der Bayer die Konsequenzen: „Herr Kollege, na san S' bald gscheiter im Arsch als im Kopf."

Nur zu schnell verging die Zeit an jenem Abend. Schließlich organisierte der Innenminister die Rückfahrt der Regierungsdelegation in die Landeshauptstadt München.

Dort gerieten die jagdpolitischen Aspekte der Köschinger Saujagd keineswegs in Vergessenheit. Im Gegenteil. Der Regierungschef brachte nicht nur seine divergierenden Kabinettsmitglieder auf Linie. Er wandte sich zudem an alle Ministerpräsidenten der Länder mit der dringenden Bitte, den Verordnungsentwurf bezüglich der Rabenvögel im Bundesrat abzulehnen. Aus unerfindlichen Gründen traf sein Schreiben jedoch erst am Tag der betreffenden Sitzung – der letzten des Jahres 1986 – in den jeweiligen Landesregierungen ein, nachdem deren Vertreter bereits nach Bonn abgereist waren. So wurde der Entwurf mit knapper Mehrheit angenommen, was einen jahrelangen „Rabenvogelkrieg" in Deutschland zur Folge hatte.

War die eigene Ministerialbürokratie für die Verzögerung des Schreibens verantwortlich gewesen? Jedenfalls war Ministerpräsident Strauß hierüber derart erbost, dass er den Verbleib von Rabenkrähe, Elster und Eichelhäher im bayrischen Landesjagdrecht verfügte – unter Missachtung der Drohungen aus Bonn mit Konsequenzen vor dem Europäischen Gerichtshof. Doch diese blieben aus. Offensichtlich hatte man dort vor dem selbstbewussten Bayern ähnlichen Respekt wie vor der streitbaren englischen Regierungschefin.

Mehr noch, diese Standhaftigkeit wie auch 400 000 von „Wild und Hund" und dem DJV organisierte Unterschriften führten schließlich zum Antrag der BRD, die Brüsseler Vogelrichtlinie zu ändern. Acht Jahre später, im Juni 1994, war es dann so weit: Die drei genannten Rabenvogelarten (sowie zwei weitere) wurden in Anhang II/2 der Richtlinie aufgenommen und waren somit in allen EU-Ländern, die dies beantragten, wieder bejagbar. – Die Standhaftigkeit des Bajuwaren hatte sich also ausgezahlt und wiederum seine Maxime bestätigt: Everybody's darling ist letztlich everybody's Depp ...

Zufrieden beobachtete Herzog Albrecht von Bayern die langfristigen Konsequenzen seiner jagdpolitischen Bemühungen.

La Garganta

Unentwegt röhrten die Hirsche Tag und Nacht. Trotz der Knallhitze – einmal hatte das Thermometer um die Mittagszeit gar 50 °C im Schatten angezeigt. Der Brunftbetrieb war dadurch nicht erkennbar beeinträchtigt – die erste Überraschung.

Wieder einmal durfte ich die Gastfreundschaft Seiner Königlichen Hoheit genießen. Diesmal in ganz anderer Umgebung, nämlich in den südlichen Vorbergen der Sierra Morena in Südspanien. Ob ich sein neues Revier kennenlernen wolle, hatte der Herzog im August 1986 anfragen lassen. Und ob ich wollte!

Am Vorabend der Reise, während des Abendessens im Schloss Berg am Starnberger See, erste Information über die weitreichenden Pläne des ideenreichen, wenngleich nun über 80-jährigen Wildforschers. Das Rotwild, dessen Biologie und Bewirtschaftung standen im Mittelpunkt des neuen Forschungskonzepts, das er in einem 13 000 ha großen Revier zu realisieren gedachte. Nach den ne-

Südländisches Flair umgibt die herzogliche Finca.

gativen Erfahrungen mit der *Pacht* von Weichselboden war es dem Wittelsbacher Ausgleichfonds gelungen, dieses Gebiet günstig zu *erwerben*. Die ersten Schilderungen ließen wiederum hochinteressante und lehrreiche Tage erwarten.

Früh am nächsten Morgen ging's los. Infolge der erwähnten Aversion des Herzogs gegen Reisen im Flugzeug fuhren wir im komfortablen Wagen, den der routinierte Fahrer Hirschberger in nur knapp zwei Tagen durch Süddeutschland, Frankreich und ganz Spanien steuerte.

Herrlich, das südländische Ambiente der typisch spanischen Finca und des benachbarten Gästehauses. Ob ich allergisch wäre gegen Knoblauch? Die Leser, die den Autor persönlich kennen, werden meine Antwort schmunzelnd erahnen. „Na is guat, weil wer koan Knoblauch vertragt, der hot in Garganta nix verlorn." Leckere Düfte entströmten den solcherart üppig gewürzten Speisen. Und dazu der delikate spanische Rotwein ...

Jeweils um sechs Uhr früh führte uns die Pirschfahrt in bergiges Gelände, das früher wohl extensiv landwirtschaftlich genutzt worden war. Lichte Korkeichenhaine, ausgedehnte Flächen dichter Maccie, der natürlichen mediterranen Vegetation, dann wieder Waldpartien aus Föhren und Steineichen, aber auch wildromantische Schluchten, Felsregionen und Geröllhalden – eine überaus abwechslungsreiche Landschaft.

Die örtliche Führung übernahm Camino, ein spanischer Berufsjäger der besonderen Art. Er war gefürchtet bei den Wilderern der Umgebung wegen seines rigorosen Vorgehens gegen alles, was im Revier nichts zu suchen hatte, ob Mensch oder Raubzeug. Wilderei würde hier keine Rolle mehr spielen, erfuhr ich, und das wäre nicht selbstverständlich bei diesem Wildreichtum.

Überall stand Rotwild. Einzelne starke Hirsche mit ihren Brunftrudeln, Trupps von jüngeren Hirschen, dann wieder große Kahlwildrudel, die mich an die Antilopenherden in afrikanischen Savannen erinnerten. Erstaunlich, solche Wilddichte in diesem eher kärglich wirkenden Lebensraum. Wildschäden? Fehlanzeige. Die Vegetation stand ganz dem Wild zur Verfügung und war daher nicht erkennbar beeinträchtigt. „Schäden" entstehen ja nur auf land- und forstwirtschaftlichen Produktionsflächen des Menschen.

Bemerkenswert ist auch das Wild selbst, unterscheidet es sich doch in mehrerer Hinsicht von unserem mittel- und osteuropäischen Rotwild. Auffallend sind die einheitliche, viel dunklere, manchmal fast schwarze Färbung und die kurze, glatte Behaarung im Sommer wie im Winter. Den Hirschen fehlt auch jegliche „Brunftmähne". Auch ihr Brunftschrei klingt ganz anders als der in heimischen Revieren. Die Stimme ist höher und erinnert etwas an das Pfeifen der asiatischen Maralhirsche.

Anders sind schließlich auch die Geweihe, nämlich eher dünnstangig, aber sehr endenreich. Häufig laufen die Stangen ohne ausgeprägte Kronenbildung fast rechtwinklig nach innen oder hinten aus. Daher die wissenschaftliche Bezeichnung *Cervus elaphus angulatus* für diese Unterart des Rotwildes.

Die Unterart war, wie fossile Geweihfunde bewiesen, vor den Eiszeiten auch in Mitteleuropa verbreitet, erklärte der Herzog die Forschungsergebnisse seines befreundeten Kollegen Prof. Meunier, konnte sich aber während der Kälteperioden nur in Südspanien halten. Bedauerlicherweise hatte man in jüngster Zeit Rotwild aus Osteuropa hier eingeführt, was die genetische Struktur und folglich auch das Aussehen dieser voreiszeitlichen Reliktform beeinträchtigte.

Ich hatte bisher kaum Erfahrung mit Rotwild und dessen Bejagung – und diese Lücke gedachte der Herzog zu schließen. Es war ihm sehr daran gelegen, das Herz des jungen Wildbiologen für diese größte, noch frei lebende Tierart Westeuropas zu gewinnen. In einer Zeit, in der viele seiner Kollegen darin nur den „großen braunen Rindenfresser" sahen und somit in dasselbe Horn bliesen wie einseitige Forstleute: Dezimierung um jeden Preis, bis hin zur örtlichen Ausrottung ...

Nein, hier behielt das Rotwild sein Lebensrecht. Mehr noch, hier war es Wirtschaftsfaktor, ähnlich wie die Wildbestände im südlichen Afrika. Hier wie dort ließen sich über die nachhaltige Nutzung dieses Naturgutes höhere Erträge erwirtschaften als durch die land- und forstwirtschaftliche Nutzung der niederschlagsarmen Landstriche.

1 300 Stück Rotwild kamen jährlich zur Strecke, die meisten während einer relativ kurzen Zeit im Herbst, mit Hilfe spanischer Jagdfreunde des Herzogs. Das Wild hing im geräumigen Kühlhaus bis zum Transport nach Deutschland in speziellen Kühllastzügen.

Doch mehr noch setzte der Jagdherr auf die Aufwertung seines Reviers durch stärkere Hirsche. Vor seiner Zeit war der Wildbestand nur durch typisch spanische Treibjagden, die „Monterias", jagdlich genutzt worden. Das heißt, alles dabei vorkommende Wild war freigegeben, also auch Hirsche, unabhängig von deren Alter und Veranlagung. Die Folge waren nur mäßige Trophäen, selbst Achtender oder gar Zehnender kamen kaum einmal zur Strecke.

Dies sollte nun anders werden. Durch gezielten Wahlabschuss, nach den langjährigen Erfahrungen des Herzogs als Berufsjäger in osteuropäischen Hochwildrevieren: *Gut veranlagte Hirsche alt werden lassen!*

Für mich begann mit diesen Pirschfahrten ein jagdwissenschaftlicher Intensivkurs. Ansprechen von Rotwild – das beherrschte mein königlicher Lehrprinz wie kein Zweiter. Selbst wenn der scharfäugige Camino auf weite Entfernung im dichten Gestrüpp der Maccie nur Haupt und Geweih eines Hirsches ausgemacht hatte. Dann dauerte das Ansprechen mit Fernglas und Spektiv eben länger, bis zu einer Stunde, in der Gluthitze. Der Herzog nahm sich die Zeit, konnte warten, bis der Hirsch das Haupt etwas wendete. Ständig informierte er seinen Eleven über die Beobachtungen, die schließlich zu etwa folgendem Urteil führten: „Sehn S', des is zwar a älterer Hirsch, aber dem is nix vorzuwerfen. Der werd no zulegn." Wohl an die hundert Hirsche pflegten wir täglich zu begutachten.

Dankenswerterweise, das sei an dieser Stelle angefügt, fasste der Experte auch diesen reichen Erfahrungsschatz in seinem letzten Buch „Das jagdliche Vermächtnis Herzog Albrechts von Bayern" auf anschauliche Weise zusammen und erhielt ihn damit der Nachwelt.

Am Abend meines ersten Lehrtages war es dann so weit. Während der Rückfahrt zur Finca durch die Ebene standen weit zerstreut Kahlwild und Hirsche. Nach kurzem Ansprechen fiel die Entscheidung: „Der rechts vom Eukalyptus is zum Nemma."

Meine vertraute Waffe war zu Hause geblieben, nachdem die Jagdverwaltung zwei nagelneue amerikanische Winchesterbüchsen im Kaliber .300 Win. Mag. angeschafft hatte. Von denen wurde mir eine gereicht.

Camino, der Berufsjäger, bewacht das Revier.

Endlich stellte sich der Hirsch breit – aber der Schuss brach nicht. Gesichert? Nein, die Büchse war gespannt und entsichert. Also nochmal. Ich brauchte die ganze Kraft des Zeigefingers, bis es schließlich krachte – und der Hirsch ohne zu zeichnen davontrollte. Ich wusste nicht, wie ich abgekommen war, hatte den Schuss verrissen.

Wie ärgerlich. So eine Chance, einmal einen Hirsch zu bekommen, und dieser Patzer. Doch der Herzog half mir sofort aus der Depression. „I hab Eahne zuagschaut, Ihr Finger is ja ganz weiß worn beim Abziagn. Mit so ra Bix ko ja koa Mensch schiaßn." Mit diesen anteilnehmenden Worten und dem Hinweis auf sicherlich weitere Gelegenheit in den nächsten Tagen war mein seelisches Gleichgewicht wiederhergestellt.

Doch mit dem Abzug musste etwas geschehen, ich bin eben in dieser Hinsicht etwas sensibel. Nach dem Abendessen bat ich darum, mich der Waffe annehmen zu dürfen und begab mich in die Werkstatt. Vor früheren Reisen in die arktische Wildnis hatte ich mir einige Grundkenntnisse des Büchsenmacher-Handwerks angeeignet und kannte mich auch bei amerikanischen Gewehren etwas aus. Ich nahm die Büchse auseinander und entdeckte die kleinen Schrauben zur Regulierung des Timney-Abzugs.

Als der Herzog nach geraumer Zeit in der Werkstatt erschien, um mich zum nächtlichen Umtrunk zu bitten, konnte ich ihm nun seine hervorragend funktionierende Büchse präsentieren. „Sia san jo a Mordskerl" – ein nettes Kompliment von Königlicher Hoheit.

Beim anschließenden Rioja-Rotwein drehte sich das Gespräch weiterhin um das Schießen. Aus der Jagdpresse hatte ich vom Scheibenschießen anlässlich des 80. Geburtstags Herzog Albrechts von Bayern erfahren, an dem sich eine große Zahl geladener Gäste beteiligten. Man schoss freistehend auf 100 Meter und zwar mit der traditionellen Scheibenbüchse im Kaliber 8,15x46, über Kimme und Korn, also ohne optische Zielhilfe. Bester Schütze war – für viele wie auch für mich unbegreiflich – das betagte Geburtstagskind selbst, mit 50 von 50 möglichen Ringen. Ich gratulierte zu dieser erstaunlichen Leistung, doch er winkte, wie üblich, bescheiden ab. Nein, nur 47 Ringe hätte er erzielt und wäre nur Schützenkönig geworden aufgrund von drei zusätzlichen Ringen, die jedem über 60 Jahre alten Teilnehmer zugebilligt worden waren: „Dia Altersring hob i desmol scho braucht."

Das war früher anders. Neben der Jagd war Scheibenschießen seine große Leidenschaft. Der Herzog war offensichtlich weit und breit als hervorragender Schütze bekannt und bemüht, möglichst keines der früher zahlreichen Schützenfeste im Alpenraum zu versäumen. Seine härtesten Gegner waren die Schweizer („Dia san a so gschdandn"). Begeistert erinnerte er sich an einen überregionalen Wettkampf mit entsprechend zahlreichem Publikum, bei dem sein letzter Schuss über den hochbegehrten Titel des Schützenkönigs zu entscheiden hatte.

Nur durch „an Zwölfer" – man schoss damals noch auf Scheiben mit zwölf Ringen – konnte er siegen. Das Rezept hierfür klingt geradezu unglaublich. Nicht nur die schon fast geleerte, sondern noch eine weitere volle Rotweinflasche nahm er mit in den Stand, um sich auch diese ganz einzuverleiben. Beim Zielen wich dann das Korn seiner Büchse nicht mehr aus dem Zentrum des Schwarzen. Als es schließlich krachte, begann der hölzerne Adler über der Scheibe mit den Flügeln zu schlagen, als Zeichen des ersehnten Volltreffers. „No bin i naus aus'm Schdand un hob mein Rausch ausgschlofn."

Obgleich ich nie Veranlassung hatte, die Berichte meines eher untertreibenden Gesprächspartners zu bezweifeln, habe ich Jahre später dieses heute kaum vorstellbare „doping" nochmals hinterfragt. Doch er bestätigte erneut, nicht nur eine, sondern zusätzlich noch fast eine halbe Flasche Rotwein hätte ihm damals zum Sieg verholfen.

Ja, das Kugelschießen hätte er von Kindesbeinen an geübt, in dieser Hinsicht wäre er einigermaßen zufrieden, wenngleich er es heute kaum mehr praktizierte. Allenfalls auf flüchtiges Wild, also bei Saujagden. Inzwischen wäre die Jagd auf schnelles Federwild seine große Leidenschaft. Er wäre kein guter Schütze („des Schrotschiaßn hab i nia glernt"), denn damit hätte er zu spät begonnen.

Seine Jagdfreunde waren da allerdings ganz anderer Ansicht. Selbst die Spanier, die ihn auf Rothuhnjagden erlebten, hielten ihn für einen exzellenten Flugwildschützen. Auch ich hatte erhebliche Zweifel an seinem „understatement“. Wusste ich doch von dem Buch „The most famous Shotgun Shots of the World”, das auch seine Biografie enthielt. Somit musste er doch wohl zur Weltklasse im Schrotschießen zählen. „Alles Schmarrn“, wehrte er ab. Doch ich nützte die Gelegenheit, diesen Experten über ein Problem zu befragen. Ich hatte ja früher viele Vögel im Flug geschossen, auch als Sammler für Museen in vielen Teilen der Welt, und mich immer wieder über gelegentliche „blackouts“ geärgert. Ob die wirklich guten Schützen auch in „Löcher“ fielen, in denen sie mehrere Stück Flugwild nacheinander vorbeischießen? „Jo, de Ehrlichn scho.“ – Mit dieser abgeklärten Antwort des Grandseigneurs konnte ich seither so manchen verzweifelnden Waidgenossen trösten.

Sobald die ersten Strahlen der aufgehenden Sonne die Gänsegeier an ihrem Schlafplatz in der hohen Felswand erwärmte, begaben wir uns auf Pirschfahrt. Jeweils den ganzen Tag über, mit nur kurzer Unterbrechung zum Mittagsmahl in der Finca. Mit der fremden Büchse kam ich nun sehr gut zurecht und konnte täglich ein oder zwei „Abschuss“-Hirsche erbeuten. Darunter gelegentlich respektable, von denen ein revierloser Jäger nur träumen konnte. Fast immer bestätigte die Inspektion des erlegten Wildes die Altersansprache meines Lehrprinzen vor dem Schuss.

Allerdings wagte er bei dem ihm noch zu wenig vertrauten südspanischen Rotwild noch keine Schätzung nach Jahren. Hierzu bedürfte es mehr Erfahrung auf Grund von Abwurfserien, womit sie hier eben begonnen hätten. Möglicherweise wäre hier der Zahnabschliff stärker als in mittel- und osteuropäischen Revieren. Einerseits durch die harte Äsung der Maccie, andererseits durch deren geringen Kalkgehalt. Wohl deshalb hatten selbst wuchtig wirkende Geweihe auffallend geringes Gewicht („die Gweih wiegn nix“) im Vergleich zu ähnlich starken Ungarn-Hirschen.

Sehr selten gelang die Beobachtung von Rehwild in den Steineichen-Hainen. Für diese Art gilt im Wesentlichen dasselbe wie oben für das Rotwild dargelegt. Noch deutlicher als beim Rotwild unterscheidet sich die voreiszeitliche Reliktform des südspanischen Rehs vom übrigen europäischen Rehwild. Gedrungener Körper auf kurzen Läufen mit relativ kleinen Schalen, graubraune Decke im Sommer wie im Winter. Die Böcke tragen zwischen längeren Lauschern zwar kürzere, aber auffallend massige Stangen, stark geperlt, mit imponierenden Rosen.

Zu gerne hätte ich einen solchen Bock gehabt, als Kopf-Schulter-Präparat für das EWI-Museum, wagte aber diesen Wunsch nicht zu äußern. Denn der Herzog beklagte den drastischen Rückgang des Bestands innerhalb weniger Jahre, nach seiner Meinung eine Folge massiven Zeckenbefalls, der schließlich zum Verenden führte.

Viel gab es zu sehen während der täglichen Streifzüge durchs Revier. Der königliche Lehrer wurde nicht müde, seinem wissensdurstigen Eleven die Tier- und Pflanzenwelt dieser mediterranen Ökosysteme nahezubringen. Gar nicht hierher passten einige junge Weymouthskiefern, die der Vorbesitzer aus unerfindlichen Gründen gepflanzt hatte. Im Gegensatz zur autochtonen Baum- und Strauchflora war diese aus Nordamerika stammende Baumart vom Rotwild extrem verbissen und zudem von fegenden Hirschen geschädigt. Der Reiz der Seltenheit war wohl maßgeblich für diese Begehrlichkeit, wofür der Herzog durchaus Verständnis zeigte: „Schaun S', des is wia wann a exotischs Madl ins Dorf kimmt. Do san dia ganzn Bauernburschn verruckt noch der. Dia braucht gar net schee sei, aber se is exotisch, des glangt scho." – Er kannte Menschen und Wildtiere gleichermaßen, aufgrund jahrzehntelanger Erfahrungen mit beiden ...

Von der reichhaltigen Vogelwelt waren wir gleichermaßen begeistert. Auch hier hin kannte sich mein Lehrherr gut aus, aufgrund seiner langen Freundschaft mit dem inzwischen verstorbenen Zoologen Lutz Heck. Wir freuten uns an dem Getümmel der hungrigen Gänsegeier in einer Schlucht, wo sie einen großen Teil der hier zentral deponierten Aufbrüche erlegten Schalenwildes auf natürliche Weise entsorgten. Gelegentlich gesellten sich die kleineren Schmutzgeier dazu oder ein Exemplar des noch größeren Mönchsgeiers mit seinen gewaltigen, brettartigen Schwingen. Einige Vögel waren so vollgefressen, dass sie kaum mehr auffliegen konnten. Sie watschelten dann zu Fuß ein Stück hangaufwärts, um von dort zu starten.

Dem Herzog war auch sehr daran gelegen, Wat- und Wasservögel ins Revier zu bekommen oder ihnen wenigstens „Trittsteine" während ihres Zuges durch das aride Gebiet anzubieten. So ließ er durch Aufstau von Rinnsalen Gewässer von beachtlicher Ausdehnung entstehen. Höchst eigenhändig säte er Rohrkolben und pflanzte Schilf in der Uferzone. Erwartungsgemäß nahmen die Wasservögel das Feuchtgebiet rasch an. In einem großen Schoof auffliegender Stockenten erkannte ich eine Kolbenente am breiten weißen Flügelspiegel, was den Revierinhaber sichtlich beeindruckte.

Eine Vielfalt von Vogelarten war um diese Gewässer zu beobachten. Mediterrane Blauelstern sowie farbenprächtige Bienenfresser und Wiedehopfe mit ihrem kontrastreichen Gefieder, die beide aus Deutschland fast verschwunden sind, zierliche Turteltauben und Ringeltauben in Menge. Einmal entdeckten wir eine mir unbekannte Spur im weichen Grund des Seeufers. Ein Fischotter, erfuhr ich von meinem Lehrherrn, der mit dieser früher auch bei uns verbreiteten Wildart von Kindesbeinen an vertraut war.

Seine Hegebemühungen galten auch den geliebten „Hendln", den Rothühnern, dem klassischen spanischen Niederwild. Stets war er mit von der Partie, wenn in berühmten Rothuhn-Revieren der Umgebung gejagt wurde. Eine Tagesstrecke von mindestens 400 Hühnern, erlegt mit acht Flinten – das gilt als Prädikat für ein gutes Hühnerrevier. Diesen Standard wollte er auch in der Ebene von La Garganta erreichen. Es galt also, den Bruterfolg der Hühner zu steigern, der infolge geplünderter Gelege durch Sauen und vor allem die vielen Elstern stark beeinträchtigt war. Der „raubzeugscharfe" Jäger Camino hatte in dieser Hinsicht schon nach kurzer Zeit Erstaunliches geleistet ...

Viel zu rasch verging die erlebnisreiche Woche. Am letzten Tag konnte ich noch einen alten, stark zurückgesetzten Achter-Hirsch erlegen, der mit typisch „mürrischem" Gesichtsausdruck aus der Deckung lugte. Dann flog ich nach München zurück.

Der Methusalem vom Gargantatal

Zwei Jahre später, im September 1988, waren wir wieder im komfortablen Pkw unterwegs nach Spanien, und da gab es natürlich viel zu erzählen.

Aus verschiedenen Gründen hatte ich nach fast zehnjähriger Beratung des damaligen Bundeslandwirtschaftsministeriums gekündigt. Das hierfür von Minister Ertl und seinem Staatssekretär Rohr etablierte Fachgebiet Wild- und Jagdökologie war nach dem Regierungswechsel 1982 sowohl hinsichtlich der Organisationsform wie auch der finanziellen und personellen Ausstattung zunehmend in Frage gestellt. Dann folgte 1986, als Folge des Reaktorunfalls von Tschernobyl, die Gründung des Bundesumweltministeriums, in das auch die Abteilung Naturschutz des BML überführt wurde. Damit war die bewährte konstruktive Zusammenarbeit der Ressorts Jagd und Naturschutz innerhalb eines Ministeriums nicht mehr gewährleistet.

Die erste Panne passierte denn auch alsbald durch die bereits erwähnte Vollschonung der Rabenvögel. Eventuelle weitere, fachlich nicht gerechtfertigte Beschränkungen der Flugwildjagd hätte ich aus der nun geschwächten Position wohl auch nicht verhindern können – und so verabschiedete ich mich wieder in die Wildnis Alaskas. Dort fand ich die Zeit, den ersten Teil meiner Memoiren zu schreiben, die zwei Jahre später in Form des Buches „Zurück in die Wildnis" erscheinen sollten.

Mein väterlicher Freund hatte mir aufmerksam zugehört. Irgendwie schien ihm mein Entschluss zu imponieren. Doch dann kam die besorgte Frage: „Jo, aber vo was leben S' nacha jetzt?“ Ich konnte ihn beruhigen. Wieder einmal war es die Tierpräparation, der ich mich nun widmen wollte, und an Aufträgen mangelte es damals nicht.

Tierpräparation? Dafür hätte er sich schon immer interessiert. So ließ er es sich nicht nehmen, bei einem ihm bekannten Messerschmied anzuhalten, um mich mit einer Vielfalt verschiedener Schneidewerkzeuge einzudecken. Auch später kam immer wieder eine Sendung kurios gewachsener Hölzer aus La Garganta, die ich als Podeste für die Präparate bestens verwenden konnte.

Seit meinem letzten Besuch hier hatte sich einiges getan. Mit erstaunlichem Elan widmete sich der Herzog dem neuen Forschungsprojekt, nämlich der Geweihentwicklung der Hirsche, mit ähnlicher Methodik wie beim Rehwild. Ganze Berge von Abwurfstangen ließ er jährlich zusammentragen, um sie dann aufgrund individueller Merkmale am Petschaft einzelnen Hirschen zuzuordnen.

Bei der Größe der Objekte war dies nicht mehr in einer „Boandlkammer“ wie in Weichselboden möglich. In einer großen Halle waren die Stangen der einzelnen Jahrgänge reihenweise ausgelegt. Die Zuordnung zu den Abwürfen der Vorjahre machte daher beachtliche Laufstrecken erforderlich. Bei der Vielzahl von Hirschen, der Größe des Reviers und fehlender Wildmarkierung ließen sich die Abwurfserien nur in seltenen Fällen lebenden Hirschen zuordnen. Dies war in aller Regel erst nach deren Erlegung möglich.

Schon damals, und noch mehr während der folgenden sieben Jahre lieferte das Projekt wesentliche Erkenntnisse, die sich deutlich von denen des Rehprojekts unterschieden:

- Während beim eher kurzlebigen Rehwild die Böcke bereits mit drei bis fünf Jahren ihr stärkstes „Gehörn“ schieben, kulminiert das Hirschgeweih nach Masse und Endenzahl erst im Alter von zehn Jahren oder noch später.
- Die Geweihe nehmen ziemlich kontinuierlich zu, ihre Entwicklung ist also weit weniger von jährlich variierenden Umweltbedingungen, etwa hinsichtlich des Nahrungsangebots, abhängig. Schon Altmeister Frevert nannte daher das Rotwild „umweltstabil“, im Gegensatz zum „umweltlabilen“ Rehwild.
- Beim Rehwild konnte, wie bereits erwähnt, selektiver Abschuss im Grunde nichts bewirken. Ganz anders beim Rotwild. Hier gilt es, gut veranlagte Hirsche alt werden zu lassen.
- Dieses Konzept führte zu beachtlichem Erfolg: Die jährlich zehn stärksten Hirsche Spaniens stammten schon damals, und noch deutlicher in den folgen-

Mit erstaunlichem Elan widmete sich der Herzog seinem neuen Forschungsprojekt, den Hirschen von La Garganta.

den Jahren, alle aus La Garganta. Eine ähnliche Entwicklung also wie einst unter Frevert in Rominten. Nur hier ohne jegliche Fütterung, sondern allein durch konsequenten Wahlabschluss.

So bekam ich wieder Gelegenheit, nach des Herzogs Vorgaben auf Brunfthirsche zu waidwerken. Eine solche Pirschfahrt, am 13. September 1988, wird mir unvergesslich bleiben.

Es war so heiß, dass selbst Königliche Hoheit dem Drängen seines viel jüngeren Begleiters auf eine Siesta nach dem Mittagsmahl nachgegeben hatte. So bewegten wir uns erst am späten Nachmittag durch das felsige Gargantatal. Trotz der Knallhitze meldeten immer wieder einzelne Hirsche, unsichtbar in der dichten Maccie. Dann entdeckten wir einen hoch oben in den Felsen. Regungslos, wie ein Standbild, spitz von hinten. Daher war das sehr helle, wohl erst kürzlich gefegte, endenreiche Geweih nur teilweise sichtbar. Der Hirsch schien uns nicht zu bemerken. Das Ansprechen durch das 30-fache Spektiv war zudem beeinträchtigt durch die hitzeflimmernde Luft. Endlich ein erster Kommentar des Jagdherrn: „I moan, des is a oider Hirsch."

Dann das schon fast erwartete Kommando: „Jo, der is zum Nemma, macha S' Eahna ferdig."

Doch an Schießen war noch nicht zu denken: „Warten S', bis er se draht."

Wieder vergingen endlose Minuten, der Hirsch verharrte in ungünstiger Position. Dann hob er müde das Haupt, versuchte zu röhren, schaffte aber nur einen gequält klingenden Trenzer. Spontan äußerte der Herzog sein Mitgefühl: „Mehra bringat I a nimmer zsamm."

Dieser unerwartete Erfahrungsaustausch der beiden Senioren über ihr jeweiliges Liebesleben war meiner Konzentration vor dem Schuss natürlich höchst abträglich. Auch die anderen Begleiter erbebten im Bemühen, ihr Lachen zu unterdrücken. Hoffentlich drehte sich der Hirsch jetzt noch nicht. Doch genau das tat er, stand plötzlich breit. Raus war mein Schuss, und er lag im Knall.

Endlich befreiende Heiterkeitsäußerungen – jedoch jäh unterbrochen durch Fahrer Hirschberger: „Hoheit, der Hirsch werd hoch." Tatsächlich, er war wieder auf den Läufen. Der jetzt zu hastig abgegebene Schuss ging fehl, der Hirsch verschwand im Gebüsch, tauchte aber nochmals auf. Der dritte Schuss warf ihn wieder zu Boden, doch ich blieb im Anschlag. Unglaublich, aber die Szene wiederholte sich, und erst nach dem vierten Schuss roullierte der Hirsch und zeigte die Unterseite. Korallenrot rieselte es aus dem auf beide Stangen gestützten hochliegenden Haupt.

Erstaunlich behende überwand der 83-Jährige den felsigen Steilhang. Das „Kraxln im Gebirg" war eben von jeher seine Leidenschaft. Lange betrachtete er wortlos die Beute, nachdem wir sie auf die Seite gewälzt hatten. Dann die Beurteilung: „Doktor, der Hirsch is net oid, der is aa net uroid, der is senil." Er wäre wohl der älteste, der je in La Garganta zur Strecke kam. Das Haupt schmal und kantig, die Lichter tief in den Höhlen, der Körper mager und die Muskulatur am Träger auffallend geschwunden – so ähnelte der Hirsch eher einem Alttier. Wieder reizte den Herzog der Anblick des gestreckten Altersgenossen zum Vergleich: „Schaun S' bloß mi o, meine Arm san aa so dürr wia bei am oiden Weib."

Inzwischen erschien auch der Schwiegersohn des Herzogs, Fürst Waldburg-Zeil am Erlegungsort, bekam diese letzte anschauliche Erläuterung noch mit, um sie gleich treffend zu kommentieren: „Papa, wenn alle alten Weiber so gut aussehen würden wie du, dann wäre manches leichter in der Welt." Erheiterte Zustimmung meinerseits.

Der Blick in den Äser bestätigte einmal mehr das greisenhafte Alter des Hirsches: die Backenzähne bis auf das Zahnfleisch abgeschliffen, von den vorderen jeweils nur noch die beiden Wurzelstumpen zu erfühlen. Noch nie hatte ich einen derart abgenutzten Unterkiefer gesehen. Selbst der vor Jahren in der Mongolei erlegte uralte Steinbock war in dieser Hinsicht noch besser dran gewesen.

Wie alt mochte er wohl geworden sein, dieser Methusalem? In mittel- und osteuropäischen Revieren hätte man ihm auf Grund seines Gebisses mindestens 20 Jahre gegeben. Doch aus diesem Gebiet lagen noch keinerlei Erfahrungswerte

Der Methusalem vom Gargantatal

vor. Die harte Maccie-Äsung mit wohl geringem Calciumgehalt könnte zu früherem Verschleiß der Zähne führen, räumte der Herzog vorsichtig ein.

Trotz seines Alters hatte der Hirsch nicht nur ein immerhin 16-endiges Geweih geschoben, sondern sich offensichtlich auch noch an Brunftkämpfen beteiligt, wie die abgebrochenen Aug- und Eissprossen belegten. Bemerkenswert war schließlich auch seine Reaktion auf die Schüsse, denn alle drei saßen im Bereich des Blatts.

Per Funk wurde das Jagdpersonal mit der Bergung des Wildes beauftragt. Dann ging es zurück zur Finca, wo wir bei hochsommerlichen Temperaturen diesen unvergesslichen Jagdtag im Freien ausklingen ließen. Mit spanischem Rioja-Rotwein natürlich. Und mit der Begründung, die mein befreundeter polnischer Kollege Zygmunt Pielowski bei solchen Gelegenheiten zu zitieren pflegte: Damit der Hirsch auch weiß, dass er von anständigen Jägern erlegt wurde ...

Zudem beschloss ich, diesmal die nächtliche Zeremonie nicht schon um Mitternacht mit dem Hinweis auf das frühe Aufstehen am frühen Morgen zu beeinträchtigen. Nein, diesmal mochte mein Königlicher Gastgeber entscheiden, wann es Zeit wäre, Schlafen zu gehen. Denn ich ahnte bereits, nie mehr würde ich einen solch alten Hirsch bekommen wie diesen Methusalem vom Gargantatal.

An Gesprächsstoff war kein Mangel. Manchmal hatte ich den Eindruck, es wäre dem Herzog ein Anliegen, seinen reichen Erfahrungsschatz an den jüngeren Kollegen weiterzugeben. Mit der schmeichelhaften Begründung: „Wissen S', sia san koa Schbinner." Ich verstand, was er damit meinte. Spinnerei nannte er den damaligen wild- und jagdkritischen Fanatismus einiger Wildbiologen, die insbesondere im Hochwild eher elitäres Statussymbol der Begüterten denn ein eindruckvolles Element der Fauna sahen. Fehlende Gelegenheit, diese Wildart auch selbst einmal in der jagdlichen Praxis kennenzulernen, mag diese negative Einstellung gefördert haben. Vor einer solchen Entwicklung wollte mich der Jagdherr bewahren – und das ist ihm voll und ganz gelungen.

Um Mitternacht zieht sich das Personal zurück. So war es an mir als dem Jüngeren, dessen Aufgabe zu übernehmen. „Königliche Hoheit, darf ich Ihnen nachschenken?" Seiner Antwort „Jo, do brauchn S' ab jezd nimmer frogn, des kenna S' ab jezd immer" folgt alsbald die Erklärung: „Wissen S', mit'n Oider geht des Saufn immer besser." Das lässt ja hoffen, dachte ich, äußerte allerdings Zweifel an der Allgemeinqualität dieser seiner Erfahrung. Doch er konterte mit einer weiteren: „A Krankheid, dia wo mit Rotwein net zum Kurieren is, dia is unheilbar." Also blieben wir bei dieser wohlschmeckenden Medizin.

Unter das Röhren der Hirsche mischten sich gelegentlich die dumpfen Rufe eines Uhus aus der Felswand. Sie erinnerten mich an das kapitale Weibchen dieser Großeule, das mich als „Hüttenuhu" jahrelang bei der Krähenjagd unterstützte. Schade, dass diese faszinierende Jagdart dem generellen Verbot der Jagd mit lebenden Lockvögeln zum Opfer fiel. 1 400 Rabenkrähen hatte ich damals im Rahmen meiner Dissertation erlegt, insgesamt mögen es wohl 2 000 gewesen sein. Einen großen Teil davon hatte ich diesem Uhu zu verdanken. Auch mir dienten sie gelegentlich als Nahrung.

Der Herzog war begeistert. War er doch als Berufsjäger früher auch mit der Niederwildhege befasst. Und zwar zu einer Zeit, als man Raubzeug und Raubwild noch mit „Feuer und Schwert" bekämpfte, d. h. ihm mit allen Mitteln zu Leibe rückte. Nun hatte er also auch auf diesem Gebiet einen interessierten Zuhörer. So wie mir einst die Krähen hatten es ihm die Füchse angetan. Nicht nur zum Wohle des Niederwildes, sondern noch mehr wegen des damals hohen Balgpreises. Denn während des erwähnten politischen Exils der herzoglichen Familie bedeutete deren Erlös einen nicht unbeträchtlichen Teil des ungeregelten Einkommens. Bei der allgemeinen wirtschaftlichen Not nach dem ersten Weltkrieg war überhaupt jedermann, legal oder illegal, auf die Erbeutung möglichst vieler Füchse aus.

Aber warum nur war Erbprinz Albrecht so viel erfolgreicher gewesen als andere? Wie hatte er es geschafft, von einem Ansitz mit drei oder vier Füchsen heimzukommen, während andere Waidmänner oft leer ausgingen? Auf alle derartigen Fragen hatte er sich in Schweigen gehüllt. Die Erfolge bildeten den Nährboden für Neidgefühle, aber auch für Spekulationen verschiedenster Art. Eine besondere Witterung müsse da im Spiel sein, die Füchse magisch anziehe – so das verbreitetste Gerücht, das dem Herzog schließlich zu Ohren kam.

Das war natürlich ein gefundenes Fressen gewesen. Denn „d' Leit derblecka", also gewissen Leuten einen Bären aufzubinden, das hatte ihm in jungen Jahren besonderen Spaß bereitet. Selbst jetzt spielte noch ein spitzbübisches Schmunzeln um die Mundwinkel bei der Erinnerung an sein Verhalten, um diesen Nimbus um das Erfolgsrezept zu festigen. So hatte sein Rucksack von nun an, stets deutlich zu erkennen, einen länglichen runden Gegenstand enthalten. Kein Zweifel, das musste die Flasche sein mit dem geheimnisvollen Elixier. Zumal der Herzog diesen Rucksack jetzt bewachte wie seinen Augapfel. In der Wirtschaft hing er nun nicht mehr wie bisher mit Flinte und Mantel am Gaderobenhaken. Nein, er lag stets griffbereit neben ihm auf der Bank. Selbst zur Toilette begab sich der beneidete Waidmann nicht mehr ohne sein wichtigstes Jagdutensil. Derlei Verhalten steigerte die Neugier der Waidgenossen ins Unerträgliche. Wie nur konnte man der geheimnisvollen Flasche habhaft werden? Hierzu musste sich doch einmal eine Gelegenheit bieten ...

Die kam tatsächlich eines Abends im Wirtshaus, nachdem der erfolgreiche Fuchsjäger „versehentlich" seinen Rucksack an den Kleiderhaken gehängt und auch danach „vergessen" hatte, ihn im Auge zu behalten. So kam, was kommen musste. Als man zu später Stunde zum Heimweg aufbrach, war der Rucksack leer, die begehrte Flasche gestohlen. Mit „Fuxwiddrung" war sie etikettiert gewesen, zum besseren Verständnis auch für weniger gebildete Diebe, erfuhr ich nun. Aber woraus bestand dieses effiziente Lockmittel, was enthielt die schon legendäre Flasche? Wieder das verschmitzte Schmunzeln, dann lüftete der Erzähler das Geheimnis: „Neibieselt hob I ..."

Also doch. Einen Lausbubenstreich hatte ich fast vermutet. Und der war voll und ganz gelungen, denn: „Dia ham des fei chemisch analysieren lassen." Vergnügt stellten wir uns die verdutzten Gesichter der solcherart bestraften Diebe vor. Doch mehr als das Ergebnis der Urin-Analyse interessiert mich nun das wirkliche Rezept des erfolgreichen Fuchsjägers, das er damals so geheim gehalten hatte.

Trotz der späten, besser gesagt frühen Stunde packt der Herzog aus. Der Schlüssel zum Erfolg war offensichtlich sein Einfühlungsvermögen in das begehrte Wild. Die anschaulichen Ausführungen ließen erkennen, er schien zu denken wie ein Fuchs. Er ahnte, was diesen interessierte, wo er folglich einmal auftauchen würde. An erhöhten Stellen im Revier, wo Greifvögel aufblockten und vielleicht etwas Fressbares übrig ließen. Oder jegliche Art von Gewässern, an denen eine Vielfalt von Beutetieren lebt oder tot angeschwemmt wurde. Danach wählte der Jäger seinen Ansitzplatz aus. Doch schon beim Anmarsch galt es, den Fuchs dorthin zu lancieren. Zu diesem Zweck hatte der Herzog ein höchst attraktives Ködergemisch aus verschiedenen stark duftenden Komponenten entwickelt, das er während des Marsches in Form kleiner Kügelchen von Zeit zu Zeit in den Schnee warf. Und zwar jeweils einige Meter *neben* seiner Fährte. So folgten die Füchse dieser unwiderstehlichen Witterung bis vor seine Flinte, manchmal mehrere während eines Ansitzes ...

„I denk, jetzt geh ma schlofn." Gegen drei Uhr morgens hatte auch der Herzog die nötige Bettschwere. Wir lehrten die Gläser und beschlossen auszuschlafen. – Der Methusalem war von „anständigen Jägern" erlegt worden.

Der „Kopfweh-Hirsch"

Sechs Jahre mussten vergehen, bis ich wieder einer Einladung nach La Garganta folgen konnte, denn in beruflicher Hinsicht hatte sich bei mir einiges verändert.

Anlass war ein Hilferuf aus Deutschland gewesen, der mich via Satellit in der Wildnis Alaskas erreicht hatte. Die Flugwildjagd wäre in Gefahr, man benötigte fachlich fundierte Argumente gegen die lediglich emotional begründbaren Aversionen aus Kreisen des Natur- und Vogelschutzes. Daher möge ich doch bitte zurückkommen. Auf die Zusage, mir die hierfür erforderlichen Arbeitsbedingungen zu schaffen, willigte ich ein.

So kam es am 21.3.1989 zur Gründung des Europäischen Wildforschungsinstituts, zunächst als Einrichtung der Universität des Saarlandes, später der Agricultural University of Poznán (Polen). Der Standort blieb weiterhin im Hochschwarzwald, wo ausreichend Büroräume, die Fachbibliothek, sowie Präparate der Fauna aller sechs Kontinente als Anschauungsmaterial zur Verfügung standen. Das Gebäude in Bonndorf-Glashütte hatte ich inzwischen erwerben können, um längerfristiges Arbeiten sicherzustellen. Als Leiter des EWI verfügte ich zwar wieder über ein geregeltes Einkommen, aber über viel weniger Zeit. Zumal nun auch die Tätigkeit als Präsident der CIC-Zugvogelkommission (seit 1987) nicht nur zusätzliche Arbeit, sondern auch die Teilnahme an verschiedenen Konferenzen, Kongressen und Symposien mit sich brachte. Unstet wie ein Zugvogel reiste ich durch die Welt. – Wenn man solche Veranstaltungen doch wenigstens in die Schonzeit verlegte ...

Aber jetzt, im September 1994, klappte es endlich wieder einmal. Diesmal flog ich nach Madrid und wurde von dort abgeholt. Dann saßen wir wieder beim Rotwein im mediterranen Ambiente der Finca. Der Herzog war sehr angetan von meinem beruflichen Status und der nun unmittelbar bevorstehenden Habilitation an der Uni Posen. Wir diskutierten einige Aspekte der soeben abgeschlossenen Habilschrift über den Einfluss der Jagd auf Tierpopulationen. Viele Erkenntnisse über die Kompensierarbeit jagdlicher Eingriffe hatte der Praktiker bereits erahnt und so freute er sich über deren Bestätigung durch exakte Experimente.

An den folgenden beiden Abenden konnte ich mir ein Bild machen, wie bemerkenswert sich die Qualität des Rotwilds seit dem letzten Besuch entwickelt hatte. Die „Abschusshirsche", von denen ich drei ältere Vertreter erlegen konnte, waren inzwischen wirklich kapital. Doch es gab noch wesentlich stärkere. So waren allein im Vorjahr die Geweihe von 65 Hirschen mit Medaillen ausgezeichnet worden! Eine beachtliche hegerische Leistung in relativ kurzer Zeit. La Garganta war weit und breit berühmt geworden. Selbst König Juan Carlos von Spanien kam immer wieder zur Jagd hierher.

Damit waren auch die ökonomischen Vorstellungen des Herzogs realisiert. Der Rotwildbestand bildete inzwischen ein beachtliches Kapital, dessen „Zinsen" in Form einer Monteria genutzt werden könnten, falls dies im Falle eines finanziellen Engpasses der Jagdverwaltung einmal notwendig wäre. *Eine* Monteria, also eine größere Gesellschaftsjagd, bei der alles Rotwild freizugeben wäre, würde die Population gut verkraften. Bei einer Standgebühr von einer Million Peseten würde er genügend Bewerber bekommen, denn jeder Jäger hätte auf diese Weise theoretisch die Chance, seinen Lebenshirsch zu erlegen.

Diesmal wollten wir auch Flugwild jagen. Schon während des letzten Besuchs hatte ich es auf Tauben versucht, war jedoch mit den wertvollen englischen Schwesterflinten des Herzogs nicht zurechtgekommen. Sie waren, entsprechend ihrer Verwendung bei der Jagd auf die in Spanien sehr hoch getriebenen Rothühner, mit eng schießenden Vollchoke-Läufen versehen. Folglich schoss ich die über den Lockvögeln kreisenden Tauben entweder vorbei oder zu Mus. Daher hatte ich nun, auf Anregung des Gastgebers, die eigene Waffe mitgebracht, eine von Fritz Gehri maßgefertigte Bockdoppelflinte mit offenen Wechselchokes.

Diesmal verwendeten wir lebende Lockvögel, nämlich eigens für diesen Zweck gehaltene Brieftauben. Sie wurden in kleinen Käfigen ins Revier transportiert. Wie früher mein Uhu bei der Krähenjagd, saß nun die Taube auf der Jule, durch kleine Geschühriemen am Davonfliegen gehindert. Neben mir im Schirm saß der „Secretario", ein spanischer Jagdhelfer. Zeigten sich irgendwo fliegende

Mein Secretario
mit der Brieftaube
als Lockvogel

Wildtauben, so zog er an einer Leine, um den Lockvogel zum Flattern zu veranlassen. Interessiert reagierten die wilden Artgenossen und begannen in guter Schussentfernung zu kreisen. Der Anflug an jenem Morgen war nicht sonderlich gut – ich bekam neun Ringel- und eine Turteltaube – und auch drüben im herzoglichen Schirm hatte es nicht oft geknallt.

Lagebesprechung am vereinbarten Treffpunkt. „Jetzt geh ma auf Antn."

Hatte ich recht gehört? Auf Enten jagen in diesem trockenen Gebiet? Und dann noch zu dieser Tageszeit, am späten Vormittag? Auf meine Fragen bekam ich keine klare Antwort, doch das verschmitzte Lächeln des Jagdherrn ließ einiges erwarten. Waren etwa die Bemühungen zur Hege des Wasserwildes so erfolgreich gewesen wie die hinsichtlich des Rotwildes? Wir begaben uns in die Nähe der genannten Feuchtgebiete und bekamen unsere Stände zugewiesen. Mit von der Partie war diesmal auch die Tochter, Fürstin Waldburg-Zeil.

Und dann kamen die Enten. Einzeln, paarweise, manchmal in kleinen Schofen, aber kontinuierlich und fast alle aus Richtung der für uns nicht einsehbaren Gewässer. Offensichtlich verstanden die treibenden Secretarios ihr Handwerk. Nun wurden wir unsere Patronen doch noch los.

Wenngleich mir bei dem guten Anflug wenig Zeit blieb, die Umgebung zu beobachten, so bekam ich doch Unvergessliches aus dem Nachbarschirm mit. Der nun fast 90-jährige Herzog litt zunehmend unter dem Grauen Star, hatte daher Probleme, schnell fliegende Objekte zu erkennen. Dieses Manko sollte der jun-

Nach erfolgreicher Entenjagd

ge Fahrer wettmachen, den er sich in den Schirm geholt hatte. Daraus resultierten dann immer wieder etwa die folgenden Konversationen:

„Hoheit, a Antn." – „Wo?" – „Do". – Bumm!

„Hat's es?" – „Na, no net". – Bumm!

„Jetzt hat's es." – „No is guat."

Doch die meisten Enten bekam er mit dem ersten Schuss. Erstaunlich, diese Trefferquote auf die für ihn ja nur schemenhaft erkennbaren Objekte. Aber das „Schwingen im Schuss", unabdingbare Voraussetzung für sicheres Schrotschießen, war eben dadurch wohl nicht beeinträchtigt.

Nach fast einstündigem Anflug und anschließender intensiver Nachsuche lagen 87 Stockenten auf der Strecke. 16 hatte die Tochter erbeutet, ich 30, aber Königliche Hoheit trotz des Handicaps 41!

„Bravo, ganz guat ham S' gschossn", meinte der Herzog nach der Jagd. Natürlich gab ich dieses Kompliment gleich an ihn zurück, doch er dementierte im bekannten Understatement: „Na, saumäßig hob i gschossn. Ham S' denn net gsehn, wia oft i hob nachschiaßn miasn?" Schon, aber keine Ente sei ihm entkommen, erinnerte ich. „Na, do ham S' halt net aufbassd".

Das Geheimnis dieses „Entenstrichs" blieb mir zwar verborgen. Geblieben ist die Erinnerung an eine herrliche Jagd in höchst angenehmer Gesellschaft.

Am vierten und letzten Tag sollte ich noch einen „Hirschen" erlegen, befand mein Gastgeber zu meiner Freude. Schließlich entdeckten wir einen mit abnormem Geweih unter einer Föhre im Bett sitzend. Die linke Stange war tief gegabelt, bestand eigentlich aus zwei Teilstangen. Ungewohnt viel Zeit benötigte der Herzog zum Ansprechen dieses nach meiner Meinung doch eindeutigen Abschusshirsches.

Der Hirsch selbst sah sich wohl auch als solchen, denn er wurde plötzlich hoch und war bereits in voller Fahrt, als ich grünes Licht bekam. An Schießen war nun nicht mehr zu denken, zumal er spitz von uns wegflüchtete. Doch ich verfolgte ihn im Zielfernrohr. Nach etwa 200 Metern erreichte er das Dickicht und verhoffte kurz. Nur das Haupt und das oberste Stück der Trägers waren noch zu sehen. Ein riskantes Unternehmen, aber ich war inzwischen gut vertraut mit der .300-Win.-Mag.-Büchse und hatte eine gute Auflage.

Auf den Schuss ging der Hirsch kurz zu Boden, ohne wirklich zu stürzen, denn er war sofort wieder auf den Läufen und ganz offensichtlich gesund. Dem Herzog war das Zeichnen des Hirsches entgangen. Wahrscheinlich war das Geschoss unmittelbar am Haupt vorbeigeflogen und nur die Druckwelle hatte den kurzen Schock verursacht.

Das Mittagsmahl wollte mir nicht recht schmecken. Sollten diese herrlichen Tage mit einem Fehlschuss enden? „Na, auf 'n Dreistangler brobier ma nomal", so der tröstliche Plan für den letzten Abend.

Nach längerem Suchen entdeckten wir den durch sein Geweih ja unverwechselbaren Hirsch. Anders als das übrige Wild ging er bei unserem Anblick sofort hochflüchtig ab und verschwand, diesmal gänzlich, in einem inselartigen Dickungskomplex. „Auweh, der wird no Kopfweh ham", vermutete der Jagdherr. Freiwillig würde er die Dickung nicht mehr vor der Dunkelheit verlassen. So blieb uns nur der Versuch, ihn herauszudrücken.

Camino bekam hierfür die nötigen Instruktionen und verschwand im Gestrüpp. Lange ging er darin hin und her, klatschte gelegentlich in die Hände. Der Gesuchte machte offensichtlich Wiedergänge, versuchte, sich immer wieder zu drücken.

Dann, als wir schon fast aufgeben wollten, brach der Hirsch doch noch aus und flüchtete bergan. Viel zu weit für einen sicheren Schuss. Auch als er oben am Hang endlich verhoffte, sah ich keine Chance mehr. Nach meiner Schätzung wohl 400 Meter.

„Papa, der is jetzt wirklich z'weit", meinte auch die Tochter. Doch der Vater, obwohl er den Hirsch nicht mehr sah, widersprach erneut vehement: „Na, der is net z'weit."

Endlich liegt der „Kopfweh-Hirsch“. Links neben dem Herzog seine Tochter, Fürstin Waldburg-Zeil und der Fahrer.

Als der Hirsch dann aus ihm sicher scheinender Entfernung zurückäugte, brach der Schuss. Treffer, das war noch im Zielfernrohr zu erkennen. Dann wartete ich auf das Geräusch des Kugelschlags, das bei der Entfernung erst mit beträchtlicher zeitlicher Verzögerung ankam. Ein eher hell klingender Schlag, der nichts Gutes ahnen ließ.

Dies bestätigte sich beim schwerfälligen Ziehen des Hirsches: hoher Vorderlaufschuss. Aber ich bekam noch eine Chance, hielt nun am Widerrist an – und sah den Hirsch zusammenbrechen, noch bevor uns der dumpfe Kugelschlag erreichte. Tiefes Aufatmen ...

Obwohl wir ein Stück Wegs mit dem Fahrzeug zurücklegen konnten, dauerte es noch lange, bis wir vor dem gestreckten Wild standen. Der letzte Schuss saß ideal, Tiefblatt. Jetzt klärte sich auch der rätselhafte Schuss des Vormittags: Die Kugel hatte die gegabelte Stange kurz über dem Rosenstock durchschlagen. „Also, nacha hot er wirklich a weng Kopfweh ghabt“, sah der Herzog seine Vermutung bestätigt.

Selbstverständlich fanden auch dieser Hirsch und der aufregende Jagdtag mit seinen Höhen und Tiefen gebührende Würdigung beim abendlichen Rotwein. Noch nie zuvor und auch später nie mehr hatte ich auf solche Entfernung auf Wild geschossen. Umso verwunderlicher, wie hartnäckig der Herzog zum Schuss gedrängt hatte. Doch der wusste wohl aufgrund jahrzehntelanger Erfahrung mit Jagdgästen, wem er was zumuten konnte.

Abschied

Im Sommer des folgenden Jahres kam überraschend eine Einladung. Nicht zur Jagd, sondern zu einem „Abendessen“ am 1. Juli 1995 im Schloss Nymphenburg bei München. Doch hinter der bescheidenen Ankündigung verbarg sich viel mehr: Königliche Hoheit hatte im bayrischen Königsee den zweitgrößten Hecht seines Lebens erbeutet, kurz nach seinem 90. Geburtstag. Dieses Geschenk Petri wolle er im Freundeskreis verspeisen, erfuhr ich vom Sekretariat auf meine telefonische Zusage. Wohl an die hundert Gäste konnte der Herzog begrüßen. Erstmals sah ich ihn am Stock gehen. Auf Grund von Hüftproblemen, wie er mir später erklärte.

Außer dem gewaltigen Hecht bot das Büfett eine Vielzahl von Fischarten und Meeresfrüchten, bestens zubereitet und delikat ausgelegt – ein unvergessliches Erlebnis im Ambiente des Wittelsbacher Schlosses. Zu später Stunde bat der Gastgeber vier wildbiologisch interessierte Gäste zu einer Besprechung ins Nebenzimmer. In Gegenwart seines ältesten Sohnes und designierten Nachfolgers, Erbprinz Franz, erhielten wir eine Einladung zur kommenden Hirschbrunft nach La Garganta – in Anerkennung langjähriger Zusammenarbeit. Natürlich waren wir hocherfreut, doch irgendwie beschlich mich das Gefühl der Endlichkeit alles Irdischen.

Die Hirsche hatten noch besser auf als im Vorjahr. Bei der Vielzahl gut veranlagter oder bereits kapitaler Geweihträger wurde es allmählich schwierig, typische Abschusshirsche zu finden. Einige respektable Erntehirsche waren bereits erlegt worden. Sie hatten auch international Aufsehen erregt. So verwunderte es nicht, das mich der damalige Präsident des Internationalen Jagdrats zur Erhaltung des Wildes (CIC), der Spanier Nicolas Franco um fachliche Informationen bat. Es ging um die diesjährige Verleihung der Edmond-Blanc-Medaille des CIC für besondere Hegeleistungen.

Das Entscheidungsgremium plädierte daraufhin für La Garganta als beispielhaft gehegtes Revier. Darin zeigte sich übrigens eine Trendwende im CIC, denn bisher war mit dem Edmond-Blanc-Preis der Erleger einer besonders starken Trophäe ausgezeichnet worden. Heute würdigt man damit sinnvollerweise das betreffende Revier bzw. die darin arbeitenden Berufsjäger, denen das begehrte Wild letztlich zu verdanken ist. Während des Galadiners der 42. CIC-Generalversammlung am 6. April 1995 im Hotel Paris in Monaco konnte Prinz Franz in Vertretung seines Vaters den Preis entgegennehmen.

Zunächst sollten die drei Kollegen das für sie noch weitgehend unbekannte Gebiet kennenlernen und waidwerken. Die Führung konnte der Herzog nun seinem qualifizierten Fahrer und Mitarbeiter Hirschberger überlassen, der – *nomen est omen* – inzwischen über jahrelange Erfahrung im Ansprechen von Hirschen verfügte. So konnte ich mich wieder der Taubenjagd und Vogelbeobachtung widmen. Auf meine Bitte nach einigen Rothühnern zu Präparationszwecken organisierte der Herzog ein kleines Treiben und hatte seinen Spaß an meinen anfänglichen Schwierigkeiten mit diesem pfeilschnell fliegenden Wild.

Das Abbalgen im Garten der Finca beobachteten er und zeitweise auch seine auf Besuch weilende zweite Tochter, Fürstin Quadt, mit Interesse. Sie sah ihrer Zwillingsschwester nicht nur verblüffend ähnlich, sondern war jagdlich gleichermaßen passioniert. Angeblich würde sie selbst der Vater gelegentlich verwechseln.

Während die anderen jagten, hatten wir wieder Gelegenheit zu plaudern. Da der Herzog selbst kaum außerhalb Europas gejagt hatte, interessierte er sich für viele Details meiner Eisbärjagd. Inzwischen hatte er auch das Buch „Zurück in die Wildnis“ gelesen. Besonders faszinierte ihn der Eskimo Slwooko, der sich und die anderen Walrossjäger nach dreiwöchiger Irrfahrt schließlich doch noch gerettet hatte. „Des muaß jo a Mordskerl sei“, was ich nur bestätigen konnte. Besonders beeindruckt hatte den Herzog die Mentalität der Eskimos, ihre Gelassenheit gegenüber Schicksalsschlägen und die Selbstverständlichkeit, mit der sie den Tod akzeptierten. Ob die vor der Christianisierung auch eine Religion gehabt hätten, einen Glauben ans Jenseits? Ich wusste es nicht, vermutete aber so etwas aufgrund ihres Totenkults.

Mehr als früher schien er sich mit diesen Fragen zu befassen. Ahnte er sein Ableben? „Eigentlich ghärat i längst ins Krematorium“, äußerte er unvermittelt, unter Hinweis auf gewisse Alterserscheinungen. Natürlich widersprach ich vehement. Nein, da gehören andere hin, er hoffentlich noch lange nicht. „Moana S’?“, zweifelte er. Jawohl, das meinte ich.

Doch wir blieben beim Thema. Der gläubige Christ war fest überzeugt vom Weiterleben nach dem Tod. Zwar war ich durch die Erziehung im großväterlichen Pfarrhaus während der Kriegs- und Nachkriegszeit ähnlich geprägt worden, doch später kamen immer mehr Zweifel aus naturwissenschaftlicher Sicht. Bislang gäbe es doch nicht den geringsten Beweis für ein Jenseits. Und welch grundverschiedene Vorstellungen hätte die Menschheit im Laufe der Jahrtausende hierüber schon entwickelt, vom Walhalla der Germanen bis zur Wiedergeburt auf Erden nach einigen fernöstlichen Religionen. „Was ist nun richtig? Im Grunde wissen wir doch gar nichts.“

Doch der sonst so kritische Wissenschaftler blieb bei seiner Überzeugung. Es wäre doch furchtbar, wenn nach dem Tod alles aus wäre.

Liegen in dieser Angst vor dem Nichts vielleicht die Wurzeln aller Religionen?

Und die vielen Tiere, die er im Laufe seines langen Jägerlebens erlegt hätte? Die würden auch weiterleben, das war für den Herzog keine Frage. Dann berichtete er von ähnlichen Diskussionen mit seinem langjährigen, längst verstorbenen Freund, dem bekannten Münchener Zoologen Heinz Heck. Bis zu seiner Erblindung hätte der auch alles Jenseitige in Frage gestellt. Erst durch diese göttliche Fügung wäre ihm dann allmählich „a Liacht aufganga".

Die Hühner waren abgebalgt, und die Häute für die Rückreise mit Salz konserviert. Nachdem die Kollegen erfolgreich gewaidwerkt hatten, war ich an der Reihe. Mit einem Ohr bekam ich die Anweisung an Hirschberger mit: „Schaun S', dass dr Kalchreuter no an rechtn Hirschen kriagt."

Irgendwie spürte ich, dies sollte meine letzte Pirsch in La Garganta werden. Insofern ließen wir uns Zeit, genossen noch einmal das herrliche Revier. Ein Hirsch mit vielendigem Geweih, oben in den Felsen ruhend, erregte uns beide gleichermaßen. Aber der wäre zu gut für mich, gab ich zu bedenken. Doch der Führer erinnerte an den Auftrag des Herzogs. „Wanner 's Alter hot, no miaßat er eigentlich bassn." Also warten. Schließlich wurde der Hirsch hoch, um bergauf zu ziehen.

Der Abschiedshirsch

Ein reifer Hirsch, das war nun klar. Sollte ich oder sollte ich nicht? Auf erneutes Zureden des Begleiters erreichte den Geweihten die Kugel, als er eben hinter dem Bergrücken verschwinden wollte.

Dann standen wir vor meinem bisher stärksten Hirsch, einem Zwanzigender! Nie und nimmer hätte sich der revierlose Jäger so etwas träumen lassen. In die unbändige Freude mischte sich allerdings noch die bange Frage: Was wird der Jagdherr dazu sagen? Doch der nickte nach unserer Rückkehr wohlwollend, um dann in typischem Understatement meine Bedenken vollends zu zerstreuen: „I moan, den kenna S' scho aufhenga."

Natürlich erhielt dieses Geweih, das bis heute mein stärkstes geblieben ist, im EWI-Museum einen Ehrenplatz unter den Hirschen von La Garganta.

Während der darauffolgenden Saujagd in Stammham am 21. November 1995 sollte ich Königliche Hoheit zum letzten Mal sehen. Nach einem bitterkalten, aber dennoch erfolgreichen Jagdtag – ich hatte eine einzelne Bache und einen Frischling bekommen – saßen wir bei Dunkelbier und später Rotwein im Köschinger Waldhaus.

Der Herzog, der offensichtlich unter der Kälte weniger gelitten hatte als mancher seiner Jagdgäste, war bester Laune. Im Alter von 90 Jahren hatte er sich auf Drängen seiner Angehörigen erstmals einer gesundheitlichen Vorsorgeuntersuchung, neuhochdeutsch „Checkup" genannt, unterzogen.

Er ließ mich raten, welches seiner Organe wohl am besten funktioniere. Mit Sicherheit das Gehirn, nahm ich an, im Hinblick auf sein fabelhaftes Gedächtnis selbst für Ereignisse der jüngsten Vergangenheit. „Na, d' Leber", widersprach er, „un des is bei an so bassionierten Säufer scho erstaunlich, moana S' net aa?" Natürlich meinte ich das auch, im Rückblick auf unsere nächtelangen Sitzungen.

Dann berichtete er von seiner neuesten Errungenschaft. Zum 90. Geburtstag hatte er sich „naie Augn gwinschd, wei de oidn nix mehr daugd ham". Die Trübung der Linsen infolge des Grauen Stars hatte ihm zunehmend zu schaffen gemacht. Daher seien diese durch Ultraschall zertrümmert, abgesaugt und durch künstliche Linsen ersetzt worden. Er war begeistert von der komplikationsfreien Operation.

Wie sich diese auf seinen Jagderfolg auswirkte, erfuhr ich bezeichnenderweise nicht von ihm, sondern erst später von einem Teilnehmer an einer Rothuhnjagd in Spanien. Mit 21 Schuss hatte der Herzog 19 getriebene Rothühner erlegt. Ohne Ansager wie damals bei der Entenjagd. Er hatte lediglich um einen Drehstuhl gebeten, weil seine Hüften das Mitschwingen auf die pfeilschnellen Hühner nicht mehr zuließen. Mit den Worten „Jo, jetza geht's wieder“ habe er das allseits mit Erstaunen aufgenommene Resultat kommentiert.

Zu später Stunde folgten Anekdoten aus seinem Leben mit der ländlichen Bevölkerung. Einmal hatten sie dicht gedrängt in einer Jagdhütte gesessen. Die angeregte Unterhaltung war plötzlich durch penetranten Gestank beeinträchtigt worden, dessen unanständiger Ursprung außer Zweifel stand. „Wer war die Sau?“ Natürlich hatte ein Sündenbock hermüssen. „Des war dr Hund“. Peinlich nur: „Is ja gar koa Hund do!“ Doch der Herzog war bei seiner Interpretation geblieben:“ „Der werd scho no kemma...“

Der ewige Lausbub machte sich auch an diesen Abend nochmals bemerkbar. Einer seiner Gäste – ich kannte ihn aus meiner Zeit in Afrika – hatte besonders unter der Kälte gelitten und nun in der behaglichen Wärme der Gaststube zu tief ins Glas geschaut. Jetzt wollte er sich wieder eine Zigarette anzünden, jedoch am verkehrten Ende. Meinen Versuch, ihn darauf hinzuweisen, vereitelte der Herzog: „Na, lossn S' ean no macha.“ Um dann spitzbübisch zu beobachten, wie der Filter über dem brennenden Streichholz schmorte. Nach einigen Zügen gab der beschwipste Raucher auf. „Schmeckt auch nicht mehr“, lallte er und entledigte sich des ekelhaften Glimmstengels.

Ungewohnt früh, gegen Mitternacht, verabschiedete sich der Gastgeber: „I schlaich mi jetzd.“ Von seinem Sohn Prinz Franz erfuhr ich den Grund. Er war erst am Vorabend von einer Flugwildjagd aus England gekommen und wolle am nächsten Tag in aller Frühe zu einer Fasanenjagd nach Ungarn weiterreisen. Auf mein Erstaunen über den ungebrochenen Unternehmungsgeist des Grandseigneurs erklärte der Sohn: „Warum sollte mein Vater im Alter etwas anfangen, was er im ganzen Leben nie gemacht hat, nämlich eine Jagdeinladung absagen ...“

Ich konnte mir damals einfach nicht vorstellen, dass es diesen vitalen Lehrherrn und Freund einmal nicht mehr geben sollte. Meilenweit schien er vom Grab entfernt. Umso bestürzender die per Telegramm übermittelte Nachricht von seinem Ableben, die ich nach Rückkehr von einer Dienstreise vorfand. In seinem Anwesen in Weichselboden hatte der nun 91-Jährige plötzlich das Bedürfnis verspürt, nach Schloss Berg zurückzukehren. Dort verstarb er am 8. Juli 1996 während des Mittagsschlafs. Er durfte so aus dem Leben scheiden, wie er es sich immer gewünscht hatte, einmal einzuschlafen und nicht mehr aufzuwachen.

Eine unübersehbare Trauergemeinde versammelte sich am 13. Juli in und um die Münchener Theatinerkirche, in der Kardinal Friedrich Wetter das Requiem zelebrierte. Prominenz aus Europa und das bayrische Volk verabschiedeten sich vom aufgebahrten Chef des Hauses Wittelsbach, in dem viele eben immer noch ihren „Kini“, den bayrischen König gesehen hatten. Gemäß seinem Wunsch wurde er am Abend im engsten Familienkreis beim Kloster Andechs beigesetzt. Die Leitung des Hauses Wittelsbach und den Titel „Herzog von Bayern“ übernahm sein damals 64-jähriger Sohn, Erbprinz Franz von Bayern.

Mit Herzog Albrecht war eine jagdliche Ära zu Ende gegangen. Wie kaum ein Zweiter hatte er die segensreiche Kombination von umfassender jagdpraktischer Erfahrung mit kritischem, wissenschaftlichem Verstand verkörpert. Von seiner kritischen Ironie blieb keiner verschont – auch nicht er selbst, wenn ihm einmal eine Fehldiagnose unterlaufen war.

Leider wurde das in La Garganta begonnene Projekt zur Geweihentwicklung des Rotwildes entgegen seinem testamentarischen Willen nicht weitergeführt und auch das bereits beachtliche Material nicht ausgewertet. Dem Vernehmen nach war jedoch die jagdwirtschaftliche Kalkulation voll aufgegangen. Das Revier wurde verkauft und brachte wegen der berühmten Hirsche ein Vielfaches des ehemaligen Kaufpreises ein. Es ging an ein englisches Adelshaus über, Eigentümer ist nun der Herzog von Westminster.

Glücklicherweise war es Herzog Albrecht auch vergönnt, sein „Jagdliches Vermächtnis“ noch abzuschließen. Ein Jahr nach seinem Tode erschien das hoch interessante Buch im Parey-Verlag. Sehr gefreut habe ich mich auch über die 1998 geprägte Erinnerungs-Medaille. Sie ziert jetzt die Galerie der Garganta-Hirsche im EWI-Museum.

Festzug anlässlich der Feier des Jubiläums zum 100. Geburtstag Herzog Albrechts von Bayern

So wollen wir ihn in Erinnerung behalten.

Am 3. Mai 2005 wäre Herzog Albrecht 100 Jahre alt geworden. Wie lebendig die Erinnerung an diese Persönlichkeit geblieben ist, das zeigte die große Zahl von Gästen, die der Einladung seines Sohnes, S.K.H. Herzog Franz von Bayern zur Feier dieses Jubiläums im Königlichen Schloss Berchtesgaden gefolgt waren. Der Gedenkgottesdienst in der Stiftskirche beeindruckte auch durch die Teilnahme der Kompanie der Gebirgsschützen, der Böllerschützen, vieler Fahnenabordnungen, Musikcorps und Trachtenvereine. In geordnetem Festzug präsentierten sie sich vor und nach dem Gottesdienst einer unübersehbaren Menschenmenge im Hof des Schlosses.

Während des Empfangs im Schloss vermittelten gut vorbereitete Reden den Gästen nochmals einen Überblick über das Lebenswerk Herzog Albrechts. Eine bleibende Erinnerung daran findet sich nun im ehemaligen „Kornstadel" des Schlosses in Form des Wittelsbacher Rehmuseums. Es enthält das gesamte einst in Weichselboden gesammelte, dann im Jagdschloss Grünau zwischengelagerte Material zur Biologie des Rehwildes. Eine Führung durch den Direktor des Deutschen Jagdmuseums, Bernd Ergert, der die Sammlungen didaktisch klug aufgebaut hatte, beendete die Feier wohl ganz im Sinne des Jubilars. Dessen Schreib- und Arbeitstisch steht noch da, als hätte er ihn nur für eine kurze Unterbrechung verlassen ...

Gedanken zur Trophäenjagd

Nach für uns beide recht kurzer Nacht – die Ausführungen über den verehrten Herzog hatten bis in die frühen Morgenstunden gedauert – geht die Sonne über den Rinderweiden vor dem alten Jagdhaus auf. Nicht sattsehen kann ich mich an diesem malerischen Ausblick über Wiesen und Wälder bis hin zur Wutachschlucht im Norden. Kuhglocken in einem Mix aus verschiedenen Klangfarben sind die einzigen Geräusche, die von draußen zu vernehmen sind.

Wir starten mit bekannt rustikalem Frühstück in diesen sonnigen Tag. Im Hintergrund läuft der Fernseher, vermittelt Nachrichten-Highlights in die Stube des Einsiedlers. Stoff für angeregten Gedankenaustausch über Tagespolitik und Weltgeschehen. Dann komme ich wieder auf die gestern betrachteten Hirschgeweihe zu sprechen. Zwar verstehe ich das Motiv des Sammelns für ein Museum als Anschauungsmaterial. Aber gegenüber der ja viel weiter verbreiteten Trophäenjagd hege ich als Nichtjägerin doch sehr gemischte Gefühle. Wieso hängt man Trophäen auf? Eigentlich sind es doch nur Totenschädel mit Geweihen dran. Verleihen sie so einem Raum nicht eher das Ambiente eines Gebeinhauses, eines Friedhofs?

Der Hausherr lässt sich durch meine bewusst provokante Frage nicht aus der Ruhe bringen. Er stimmt dieser materiellen Betrachtungsweise sogar zu. Aber viel entscheidender sei der ideelle Wert einer Trophäe. Und zwar für den Erleger. Eigentlich nur für den.

Der aus dem Griechischen abgeleitete Begriff bedeute „Siegeszeichen“, also Erinnerung an einen Sieg. Die siegreiche Fußballmannschaft nehme den hart errungenen Pokal als Trophäe nach Hause. Für den erfolgreichen Jäger habe der Kopfschmuck des Wildes dieselbe Bedeutung. Er erinnere ihn an ein jagdliches Erlebnis, an eine eventuell schwierige Erlegung.

Eine sehr treffende Definition habe er mal irgendwo gelesen: „Trophäen sind die Schlüssel ins Paradies jagdlicher Erinnerungen.“

Das mache die eigentliche Faszination der Trophäe aus.

Natürlich könne es auch zu unschönen Auswüchsen kommen, räumt Kuno ein: „Wenn die Trophäenjagd von Vorstellungen sportlichen Wettkampfs dominiert wird, sind Rekordsucht, ja ein regelrechter Trophäenkult die Folge. Wer hat das stärkste Hirschgeweih, den größten Bären, die Antilope mit den längsten Hörnern erbeutet? Sogar Medaillen – bronze, silber oder gold – werden vergeben. Je nach erzielten Punkten, ermittelt nach komplizierten Formeln zur Bewertung von Ge-

„Trophäen sind die Schlüssel ins Paradies jagdlicher Erinnerungen."

wicht oder Dimension. Mehr noch, die jeweils stärksten Trophäen werden mit dem Namen des Erlegers registriert und alljährlich in Buchform veröffentlicht." Was für ein Buch, will ich wissen, etwa ein „Guiness-Buch der Rekorde" für die Jagd? Ja, so könne man es nennen. So kann Wild zum Gegenstand der Renommiersucht werden.

Nein, er persönlich halte nichts von diesem Trophäenkult. Das jagdliche Erlebnis sei ihm wesentlich wichtiger. Insbesondere, wenn es auf ein älteres Stück Wild ginge. Die Erlegung solcher Senioren gelinge allerdings nur gelegentlich. „Einerseits", so Kuno, „sind sie relativ selten, da nur wenige Wildtiere das physiologisch mögliche Höchstalter erreichen. Die meisten verenden aus verschiedenen Todesursachen viel früher. Andererseits sind diejenigen, die es geschafft haben, alt zu werden, sehr erfahren und gewitzt. Haben gelernt, sich den Nachstellungen der Jäger zu entziehen – aber umso reizvoller fand ich stets, sie zu überlisten."

Zwar hätten sie im hohen Alter in der Regel nicht mehr die größten Trophäen. Das Hornwachstum lasse allmählich nach und könne nicht mehr die Abnutzung kompensieren. Auch die jährlich neu gebildeten Geweihe würden ab einem gewissen Alter kürzer, dafür aber oft an der Basis massiger. „Insofern sind solche Veteranen dennoch – oder vielleicht noch mehr – repräsentative Vertreter ihrer Art. Und darum ging es mir ja letztlich bei der Ausstattung des Museums."

Aber ist es nicht so, dass sich die meisten Jäger die Kronen der mittleren Jahrgänge wünschen, die ja die schwersten Geweihe bringen, die längsten Stangen tragen? Hat das denn nicht negative Auswirkungen auf die Wildbestände?

„Über diese Frage wurde zwar schon viel spekuliert", erklärt der Wildbiologe, „aber die Befürchtungen ließen sich nicht bestätigen. Durch die klassische Trophäenjagd wurde meines Wissens noch keine Wildart gefährdet. Die Erklärung liegt in erster Linie in der Tatsache, dass bei den weitaus meisten Arten nur die Männchen die begehrten Trophäen tragen. Weibchen bleiben unbehelligt. Und für die Fortpflanzung ist nur ein relativ kleiner Teil der Männchen-Kohorte erforderlich, weil alle Säugetiere polygam sind, also keine Paarbindung eingehen. – Nur der Mensch glaubt, er müsse monogam leben", fügt er grinsend hinzu.

„Da ist noch ein Grund, warum ich nie viel übrig hatte für die vor allem in Amerika verbreitete Rekordsucht, mit möglichst vielen Trophäen in das genannte Buch zu kommen", ergänzt er nun seine Ausführungen. „Jäger, denen Hornlänge und Hornumfang – gemessen in ‚inch': das amerikanische Längenmaß entspricht mit etwa 2,5 Zentimetern unserem früheren Zoll – wichtiger ist als alles andere, sind eher zu bedauern. Wenn zu deren Ausrüstung das Maßband ebenso zählt wie Büchse und Munition, dann kann die Freude über die Erlegung schnell dahin sein, sollte die Trophäe nicht den hochgesteckten Erwartungen entsprechen."

War er wirklich nie von dieser „Incheritis" befallen? Bei seinem jahrzehntelangen Umgang mit so vielen Jägern?

„Doch, einmal hat es mich auch erwischt. Und zwar bei einer Wildart, die mich wie keine zweite auf dem afrikanischen Kontinent faszinierte."

Wir begeben uns wieder in die Halle. Eine steile schmale Treppe führt vorbei an einem mächtigen schwarzen Büffelhaupt, an Antilopenhörnern und Massaispeeren zu einer Empore, von der sich das Museum aus ganz anderem Blickwinkel zeigt. Ein Flair von Afrika strahlt diese Bühne aus. Auf einer Eckbank an einem mit Fell belegten runden Tischchen machen wir es uns bequem.

Vis-à-vis das Haupt des mächtigsten Landtieres überhaupt, des Afrikanischen Elefanten. In dieser Atmosphäre fällt es nicht schwer, dem Erzähler zu folgen. Denn ich will natürlich wissen, welche Wildart ihn in der genannten Weise faszinierte.

Der Weltrekord

Am Fuße des Meru

So titelte das Buch der legendären Margarete Trappe, das längst zu den Klassikern der Afrika-Literatur zählt. Hier, wo sie Anfang des 20. Jahrhunderts wirkte, begannen auch meine jagdlichen Erlebnisse unter dem Äquator.

Golden erglühen die Gletscher des Kilimandscharo in den letzten Strahlen der rasch sinkenden Sonne. Vom Nachbarberg, dem Mount Meru, beobachten wir das eindrucksvolle Schauspiel.

Es ist mein erster Besuch im Revier des inzwischen ebenfalls legendären Dr. Andreas von Nagy, von seinen Freunden genannt „Bandi". Wie einst Frau Trappe hat der gebürtige Ungar hier seine jagdlichen Träume verwirklichen können. Gleich zu Beginn meiner fast zweijährigen Tätigkeit als Instruktor am „College of African Wildlife Management" in Tansania im Dezember 1973 hat er den jungen deutschen Wildbiologen eingeladen, um sich mit ihm auszutauschen.

Trotz der hochsommerlichen Jahreszeit wird es hier oben am Berg nachts empfindlich kühl. Wir begeben uns in das idyllisch gelegene Obere Jagdhaus. Petroleumlampen verbreiten warmes Licht in der Eingangshalle, im offenen Ka-

Afrikanische Idylle am Meru: Dr. von Nagy in Begleitung von Marion Löwenstein mit den Schweißhunden

min prasselt das Holzfeuer. An den Wänden Trophäen von einer mir unbekannten Wildart. Während der schwarze Diener in grüner Livree und in weißen Handschuhen den ersten Whisky kredenzt, erläutert mir Bandi die Schädel mit den leicht gedrehten Hörnern. Sie stammen von Buschböcken (*Tragelaphus scriptus*), die hier im Bergwald zur Strecke kamen. Einige Erlegerfotos vermitteln einen Eindruck von der knapp damtiergroßen, mit weißen Punkten gezeichneten Antilope.

„Ja, das ist der Rehbock Afrikas", bestätigt Bandi meine Vermutung, nachdem ich seinen Ausführungen über dessen Lebensweise mit wachsendem Interesse gefolgt war. Ob ich einmal auf diesen scheuen Waldgeist waidwerken wolle? Und ob! Ich bin begeistert.

Zwar ist vor einem halben Jahr ein völliges Jagdverbot über das ganze Land Tansania verhängt worden. Aber Bandi ist zuversichtlich. Er habe gute Beziehungen zu Staatspräsident Nyerere, der sich nicht nur vom damaligen Jagdkritiker Prof. Grzimek, sondern auch von ihm beraten lasse. Auch der College-Leiter Dr. Nyahoza erreicht Ausnahmen vom Jagdverbot, sodass wir das jagdliche Lehrprogramm während der Safaris mit unseren Studenten in gewohnter Weise durchziehen können.

„The bushbock is my favorite of all of Africa's antelope", wird später einmal der langjährige Afrikajäger und mehrfache Buchautor Craig Boddington schreiben Mir geht es bald ebenso.

Fast alle größeren ostafrikanischen Antilopen kann ich mit den Studenten erbeuten. Wir jagen sie in der Steppe, im Miombo, dem lichten Trockenwald, im Dornbusch oder in den Sümpfen um den Victoriasee. Am eindrucksvollsten aber sind doch Pirsch und Ansitz auf den Buschbock in der zauberhaften Umgebung des tropischen Bergwaldes am Fuße des Meru. Ein Urwald in des Wortes ureigenster Bedeutung. In verwirrender Artenvielfalt Baumgewächse verschiedenen Alters auf engstem Raum. Sie leben und sterben hier ohne jeden menschlichen Eingriff. Armlange Flechten hängen wie Lametta vom Geäst, verleihen dem grünen Waldesdämmern die Feierlichkeit eines Märchenwaldes. Immer wieder führen Niederschläge zu dichtem Nebel. Fast gespenstisch wirken dann Lianen und Baumfarne und die mit feuchtglänzenden Moospolstern begrünten modernden Baumleichen.

Und feierlich still ist es hier oben. Ab und zu beschweren sich Colobusaffen im langen schwarzweißen Pelz lautstark über den einsamen Jäger. In den höchsten Baumkronen sitzend sind sie eher zu ahnen als zu sehen. Lautlos gleiten farbenprächtige Turakos von Ast zu Ast.

Morgens und abends schrillen Tausende unsichtbarer Zikaden in ohrenbetäubendem Wettstreit.

Der Pirschpfad führt gelegentlich über kleinere offene Matten, dann geht es vorbei an tiefen Schluchten mit rauschenden Bergbächen und wieder in undurchdringliches Dickicht.

Ist es das Geheimnisvolle dieses Lebensraums, das sich auf den scheuen Waldgeist überträgt? Ist es sein einsiedlerisches Verhalten, das den Buschbock von anderen Antilopen unterscheidet? Jedenfalls geht von ihm eine besondere Faszination aus, der auch ich mich nicht entziehen kann.

Dass er hier nicht einfach zu bekommen ist, das wird mir schnell klar. Doch ahne ich damals noch nicht, wie viel Geduld, wie viele Meilen Pirsch, ja wie viele Reisen ich im Laufe wie vieler Jahre in das „Unternehmen Buschbock" werde investieren müssen.

Jedes freie Wochenende zieht es mich vom College, gelegen am Fuße des Kilimandscharo, hinüber in den Bergwald des Meru. Doch höchst selten und allenfalls für einen kurzen Moment habe ich Anblick. Meist handelt es sich dann um die deutlich kleineren und heller braun gefärbten weiblichen Tiere. Die alten Bullen des in den Bergwäldern Ostafrikas lebenden Massai-Buschbocks sind dagegen sehr dunkel gefärbt. Diese Unterart gilt zu jener Zeit als die größte dieser südlich der Sahara weit verbreiteten Antilope.

Nie sehe ich einen jagdbaren Bock. Das Wild ist sehr scheu und heimlich, zählt es doch hier auch zur Hauptbeute des Leoparden. Weiße Punkte und Streifen auf der Decke bieten erstaunlichen Sichtschutz im Wechselspiel von Licht und Schatten im Dämmer des Dickichts.

Die weiße Zeichnung ist bei den einzelnen regionalen Unterarten verschieden ausgeprägt. In Westafrika erinnert sie an ein Pferdegeschirr, was dem Buschbock auch den Namen „Schirrantilope" eingetragen hat. Reglos im Unterholz verharrend ist das Wild kaum zu entdecken.

Und noch etwas erinnert mich verblüffend an das heimische Rehwild: das Schrecken. Ein kurzes tiefes „Baah", wohl Ausdruck der Unsicherheit bei nicht erkennbarer Gefahr. Mbawala, also „Hundeantilope" heiße diese bellende Wildart daher auf Kisuaheli, erfahre ich später vom Afrikajäger Anno Hecker. Hier nennen sie die Chaggas „pongo", wohl auf Grund seiner Ähnlichkeit mit dem viel größeren, am Mount Kenia lebenden Bongo. – Dieses Schrecken ist in der Regel das Einzige, was ich vom ersehnten Wild mitbekomme.

Dank dieser Verhaltensweise hat sich der Buschbock in den verschiedensten Biotopen seines weiten afrikanischen Verbreitungsgebiets weit besser behauptet als andere Antilopen und Gazellen, die in ihren offenen Lebensräumen der rasch wachsenden menschlichen Bevölkerung weichen mussten. Er überlebte, wo immer genügend große Inseln waldiger Habitate erhalten blieben, trotz Jagddruck und Prädation. Auch in dieser Hinsicht erinnert er an unser Rehwild, das ja in der mitteleuropäischen Kulturlandschaft während fast zwei Jahrhunderten immer wieder Gegenstand politisch oder ideologisch motivierter Kampagnen war.

Auch meinen Nachstellungen hat sich der Buschbock vollständig entzogen, als ich 1975 meinen Dienst am Wildlife College beende und nach Deutschland zurückkehre. Ein Kaffernbüffel, ein Rotducker und ein Pavian sind mir zur Beute geworden – Erinnerungen an unzählige Jagden im Paradies des Bergwaldes.

„Du musst eben wiederkommen“, meint Bandi beim letzten Besuch. Durch diese freundliche Einladung ist der Abschied leichter zu ertragen. Nur, wann wird dies möglich sein?

Die Gelegenheit kommt schneller als ich dachte. Schon im darauffolgenden Jahr hatte ich meinen Dienst in der baden-württembergischen Staatsforstverwaltung quittiert, um mich ganz der wildbiologischen Forschung widmen zu können. Dazu zählt auch die Auswertung der Daten einer einjährigen Untersuchung an Flughühnern (*Pterocles*), von den Engländern „sand grouse“ genannt, die ich während der Zeit am College in der Ngaserai-Steppe durchgeführt hatte. Dank finanzieller Unterstützung durch die Deutsche Forschungsgemeinschaft kann

Einweisung ins Revier

ich die Ergebnisse während des 4. Panafrikanischen Ornithologen-Kongresses auf den Seychellen im November 1976 präsentieren.

Nun frei von jeglichen dienstlichen Verpflichtungen begebe ich mich anschließend wieder hinüber nach Tansania. „Du kannst bleiben, solange du willst", so die großzügige Begrüßung von Freund Bandi in seiner Lodge in Usariver unweit Arusha.

Jetzt bin ich nicht mehr wie früher auf einige Wochenenden angewiesen. Das Obere Jagdhaus am Meru ist nun mein ständiges Quartier. Den Tag über kann ich ungestört am Manuskript für mein erstes Buch „Die Sache mit der Jagd" arbeiten. Im nahen Gebüsch hängen Japannetze zum Fang von Kleinvögeln, an deren Bälgen damals das Staatliche Naturkundemuseum in Stuttgart interessiert war.

Und jeden Morgen und Abend, wann immer die Witterung es zulässt, bin ich hinter dem Buschbock her. Allerdings ähnlich erfolglos wie damals. Ein Schrecken im Unterholz, eine schemenhafte Bewegung im Dickicht, das ist das magere Ergebnis der Pirschgänge. Auch das abendliche Warten an den Blößen, an denen Bandi einfache Hochsitze hat erstellen lassen, bringt keinen Erfolg. Nur einmal sehe ich einen sehr dunklen Bock auf viel zu weite Entfernung über die Schneise ziehen.

Irgendwann muss es doch einfach klappen. Bandis frühere Gäste haben doch auch Erfolg gehabt. Viel besser als mir ist es offensichtlich auch Anno Hecker, einem meiner Vorgänger im Deutschen Projekt am Wildlife College, mit seinen Buschböcken ergangen. Hat er doch hierüber in seinem hochinteressanten Buch „Das ist Afrika!" Folgendes geschrieben: „Biotopbedingt sehr standortstreu, kann man sie – gewusst wie und wo – trotz ihrer Heimlichkeit recht leicht erbeuten." Dianas Gunst bedarf es dazu allerdings auch – und die fehlt mir offensichtlich.

Trotzdem ist es wunderbar in dieser Einsamkeit. Auch eine Trophäe wird mich später noch daran erinnern.

Eines Morgens nämlich pürsche ich im Einstandsgebiet von Büffeln, in dem auch Elefanten vorkommen. Um einen überraschenden Angriff durch solche Kolosse besser parieren zu können, führe ich eine Büchse im Kaliber .458 Winchester Magnum. Im dichtesten Gestrüpp entdecke ich die schemenhaften Umrisse eines Suni (*Neotragus moschatus*), einer Kleinantilope, kaum größer als ein Hase. Der Zwölf Millimeter dicken Pille gelingt es, die dichte Vegetation zu durchdringen und das Suni zu strecken. Ein kapitales Böckchen und offensichtlich uralt. Fast ein Zentimeter hoch ist der unterste Teil der Hörnchen, bestehend aus vielen schmalen Altersringen. Nur unter der Lupe sind sie einigermaßen zu identifizieren.

So hochwillkommen dieses schwer zu erbeutende Stück für das Museum sein wird, so wenig Freude habe ich am Wildbret. Trotz stundenlangem Kochen bleibt es ungenießbar zäh, was meine Altersschätzung bestätigt. Schließlich schenke ich es dem schwarzen Personal, das immer scharf ist auf Fleisch. Was sie damit machen, werde ich nie erfahren. Übrigens, nur einmal, während einer Sammelexkursion in Alaska, ist mir so etwas schon passiert. Der Kern einer Schneeeule blieb aus demselben Grund so zäh und völlig ungenießbar, trotz beträchtlichen Hungers.

Das größere Problem ist nun die Präparation des Schädels. Auch dessen Fleisch bleibt so zäh, dass es sich nicht von den Knochen lösen lässt. Diese Arbeit übernehmen schließlich die großen Ameisen hinter dem Jagdhaus. Ihre kraftvollen Kiefer säubern die Trophäe zu meiner vollsten Zufriedenheit.

Sehr selten, wenn überhaupt, habe ich – bezogen auf die Körpergröße – solch altes Stück Wild erbeutet. Nur dank seines kleinen Territoriums im dichtesten Gestrüpp, den es vielleicht kaum mehr verlassen hat, konnte das Suni-Böckchen viele, viele Jahre überleben.

Ja, so ein Buschbock, das wär's. Sicher gibt es einen solchen Methusalem hier irgendwo im Bergwald. Aber wenn er sich ähnlich verhält wie das Suni, und darauf deutet nun alles hin, dann bedarf es schon des geballten Wohlwollens von Diana und Hubertus, ihn zu bekommen.

Eine nette Abwechslung ist das Treffen mit Ndessokia, einem meiner ehemaligen Studenten am College, drunten in Usa-river. Er hatte einst große Schwierigkeiten, das Schießen zu erlernen. Selbst in meiner Freizeit musste ich ihm Nachhilfe-Unterricht geben, bis es auf einmal überraschend klappte. Nun ist er sogar Chef der Wildererbekämpfung seines Distrikts. Begeistert berichtet er von einer Patrouille, während der er sogar den Reifen eines flüchtenden Fahrzeugs treffen und so mithilfe seiner Mannen die Bande festnehmen konnte.

Aus Dankbarkeit möchte er jetzt seinen ehemaligen Schießlehrer in die nahegelegene Ngaseraisteppe einladen. Ob ich an einer Thomsongazelle (*Gazella thomsoni*) interessiert sei? Selbstverständlich! Damals hatten wir dort im Rahmen eines College-Projekts nur Grantgazellen erbeutet, für die kleinere Verwandte blieb keine Zeit.

Das Unternehmen gestaltet sich allerdings schwieriger als erwartet. Zwar entdecken wir bald einen älteren territorialen Bock, doch der scheint unsere Absicht alsbald zu durchschauen. Er bewegt sich stets außerhalb der Reichweite unserer kleinkalibrigen Büchse. In der völlig deckungslosen, topfebenen Steppe ist er einfach nicht zu überlisten.

Gegen Abend ändern wir unsere Taktik. Eine kleine Buschgruppe scheint das Zentrum seines Territoriums zu sein. Diese steuern wir an, Ndessokia setzt mich, vom Wild unbemerkt, im Busch ab und fährt davon. Offensichtlich zufrieden beobachtet der Bock die entschwindende Gefahr, um dann gemächlich zu seinem Einstand zurückzukehren. Auf nur 70 Meter empfange ich ihn mit einem Schuss auf den Stich.

Wie verdammt viel schwieriger ist doch ein Buschbock in seinem waldigen Lebensraum zu bekommen, denke ich während des letzten abendlichen Ansitzes an einer kleinen Blöße. Plötzlich knackt ein Ast, dann fegt ein kapitaler Buschbock mit hohem lyraförmigen Gehörn – vielleicht auf der Flucht vor einem Leoparden – unter dem Hochsitz durch, um im Dickicht zu verschwinden. Der zu hastig hingeworfene Schuss auf die Rückenlinie verfehlt sein Ziel.

Wie ärgerlich! Das wäre der Richtige gewesen!

Vorbeigeschossen. Deprimiert berichte ich nach Rückkehr vom Berg meinem Gastgeber vom Missgeschick. Brauche einige Whiskys, um mein seelisches Gleichgewicht wiederzuerlangen. Wie viel schöner wäre es gewesen, endlich den Erfolg jahrelangen Bemühens zu feiern. Es hat eben noch nicht sollen sein, tröstet Bandi den niedergeschlagenen Waidgenossen. Insgeheim freut er sich über diesen Anlass zum nächsten Besuch.

Nein, aufgeben will ich nicht. Noch nicht.

Weitere drei Jahre sind seither vergangen. Bin inzwischen als wissenschaftlicher Berater im Jagdreferat des Bonner Ministeriums für Ernährung, Landwirtschaft und Forsten etabliert. Habe nun zwar wieder ein geregeltes Einkommen, aber halt auch weniger Zeit für die Jagd.

Doch jetzt, im Januar 1980, will ich es wieder versuchen im geliebten Bergrevier. Der Tag ist ausgefüllt mit schriftlichen Arbeiten für das Buch „Das Wasserwild". Den Morgen und Abend verbringe ich auf vertrauten Pirschpfaden und Hochsitzen. Konzentriere mich dabei auf das vermutete Territorium des damals Vorbeigeschossenen. Aber ist er noch hier? Lebt er überhaupt noch? Ich weiß es nicht. Denn analog zum Feisthirsch in heimischen Wäldern gilt hier: „Der Buschbock ist ein Waldgespenst, das niemand sieht, das niemand kennt."

Sollte der Kapitale noch hier sein, wird er wohl keinen Rivalen in seinem Einstand dulden. So beschließe ich, bei der geringsten Chance keine Zeit mehr mit Ansprechen zu vertun. „Der Geschwindere ist der Gesündere" – nach diesem Motto versucht auch das Buschwild sich dem Angriff von Leopard und Mensch zu entziehen. Also schneller schießen.

Mein Standquartier, das Obere Jagdhaus am Meru. Bandi erkundigt sich nach meinem Jagderfolg.

Eines Sonntagmorgens, da ist es mir, als wenn ... Nach einem unglaublichen Gewitterregen, wie ich ihn nur aus den Tropen kenne, kann ich fast lautlos pirschen. Kein Blatt raschelt, kein Ästchen knackt unter dem Tritt. Da, ein dunkelbrauner Fleck zwischen Lianen. Eindeutig ein Bock – das kann nur der Gesuchte sein. Schemenhaft ist das Blatt zu erkennen. Rums, draußen ist der Schuss.

Stille, kein Abspringen, nichts. Erwartungsvoll arbeite ich mich durch die Vegetation. Tatsächlich, da liegt er, ein Buschbock – aber nicht der erhoffte Kapitale. Viel schwächer im Wildbret und im Gehörn. So eine Enttäuschung. Zwar habe ich, entgegen meinem ersten Eindruck, keinen Jüngling gemeuchelt. Nein, die etwa zwölf Inch hohen Hörner sind blank poliert, und das Wachstum an den Basen ist abgeschlossen. Auch das Gebiss weist ihn später als reifen Bock aus. Aber es ist eben nicht der für diese Region typische Massai-Buschbock.

Auf den Schussknall sind drei Arbeiter vom Jagdhaus losmarschiert. Die sind hocherfreut, denn nun gibt es Fleisch, auch für sie. An einer Stange tragen sie die Beute hinab.

Wie an jedem Sonntag erscheinen wenig später Bandi und seine ebenfalls jagdlich passionierte deutsche Sekretärin Marion Löwenstein. Sie ist begeistert, aber er lächelt eher mitleidig. „Ist genau so, wie wenn du hast in Ungarn frei Kapitalhirsch – und erlegst nur Fünf-Kilo-Hirsch." Der Kommentar hat mir gerade noch gefehlt.

Aber dann freuen wir uns doch. Das ist eben der Anfang, tröstet Bandi. Du musst eben weiterjagen „auf kapitale Bock".

Daraus wird nun nichts mehr. Einen herrlichen Tag erlebe ich noch mit Bandis Neffen, dem „kleinen Bandi", in der Gegend um den Manyarasee. Für die Löwen im Privatzoo Usa-river müssen wir Fleisch liefern. Mit drei Gnu-Bullen und einer Thomsongazelle erledigen wir den Auftrag.

Schließlich gelingt es meinem Gastgeber noch, ein Treffen mit Prof. Bernhard Grzimek zu arrangieren. „Ist historische Moment", würdigt Bandi den Gedankenaustausch zwischen dem prominenten Naturschützer und dem Vertreter der Jagd aus dem Bonner Ministerium.

Das Gespräch verläuft in kollegialer Atmosphäre. Hat doch Grzimek im Laufe der Jahre die Bedeutung der Trophäenjagd für die Erhaltung des afrikanischen Wildes und seiner Lebensräume erkannt und seine frühere Aversion gegen jegliche Jagd korrigiert. Bandis Einfluss ist dabei unverkennbar.

Dann muss ich wieder zurück nach Bonn, um eine Dienstreise nach Japan vorzubereiten.

Viele Jahre vergehen. Am Mount Meru werde ich nicht mehr jagen können. Nach der politischen Wende in Ungarn kann Bandi in seine Heimat zurückkehren und sich am Plattensee (Balaton) niederlassen. Zu gerne würde ich ihn in seinem idyllischen Domizil besuchen, doch dann kommt völlig überraschend die Nachricht vom Ableben des inzwischen Achtzigjährigen.

Doch der Buschbock steht weiterhin ganz oben auf der jagdlichen Wunschliste. Zumal ich bei gelegentlichen Arbeiten mit Jagdfreund und Präparator Wolfgang Schenk in der Häusgesmühle bei Daubach in der Eifel stets daran erinnert werde. Er hatte nämlich 1966 am Mount Kenia den damaligen Weltrekord des Massai-Buschbocks erbeutet! Immer wieder bewundere ich das Ganzpräparat mit dem 18 Inch hohen lyraförmigen Gehörn. Auch auf Jagdmessen in München und Dortmund ist er als attraktive Dekoration immer wieder zu sehen. Welch unglaublichen Dusel hatte Wolfgang an jenem Sonntag bei der Frühpirsch!

Oktober 1994. Nach Abschluss der im folgenden Kapitel geschilderten sehr erfolgreichen Safari im Muhesi-Gebiet erfüllt deren Organisator Franz Wengert meine Bitte zu einem Besuch in Usa-river. Dort hat sich während der verflossenen 14 Jahre nicht viel verändert. Wie damals leuchten die Gletscher des Kilimandscharo im Schein der Abendsonne. Beim kühlen Bier erzähle ich vom herrlichen, wenngleich nicht sonderlich erfolgreichen Jagen dort oben am Meru.

Dann berichtet Franz von seinen Erlebnissen mit einem Buschbock. Ja, er kennt einen, der dürfte noch stärker sein als der vom Schenk und damit wahrscheinlich der heutige Weltrekord. Zweimal ist er ihm begegnet drüben in seiner Jagdkonzession am Mount Gelai. Beide Male ist er nicht zu Schuss gekommen. Möge ihn einer seiner Jagdgäste erlegen – aber nur einer, der ihn wirklich zu schätzen weiß.

Diese Ankündigung reißt mich vom Stuhl. „Franz, einen solchen kenne ich!" Er versteht und ist einverstanden. Die erste Begeisterung weicht dann allerdings nüchternen Überlegungen: Bei meinem „bad luck" auf diese Wildart, wie soll ich da gar einen bestimmten, zudem sicherlich alten und entsprechend gewitzten Bock bekommen? Denn wenn der einfach zu kriegen wäre, würde er wohl längst nicht mehr leben.

Im Massailand

Zwei Jahre später, im November 1996. Hoch steht der Halbmond über der weit ausladenden Schirmakazie im Camp von Franz Wengerts „Windrose Safaris" nördlich von Arusha. Zum ersten Mal erleben die schwäbischen Jagdfreunde Dr. Fritz Wörwag und Kurt Klotz den Zauber Ostafrikas am Lagerfeuer. Die beiden wollen vor allem um den Lake Natron auf Steppenwild jagen. Ich habe nur ein jagdliches Ziel, nämlich den Weltrekord vom Mount Gelai.

Franz bringt mich selbst dorthin. Die Fahrt durch das Massailand ist immer ein Erlebnis, zählt doch dieses Hochland zu den eindrucksvollsten Szenarien Afrikas. Schirmakazien, Hecken aus Dornbusch, trockene Bachbetten, die nur während der Regenzeit Wasser führen. Dann wieder weite baumlose Grassteppen. Ins Bild gehören unabdingbar die Eingeborenen, die Massai, und ihre Viehherden. Sie waren mir von jeher sympathisch. Ich kannte sie von meinen früheren Arbeiten in der Ngaserai-Steppe. Groß und sehr schlank, meist mit einem Speer bewaffnet, durchqueren sie mit langen Schritten die Steppe, hüten ihre Rinder. Die rote Toga flattert im Steppenwind.

Gelegentlich passieren wir Krals aus meterhoch aufgeschichtetem Dornbusch, in denen das Vieh nachts Schutz vor Löwen findet. Solche Wälle umgeben auch die Manyattas, die Siedlungen der Massai, bestehend aus mehreren kuppelförmigen Hütten. Sie bestehen aus einem dichten Geflecht von Zweigen, das mit Lehm und Kuhdung verstrichen wird und so gegen Regen und Kälte schützt. Kinder rennen heraus, bestaunen die vorbeifahrenden Fremden. Offensichtlich kommen solche selten in diese einsame Gegend.

Immer deutlicher zeichnen sich die beiden Landmarken gegen das klare Firmament ab. Der Mount Lengai, der heilige Berg der Massai, und unser Ziel, der Mount Gelai. Beide viel kleiner als Kilimandscharo und Meru, verdanken sie ihre Existenz jedoch demselben geologischen Ereignis vor vielen Millionen Jahren. Die Kontinentaldrift bewirkte erhebliche Verschiebungen in der Erdoberfläche dieses Raumes. So brach einerseits der Ostafrikanische Graben ein, andererseits drang feuerflüssiges Magma aus dem Erdinneren nach oben und erstarrte zu den genannten Vulkanbergen. Im Krater des Mount Lengai kommt es noch heute zu vulkanischen Ausbrüchen.

„Ob der Rekord-Buschbock überhaupt noch lebt?", denke ich laut nach, während sich das allradbetriebene Fahrzeug am Gelai hocharbeitet. „Erlegt wurde er jedenfalls nicht", so die beruhigende Antwort von Franz. Allerdings nur durch reinen Zufall. Letztes Jahr hätte es ihn fast erwischt.

Ein Stammkunde, einer jener betuchten amerikanischen Trophäen-Freaks, war verrückt auf „spiral horns", also Antilopenarten mit gedrehten Hörnern. Die beiden Kudu-Arten zählen dazu, Eland, Nyala, Sita-tunga und eben der Buschbock. Von Letzterem hatte er alle in den verschiedenen Regionen Afrikas lebenden Unterarten erbeutet. Und zwar jeweils kapitale Böcke, die folglich mit seinem Namen im genannten „Buch" aufgelistet waren. Vor zwei Jahren hatte er im Moyowoshi-Gebiet, geführt von einem von Wengerts Jägern, den neuen Weltrekord der Sitatunga erbeutet. Was ihm jetzt noch fehlte, war ein entsprechender Massai-Buschbock. Doch solche gibt es in Wengerts Jagdkonzession nur am Mount Gelai.

Der heilige Berg der Massai: der Mount Lengai

Nun kannte ich diesen überaus beleibten „hunter" von Fotos im Magazin „Safari Times". Wie wollte denn der im Bergwald jagen? Ja, das sei das Problem gewesen, stimmt Franz zu. Mit über drei Zentnern durch Fast Food angefuttertem Gewicht habe er nicht pirschen können und wollen. Keinen Schritt habe er laufen wollen während der Jagd. Es sei Sache der Jäger, ihn mit dem Fahrzeug ans Wild zu bringen. In der Ebene hatte das immer wieder einmal geklappt. Zumal er ein erstklassiger Kugelschütze sei, für den auch weite Schussentfernungen kein Problem darstellten. Aber wie sollte die Methode hier oben am Berg funktionieren?

Inzwischen sind wir im eigentlichen Jagdgebiet angelangt. Herrlicher Bergwald wie drüben am Meru. Dann eine große Freifläche, einst entstanden durch einen Waldbrand und jetzt mit hecheldichter, brusthoher Strauchvegetation überwuchert.

„Darin halten sich Buschböcke besonders gerne auf", erläutert Franz und schildert seine Strategie, mit der er den beleibten Amerikaner zum Erfolg zu bringen versuchte. Er pirschte jeweils voran, kehrte dann zurück, um das Fahrzeug mit dem Dicken nachzuziehen. Tatsächlich entdeckte er auf diese Weise das Haupt eines sehr guten Buschbocks. Der fühlte sich in dieser Dickung sicher und hielt daher die Annäherung des Fahrzeugs auf etwa 150 Meter aus. Mit einem Meisterschuss durch den Träger fand diese seltsame Pirsch ein unerwartet erfolgreiches Ende – allerdings mit einem Nachspiel.

„Bwana, pongo kubwa sana, kubwa sana!" Wild gestikulierend deuteten die schwarzen Helfer plötzlich auf einen Buschbock mit geradezu monströsem Gehörn, der in hohen Fluchten dem Bergwald zustrebte. *Das* war der Weltrekord! Durch den Schussknall und den anschließenden Lärm bei der Beute war er erst hoch geworden. Franz beschwor seine Leute, die Klappe zu halten. Der Anblick dieses Traumbocks hätte seinem Klienten die Freude an seinem Erfolg vermiesen können. Doch der verstand zum Glück kein Kisuaheli und war zudem mit der Taxation seiner Trophäe befasst. Mit Sicherheit wird sie „das Buch machen". Er war überglücklich.

Den Weltrekord gibt es also noch. Ich sehe keine Veranlassung, den Bericht von Franz anzuzweifeln. Denn wäre er damals zur Strecke gekommen, hätte dies mit Sicherheit zur Publikation mit Erlegerfoto in den verschiedenen SCI-Organen geführt.

Ich weiß nun, wo ich suchen werde. Wenig später finden wir im Bergwald eine ebene Stelle, den geeigneten Platz für das „Fly camp", von dem aus ich jagen werde. Dort treffen wir Moma, einen „zivilisierten", also mit Hemd und Hose be-

Unser kleines Camp im Bergwald des Mount Gelai

kleideten Massai. Er wird dich hier als Butler betreuen, erklärt Franz. Am Fuß eines mächtigen, mit langen Flechten behangenen Baumes hat er eine Feuer- und Kochstelle eingerichtet. Daneben seinen Unterschlupf, eine an zwei Stöcken hochgezogene Plane. Unweit davon errichten wir für mich das mitgebrachte Rundzelt und verstauen darin außer meinen persönlichen Utensilien genügend Bier für eine Woche. Mit „Waidmannsheil" verabschiedet sich Franz und fährt zurück ins Hauptlager.

Erstmals seit 16 Jahren pürsche ich wieder im geliebten Nebelwald. An einem anderen Berg, aber mit demselben Ziel. Franz hat mir hierfür seine 9.3 x 64 Mauserbüchse geliehen. Nach all den früheren Erfahrungen ist mein Erwartungshorizont nicht hoch. Wie nur ist in dieser Wildnis ein bestimmter und zudem sicherlich alterfahrener Buschbock zu bekommen?

Der Tag ist hier am Äquator auch im südlichen Sommer kaum länger als die Nacht. So bleibt viel Zeit für Plaudereien am Lagerfeuer. Moma ist mir gleich sympathisch. Er scheint gebildet zu sein, spricht außer seiner mir völlig fremden Muttersprache Maa auch Kisuaheli und recht gut Englisch. Neben der Feuerstelle liegt ein zerlesenes, offensichtlich jahrelang benutztes Bestimmungsbuch über die Vogelwelt Ostafrikas. Darin kennt er sich ganz gut aus. Mangels eines Fernglases machen ihm nur die „little brown birds", also die kleinen, unscheinbar gefärbten Singvögel Probleme. Auch eine höhere Schule habe er besucht, in Arusha. Aber dann zog es ihn wieder zurück in die Steppe, in das freie Leben seiner Stammesgenossen.

Massai Moma, mein Butler, bekommt täglich Besuch von seinen Stammesgenossen.

Über diese weiß er eine Menge zu berichten. Nach heutigem Wissen gelten die in Nordafrika lebenden Niloten als die Vorfahren der Massai. Im Gegensatz zu anderen negroiden Stämmen, die vor etwa 5 000 Jahren einen primitiven Ackerbau entwickelten, lebten die Massai ausschließlich als Vieh züchtende Nomaden. Als solche konnten sie nach Süden vordringen und dort aride, für Ackerbau ungeeignete Gebiete besiedeln. Angeblich etablierten sie sich vor drei Jahrhunderten in ihrem heutigen Areal in Ostafrika.

In Körperbau, Gesichtszügen und Sprache unterscheiden sie sich deutlich von anderen ostafrikanischen Stämmen. Mutig und kriegerisch vertrieben sie diese aus ihren Weidegründen. Denn bei den dürftigen und unregelmäßigen Niederschlägen brauchten sie für ihr Vieh große Flächen. Im Rahmen solcher Auseinandersetzungen, vor allem mit den um den Kilimandscharo lebenden Chaggas, machten sie früher auch Gefangene und hielten sie als Sklaven.

Das ganze Leben der Massai, ihre Weltanschauung und ihre Traditionen, alles dreht sich um ihr Vieh. Um Ziegen, Schafe, Rinder und Esel als Lasttiere während der klimatisch bedingten Wanderungen. Vieh bildet die fast ausschließliche Lebensgrundlage und dient auch als Zahlungsmittel.

Höchste Wertschätzung genießen die wohl ursprünglich aus dem indischen Subkontinent stammenden Zeburinder. Nach dem Glauben der Massai sind sie jedoch als Geschenk ihres Gottes Ngai direkt vom Himmel auf die Erde gekommen. Die Erde selbst, die das für das Vieh notwendige Gras erzeugt, gilt daher als heilig, ihr Umbruch zur ackerbaulichen Nutzung als Frevel gegenüber Ngai.

Selbst die Toten werden nicht beerdigt, sondern ausgelegt und dem Raubwild überlassen. Nur die Leichname hochstehender Persönlichkeiten werden für ein Jahr der Erde anvertraut. Danach gräbt der älteste Sohn den Schädel aus, um ihn als Reliquie aufzubewahren.

Der orthodoxe Massai lehnt jede andere Arbeit als die Beschäftigung mit seinem Vieh strikt ab. Mit seinen Tieren ist er aufgewachsen. Hat als Kind in der Hütte zwischen Kälbchen, Lämmern und Zicklein geschlafen, als Junge Ziegen und Schafe gehütet, bis ihm als Jüngling auch die Rinder anvertraut wurden.

Die Rinder liefern die klassische Nahrung der Massai, nämlich Milch, Blut und Fleisch. Zweimal täglich, in der Morgen- und Abenddämmerung, werden sie gemolken, jedoch nur von Frauen. Als Melkgefäß dient das Emala, das traditionelle Haushaltsgeschirr der Massai. Es handelt sich dabei um die ausgehöhlte und getrocknete Frucht des Flaschenkürbis. Dieser ist übrigens die einzige Pflanze, die Massai anbauen. Allerdings aus den genannten Gründen nicht in der Erde. Nein, sie gedeiht auf angehäuftem Schaf- und Ziegendung.

Blut bildet die zweite Nahrungskomponente der Massai. Es wird dem lebenden Rind auf folgende Weise abgezapft: Eine fest zugezogene Schlinge um den Hals lässt eine Vene hervortreten. Ein hohler Pfeil mit einer Spitze, die ein tieferes Eindringen verhindert, wird mit dem Bogen auf kürzeste Entfernung auf die Vene abgeschossen. In dünnem Strahl fließt das Blut durch den Pfeil in ein Emala. Ständiges Umrühren soll die Gerinnung verhindern. Etwa zwei Liter Blut liefert dieser Vorgang, der beim selben Tier höchstens alle vier Wochen wiederholt wird. Auch bei den größeren Herden kennt der Massai jedes individuelle Stück Vieh genau.

Die Emalas dienen auch der Lagerung dieser Tierprodukte. Entweder als Frischmilch, als koagulierte Milch, entsprechend unserem Joghurt, oder als Gemisch aus Milch und Blut. Letzteres vergärt, mit einem Schuss Kuhurin versetzt, zu einer rosaroten, käsigen Masse.

Nach Gebrauch werden diese Gefäße – man lese und staune – mit Kuhurin gespült, wobei ein getrockneter Kuhschwanz als Bürste dient. Warum nicht mit Wasser? Damit würde später die Milch nicht gut vergären, erst Urin verleihe dem Substrat den erwünschten Geschmack, meint der Massai. Wahrscheinlich hat eher der chronische Wassermangel in der Steppe zu dieser Spültradition geführt, an die sich die Eingeborenen nun eben gewöhnt haben.

Urin statt Wasser – vielleicht erklärt sich so auch ihr typischer Körpergeruch, der mir bei früheren Begegnungen schon aufgefallen war. Tierfett, mit dem sie sich gern einreiben, mag dieses Odeur noch verstärken.

Massai beim Abzapfen von Rinderblut

„Insbesondere das Milch-Blut-Gemisch ist überaus nahrhaft", betont der Butler, meine Aversion gegenüber der Massaiküche bemerkend. „Aber für dich werde ich ‚European style' kochen." Das ist beruhigend.

Immerhin verstehe ich nun die athletisch-leptosome Figur der Massai. Bei dieser fast nur aus Protein bestehenden Diät kann man ja kein Fett ansetzen. Mit seinem „Waschbrettbauch" entspricht der Massai-Krieger dem derzeitigen Männeridol mitteleuropäischer Damen, bemerke ich nebenbei. Moma grinst.

Ja, Fleisch essen sie auch, vor allem von Ziegen und Schafen. Rinder werden sehr selten geschlachtet, denn sie sind Statussymbol ihres Besitzers. Je mehr er hat, desto höher ist sein Ansehen. Dabei zählt nur die Quantität, nicht die Qualität der Tiere. Die meisten sind klapperdürr – an den herausstehenden Beckenknochen könnte man bequem seinen Hut aufhängen –, denn vielerorts ist die Steppe maßlos überweidet. Nur zu besonderen Anlässen wie etwa Beschneidungsritualen wird ein Ochse geschlachtet und verspeist. Seine Haut dient, roh gegerbt, als Bodenbelag in der Hütte, als Decke während der kühlen Nächte oder als Material für die Sandalen. Letztere werden heute auch aus alten oder von den Weißen geklauten Autoreifen geschustert.

Die Jagd auf den Buschbock gestaltet sich hier so erfolglos wie damals drüben am Meru. Ab und zu schreckt es im Unterholz, einmal sah ich den Schatten eines abspringenden Stückes. Aber das Jagen in diesem herrlichen Lebensraum finde ich so faszinierend wie eh und je. Nicht minder interessant sind die Kontakte zu den Eingeborenen, die der sprachgewandte Butler vermittelt.

Wenn ich nach der Morgenpirsch zum Frühstück eintreffe sind sie schon da, die Massai. Einer, zwei, gelegentlich bis zu fünf. Die Ankunft des Fremden hat sich im Nu herumgesprochen. Stumm stehen sie da, meist nur auf einem ihrer langen „Storchenbeine“, während die Fußsohle des anderen hochgezogenen Beins über dem Knie des ersteren ruht. Dabei stützen sie sich auf ihren in den

Das fremde Bleichgesicht erregt das Interesse der Massai.

Boden gerammten Speer mit der fast meterlangen, zweischneidigen Klinge. Eingehüllt in ihre blutrote Toga, ihr einziges Bekleidungsstück, bieten sie einen martialischen Anblick. Das Tragen von Hosen ist den Massai ein Gräuel, erfahre ich später.

Das seltsame Bleichgesicht scheint sie zu interessieren. Zwar verachten sie andere afrikanische Stämme und Asiaten, aber vor Weißen haben sie Respekt. Erste zögerliche Fragen an Moma, der bereitwillig als Dolmetscher fungiert. Zu ihrer Überraschung beantworte ich einige Fragen selbst auf Kisuaheli. Sie mögen diese Sprache zwar so wenig wie die benachbarten ackerbauenden Chaggas, aber sie können sie verstehen.

Wo ich das gelernt hätte? Ja, von Kessy, einer Massai, mit der ich zwei Jahre lang liiert war. Damit ist der erstrebte Heiterkeitserfolg geschafft. Mit Themen „unterhalb der Gürtellinie“ bringt man Naturvölker fast immer zum Lachen. Schneeweiße Zähne blitzen aus schokoladenfarbiger Haut.

Kessy lebte drüben in Moshi, im Chaggaland. Sie brachte mir zwar Kisuaheli bei, sprach aber wenig über ihren Stamm. Umso willkommener ist mir diese Gelegenheit, hierüber mehr zu erfahren.

Die Gesellschaft besteht aus den in Manyattas lebenden Clans oder Großfamilien. Die Frauen bauen die einzelnen Hütten, die ihnen dann gehören. Ansonsten gelten sie nicht viel. Man braucht sie zum Arbeiten und Kinderkriegen. Das Sagen haben allein die Männer. Der Besitzer einer großen Rinderherde zählt viel im Clan. Noch mehr jedoch ein Mann, der viele Söhne gezeugt hat.

Die Männerdomäne ist einer strengen hierarchischen Ordnung entsprechend dem Lebensalter unterworfen. Schon die Knaben werden zu Mut und Tapferkeit erzogen. Gelegentlich dürfen sie die Krieger zum Besuch bei uns begleiten. Sie tragen noch eine dunkle Toga und statt des Speers den „Knobkerrie“, einen kurzen, mit Knauf versehenen Schlagstock. Dieser dient auch als Wurfgeschoss zum Erbeuten von Vögeln für ihren Federschmuck.

Bemerkenswert wohlerzogen, fast devot verhalten sich die Knaben gegenüber älteren Massai. In ihrer Gegenwart sprechen sie nur, wenn sie gefragt werden, antworten mit demütig gesenktem Haupt. – Von solchen Schülern können unsere in Großstädten gestressten Lehrer nur träumen ...

Schon früh müssen sie lernen, Schmerzen zu ertragen. Moma berichtet von Ritualen, bei denen den Knaben zwei Schneidezähne ausgeschlagen werden. Angeblich nur, um zu testen, ob sie dies ohne Zucken und Schreien aushalten. Dann folgt das „piercing“. Dazu schlitzt man ihnen mehrfach die Ohrmuscheln auf. Sind die Wunden verheilt, sollen immer größere runde Holzkeile die Öffnungen erweitern, bis das jeweilige Statussymbol erreicht ist. Ein renommier-

Frauen braucht man bei den Massai nur zum Arbeiten und Kinderkriegen.

ter Krieger ist schon an den zu lang herunterhängenden Schlaufen erweiterten Ohrläppchen zu erkennen.

Schließlich folgt eine Operation am Glied, die Beschneidung. Ebenfalls ohne jegliche Narkose oder Desinfektion der Messer. Ein Massai darf sich weder vor Schmerzen noch vor Wunden fürchten, sonst wird er kein guter Krieger.

Diesen Status erreichen die Knaben eben durch die Beschneidung, das bedeutendste Ritual im Leben des männlichen Massai. Es findet nur alle fünf bis sieben Jahre statt. Insofern sind die hierfür von ihren Vätern angemeldeten Söhne im Alter zwischen 15 und 23 Jahren. Sie bilden von da an eine Altersklasse. Die ganze Verwandtschaft nimmt am Fest teil.

Sportlicher Höhepunkt ist die Jagd auf einen losgelassenen Ochsen. Die Kandidaten müssen ihn einholen, an den Hörnern packen und zu Boden werfen. So können sie den Älteren Mut, Schnelligkeit und Tapferkeit beweisen – unabdingbare Tugenden eines kriegerischen Nomadenvolks, vergleichbar den Idealen bei den einst von Tacitus beschriebenen Germanen.

Danach wird der Ochse geschlachtet und verspeist. Dazu gibt es das aus wildem Honig gebraute Bier. Das Fest kann sich über Tage hinziehen. Zur Erinnerung schneiden die frischgebackenen „Jungen Krieger" aus der Ochsenhaut schmale Fellstreifen und tragen sie als Ringe um das Handgelenk.

Und sie erhalten nun ihre ersten Speere, Statussymbol des Mannes. Diese bestehen aus zwei eisernen Teilen, die durch ein hölzernes Schaftstück verbunden sind. Der Wurfspeer hat eine kurze, blattförmige Spitze, der größere Kampfspeer eine lange zweischneidige Klinge. Da jegliche Arbeit eines Mannes unwürdig erscheint, werden damit, also auch mit der Herstellung von Waffen, die Ndorobos beauftragt, ein den Massai nahestehender, aber in Wäldern und von der Jagd lebender Stamm. Für einen Speer muss der Massai ein Kalb berappen.

Am Gürtel des Kriegers steckt in roter Lederscheide ein kurzes Schwert, das er um den Preis einer Ziege erstanden hat. Vor feindlichen Waffen schützt er sich durch einen großen ovalen Schild aus Büffelleder. Dieser hat auch die Funktion eines „Personalausweises". Signalisiere die bunte Bemalung doch einerseits die familiäre Herkunft, andererseits die Altersklasse des Besitzers, erläutert der Butler. – So erfahre ich endlich mehr über diese Ausrüstung der Massai. Schon während der Zeit am Wildlife College hatte ich Speere, Schwert, Schild und Emala für das Museum erworben.

Die Jungen Krieger leben nun für sich in Junggesellenclubs. Sie haben die Rinderherden zu hüten, aber auch Mensch und Vieh vor Angriffen durch Löwen und feindliche Stämme zu schützen. Mehr noch, der Raub von Vieh, besonders nach Ausfällen während Dürreperioden, galt zumindest in der Vergangenheit als ge-

Wohlerzogen, fast devot, verhalten sich Knaben gegenüber den Älteren.

schätzte Tugend. Solcherart tapfere Krieger können sich der Bewunderung durch die Mädchen erfreuen.

Mit den Jahren, nach einer Reihe weiterer Rituale, avancieren die Jungen zu Senior-Kriegern. Sie werden nun nicht mehr geschoren. Gegenseitig drehen sie sich die Haare, mit Tierfett und Ocker versetzt, zu langen, schnurartigen „dreads“. Vor Kampfhandlungen werden diese zu einem dichten Geflecht, einer Art Helm verknotet, um das Haupt vor Schlagwaffen zu schützen. Der Senior-Krieger hat nun das martialische Aussehen des klassischen Massai, das jährlich auf Hunderten von Fotos um die Welt geht.

Dem Aussehen entspricht ihr Verhalten. Sie scheuen keine kämpferische Auseinandersetzung, ohne vorher über eventuelle Folgen nachzudenken. Andererseits nehmen sie daraus resultierende Schmerzen, Wunden oder auch den Tod gelassen und ohne Wehklagen in Kauf. Im Falle des Sieges wächst sich ihr Selbstbewusstsein zur Prahlerei aus.

Solch ein imponierender Bursche steht eines Morgens im Lager, als ich von der Frühpirsch komme. Was die rote Farbe in seinem Haar bedeute, frage ich Moma. Das ist das Sinnbild für Blut! Dieser Krieger hier ist immer bereit zu töten, wo immer dies erforderlich wird. Im Clan fungiert er als „Dorfpolizist“, vollstreckt die Entscheidungen des Ältestenrates, auch als Scharfrichter. Einige zusätzliche Ornamente auf seinem Schild dokumentieren besondere Tapferkeiten.

Was ich hier mache, will er wissen. Wir erklären ihm mein bislang aussichtsloses Unterfangen, den Weltrekord-Buschbock zu erbeuten. Das interessiert ihn. Den großen „Embua“ – so heißt er auf Maa, den kenne er. Kein Problem: „Heute noch töten wir ihn.“

Ich habe erhebliche Zweifel in mehrerer Hinsicht. Einerseits, meint er wirklich den von mir Gesuchten? Andererseits sind Massai keine Jäger. Ihren Fleischbedarf decken sie ausschließlich über ihr Vieh. Nur wenn dieses während Dürreperioden knapp wird, töten sie Wild, das ihren Rindern ähnelt, also Büffel und Elenantilopen. Und zwar auf ihre Art, nämlich gemeinsam in der Kriegerhorde.

Die Zweifel an seiner Qualität als Pirschjäger bestätigen sich, als wir am späten Vormittag losziehen. Viel zu schnell, ohne Rücksicht auf knackende Zweige, ab und zu hustend, eilt er durch den Bergwald. Als ich anhalte, um mit dem Fernglas die alte Brandfläche abzusuchen, rammt er klirrend seinen Speer in den steinigen Boden und unterhält sich laut mit mir auf Kisuaheli. Meine zaghaften Versuche, ihn zu pirschgerechtem Verhalten zu animieren, schlagen fehl. Er ist sehr selbstbewusst. Das kann nichts werden. So genieße ich eben das Erlebnis, einen echten „Massai warrior“ auf dem Kriegspfad zu begleiten.

Ein Massai-Krieger bietet sich als Pirschführer an. – Ob das klappen wird?

Das Wild scheint uns nicht ernst zu nehmen. Ein mittlerer Buschbock springt aus der Dickung, verhofft kurz auf einer Blöße, um das seltsame Paar zu beäugen. Zu kurz für einen Schuss. Es war ohnehin nicht der Richtige.

Mein Warrior deutet hinüber nach Westen zum Mount Lengai. Das ist der heilige Berg der Massai. Sie verehren ihn wie die Tibeter ihren Mount Kailash. Die Besteigung ist tabu für gewöhnliche Sterbliche, denn dort ist der Sitz ihres Got-

Auch die Massai-Frauen interessieren sich für den Fremden.

tes Ngai. Vulkanische Aktivitäten, Rauch oder glühende Lava, zeigen an, dass er ihnen etwas zu sagen hat. Nur ausgewählte Vertreter des Ältestenrates oder der Schamane steigen hinauf, um sich vor wichtigen Entscheidungen inspirieren zu lassen, erfahre ich später von Moma.

In der Nacht regnet es in Strömen. Selbst das neue Zelt ist den Wassermassen nicht gewachsen. Es tröpfelt auch auf den Schlafsack, den ich immer wieder auf trockenere Stellen zu schieben versuche. Und es regnet den ganzen Tag. Zeit zum Dösen und Meditieren.

Plötzlich ungewohnte Laute. Weibliche Stimmen. Sie kommen näher. Dann lustiges Palaver. Auf Bitte des Butlers schaue ich aus dem Zelteingang. Die Damen wollen den Fremden sehen. Sie sind auf dem Weg zu einer Quelle am Berg, um Wasser zu holen. Völlig durchnässt stehen sie im strömenden Regen, lachen, scherzen und haben eine Menge Fragen an Moma. „Fanya mapence" (mach Liebe) rufe ich hinüber, um auch etwas zu sagen. Das wirkt wieder einmal. Schallendes Gelächter.

Erwartungsgemäß kommen sie auf dem Rückweg wieder vorbei. Jede balanciert einen wohl zehn bis zwanzig Liter fassenden Kanister aus Blech oder Plastik auf dem Kopf, ohne ihn mit den Händen festzuhalten. Diese Arbeit erhält ihnen die Figur von Models. Trotz der respektablen Bürde auf dem Haupt halten sie wieder an. Meine Anmerkung hat wohl ihre Fantasie beflügelt.

Ob ich verheiratet sei? Ja, früher einmal – mit einer Massai. Ein neuer Lacherfolg. Kinder? – Nein. Kicherndes Getuschel. Endlich ist ihr Wissensdurst gestillt, sie ziehen bergab im immer noch strömenden Regen. Wasserscheu sind sie nicht, die fleißigen Massai-Frauen. Geradezu grotesk wirkt daneben der wieder erschienene Krieger unter seinem großen Schirm. Der scheut den Regen wie der Teufel das Weihwasser. Denn der würde ihm ja sein Statussymbol, die rote Farbe, aus der Haarpracht waschen.

Der Begriff „Emanzipation“ ist den Massai sicher völlig fremd, denke ich, während sich die weiblichen Stimmen allmählich am Hang verlieren. Frauen haben kaum Rechte, aber – da der Mann außer Viehhüten grundsätzlich nicht arbeitet – jede Menge Pflichten. „Das Weib sei dem Manne untertan“, so jedenfalls das biblische Gebot für Christen. Die ganz andersgläubigen Massai praktizieren es wirklich.

Sie, die Frauen, bauen die Hütten und halten sie instand, indem sie schadhafte Stellen mit Lehm oder Kuhfladen verkleben. Sie versorgen morgens und abends das Vieh im Kral, beschaffen Brennholz und Wasser für den Haushalt. Sie kümmern sich intensiv um die Kinder, und zwar, anders als die Männer, um Mädchen ebenso wie um Buben. Muss der Clan infolge Dürre in bessere Weidegründe wandern, so obliegt den Frauen die Organisation des Umzugs mit all den damit verbundenen Arbeiten. – Und das alles ohne irgendwelche Anzeichen von Missmut oder Erschöpfung, sondern stets in fröhlicher Selbstverständlichkeit! Mehr noch, sie sind stets willige Partnerinnen für die sexuellen Bedürfnisse ihrer Männer und deren Freunde ...

Manches in Momas Berichten scheint mir unglaublich, sodass ich mich über entsprechende Literatur vergewissern will. Dankenswerterweise stellen mir Anno Hecker und seine Tochter Katharina später die Publikationen von David Read zur Verfügung, der einst mit Massais aufgewachsen war. Darin finde ich auch bestätigt, wie die Frauen die kampfbedingten Wunden ihrer Männer pflegen: Sie desinfizieren mit Kuhurin und verwenden frischen Kuhdung als „Heftpflaster“. – Welch unvorstellbare Immunität muss dieses Kriegervolk entwickelt haben, um bei derartiger Antisepsis zu überleben. Oder hilft vielmehr der Glaube an die von Ngai geschenkte Kuh? Warum soll sie nicht auch als jederzeit verfügbare Hausapotheke dienen?

Erst in der Dunkelheit klart der Himmel auf. Wir sitzen am wärmenden Feuer, unsere Sachen trocknend. Das Gespräch dreht sich um ein delikates Thema, das Liebesleben der Massai. Auch in dieser Hinsicht leben sie frei und ungezwungen, scheinen kaum Tabus oder Moralvorstellungen zu kennen. Erlaubt ist, was Spaß macht. Bei dem engen Zusammenleben von Jung und Alt, während der warmen Jahreszeit oft unbekleidet, kann es keine Prüderie geben.

Schon die Kinder erfreuen sich an Sexspielen, wozu sie von den Eltern sogar animiert werden. In tropischen Regionen ist die Jugend sehr früh sexuell interessiert. Nach der Beschneidung darf der Junge Krieger auch offiziell mit Mädchen verkehren. Diese haben, kaum dem Kindesalter entwachsen, großen Spaß daran. So verlieren sie angeblich ihre Jungfräulichkeit schon im Alter von weniger als zehn Jahren.

Natürlich entwickeln sich auch tiefere Gefühle für einander. Doch Liebespaare in unserem Sinne scheint es unter Jugendlichen noch nicht zu geben. Das heißt, der Jüngling hat kein ausschließliches Recht auf seine Angebetete. Die Regel ist vielmehr Gruppensex in der Kommune seiner Altersklasse, mit ständig wechselnden Partnerinnen. Eifersucht scheinen die Massai nicht zu kennen. Wichtig ist nur, die Spielregeln des Partnerwechsels einzuhalten.

Mit wachsendem Interesse lausche ich Momas Schilderungen. Wie entsetzt wären die Eltern meiner Generation über derart sündiges Treiben!

Was aber, wenn der freizügige Umgang für das Mädchen unerwünschte Folgen hat ? Dann vertraut sie sich ihrer Mutter an. Die löst das Problem entweder mit Hilfe spezieller Kräuter, oder sie organisiert umgehend das Zeremoniell der Beschneidung, denn eine Schwangerschaft unbeschnittener Mädchen ist tabu.

Ähnlich wie die Knaben müssen auch die Mädchen, im Allgemeinen mit Beginn der Menstruation, dieses grausame Ritual über sich ergehen lassen. Dabei wird – wiederum ohne jegliche Narkose – die Klitoris entfernt und die Vagina etwas erweitert. Nach Verheilen der Wunden ist das Mädchen eine heiratsfähige Frau.

Auch in der Ehe sind beide Partner recht großzügig. Vermutlich entstand diese Institution erst in historischer Zeit aus einer den Primaten ähnlichen Gesellschaftsform. Ein Mann kann auch mehrere Frauen haben – sofern er genügend Vieh für die jeweilige Mitgift besitzt. Nur müssen diese, zur Vermeidung von Inzucht, aus einem anderen Clan stammen. Dasselbe gilt hinsichtlich der Freunde des Mannes, denen sich seine Frau anbietet. Diese Art von Gastfreundschaft ist eine Selbstverständlichkeit. Jedes von der Frau geborene Kind gilt als das ihres Mannes, unabhängig von der biologischen Vaterschaft.

Wird eine seiner Frauen schwanger, bekommt sie eine eigene Hütte, muss weniger arbeiten und wird besonders gut ernährt. Hofft ihr Mann doch auf einen strammen Jungen, der sich dann zu einem tapferen Krieger entwickelt. Die proteinreiche Diät aus Milch- und Blutprodukten sei auch der Entwicklung des kindlichen Gehirns sehr förderlich, glaubt man heute. Schon früher am College war mir die überdurchschnittliche Intelligenz der Massai und Kikuju aufgefallen.

Jetzt möchte ich mehr wissen über einen unglaublich klingenden Test zur Ehetauglichkeit: Heiratsfähig sei ein Massai erst, wenn er einen Feind oder einen Löwen getötet habe. Doch, bestätigt Moma, der angehende Familienvater muss beweisen, dass er hierzu über ausreichend Geschicklichkeit und vor allem Mut verfügt. Ist doch der Schutz des Viehs vor dieser Großkatze für das Hirtenvolk von jeher unabdingbar und daher Teil seiner jahrtausendealten Tradition. In der Regel ist es dem Jungen Krieger schon vorher einmal gelungen, diesen Vorstellungen zu entsprechen. Andernfalls wartet er mit seinen Freunden, bis sich eine passende Gelegenheit bietet.

Hat ein Löwe durch sein nächtliches Brüllen seine Anwesenheit kundgetan, ziehen die Krieger am Morgen los, um seiner frischen Fährte zu folgen. Irgendwann entdeckt einer den im Schatten dösenden König der Tiere. Nun kreisen sie ihn zunächst weiträumig ein und stimmen den Löwengesang an: „Um bu bu, um bu bu, Löwe, jetzt musst du sterben – um bu bu, um bu bu, Löwe, jetzt töten wir dich – um bu bu, um bu bu ..." Im Schein des Lagerfeuers singt Moma das „Lied vom Tod" in seiner Muttersprache, vermittelt mir so die unheimliche Spannung des Ereignisses.

Enger und enger wird der Kessel der Krieger. Einer, der Heiratskandidat, nähert sich absichtlich etwas langsamer. Er führt nur seinen Schild mit sich. Lauter tönt der Gesang: „Um bu bu, um bu bu, Löwe jetzt ist es aus mit dir – um bu bu, um bu bu ..."

Der Bedrängte wird nervös. Soll er fliehen oder angreifen? Wen soll er anspringen? Die Unschlüssigkeit wird ihm zum Verhängnis. Bis auf wenige Meter haben sich die Mannen schon genähert. Jetzt bricht er aus, springt in einem gewaltigen Satz den etwas Zurückgebliebenen an. Dessen Schild soll den Träger vor Pranten und Zähnen des Raubtiers schützen. Der Löwe wirft ihn zwar durch die Wucht des Ansprungs zu Boden – aber im selben Moment dringen die langen Speerklingen der Genossen in seine Flanken.

Der Löwe ist verendet. Der Angesprungene gilt nun als heiratsfähig. Hat er doch den erforderlichen Mut bewiesen, diesem Angriff standzuhalten. Derjenige, der dem Löwen den tödlichsten Stoß versetzt hat, bekommt als Trophäe dessen Mähne. Zu einem Helm verarbeitet, soll sie in kriegerischen Auseinandersetzungen vor Schlagwaffen schützen.

Nicht immer verläuft das Unternehmen so erfolgreich, räumt Moma ein. Gelegentlich reißt der Löwe einen Krieger mit in den Tod. Aber mit diesem Risiko muss man leben ...

Gegen Mitternacht begibt sich der Butler unter seiner Plane zu Ruhe. Sein Gast sitzt noch lange in Gedanken versunken, starrt in die allmählich verglim-

Erneuter Regen und Nebel vereiteln die Jagd.

mende Glut. Wie hatten doch damals die Nerven geflattert vor meinem Schuss auf den alten Löwen. Trotz guter Deckung und notfalls Feuerschutz durch den Jagdführer mit seiner großkalibrigen Büchse. Und die hier kämpfen mit der blanken Waffe! Der Mut des Angesprungenen kann nur auf grenzenlosem Vertrauen zu seinen Mitkriegern beruhen – Jägerkameradschaft in des Wortes ureigenster Bedeutung.

Und welch genauer Kenntnis des Verhaltens ihres „Erbfeindes“ bedarf solch ein Einsatz. Die Erfahrungen wurden wohl über viele Generationen gesammelt und weitergegeben. Etwas glaubhafter scheinen mir nun frühere Berichte, wonach Indianer Grizzlybären im Nahkampf mit dem Messer getötet haben sollen. Oder eine Schilderung von Isaac, der zufolge sein Vater einen Eisbären mit der Seilschlinge erdrosselt habe, als sie noch keine Schusswaffen besaßen.

Eine derartige Mutprobe als Voraussetzung für die Heirat? Ob die Massai heute noch generell an dieser Tradition festhalten? – In unserer Gesellschaft würden jedenfalls bei solchen Anforderungen wohl nur wenige Ehen geschlossen werden ...

Die Hoffnung auf günstige Jagdbedingungen am nächsten Morgen zerrinnt beim Blick aus dem Zelt. Kein Regen zwar, dafür dichtester Nebel. Wieder nichts. Die nächste Hiobsbotschaft beim Frühstück: Wir haben keinerlei Fleisch mehr. Zu fest hatten wir den Jagderfolg in die Proviantierung einkalkuliert. Nur noch mit Toast könne er dienen, erklärt der Butler bedauernd. Die Vorstellung, den

Die Fleischvorräte sind aufgebraucht, daher muss irgendein Wild her – egal was.

Proteinbedarf gar durch vergorenes Blut-Käse-Gemisch aus dem Emala zu decken – entsetzlich. So schiebe ich wieder los. Bevor wir hier oben verhungern, muss irgendein Wild her. Egal was.

Der Aktivitätsrhythmus der Buschböcke entspricht etwa dem unseres Rehwildes. So hoffe ich auf Anblick, als am späten Vormittag die Sonne durchbricht. Das Wild hält sich dann gerne auf Blößen auf, um die nasse Decke zu trocknen, hatte ich von Franz gelernt. Aber auch das klappt nicht. Dieser verdammte Weltrekord – hätte er mir nur nie davon erzählt. Die Stimmung sinkt auf den Tiefpunkt. Gar nichts werde ich mitbringen von dieser Jagd, das zeichnet sich immer klarer ab. Und nun auch noch Kohldampf schieben ...

Am späten Nachmittag schimmert etwas Rötliches im Dickicht. Rotducker oder Buschwild? Egal. Bevor es abspringt, lasse ich fliegen. Endlich Beute. Sie entpuppt sich als Kitz des Buschwilds, ein Bockkitz.

Moma ist höchst zufrieden. Er hat den Schuss gehört und sich mit einem Helfer auf den Weg gemacht. An einen Ast gebunden, transportieren sie das ausgewaidete Stück ins Lager. Das wird viel besser schmecken als der alte Buschbock, tröstet er mich. Dem ist dann auch so. Selten hat mir Wildbret besser gemundet als an diesem Abend. Und Bier ist auch noch ausreichend da. So können wir die restliche Zeit hier oben durchstehen.

Am letzten Tag, es ist der 1. Dezember 1996, setze ich mich noch in der Dunkelheit an einem Wechsel an. Tags zuvor hatte ich hier eine Salzlecke angelegt.

Mit dem Salz, das wir ja nun zum Konservieren der Decke nicht mehr benötigen werden. Vielleicht zieht das den Gesuchten an? Nein, nur Büffel waren nachts da, wie später die Trittsiegel bekunden. Wieder kein Anblick, aber Zeit zum Philosophieren. Es soll wohl nicht sein, das Ziel war wohl viel zu hoch gesteckt.

Ob ich die endlose Geschichte, die sich jetzt schon über 23 Jahre hinzieht, je zu Papier bringen soll? Kann man dem Leser eine derartige Misserfolgsstory zumuten? Schließlich beschließe ich, es doch irgendwann zu tun. Unter dem Titel „Der Weltrekord". Vielleicht wirkt ein Autor glaubwürdiger, wenn er auch über das berichtet, was ihm *nicht* gelungen ist.

Am Nachmittag nähert sich ein Geländefahrzeug. Peter Dafner, einer von Franz' Jägern, will mich abholen. Was, du hast nichts? Nein. Aber dank des Butlers habe ich eine unvergessliche und überaus lehrreiche Zeit hier oben am Mount Gelai verbracht.

Der steile Pfad ist inzwischen ausreichend abgetrocknet. Vor zwei Tagen wäre er auch mit Allradantrieb nicht passierbar gewesen. Unterwegs winken einige Bekannte zum Abschied. Die Massai hatten offensichtlich ihren Spaß mit dem rotbärtigen Bleichgesicht.

Nächtlicher Umtrunk am Feuer unter der Schirmakazie im Hauptlager in der Steppe. Die Freunde Fritz und Kurt sind hochzufrieden mit ihrem Jagderfolg. Stattliche Trophäen von Thomson- und Grantgazellen können sie vorweisen. Die Berichte sprudeln nur so. Mein Rapport ist dagegen nur kurz: Ein Bockkitz – doch das half uns dort oben zu überleben.

So was. Nach einigen Whiskys sieht alles anders aus. Nicht den legendären 18-Inch-Bock habe ich bekommen, sondern einen neuen Rekord des Massai-Buschbocks – einen mit null Inch.

Am Limpopo River

„Prüfungen, die nicht bestanden sind, müssen wiederholt werden", hatte mich Franz Wengert damals beim Abschied ermahnt und eine Wiederholung dieser Jagd angeregt. Aber dazu kommt es nicht mehr. Zu viele Konferenzen stehen an, was die Reiselust dämpft. Dann zieht sich Franz aus dem Berufsleben zurück und verkauft seine Outfit. Schließlich verlässt er Tansania, um in der Dominikanischen Republik in der Karibik zu leben. Der Buschbock gerät in Vergessenheit.

Bis eines Abends im Spätherbst 2003 Katharina Hecker aus Pretoria anruft. Sie erzählt von Buschböcken am Limpopo River, die man ihr zur Präparation angeliefert hat. Die seien denen vom Massailand absolut vergleichbar. Dies deckt sich mit einer Publikation des bereits erwähnten Craig Boddington, wonach in dieser Region die stärksten Buschböcke Afrikas leben.

Sie bedarf nicht vieler Worte, um mich zu überzeugen. Zu gut habe ich die Jagd auf den alten Nyalabullen im Zululand vor vier Jahren noch in Erinnerung. Die passionierte Jägerin organisierte sie und begleitete mich dabei.

Also, ich möchte noch mal versuchen. Zumal ich ohnehin eine Reise nach Südafrika im Sinn hatte, um ein Weißschwanzgnu (*Connochaetes gnou*) für das Museum zu bekommen. Deutlich kleiner als das viel weiter verbreitete Streifengnu (*C. taurinus*) wurde diese Wildart vor hundert Jahren fast ausgerottet. Dank der Nachfrage durch Jagdtourismus kommt sie heute regional wieder in bejagbaren Beständen vor. Die über Trophäenjagd erzielbaren Einnahmen überstiegen eben diejenigen aus Rinderhaltung, sodass mehrere Farmer im südöstlichen Südafrika ihre großen Grasländer wieder ausschließlich den ursprünglichen Wildtieren zur Verfügung stellten.

Da Katharina noch in ihrem Betrieb, der „Nico van Rooyen Taxidermy" eingespannt ist, begleitet mich ihr Partner Jeff auf dieser Reise in die Region um Newcastle in Kwazulu-Natal.

Welch ein Unterschied zur Jagd auf den Buschbock. Weithin sichtbar leben die Gnus in Herden im offenen Grasbiotop des kühlen Hochlandes. Wie wird sich hier die Jagd abspielen? Zwar haben wir den ganzen Tag Anblick, aber das Wild ist scheu, hält ständig einen Sicherheitsabstand von mindestens 300 Metern. Mehrere Versuche von Jeff, es uns auf kürzere Distanz zuzudrücken, schlagen fehl. Zudem sind die Tiere ständig in Bewegung. Dies erschwert die Auswahl eines bestimmten reifen Bullen. Dennis, der örtliche Führer, ist dabei auf Grund seiner Erfahrung mit dieser Wildart sehr behilflich. So kann ich mich ganz auf das Schießen konzentrieren. Das klappt schließlich am Abend dieses langen Tages, als zwei etwa gleich starke Bullen aneinandergeraten. Dank Jeffs Büchse im Kaliber .30-06 kann ich den Weitschuss riskieren und so die Jagd zu einem erfolgreichen Ende bringen.

An die Miniatur eines Büffels erinnert dieses Wild mit seiner massigen Hornbasis und den hoch nach oben gezogenen Spitzen. Dennis hat sehr gut angesprochen. Dieses Haupt werde ich zu einem eindrucksvollen Präparat verarbeiten können. Das gibt den nötigen Auftrieb für die folgende Jagd, die nach aller bisherigen Erfahrung mit dem Buschbock wohl eher schiefgehen wird. Aber Katharina ist zuversichtlich, als wir am nächsten Abend in Jeffs Garten Bier trinken und getrocknete Mopane-Raupen knabbern.

„Apropos Mopane-Raupen", unterbreche ich. „Weißt du noch, wie wir 2004 beim Sommerfest der Schweizer CIC-Delegation das Warten auf das Galadiner mit diesem sättigenden Eiweiß-Snack verkürzt haben? In bester Laune und Vorfreude auf den genussvollen Abend standen wir alle mit einem Glas Aperitif beisammen und bewunderten von der Panorama-Terrasse eines stilvollen Restaurants hoch über dem Sempacher See bei Luzern den rotgoldenen Sonnenuntergang. Ein herrliches Naturschauspiel.

Du hast dich erdreistet, die elegant gekleideten Damen und Herren mit einer gelben Plastikschachtel, in der früher Geschosse aufbewahrt waren, zu konfrontieren. ‚Bitte probiert, die sind lecker!', hast du die feine Gesellschaft gelockt: ‚Ich habe sie vor einem halben Jahr aus Afrika mitgebracht. Die Einheimischen essen diese knapp fünf Zentimeter langen Raupen wie wir unsere Salzstangen zum Bier. Die Raupen leben von den Blättern des Mopane-Baumes. Sie werden dort abgelesen, in Salzwasser gekocht und anschließend getrocknet.' Tatsächlich hat sich eine ganze Reihe Umherstehender eine getrocknete Raupe in den Mund geschoben. Ich vermute allerdings, manch einer hat den ungewohnten Snack wohl mit einem Schluck Weißwein oder Prosecco hinuntergespült. – Dies nur zur Erinnerung. Nun erzähl weiter."

Am Mittwoch, den 17. Dezember – diesen Tag werde ich ein Leben lang nicht vergessen – ist es so weit. Diesmal geht es nach Norden. Nach mehrstündiger Fahrt erreichen wir das Tiefland des Limpoporivers, der hier die Grenze zu Botsuana bildet. Drückend heiß ist es hier. Doch Katharina kennt das Problem ihres eher an arktische Temperaturen gewöhnten Begleiters. In der mitgeführten geräumigen Kühlbox schwimmen zwischen Eisstücken ausreichend viele Dosen Castle-Bier. Damit werden Hitze und Durst erträglich.

Durch ihren großen Präparationsbetrieb, wie auch durch ihre Tätigkeit als „master measurer" zur Bewertung von Trophäen kennt Katharina viele Jäger und Jagdfarmer im ganzen Land. So auch Moff, dessen Gästefarm wir am frühen Nachmittag erreichen.

Herzliche Begrüßung durch den bulligen Südafrikaner. Er weist uns in die stilvollen, grasbedeckten Unterkünfte für die nächsten Tage ein. Empfiehlt zunächst eine Siesta, denn bei dieser Hitze von 42 °C im Schatten würden die Buschböcke dasselbe tun. Das kommt mir sehr gelegen.

Am späten Nachmittag wollen wir es versuchen. Vier eingeborene Helfer versammeln sich auf der Pritsche des geräumigen Geländefahrzeugs. Während der Fahrt erkundigt sich Moff nach meinem bisherigen Jägerleben. Was Katharina zum Anlass nimmt, die Bedeutung des Unternehmens zu betonen. Also nicht

Unter dem mächtigen und doch erst 70 Jahre alten Affenbrotbaum planen Katharina und Moff das Vorgehen.

der nächstbeste Buschbock, nein, es müsse schon ein respektabler sein. Moff versteht.

Einen völlig anderen Lebensraum des Buschbocks lerne ich nun kennen. Wir fahren durch lückigen Auwald im breiten Tal des Limpopo. Dickichte, dann wieder Blößen mit hoher Bodenvegetation säumen Mäander und Altarme des Flusses. Infolge der langen Trockenheit ist der Wasserstand extrem niedrig. Viele Tümpel sind fast ausgetrocknet – ein Problem für Flusspferde und Krokodile, erläutert Moff.

Schon während der Fahrt zeigte sich gelegentlich abspringendes Buschwild. Nun wollen wir pürschen. Ein Helfer bleibt im Fahrzeug, das er nach zwei Stunden zum verabredeten Treffpunkt bringen soll. Ein anderer, offensichtlich sehr ortskundig, übernimmt die Führung, wir folgen im Gänsemarsch.

Weit leuchtet Moffs helle, keineswegs jagdliche Kleidung. Ständig knackt das trockene Substrat unter den Tritten der sechsköpfigen Truppe. Das Wild nimmt schon auf weite Entfernung Reißaus bei diesem seltsamen Anblick. Auch einige jüngere Böcke sind dabei, verhoffen, wenn überhaupt, nur jenseits der Reichweite meiner Büchse. Andere verharren wohl, von uns unbemerkt, in dschungelartiger Vegetation. Das kann so nichts werden, doch an diesem ersten Abend möchte ich mich noch jeglichen Kommentars enthalten. Zumal die Witterung ohnehin nicht mitspielt: Drückende Schwüle, am Horizont eine schwarze Wand aus Gewitterwolken. Ab und zu zucken Blitze, grollt ferner Donner. Nie würde ich zu Hause unter solchen Umständen pürschen.

Am Fahrzeug angekommen, helfen zwei Dosen kühles Bier den Frust zu verdrängen. Dunkelheit und das drohende Gewitter veranlassen zur Heimfahrt.

Als wir langsam einen größeren Dickungskomplex passieren, klopft ein Helfer an das Rückfenster und deutet in die Vegetation. Im Fernglas erkennen schließlich auch wir zwei weiße Punkte, die dort nicht hingehören. Jetzt haben sie sich etwas bewegt. Zweifellos Buschwild. Bock oder Tier? Endlich finden wir ein Stück Haupt – und die Basis eines massigen Gehörns!

Was tun? Der Bock steht in bester Deckung, und das Büchsenlicht reicht kaum noch. Aber bei der kurzen Entfernung von weniger als fünfzig Schritt könnte der Schuss gelingen. Mehr beunruhigt mich die mangelnde Ansprechbarkeit unter solchen Umständen. Doch Moff schließt aufgrund der starken Hornbasis: „I think it's a big one."

Jetzt tut er sich nieder. Offensichtlich ein alter, erfahrener Bock, der auf seine Tarnfärbung und seinen dichten Einstand vertraut.

Soll ich oder soll ich nicht? Die Jagd schon am ersten Abend auf solch wenig waidmännische Weise beenden? Moff drängt nicht, redet mir aber gut zu. Er könnte 16 Inch haben, und alt ist er auf jeden Fall. Wer weiß, ob wir wieder eine solche Chance bekommen.

16 Inch? Er nickt und zerstreut damit meine Bedenken. Da muss ich zugreifen.

Keinerlei Reaktion auf den Schuss, doch die Schwarzen stürzen sofort ins Dickicht. Freudiges Palaver lässt hoffen. Dann ziehen sie etwas aus dem Pflan-

Nach 30-jährigem Bemühen kaum mehr zu erhoffen – der legendäre Buschbock

zengewirr, das sich im Schein der Taschenlampe als Monster von Buschbock entpuppt. Unglaublich, diese Wende nach einem solch aussichtslos erscheinenden Abend.

Der könnte sogar 17 Inch haben, schätzt die erfahrene Katharina. Moff will dies erst durch sein Maßband bestätigt wissen. Das Ergebnis reißt uns alle vom Hocker: 18 Inch!

Da liegt er ja, der lang ersehnte Traumbock, auf den ich kaum mehr zu hoffen gewagt habe. Niemand hatte ihn zuvor je gesehen. Und welchem Zufall ist seine Erlegung zu verdanken. Ausgerechnet die weißen Flecken seiner Tarnfärbung sind ihm in der Dunkelheit zum Verhängnis geworden. Aber das auch nur, weil die scharfen Augen eines Helfers just im richtigen Moment auf dieses Gestrüpp gerichtet waren. Bei der Jagd „muss es eben mögen".

Nun ist Eile angesagt. Immer heller zucken Blitze durch schwarze Gewitterwolken. Es fängt an zu tröpfeln. Schnell noch ein Erinnerungsfoto vor Ort, dann gießt es in Strömen während der langen Rückfahrt zur Farm. Die Schwarzen, die neben dem erlegten Wild auf der Pritsche kauern, stört das nicht. Im Gegenteil. „Kuno, Kuno", rufen sie begeistert. „Nein, die meinen nicht dich", erklärt Katharina. Kuno bedeutet Regen in ihrer Stammessprache. Endlich der ersehnte Regen nach so langer Trockenheit.

Doch die Freude hält nicht lange. Hell beleuchtet der hoch stehende Halbmond die nächtliche Farm. Und drückend heiß ist es. Wieselflink brechen die Helfer den Bock auf. Im Kühlhaus bringen sie ihn bereits in die für die späteren Fotos günstige Position, denn morgen früh wird er steif sein.

Wie herrlich schmeckt doch das Abendessen nach so einem Ereignis. Zum Feiern fehlen nur die „drinking partners". Katharina trinkt nicht viel und zu meiner Überraschung Moff auch nicht.

So begebe ich mich in Begleitung einer Magnum-Weinflasche hinaus in die Mondnacht und in den Swimmingpool. Schlafen könnte ich ohnehin noch nicht, so wenig wie damals nach dem Erlebnis mit dem großen Eisbären. Zu überraschend kam auch heute die Wende in einem Unternehmen mit sehr hochgestecktem Ziel. Wie oft mag ich mich wohl während der letzten 30 Jahre in ähnlicher Situation befunden haben? Wie oft mag mich ein alter Buschbock bei der Pürsch beobachtet haben? Für mich unsichtbar durch seine Tarnkappe aus dichter Vegetation. Auch dieser hier wäre uns ja um ein Haar entgangen. Wahrscheinlich hat er seinen Einstand nur nachts verlassen, um auf der Freifläche zu äsen. So hat ihn niemand gekannt, weder Moff noch seine Waidgenossen.

Trotz seines Alters ist sein Gehörn noch so kapital wie das Phantombild: der frühere Weltrekord.

Am Morgen Lagebesprechung unter dem mächtigen Affenbrotbaum im Hof der Farm. Von diesem kapitalen Exemplar müssen wir unbedingt ein Ganzpräparat anfertigen, überzeugt mich Katharina. Nach dem Fotografieren machen sich die Helfer ans Abhäuten. Zur Belohnung bekommen sie das gesamte Wildbret, denn von diesem alten Stück werden wir nur Schädel und Decke mitnehmen.

„Und wie wurde daraus wieder so ein schönes Tier und wie kam es hierher?", frage ich Kuno, die graziöse Erscheinung des Buschbockes bewundernd. „Natürlich wollte ich dieses Präparat zusammen mit Katharina anfertigen, auch weil sie darin jahrelange Erfahrung hat. Gelegenheit hierzu bot sich ein Jahr später, als ich ohnehin wieder im südlichen Afrika weilte, um mit dem namibischen Berufsjäger Johan Louw den längst fälligen, starken Springbock zu erbeuten und auf seiner Farm Kambaku bei Otjiwarongo das folgende Kapitel dieses Buches zu verfassen. Danach verbrachte ich einige Tage in Katharinas Betrieb in Pretoria und hatte viel Spaß mit ihren fröhlichen schwarzen Helfern. So erweckten wir den Buschbock in der von mir gewünschten Stellung wieder zum Leben. Im Sommer 2005 traf dann die ersehnte Kiste in Glashütte ein."

„Und was meinte Wolfgang Schenk, als du auf diese Weise zu seinem Konkurrenten wurdest?"

„Natürlich hat mir der gute Freund herzlich gratuliert. Denn – so seine Erklärung – ich könne ihm nicht gefährlich werden. Sein Buschbock stamme aus dem Massailand, meiner aus der Limpoporegion. Beide Unterarten würden im ‚Buch' ja in getrennten Listen aufgeführt."

Die Diskussion zeigt noch einmal die für mich unverständliche Konkurrenzlerei unter Trophäenfetischisten. Was weder Wolfgang noch Kuno tatsächlich sind, denn jeder freute sich, einen respektablen Vertreter dieses Waldbewohners erbeutet zu haben.

Natürlich bekam er einen Ehrenplatz im Museum.

Der Mensch als Gejagter

Die Atmosphäre der „Afrika-Bühne" macht Lust auf weitere abenteuerliche Berichte vom Schwarzen Kontinent. Da kommt doch sicher noch etwas, frage ich mit Blick auf einige Raubtiere. Der Rotbart wird auch sie auf einer Jagdreise voller Entbehrungen und Strapazen, mit viel Geduld und jagdlichem Geschick – natürlich auch mit herrlichen Naturbeobachtungen – vor die Büchse bekommen haben.

Ich bin bereit für die Safari, der ich nun in behaglicher Sicherheit der Bühnenmöbel lausche.

Mein Gefühl der Behaglichkeit nimmt ein jähes Ende, als mir Kuno zur Einstimmung einen Artikel über attackierende Löwen in Tansania aus dem Jagdmagazin „Die Pirsch" zeigt. Dort lebt etwa die Hälfte aller Löwen, deren Bestand auf dem gesamten Kontinent auf rund 30 000 Tiere geschätzt wird. Die Statistik lässt mich staunen: Seit 1990 hätten sich die Angriffe auf Menschen nahezu verdreifacht. Etwa 100 würden jedes Jahr von Löwen angegriffen, mindestens 566 Tansanier seien in den letzten 16 Jahren getötet und 308 verletzt worden. Für Löwen gebe es eben mehr Menschen zu fressen, so die banale Erklärung der Wissenschaftler, während gleichzeitig die Bestandszahlen der bevorzugten Beutetiere wie Zebras, Gnus, Büffel oder Antilopen sinken würden, weil eben der Mensch ihren Lebensraum immer mehr einenge.

Auch der Leopard verliere zunehmend seine Scheu vor dem Menschen, dringe gar schon in die Vororte der Städte vor und werde zur Gefahr für Kinder und ältere Menschen, weiß Kuno von einer Konferenz zu berichten.

Für uns beide gleichermaßen überraschend ist schließlich eine weitere Meldung aus der „Pirsch", die Kuno wörtlich zitiert: „Streunende Hyänen haben im Somaliland vier Menschen getötet und drei verwundet. Die Tiere verbreiten Angst und Schrecken. Die Einheimischen gingen nur noch bewaffnet schlafen, um ihre Familien und ihr Vieh zu schützen. Das letzte Opfer sei ein Kind gewesen, das an der Mutterbrust schlief."

Das sind ja völlig andere Aspekte, als sie uns Schülern einst im Biologieunterricht beigebracht wurden. Raubtiere töteten nur kranke oder altersschwache Beutetiere, sie fungierten daher als Gesundheitspolizei, hatten wir gelernt.

„Nein, diese ökopazifistischen Vorstellungen entsprechen, wie du noch hören wirst, nicht der Realität. Und das Szenario Mensch als Raubwildbeute ist bei stammesgeschichtlicher Betrachtung keineswegs neu. Nach dem heutigen Stand der anthropologischen Forschung hat sich der Mensch im Laufe der letzten zwei Millionen Jahre erst allmählich zum Spitzenregulator, zum Herrn über Leben und Tod entwickelt.

Aufgrund seiner körperlichen Konstitution war er nicht befähigt, größere Beutetiere zu töten, hat sich vielmehr als Sammler von einem breiten Spektrum von Essbarem ernährt. Wozu gelegentlich auch das zählte, was größere Prädatoren übrig ließen. Andrerseits war der Mensch selbst Beutetier der Raubtiere! Nur zu seiner Verteidigung, so die Anthropologen, habe er sich zum Jäger entwickelt. Und zwar dank seiner geistigen Fähigkeiten, der Herstellung von Waffen und der Kommunikation im ‚Rudel', also in der Jägerhorde, war es ihm möglich, nicht nur seine Todfeinde zu überwältigen, sondern selbst größere Beute zu machen. Aus dem Gejagten wurde der Jäger."

Diesen Aspekt von Wildtieren, nämlich dass diese dem Menschen auch gefährlich werden können, hatte ich bisher selten in den Medien und Diskussionen entdeckt. Geht es doch sonst überwiegend um den Schutz der Wildtiere vor dem Menschen. Diese ganz ursprüngliche Form der Jagd zum Schutz der Menschen und seiner Haustiere vor Wildtieren scheint heutzutage in Vergessenheit zu geraten.

Nachdenklich und mit anderen Augen betrachte ich nun die nicht gerade sympathisch wirkende Hyäne mit ihrem starken Gebiss. Den Leoparden in seinem herrlich gezeichneten Fellkleid, geschmeidig und elegant starrt er von einem bemoosten Ast durchdringend auf den Besucher, zum Sprung bereit – für mich das schönste Präparat des Museums.

Und natürlich betrachte ich den König der Tiere, den Mähnenlöwen, auf dem Teppichboden ruhend. Er hat wirklich etwas Majestätisches, dieser Publikumsmagnet. Die Besuchergruppen umringen ihn, spüren unwillkürlich den Mythos, den dieses Wildtier umgibt, seine Stärke, seine Gefährlichkeit. Jäger wie Nichtjäger bewundern ihn, erfragen die Umstände seiner Erlegung. Wie viel Mut müsse dazugehören ...

Die Aura des Mutigen will sich jeder Jäger gerne anziehen. Selbst jene, die in Wahrheit Feiglinge sind. Da kommen dann auch unschöne Dinge vor, die die gesamte Trophäenjagd in Verruf bringen, wie ich mit Abscheu während der CIC Generalversammlung auf Zypern im Frühjahr 2006 erfuhr. Beispielsweise werden „canned lions" (eingedoste Löwen), die aus Zirkussen und Zoos, vielleicht auch aus Privatgehegen stammen, zur Bejagung angeboten. Dort werden sie eines Tages zu alt, und die Besitzer überlegen sich, was sie mit den betagten Tieren machen könnten. So würden sich dann immer wieder „Jäger" finden, die diese alten Löwen abschießen.

„Das schönste Präparat im Museum" – der Leopard

Die teilweise handzahmen, auf jeden Fall der Wildnis entwöhnten Tiere werden ausgelassen und einem – vielleicht sogar ahnungslosen – Jagdgast vorgeführt. Das bringt den Besitzern natürlich viel Geld ein, hat aber mit Jagd rein gar nichts mehr zu tun. Von dieser unrühmlichen Abart der Jagd hat sich der CIC entschieden distanziert. Namibia hat sie bereits verboten und Südafrika kürzlich ebenfalls.

Doch diese Tiere hier im EWI sind auf klassische Weise erlegt worden, dessen bin ich mir sicher. Vielleicht hat Kuno wieder einiges riskiert, um sich diese Jagdträume zu erfüllen.

Wehrhaftes Wild

War es fernes Donnergrollen, das mich aus dem Tiefschlaf weckte? Nein, jetzt wieder: Der „König der Tiere“ hat sich gemeldet, zieht langsam näher. Offensichtlich unbeeindruckt von unseren Safarizelten. Welchen Zauber verleiht doch das Brüllen des Löwen der afrikanischen Nacht.

Seinetwegen vor allem bin ich hier. Damals, während der Tätigkeit am Wildlife College vor zwanzig Jahren, gab es für uns keine Möglichkeit, auf Großraubwild zu jagen. Löwe, Leopard und Hyäne hätte ich aber noch gerne im Museum gehabt. Auch um den Besuchern an Hand von Präparaten deren Rolle im Ökosystem veranschaulichen zu können. Doch wie könnte ich diese bekommen?

Wieder einmal war mir der Zufall zu Hilfe gekommen, und zwar während des Bummels durch die unermesslichen Hallen der „Convention of Safari Club International“ in Las Vegas.

„Sag emol, kennsch mi nemme, oder willsch mi nemme kenna?“, fragte es in heimatlichem Dialekt aus einem der zahllosen Stände von Jagdanbietern. Dann stellte der Frager sich seinem verdutzten Landsmann vor: Franz Wengert. Natürlich kenne er mich, nämlich von früheren Jägerstammtischen im „Hirsch“ in Heidenheim-Mergelstetten. Doch, langsam dämmert's mir. Er habe jetzt ein eigenes Unternehmen, die „Windrose Safaris“, in Tansania. Ob ich dort wieder einmal jagen wolle? Interessiert nimmt er meine jagdlichen Vorstellungen zur Kenntnis. Die wären vielleicht zu realisieren, räumt der zurückhaltende Schwabe vorsichtig ein. – Das war im Januar 1988. In den folgenden Jahren hatten, wie dem Leser ja bekannt, zunächst andere Projekte Vorrang.

Doch jetzt, Ende September 1994, bin ich wieder einmal auf Safari in Ostafrika – wie früher so oft mit meinen Studenten. Nur komfortabler ist das Windrose Camp. Auch muss ich nicht mehr führen und dozieren. Nein, diesmal soll ich geführt werden. Von Craigh, einem aus Südafrika stammenden Mitarbeiter von Franz.

Er sei passionierter Jäger, habe aber nicht die finanziellen Möglichkeiten, um seiner Leidenschaft zu frönen, erzählt mir Craigh, daher habe er die Jagd zu seinem Beruf gemacht. Interessiert lauscht er dann meinen Ausführungen über einen ganz ähnlichen beruflichen Werdegang, der sich halt auf akademischer Ebene abspielte. Genügend Gesprächsstoff also, während wir zwölf Stunden lang von Arusha nach Süden fahren. Vorbei am Tarangire Nationalpark und Manyarasee, vertrauten Zielen damaliger College-Safaris.

Ursprünglich war die Jagd im ausgedehnten Sumpfgebiet des Moyowoshi in Westtansania geplant, wo die Löwen sich in der Nähe der großen Büffelherden aufhalten. Aber nachdem ich auch Interesse an einem Flusspferd bekundete, ist das Ziel nun Muhesi am Rukwa-Fluss im Zentrum des Landes.

Dieses 82 000 ha große Gebiet ist erst kürzlich von der Regierung zum Wildreservat erklärt und von den wenigen menschlichen Ansiedlungen befreit worden. Der Widerstand dagegen hielt sich wegen der dort im Miombo häufigen Tsetsefliegen – potenziellen Überträgern der für Mensch und Tier lebensgefährlichen Schlafkrankheit bzw. Naganaseuche – in Grenzen. Aus demselben Grund wurde hier früher wenig und erst in diesem Jahr planmäßig gejagt. Das lässt auf reichlich und sicherlich auch altes Wild hoffen.

Das besondere Interesse seines Klienten an Letzterem bekam Craigh bereits während der Anfahrt mit, während der er sich ausführlich von meiner Eisbärjagd berichten ließ. „We will try our best", versprach der Jäger, und das klang glaubhaft.

Tantalusqualen

Zunächst müssen wir versuchen, das Flusspferd, auch Nilpferd genannt, zu bekommen. Der Name ist allerdings irreführend, denn mit Pferden haben diese bis zu drei Tonnen schweren braunen Kolosse gar nichts zu tun. Zoosystematisch betrachtet stehen sie den Schweinen viel näher, leben aber ausgesprochen amphibisch. Auf Englisch heißen sie „hippo", Abkürzung der wissenschaftlichen Bezeichnung *Hippopotamus amphibius.*

Wo nur soll es in diesem Trockengebiet Hippos geben? Der Fluss ist bis auf ein Rinnsal ausgetrocknet. Schon seit Tagen muss das Personal immer tiefer absteigen, um Wasser für den Betrieb des Camps zu holen. Mit Regen ist zu dieser Jahreszeit noch nicht zu rechnen.

Gemählich tuckern wir im Toyota-Pickup das Flussbett entlang. Abdullah, einer der schwarzen Helfer auf der Pritsche des Fahrzeugs, scheint sehr ortskundig zu sein. Er weist uns ein bei der Suche nach noch wasserhaltigen Tümpeln, die entstanden, als der Fluss vor vier Monaten noch Hochwasser führte. Doch die sind entweder ebenfalls ausgetrocknet oder – wie alte Fährtenabdrücke im verkrusteten Schlamm zeigen – von den schwergewichtigen Bewohnern bereits verlassen. Wohin sind sie wohl abgewandert?

Aber sonst zeigt sich erstaunlich viel Wild. Herden kastanienbrauner Rappenantilopen, gelegentlich auch einzelne territoriale Bullen mit fast schwarzer

Friedlich dösen die Hippos in der Mittagshitze.

Decke und weit geschwungenen, meterlangen Hörnern. Ich kann sie nun in Ruhe beobachten, denn diese vielleicht eindrucksvollste Antilopenart überhaupt konnte ich bereits früher während der College-Safari an den Ugallariver erbeuten. Ebenso den Großen Kudu, von dem wir hier auch starke Bullen entdecken. Nein, die sind jetzt sicher vor mir, jeweils ein repräsentatives Stück genügt. Jetzt gilt die Suche dem Hippo, doch die gestaltet sich weit schwieriger als erwartet.

Endlich kommen wir an einen größeren Tümpel. Tatsächlich, dort sind die Gesuchten. Tief liegen sie jetzt in der Mittagshitze in der braunen Brühe. Nur Nasenöffnungen, Augen und Gehöre sind zu sehen. Friedlich dösen sie vor sich hin, haben uns in der Deckung wohl noch gar nicht bemerkt.

Aber was ist nur mit Craigh los? Anstatt freudiger Erregung, so nahe am Ziel, ein fast furchtsamer Gesichtsausdruck. Und keinerlei Anstalten, etwas zu unternehmen. Dann ein absolut unverständlicher Vorschlag: „Geh du mit entsicherter Büchse auf den Tümpel zu. Wenn ein Hippo herausstürmt und dich angreift, schieß genau zwischen die Augen!"

Will der mich auf den Arm nehmen? Und warum bleibt er zurück, warum begleitet er mich nicht in dieser angeblich so gefährlichen Situation? Irgendetwas stimmt da nicht. Schließlich führe ich seinen Auftrag aus, gehe ohne Deckung auf das Gewässer zu – und gar nichts passiert. Einige Hippos glotzen den seltsamen Zweibeiner an. Andere scheinen mich gar nicht zu bemerken oder zu ignorieren, fühlen sich offensichtlich sicher in ihrem nassen Element.

Zögernd nähert sich mein Führer, immer noch mit verstörtem Gesichtsausdruck. Nein, das war kein Scherz gewesen von ihm. Was tun? Mit dieser Wildart scheint er noch nicht viel Erfahrung zu haben. Im Wasser dürften wir das Hippo nicht erlegen, meint er. Die Bergung des Kolosses sei viel zu gefährlich wegen seiner aggressiven Artgenossen.

Unschlüssig beobachten wir die Flusspferde. Immer wieder taucht eines ganz ab, bleibt unglaublich lange – ich schätze wohl eine Viertelstunde – unter Wasser, um endlich wieder prustend zu erscheinen. Die Unterschiede zwischen Bullen und Kühen sind selbst am tief eingetauchten Haupt zu erkennen.

Um diese heiße Tageszeit werden die Hippos ihren Tümpel wohl nicht verlassen. Andererseits brauchen wir Fleisch fürs Camp, müssen also weiter. Während der Heimfahrt gelingt mir die Erlegung eines Lichtenstein's Hartebeest (*Acelaphus lichtensteini*) mit deformiertem, daher für Trophäenjäger uninteressantem Gehörn. Von College-Safaris, als ich die Mannen mit Wildbret zu versorgen hatte, ist mir diese im Miombo lebende Kuhantilope wohlbekannt.

Das Camp ist ein Traum von Ostafrika. Hohe Ebenholzbäume beschatten Zelte und Vorplatz. Ein effizientes Team von afrikanischen Helfern sorgt für unser Wohl. In der Dämmerung lodern die Flammen des Holzfeuers, laden ein zum Umtrunk mit Bier aus dem solarbetriebenen Kühlschrank. Welch angenehmer Unterschied zu früheren Zeiten, als wir nur mit Hilfe nassen Zeitungspapiers die warmen Bierflaschen etwas abkühlen konnten.

Craigh ist eher wortkarg, bittet daher seinen Gast, von Jagderlebnissen in fernen Ländern zu berichten. Doch dann muss ich mehr über sein seltsames Verhalten gegenüber Hippos erfahren. Könnte dieses doch den Erfolg der ganzen Safari in Frage stellen, wenn wir dadurch zu viel Zeit vertrödeln. Schließlich packt Craigh aus, berichtet über ein traumatisches Erlebnis aus der Kindheit, einen Anblick, den er einfach nicht vergessen kann: Sein Onkel wurde beim Fischen von einem angreifenden Hippo in zwei Teile gebissen ... Die Worte kommen stockend, daher bohre ich nicht weiter. Bekanntlich sollen ja diese braunen Ungetüme mehr tödliche Unfälle verursachen als Löwen. Seitenlang berichtete schon der Naturforscher Brehm in seinem klassischen „Tierleben" hierüber. Als Bub hatte ich viel darin gelesen.

Wie soll's nun weitergehen? Nachts verlassen die Hippos das schützende Wasser, um an Land Gras zu äsen. Daher wollen wir um drei Uhr aufstehen. Zwei Stunden werden wir brauchen, um in die Nähe des Tümpels zu kommen. Vielleicht gelingt es in der ersten Dämmerung, einen Bullen auf seinem Rückweg zu erwischen.

Die Taktik führt nicht zum Erfolg, auch nicht an den folgenden Tagen. Einmal folgen wir versehentlich einer Kuh, die in der Dunkelheit nicht als solche zu erkennen war, einmal einem zu jungen Bullen. So plump und schwerfällig die Kolosse an Land wirken, so erstaunlich schnell bewegen sie sich durch den Miombo.

Dann sitzen wir wieder an, beobachten den Tümpel aus guter Deckung. Craigh hält sich meist weit entfernt von den Objekten seines Traumas auf. Wir warten Stunden, warten Tage. Immer in der Hoffnung, ein jagdbares Hippo möge ausnahmsweise einmal bei Tag an Land gehen.

Jeweils um die Mittagszeit treffen wir uns zum einfachen Mahl, besprechen unsere desolate Situation. Es geht uns wie dem Tantalus der griechischen Sage, erkläre ich Craigh. Zur Strafe, weil er den Zorn der olympischen Götter erregt hatte, musste der in der Unterwelt quälenden Durst leiden. Gefesselt stand er im Wasser, das ihm bis zum Hals reichte. Doch bei jedem Versuch, die ausgedörrte Kehle zu laben, wich das begehrte Nass zurück. Und hier ist uns das ersehnte Hippo so nah – und dennoch unerreichbar. „Yes, it's sure tantalizing." Craigh versteht nun den Ursprung dieser auch im Englischen gebräuchlichen Redewendung.

Nachmittags jeweils kürzere Erkundungsfahrten, um eventuell weitere Hippo-Vorkommen zu entdecken. Vergeblich. Immerhin komme ich so zu einem Klippspringer (*Oreotragus oreotragus*). Kaum größer als ein junges Rehkitz ist diese Kleinantilope, die wie eine Ballerina auf den Spitzen der Hufe balanciert. Zwar reißt das schwere Geschoss der 8x68 ein gewaltiges Loch, doch das Cape für das spätere Kopfpräparat bleibt unversehrt. Vorsichtig häuten wir es an Ort und Stelle ab, denn die eigenartigen grau-weiß melierten Haare sind hohl und sehr brüchig.

Allmählich werde ich ungeduldig. Es muss endlich etwas geschehen. Wer weiß, wie viel Zeit die Löwenjagd in Anspruch nehmen wird. Und dazu brauchen wir Fleisch vom Hippo als „bait", als attraktives Luder.

Am Abend des vierten Tages bleiben wir länger als sonst. In der späten Dämmerung wird es lebendig im Tümpel. Es klatscht, spritzt, prustet. Tonnenschwere Körper kämpfen gegeneinander, im Widerschein des Abendhimmels gerade noch als Silhouetten erkennbar. Es sind weit mehr als bisher angenommen, fast zwanzig schätzen wir. Vielleicht hat der täglich sinkende Wasserspiegel und damit der schrumpfende Lebensraum die Aggressionen ausgelöst. Als besonders angriffslustig fällt ein Bulle mit eingerissenem Lauscher auf. Rasch verschlingt die Dunkelheit die turbulente Gesellschaft, von der gelegentlich unglaublich lautes Brüllen zu vernehmen ist.

Schweigen während der langen Fahrt ins Camp. Jeder hängt seinen Gedanken nach. Während des späten Nachtmahls muss ich es Craigh eröffnen: Ich kann und will so nicht weiterjagen. Bitte ihn, jetzt noch nach Arusha zu funken und für morgen ein Flugzeug anzufordern, das mich ins Moyowoschi-Gebiet bringen soll.

Der junge Berufsjäger ist tief betroffen. Er war so froh, hier in Tansania eine Stelle zu bekommen, nachdem dies in seiner südafrikanischen Heimat nicht möglich war. Und jetzt das. Er weiß, er muss dem Wunsch seines Klienten entsprechen. Lange grübelt er nach. Dann die Bitte, es doch für einen Tag, ein letztes Mal, hier zu versuchen. Natürlich willige ich ein, denn er tut mir leid. Er hat sicher keine gute Nacht hinter sich, als wir früh morgens wieder losfahren.

Gedeckt durch einen dicken Baum pürschen wir uns an. Doch welche Enttäuschung – der Tümpel ist leer! Hatten die Hippos während der Nacht das „sinkende Schiff" verlassen? Ratlos starren wir uns an, suchen immer wieder die allmählich heller werdende Wasserfläche ab. Craigh entdeckt schließlich die Gesichter zweier Kühe unter überhängendem Ufergestrüpp. Ein kleiner Hoffnungsschimmer. Wir warten.

Plötzlich, es ist kaum zu fassen, mitten im Tümpel das Gesicht eines Bullen. Ein Gehör ist eingerissen. Zweifellos der Raufbold vom Vorabend. Hat er sich als einziger Bulle behauptet?

„Shoot! For Christ's sake, shoot!" Nie werde ich diesen aus tiefster Seelennot geborenen Stoßseufzer des Jägers vergessen. Er klang wie der verzweifelte Hilferuf eines Ertrinkenden. Keine Furcht mehr, kein Gedanke an eventuell gefährliche Komplikationen bei der Bergung. Nur schießen, um Himmels willen schießen soll ich. Angestrichen am Baum nehme ich Maß zwischen Auge und Gehör. Habe keine Vollmantel-Patronen, doch dort dürfte die Schädeldecke dünner und damit auch vom Teilmantelgeschoss (14,5 gr. KS) zu durchschlagen sein.

Hoch steilt der tödlich Getroffene aus dem Wasser. Bevor er zurückfällt, entlädt sich auch Craighs aufgestaute Verzweiflung in einem Genickschuss aus einer kurzen .458-Büchse.

Endlich ist das Eis gebrochen. Craigh strahlt, erstmals überhaupt, über das ganze schmale Gesicht, und ich wohl ebenso. Innerhalb weniger Sekunden sind uns nicht Steine, nein zentnerschwere Felsen vom Herzen gefallen.

Von der Beute ist nichts mehr zu sehen in der braunen Brühe. Doch schon nach einer halben Stunde zeigt sich etwas, dann immer mehr von der Rückenlinie. Die Gasbildung in den Eingeweiden treibt den Körper nach oben. Craigh ist nun cool und überraschend erfinderisch. Er fährt seinen Pickup so nahe wie möglich an das steile Ufer. Dann zieht einer der Helfer mithilfe eines langen, auf dem Wasser schwimmenden Hanfseils vom anderen Ufer aus eine lange Drahtseilschlinge in Richtung Hippo. Deren Ende ist mit der Seilwinde des Fahrzeugs verbunden.

Endlich spürt der Helfer drüben Widerstand, die Schlinge hat etwas gefasst. Vorsichtig setzt Craigh die Winde in Gang. Das Seil spannt sich immer straffer. Hoffentlich rutscht die Schlinge nicht ab. Nein, wir haben Glück, sie hat gefasst. Schnauzenpartie und Vorderfuß tauchen auf.

Mit Hilfe der Winde ziehen wir die Beute möglichst nahe ans Ufer und dann so hoch aus dem Wasser, dass wir eine zweite Drahtseilschlinge um Kopf und Lauf legen und daran ein zweites Hanfseil befestigen können. Dann gleitet die Last zurück, das Seil der Winde wird ausgeklinkt.

Während die Helfer mit ihren Hanfseilen das bereits hoch im Wasser liegende Hippo zum gegenüberliegenden Flachufer ziehen, folgen wir dorthin mit dem Toyota. Wieder kommt die Seilwinde zum Einsatz. Mit Hilfe des 200 PS starken Motors gelingt es, die zwei bis drei Tonnen schwere Beute an Land zu hieven. Es ist geschafft – ohne dass einer auch nur nasse Füße bekommen hätte.

Wie viel besser als bisher schmecken uns heute der Mittagsimbiss und das Bier aus der Coolbox! Drüben im Tümpel liegen die beiden Kühe, offensichtlich unbeeindruckt von der ganzen Operation.

Es ist drückend heiß. Die schwarzen Helfer machen sich mit Elan an das Zerwirken, denn das Fleisch des „Kiboko" schätzen sie ebenso wie die Löwen. Mehrere Zentimeter dick ist die Haut im Nacken, als sie das Cape für das Kopfpräparat ablösen. Die Idee bekam ich von Katharina Hecker in ihrem Betrieb in Pretoria. Sie soll den Auftrag erhalten.

Alles ist gigantisch groß an diesem ungewöhnlichen Wild. Durch einen zwischen die Kiefer gespreizten Pfahl kommt das kuriose Gebiss zum Vorschein. Die gewaltigen Eckzähne im Unterkiefer dienen als Waffen in territorialen Auseinandersetzungen oder bei den Brunftkämpfen der Bullen. Sie entsprechen den Gewehren unseres Schwarzwilds. Am Vorabend konnten wir ja das Imponiergehabe beobachten. Mit weit aufgerissenem Rachen zeigten die Bullen dem Gegner die Waffen, um ihn einzuschüchtern. Auch jegliches Raubwild hat davor Respekt, weshalb ausgewachsene Hippos keine natürlichen Feinde haben.

Zum Schutz vor tödlichen Verletzungen ist die Haut an den Flanken noch dicker. Bei entsprechender Gerbung wird sie hart wie Holz. Und diente früher zur Herstellung von Transmissionsscheiben für durch Riemen angetriebene Maschinen. Dank der Sammelleidenschaft meines Urgroßvaters gelangte solch ein Stück schließlich ins EWI-Museum. Dort hängt auch ein Exemplar der während

Mit Hilfe von ausreichend „manpower“ und 200 PS gelingt schließlich die Bergung des Kolosses.

Craigh ist sichtlich erleichtert nach dem erfolgreichen Einsatz.

der Kolonialzeit in Afrika verbreiteten und berüchtigten „Nilpferdpeitsche“. Karl May erwähnte sie in seinem Roman „Die Sklavenkarawane“ immer wieder. Auch diese Kiboko, wie man sie auf Kisuaheli nennt, ist aus der Haut des Hippo geschnitten.

Die Funktion der Schneidezähne ist mir bis heute unerklärlich. Zwei waagrechte Bolzen im Unterkiefer und keine direkten Pendants, sondern nur kurios

Am Ziel tagelangen Ausharrens

geformte Zahngebilde im Oberkiefer. Zur Aufnahme der Hauptnahrung, nämlich grasartiger Bodenvegetation, dienen sie sicher nicht. Dazu benutzen Hippos die harten Lippen ihres breiten Mauls. Zerkleinert wird die Nahrung mit den an die der Schweine erinnernden Backenzähnen.

Das Zerwirken eines Nilpferds grenzt an Schwerarbeit.

Welche Menge an Nahrung sich Hippos dabei innerhalb einer Nacht einverleiben, das wird nun offenkundig. Nachdem der abgehäutete Schädel abgetrennt ist, zerteilen die Arbeiter den Körper mit Äxten in drei Portionen. An waidmännisches Aufbrechen ist bei diesen Dimensionen nicht zu denken: Ballonartig wölbt sich ein riesiger Magen oder „Waidsack" aus der geöffneten Bauchhöhle. Wenig später stehen die Männer bis zu den Knien in Massen verdauter Vegetation wie in einem Misthaufen.

Zum Vergleich mit der Landwirtschaft reizt auch die Funktion des kegelförmigen, seitlich mit Borsten besetzten Schwanzes. Wie ein Miststreuer dient er dem Bullen dazu, die überdimensionalen „Pferdeäpfel" beim Verlassen des Waidlochs durch Vibration möglichst weit zu versprühen. Auf diese Weise setzt er Duftmarken in seinem Territorium.

Am späten Nachmittag ist alles auf den Pickup verladen. Die fleißigen Arbeiter durften sich reichlich mit Fleisch für ihre Familien eindecken. Ein Hinterquartier des Hippos hängt an einer Kette hinter dem Fahrzeug und legt so eine Schleifspur für Löwen.

Craigh geht nun sehr zielstrebig vor, mit Großraubwild hat er offensichtlich Erfahrung. Nach längerer Fahrt durch den Miombo wählt er einen älteren Baum mit entsprechend starkem Ast für das Luder aus. Ein Hanfseil wird an das Drahtseil der Winde geknüpft, dann über den Ast geworfen und damit das Windenseil nachgezogen. Daran wird mit einer Kette das zweite Hinterquartier be-

Das Hinterquartier des Hippo soll als Luder für den Löwen dienen.

festigt. Die Winde hievt nun das „bait", den Köder, so hoch, dass es ein männlicher Löwe, auf den Hinterbranten stehend, gerade noch erreichen und sich so Appetit holen kann.

Weiter geht's, um auf dieselbe Weise den Brustkorb und schließlich noch das nachgeschleifte Hinterquartier in Stellung zu bringen. Wir haben nun eine mehrere Kilometer lange Schleifspur und drei weit voneinander entfernte Baits.

Während der Heimfahrt ist es bereits stockfinster. Plötzlich im Schein des Fernlichts weit vor uns eine Hyäne. „Can you shoot it?" Natürlich.

Ich lade durch und suche nach guter Schussposition. Dank der weiten Entfernung von vielleicht 200 Metern hält die Hyäne auch das aus und liegt kurz darauf im Knall. Die Schwarzen hinter uns jaulen vor Freude. Diese „Viecher" mögen sie gar nicht. Sie treiben sich nachts um ihre Hütten und Zelte herum, und nichts ist vor ihnen sicher. Selbst Schuhe hätten sie schon gestohlen. Und dann die nächtlichen Ruhestörungen durch das ständige Gekecker und Gejaule, mit dem die Mitglieder des Hyänen-Clans untereinander Kontakt halten oder Streitigkeiten austragen. Unheimlich, wie Höllengelächter.

Ein kapitales Stück der Tüpfelhyäne (*Crocuta crocuta*) liegt vor uns. Eine Fähe, die ja bei dieser Art stärker ist als die Rüden und diese dominiert. Und uralt ist sie. Nur noch schüttere Behaarung bedeckt den prallen Leib. Doch sie ist nicht etwa hochträchtig, sondern, wie sich später zeigen soll, bis zum Platzen vollgeludert.

Eigentlich will ich nur den Schädel für das Museum. Doch Craigh widerspricht vehement. So ein Riesenexemplar wirst du nie mehr erwischen, lass unbedingt ein Ganzpräparat anfertigen!

Ich überlege. „Schön“ im klassischen Sinne ist die Hyäne nicht, hat nichts von der Eleganz oder dem Charisma anderer Raubwildarten. Der dicke Kopf, der nach hinten abfallende Widerrist, die kurzen Hinterläufe. Sie vermitteln den Eindruck von Unbeholfenheit und Feigheit. Doch das ist subjektive menschliche Einschätzung, die früher zu sinnloser Verfolgung führte. In Wirklichkeit handelt es sich um eine Wildart mit interessanter Sozialstruktur, deren Bedeutung in afrikanischen Ökosystemen der Forscher Hans Kruuk in seiner Monografie „The spotted Hyena“ anschaulich beschrieben hat. Also stimme ich Craighs Vorschlag zu. Mit sichtlichem Widerwillen laden die Mannen die nach Aas stinkende Beute auf die Pritsche.

Im Camp erneut Freudengeschrei. Triumphierend nennen sie mich „Bwana Fisi“, den Herrn über die Hyäne. Nur einer schaut verdrießlich drein, der Skinner. Der muss die Beute abhäuten und für den Transport vorbereiten. Doch als ich ihm eine finanzielle „Gestankzulage“ zustecke, strahlt auch er und macht sich an die Arbeit.

Dann notiere ich mir die Maße des abgehäuteten Körpers, was sich während der späteren Präparation mit Wolfgang Schenk als sinnvoll erweisen soll. Denn selbst dessen größte Form müssen wir beträchtlich erweitern, um das Tier naturgetreu nachzubilden. Museumsbesucher, die Hyänen von Fernsehfilmen kennen, sind immer wieder erstaunt über dieses Monstrum.

Ebenso interessant ist der nun ausgekochte und abgefleischte Schädel. In seiner Form erinnert er an einen mächtigen Bullterrier. Mit einem Gebiss, das kraftvoller zupacken kann als das aller anderen Raubtiere. Wie mit einer Brechschere sind damit angeblich selbst die Oberschenkelknochen der Giraffe zu knacken. Ein solches Gebiss muss Zweifel aufkommen lassen, ob sich Hyänen, wie allgemein vermutet, nur von Aas ernähren.

Zwar wirken sie tagsüber eher ängstlich, zu feige, um selbst zu jagen. Bei Nacht ist das ganz anders. Nach Kruuks Beobachtungen in der Serengeti töten sie zwei Drittel ihrer Beutetiere selbst. Auch größeres und wehrhaftes Wild vermögen sie durch Teamarbeit des Clans zu überwältigen und, wie bereits erwähnt, auch Menschen.

Bei dieser Fähe sind die konischen Eckzähne bis auf Stumpen abgenutzt. Auch die völlig verwachsenen Nahtstellen der Schädelknochen lassen auf ein biblisches Alter schließen.

Im Rudel können Hyänen auch lebendes Wild erjagen.

Nach tagelangen Misserfolgen diese Wende! Heute waren wir vom Schicksal verwöhnt worden. Das begießen wir dann auch ausgiebig am Lagerfeuer. Welch ein Unterschied zum Vorabend ... Bin nun sehr zufrieden mit meinem Jagdführer, und er ist es offensichtlich auch mit mir. „I see, you can shoot at night." Das sei nicht selbstverständlich, meint er zu meiner Überraschung. Manche seiner Klienten hätten große Probleme, bei Nacht zu schießen. Das habe ihn bei der Leopardenjagd schon mehrfach in Schwierigkeiten gebracht.

Kurz darauf hören wir das Ranzkonzert der gefleckten Raubtiere. „Chrrr – chrrr – chrrr ...", schnarcht die Katze, etwa vergleichbar dem Geräusch beim Holzsägen von Hand. Der Kuder antwortet auf dieselbe Weise, nur eine Oktave tiefer. Sie sind gar nicht weit vom Camp. Drüben im ausgetrockneten Flussbett hat Craigh die Fährte eines starken Kuders ausgemacht. Doch der hat kein Interesse am Luder, solange eine Katze in der Hitze ist. Warten müssen wir damit ohnehin, denn kurz nach Neumond sind die Nächte noch stockfinster.

„Kuno, jetzt beginnen wir mit der Löwenjagd", verkündet Craigh und leert seine Bierflasche. Eine bislang nicht beobachtete Unternehmungslust blitzt ihm aus den Augen. Dann sinken wir in die Kissen, können endlich wieder ausschlafen.

Der König der Tiere

Welche Faszination ist doch von jeher von ihm ausgegangen, von seiner Majestät, dem Löwen. Der gebieterische Blick, die Erhabenheit seiner Bewegungen, die wallende Mähne und schließlich der alles übertönende Donner seiner Stimme machten ihn in der menschlichen Fantasie zum uneingeschränkten Herrscher über die Tierwelt. Schon im Alten Testament spielt er eine Rolle, später in Gleichnissen, Tierfabeln und Märchen. In der Heraldik, in den Namen von Gasthöfen, Brauereien und Apotheken manifestiert sich die Begeisterung für dieses Symbol der Stärke, weit über seinen afrikanischen Lebensraum hinaus.

Als Schüler weilte ich während der Besuche im Münchner Tierpark Hellabrunn am längsten vor dem mit Felsen und Baumstrünken ausgestatteten „Biotop" der Löwen. Später faszinierten Berichte über Löwenjagden in der Jagdpresse. Immer wieder kam es dabei zu Unfällen, wenn der angeschweißte Löwe den Jagdführer oder seinen Klienten, oder gar beide in den Tod riss. Und Schauerliches hörte man von „Maneatern", also Löwen, die sich gar auf das Töten von Menschen spezialisiert hatten.

Anno Hecker schildert in seinem bereits erwähnten Buch Beispiele der hoffnungslosen Unterlegenheit abergläubischer Eingeborener gegenüber diesem charismatischen Raubtier. Noch Mitte des 20. Jahrhunderts hätten einige Löwenrudel in einem wildarmen Distrikt Tansanias regelrecht von Menschen gelebt und fast 1 000 getötet. Worin allerdings auch die unterschiedliche Mentalität afrikanischer Stämme zum Ausdruck kommt. Im Massailand hätte es so etwas nicht gegeben ...

Sicherlich spielt der Reiz, sich in Lebensgefahr zu begeben, eine Rolle bei der Motivation zur Löwenjagd. Mehr noch als bei deutschen steht sie bei amerikanischen Jägern hoch im Kurs. Früher hätte ich mir nie träumen lassen, mich einmal auf solch ein Abenteuer einzulassen. Aber nun ist es so weit. Wie wird es ausgehen?

Zielstrebig steuert Craigh das zuletzt aufgehängte Hippobait an. Trotz des harten Bodens zeichnen sich schwach Trittsiegel von Löwen ab. Sie haben sich wohl hochgereckt und wie geplant etwas Fleisch erhaschen können. Der Jäger sucht die Rinde des Baumes ab, findet schließlich ein langes dunkles Haar und ist zufrieden: Da war ein Mähnenlöwe dabei, der kommt vielleicht zurück. Auf den werden wir später ansitzen.

Nicht alle männlichen Löwen haben gute Mähnen. Einigen wächst die Haarpracht nur kümmerlich oder gar nicht. Oder sie wird in den dornenreichen Biotopen, etwa des Massailandes, stärker abgenutzt als sie nachwächst. Hier im

Miombo tragen sie manchmal sehr gute Mähnen. Doch haben wir bisher nur gelegentlich Löwinnen oder junge Männchen gesehen. Und Craigh weiß, woran ich für das Museum interessiert bin. Mit diesem Wild kennt er sich aus.

Wo nur hängt der Brustkorb des Hippo? Wir sind der vorgestern gelegten Schleifspur in umgekehrter Richtung weitergefolgt. Hier muss es doch gewesen sein. Doch, an diesem Baum hatten wir ihn aufgehängt.

„Kuno, that's your lion!", schreit Craigh plötzlich. Tatsächlich, in gewaltigen Sätzen flüchtet ein Löwe mit wallender, langer Mähne in die Dickung, gefolgt von einer ebenfalls kapitalen Löwin. Ja, das wäre wirklich der Erträumte – wenn wir den kriegen würden ... Craigh schmunzelt zufrieden und zuversichtlich. Ich bin völlig durcheinander, fast nervös nach diesem unerwarteten Anblick.

Wir steigen aus, um die Szene zu erkunden. Da liegt er, der gesuchte Brustkorb, schon halb aufgefressen. Mit ihrem Gewicht haben es die Löwen geschafft, die Kette zu sprengen und das Bait herunterzureißen. Mehrere Meter weit haben sie es ins hohe Gras geschleift, um sich in Ruhe vollzuschlagen.

Die müssen sehr hungrig sein, wenn sie am helllichten Tag noch weiterfressen. Die kommen bald zurück – und wir auch, plant der Jagdführer.

Wir fahren einige Hundert Meter weiter. Später Vormittag. Jetzt schlafen wir erst einmal, schlägt Craigh seelenruhig vor. Das lassen sich unsere schwarzen Helfer nicht zweimal sagen. Dann schnarcht auch er.

Ich aber kann nicht schlafen. Bin zu aufgewühlt von dem Erlebten. Versuche, gegen die wachsende Nervosität anzukämpfen, mich abzulenken von der vielleicht bald bevorstehenden direkten Konfrontation mit dem gefährlichen Gegner.

Zeit zum Meditieren. Sind die beiden Löwen allein oder Vertreter eines größeren Rudels? Wie meist, wenn ich in fremden Ländern jage, habe ich auch diesmal versucht, mir aus der Literatur ein Bild von den noch unbekannten Wildarten zu machen. Insbesondere in diesem Fall. Steht doch gerade die Löwenjagd im Kreuzfeuer der Kritik aus Schützerkreisen. Insofern brauchte ich Informationen aus erster Hand. Die lieferten die Bücher des Kollegen George Schaller, der drei Jahre lang „Unter Löwen in der Serengeti" lebte. Das 1973 erschienene Buch dieses Titels habe ich mitgebracht, um immer wieder darin zu blättern.

Wie so mancher junge Wildbiologe verlor auch Schaller sein Herz an seine Studienobjekte. So missbilligte er deren Tötung im Rahmen der für ihn unverständlichen Trophäenjagd. Doch unterschied er klar zwischen diesem ethischen Aspekt des „Tötens zum Vergnügen" und dessen Auswirkung auf die Population, die er als eher gering einschätzte. Demgegenüber versuchen andere Löwenschützer, übrigens bis in die jüngste Vergangenheit, ihre Aversion gegen diese Jagd aber gerade durch die Gefährdung des Bestands zu begründen.

Wissenschaftliche Erkenntnisse widerlegten mancherlei Spekulationen: Löwinnen sind keineswegs auf einen bestimmten Partner fixiert.

Etwa folgendermaßen: Ein adulter Löwe ist Chef des hierarchisch fest geordneten Rudels. Die Löwinnen sorgen für Beute, von der er sich und den von ihm gezeugten Jungen die besten Stücke zukommen lässt. Kommt er zur Strecke, so wird sich ein neuer Herrscher des Rudels bemächtigen, um sogleich seine erste Amtshandlung auszuüben. Nämlich – analog dem angeblich von König Herodes verfügten Kindermord von Bethlehem – alle Jungen des Rudels zu töten. Nur so kämen die Löwinnen wieder in Hitze und nur so könne er dann seine Gene weitergeben. Mehrfache Wiederholung dieses tödlichen Szenarios bei hohem Jagddruck müsse zum Erlöschen der Population führen ...

Dieses Denkmodell schien mir doch sehr hypothetisch und von Wunschvorstellungen geprägt zu sein. Inwiefern lässt es sich durch Erkenntnisse aus Schallers Verhaltensstudien in Tansania stützen?

Nach tage- und wochenlangen Beobachtungen telemetrierter Löwen konnte Schaller Folgendes ermitteln: Löwenrudel sind weder soziologisch noch geografisch klar zu definieren. Sie unterliegen vielmehr einem ständigen Wechsel in der Zahl der Individuen, der Altersstruktur und der Raumnutzung. Selten ist ein Rudel eng beisammen. Bis zu ca. 17 Kilometer entfernten sich die einzelnen Mitglieder voneinander.

Nicht nur eines, sondern oft zwei bis zu fünf adulte Männchen beobachtete Schaller in solchen Rudeln, die je nach Fortpflanzungserfolg mitunter auf über 30 Individuen anstiegen. Im Alter von etwa drei Jahren verlassen alle männlichen und einige weibliche Löwen das Rudel. Sie leben dann zeitweise oder für immer als Nomaden, entweder einzeln oder in Paaren. Insgesamt kamen in dem 4 000 qkm großen Untersuchungsgebiet rechnerisch auf drei Löwinnen zwei Löwen. Also eine beachtliche männliche Populationsreserve.

Auch das Paarungsverhalten entspricht nicht den starren menschlichen Vorstellungen. Schallers Löwinnen waren jedenfalls keineswegs nur auf den Chef des Rudels fixiert. Brünstig paarten sie sich bereitwillig auch mit zufällig aufgetauchten Fremden, wenn mangelnde Bewachung durch die Rudelmännchen dies zuließ. Eine ältere Löwendame war gar besonders erpicht auf Jünglinge.

Das Fortpflanzungspotenzial der Löwen ist beachtlich, erkannte Schaller: Durchschnittliche Wurfgröße 2,3, Trächtigkeitsdauer nur 3,5 Monate. Bei den mehrfach beobachteten Totalverlusten des Wurfes, durch welche Ursachen auch immer, kann die Löwin schon innerhalb von nur vier Monaten einen neuen haben. Es gibt also stets genug brünstige Löwinnen. Es bedarf hierzu daher nicht des genannten systematischen Jungenmords, wofür sich in Schallers Buch auch keine Hinweise finden.

Schallers Werk bewies einmal mehr die Bedeutung langfristiger Freilandbeobachtungen. Diese ließen statt starrer Rituale ein eher plastisches Verhalten erkennen und zeigten erneut, wie weit sich am Schreibtisch gebastelte Denkmodelle von der Realität entfernen können.

Endlich erwachen die Begleiter. Etwa zwei Stunden mögen verstrichen sein. „Let's go", entscheidet Craigh und pirscht voraus, hinter mir nur Abdullah. Vorsichtig nähern wir uns dem Bait. Schon sind die Umrisse des Hippo-Brustkorbs zu erkennen – da springen sie plötzlich ab. Der Löwe mit wallender Mähne und nicht eine, sondern zwei Löwinnen. Sie verschwinden in verschiedenen Richtungen im Busch. Haben sie uns über den küselnden Wind wahrgenommen?

Was tun? Nach kurzem Überlegen beschließt Craigh, dem Mähnenlöwen nachzupirschen. Mir wird mulmig. Im hohen gelben Gras das ebenso gefärbte Raubtier angehen? Das kann doch nur in der befürchteten Konfrontation auf kürzeste Entfernung enden. Zwar habe ich inzwischen Vertrauen zu Craigh und dem Umgang mit seiner kurzen, großkalibrigen Büchse. Aber wie oft schon sind solche Provokationen schiefgegangen, mit tödlichem Ende für die Verfolger.

Nicht nur die Mittagshitze, auch die Aufregung treibt den Schweiß aus den Poren, während wir uns langsam vorarbeiten. Plötzlich grollendes Knurren, nicht weit vor uns im dichten Gras. „Wo ist er?", flüstert Craigh. Aber auch ich kann nichts vom Gesuchten entdecken. Im selben Moment tippt mir Abdullah auf die Schulter, deutet schräg nach hinten.

Der Anblick lässt das Blut in den Adern gerinnen: Eine der beiden Löwinnen, kaum 50 Schritt entfernt, starrt uns an. Niedergekauert und bereit, uns anzuspringen. Mit halb geöffnetem Rachen und vorgeschobenem Unterkiefer – ein Bild unglaublicher Wildheit. Sie scheint noch zu überlegen. Glücklicherweise befinden wir uns noch außerhalb des kritischen Abstands zum Angriff.

Craigh erkennt die Brisanz der Situation. Vor uns der ärgerlich grollende unsichtbare Pascha, hinter uns seine ebenso gereizte Komplizin. Wo ist die andere? Ob die uns auch auflauert?

„Let's get our ass out of here!" Nur zu willig befolgen wir die unmissverständliche Entscheidung des Jagdführers und treten schleunigst, aber doch vorsichtig den Rückzug an.

Erneute Beratung. Die Löwen scheinen hungrig zu sein. Besonders der Pascha, der uns alt und mager erschien. Zumindest er könnte trotz der zweimaligen Störung vielleicht am späten Nachmittag zurückkommen. Also werden wir ihm dort auflauern.

Hinter einem dicken, tief gegabelten Baum, etwa 70 Schritt vom Luder entfernt, soll ich in Deckung gehen. Craigh befestigt zwei waagrechte Aststücke in der Gabel, bringt darauf meine Büchse in Stellung und richtet den Lauf dorthin, wo er den Löwen erwartet. Schieß am besten in den Kopf, dann gibt's hinterher keinen Ärger. Doch den Schädel brauche ich für das Museum, den möchte ich nicht zerschießen. Also schieß ins Herz, das ist auch ok. „Aber nicht schießen, wenn er in deine Richtung äugt. Er darf das Mündungsfeuer nicht sehen, sonst ist er eventuell sofort hier."

Mit dem Rücken am Stammfuß angelehnt, liege ich hinter dem Baum. Die vier Begleiter verkriechen sich weiter entfernt im Dickicht, von wo sie die Szene einsehen und mir das Erscheinen des Löwen signalisieren können. Leichter Aasgeruch weht herüber, der Wind steht gut.

Wieder dieses nervenzermürbende Warten. Stille. Hoch oben kreist ein Geier zwischen Himmelsblau und weißen Wolken. Bald wird auch er das Luder entdecken – sofern die Löwen noch etwas davon übrig lassen.

Wieder habe ich Zeit zum Nachdenken. Der Anblick der kampfbereiten Löwin geht mir nicht aus dem Sinn. Über deren Rolle im Rudel habe ich einiges aus Schallers Buch erfahren. Beobachtungen, die die verbreitete Meinung von der aufopfernden Fürsorge, vom ausgeprägten Familiensinn „bei Löwens" infrage stellen.

Den weitaus größten Teil des Nahrungsbedarfs einer Population beschaffen die Löwinnen. Allein oder in Gruppen ziehen sie los. Nach erfolgreicher Jagd versuchen sie jedoch, vor allem sich selbst vollzuschlagen. Erst dann denken sie an

Die Löwinnen haben ein Zebra gerissen. Doch die besten Stücke davon nimmt sich der „Pascha“.

ihre Jungen! Bleibt bei lang anhaltender Nahrungsknappheit zu wenig Beute für diese übrig, droht ihnen der Hungertod. Die Löwin zieht weiter, ungerührt vom Schicksal zurückbleibender Junger. In einem Fall fraß sie gar eines auf.

Dieses aus menschlicher Sicht so grausame Verhalten ist, ökologisch betrachtet, eine sinnvolle Anpassung an ein eventuell stark wechselndes Nahrungsangebot. In einigen afrikanischen Landschaften führen Gnu- und Zebraherden klimatisch bedingte weite Wanderungen durch. Während die Hyänen ihnen folgen, halten Löwenrudel eher an ihren Territorien fest. Ziehen die Herden dort durch, gibt es Nahrung im Überfluss und alle Jungen überleben. Andernfalls verhungern viele, aber die aus bestandsdynamischer Sicht wichtigere Mutter überlebt, um alsbald wieder brünstig zu werden.

Die „Herren der Schöpfung“ jagen zwar auch, aber offensichtlich ungern. Sind sie „zu faul“ dazu? Jedenfalls nutzen sie jede Gelegenheit, ob im Rudel oder als Nomaden lebend, sich der Beute der Damen zu bemächtigen. Dank ihrer Körperkraft gelingt es ihnen, die besten Stücke für sich zu beanspruchen. Davon geben sie allerdings bereitwillig an die Jungen ab. Und zwar offensichtlich unabhängig von der leiblichen Vaterschaft, die ja bei der geschilderten Promiskuität im Fortpflanzungsverhalten ohnehin unbekannt bleibt.

Ein aus männlicher Sicht also beneidenswerter Lebensstil: Die Dienerinnen arbeiten, der Pascha genießt. Nur bei schwerer Arbeit hilft er gelegentlich mit. Wenn es etwa gilt, einen Büffel niederzuziehen, bringt er sein viel größeres Gewicht zum Einsatz. Dabei bleibt es dann in der Regel.

Seine auffällige Mähne, die ihm zum Imponieren gegenüber Rivalen dient, wie auch als Schutz vor lebensgefährlichen Verletzungen im Kampf mit denselben, ist bei der Jagd ein Handicap. Dadurch wird er beim Anpirschen einer Antilopenherde viel eher eräugt als die unscheinbareren Löwinnen.

Die geben den geforderten Tribut an den Pascha allerdings nicht aus Nächstenliebe heraus, sondern aus Furcht vor massiver körperlicher Züchtigung, gelegentlich mit Todesfolge. So ist denn auch das Ende des Schlaraffenlandes vorprogrammiert: Verlassen den alternden Löwen allmählich die Kräfte, um seinen Anteil zu erkämpfen, ist er auf das angewiesen, was übrig bleibt oder was er mit Müh und Not noch selbst erbeuten kann. Sein Rang im Rudel sinkt rapide, er wird schließlich ausgestoßen, muss wieder als Nomade sein Dasein fristen.

Bei entsprechender Gelegenheit, in der Nähe von Siedlungen, können sich solche Greise an Menschen und Haustieren vergreifen. Die sind unaufmerksam und einfacher zu erbeuten als Wildtiere.

Die Sonne steht tiefer, wirft längere Schatten. Reglos halten die Kameraden in ihrer Deckung Wache. Wann wird der Löwe kommen? Wird er allein sein? Wird er überhaupt erscheinen oder hat er uns die mehrfachen Störungen verübelt? Eine fast unerträgliche Spannung liegt in der Luft.

Drüben eine Bewegung zwischen den Blättern, dann Craighs Hand mit nach oben gespreiztem Daumen. Das verabredete Zeichen lässt den Puls rasen. Mit etwas schlotternden Knien richte ich mich auf, bis ich durch den abgegabelten Stamm sehen kann. Tatsächlich, er ist da! Ein Traum von einem Mähnenlöwen. Leider bleibt keine Zeit für Bewunderung. Ich muss schnell handeln, bevor die Nerven den Dienst versagen und eventuell alles in einem Fiasko endet.

Der Löwe steht breit, reißt ein Stück aus dem Luder. Trotz der guten Auflage tanzt der Zielstachel auf dem Blatt herum. Noch nie haben die Nerven, nach den mehrfachen Belastungen des Tages, so geflattert. Endlich ist der Schuss draußen.

Der Löwe lässt das Stück Fleisch fallen und geht in hohen Fluchten ab. Ich habe kein gutes Gefühl. Weiß nicht genau, wie ich abgekommen bin, habe wohl das Herz verfehlt. Drüben schälen sich die Waidgenossen aus dem Gebüsch, Craigh mit fragender Miene. Ich zucke die Achseln.

Nur Abdullah ist optimistisch. Auch er hat den Fleischbrocken aus dem Maul fallen sehen: „Me think not go far." Zur Sicherheit besteigen wir alle das Fahrzeug, begeben uns zum Anschuss. Im Schutz von Craighs Büchse steige ich ab, um nach Schusszeichen zu suchen. Da liegt Schweiß – und nicht etwa, wie befürchtet, Inhalt von Magen oder Gescheide. Und es ist Lungen-schweiß! Ich bin erleichtert, doch Craigh bleibt cool: Herzschweiß wäre ihm lieber, meint er.

Was tun? Der Löwe verbirgt sich wieder irgendwo im gelben Gras. Lauern dort etwa auch die Löwinnen? Nach dem heutigen Erlebnis ist Craigh vorsichtiger geworden.

Nach kurzer Beratung beschließen wir folgenden Plan: Da es keine deutliche Schweißfährte gibt, wollen wir mit dem Toyota in der von mir beobachteten Fluchtrichtung suchen. Craigh zu Fuß mit entsicherter Büchse voraus, wir unmittelbar hinter ihm. Ein Schwarzer steuert das Fahrzeug, auf dem ich mich hinter dem Führerhaus mit schussbereiter, vom Zielfernrohr befreiter Büchse positioniere. Sollte der Löwe springen und Craighs Schuss den Angreifer nicht stoppen, wird er sich flach auf den Boden werfen. Das Fahrzeug rollt über ihn, um ihn vor Gebiss und Pranken zu schützen, während ich von oben das Feuer eröffnen werde.

Wieder steigt die Spannung, aber mir ist wesentlich wohler als vorher. Die nervliche Belastung liegt jetzt beim Berufsjäger.

Meter um Meter tuckern wir voran. Vier Augenpaare durchspäen das gelbe Gras. Nichts. Plötzlich stößt mich Abdullah an, deutet schräg nach hinten: „Here is – is dead."

Wirklich, da liegt er, der uns den ganzen Tag in Spannung gehalten hat, nur 60 Schritt vom Anschuss und zum Glück längst verendet. Andernfalls hätte unsere so gründlich durchdachte Strategie gar nichts genutzt. War doch Craigh in einer Entfernung von nur fünf Metern am Löwen vorbeigepirscht, ohne ihn zu entdecken. Hätte der nach einem schlechten Schuss noch gelebt, wäre es bei einem so direkten Ansprung wahrscheinlich um den Kameraden geschehen gewesen.

Umso größer ist jetzt die allgemeine Erleichterung. Die schwarzen Helfer strahlen, umarmen den „Herrn über den Löwen", sind außer sich vor Freude. Denn vor dem mächtigen Simba haben sie Angst, freuen sich über jedes erlegte Exemplar. Nur Craighs Miene ist nachdenklich, wirkt etwas verstört. Durchlebt er das Schicksal, das ihn hätte ereilen können? Doch dann gratuliert er: „Yes, we finally made it." Endlich haben wir es geschafft.

Es ist ein sehr alter Löwe. Wie ich später erfahre, wohl der älteste, der bis dahin durch Windrose Safaris zur Strecke kam. Er ist mager, die Rippen zeichnen sich deutlich ab und ebenso die Dornfortsätze der Rückenwirbel. Auffallend tief liegen die Augen in den Höhlen, unterstreichen den greisenhaften Gesichtsausdruck. Das Gebiss ist stark abgenutzt, der linke obere Eckzahn abgebrochen. Aber das mächtige Haupt mit der beachtlichen gelbbraunen Mähne zeugt noch immer von seinem ehemaligen Glanz, seiner vielleicht hohen Stellung im Rudel. Nun aber musste er kämpfen, wie Schmisse im Gesicht und ein zerschlis-

Nach nervenaufreibender Jagd ist es endlich geschafft: Ein uralter Löwe.

senes Gehör deutlich erkennen lassen. Hatten ihn zuletzt auch die beiden Löwinnen verlassen?

Craigh schätzt das Alter auf mindestens 15 Jahre. Ein halbes Jahr hätte er vielleicht noch gelebt. Um dann auf eine Weise zu verenden, die Schaller an einem seiner Studienobjekte beobachtet hatte und anschaulich schilderte: „In der Abenddämmerung hörte das Männchen ein fernes Brüllen; mit letzter Anstrengung knurrte er mehrere Male schwach und versuchte so, den Kontakt mit der Gemeinschaft zu erhalten, deren Teil er einst war. In der Nacht starb das Männchen in stiller Einsamkeit."

Hier wäre es nicht so weit gekommen, meint Craigh. Hier im Miombo wäre ihm ein Hyänenrudel so lange auf den Fersen geblieben, bis es den Geschwächten gemeinsam hätte überwältigen können. In kürzester Zeit wäre er zerrissen und verschlungen worden. – Vor diesem Schicksal hat ihn meine Kugel bewahrt. Solch eine Jagd, solch eine Beute hatte ich mir erträumt.

Nachts gibt es ein großes Fest im Camp. Sie feiern den „Bwana Simba". Jeder der 15 Bediensteten bekommt eine Flasche Bier. Die Skinner machen sich ans Abhäuten, legen den überproportionalen Schädel frei. Dieser Löwe ist also, anders als mein Eisbär, der im Vergleich zum massigen Körper keinen besonders großen Schädel besaß, ein „Großkopfeter". Individuelle Unterschiede in den anatomischen Proportionen gibt es eben im Tierreich ebenso wie beim Menschen.

Die Begeisterung über das schließlich unerwartet erfolgreiche Ende des Tages vertreibt die Müdigkeit. So sitzen wir beide noch lange um die Glut des Lagerfeuers. Schon am sechsten Tag diese erfreuliche Bilanz. So kann es gehen. Für solch einen Löwen hatte ich viel mehr Zeit eingeplant. Bin nun höchst zufrieden, und aller Ärger über die ersten Tage ist vergessen.

Aber wir sind noch nicht fertig, erinnert Craigh. Der Leopard scheint ihn fast noch mehr zu faszinieren als der Löwe. Und der kann eventuell noch viel Zeit und Nerven kosten, gibt er zu bedenken, während wir uns nach Mitternacht in die Zelte verkriechen.

Der gefleckte Jäger

So nahe sie aus zoosystematischer Sicht auch verwandt sein mögen, so grundlegend verschieden sind Löwe und Leopard schon äußerlich, aber noch mehr in Lebensweise und Verhalten.

Die Beobachtung der auch tagsüber aktiven und gesellig lebenden Löwen zählt zu den besonderen Attraktionen in afrikanischen Nationalparks. Demgegenüber entzieht sich der tags versteckt lebende und nachts jagende Leopard in aller Regel den Besuchern. Schon deshalb genießt er nicht die Popularität, wurde er nicht zur Symbolfigur wie der Löwe. Das durch seine markanten Flecken bestens getarnte kraftstrotzende Muskelpaket flößt eher Furcht ein. Der Blick aus grünen Augen wirkt auf uns kalt und unerbittlich.

Hoch im Kurs stand dagegen das Fell des Leoparden, und zwar in der Damenmode. Der Bedarf der Pelzindustrie, um die Nachfrage zu befriedigen, war früher enorm. Daher wurde dem Leoparden in seinem weiten asiatischen und afrikanischen Verbreitungsgebiet noch bis Anfang der 1970er-Jahre intensiv nachgestellt. Fast 10 000 Felle, legal oder illegal erbeutet, gingen damals jährlich allein in die USA. Einige Naturschützer, allen voran Prof. Bernhard Grzimek, warnten aufgrund solcher Berichte vor der drohenden Ausrottung der gefleckten Katzen.

Das 1974 in Kraft getretene Washingtoner Artenschutzabkommen beendete die Nachstellungen abrupt. Leopard – und Gepard – wurden in WA Anhang I aufgelistet, damit war jeglicher Handel mit den Fellen untersagt. Die ebenfalls in jener Zeit in westlichen Industrienationen aufgekommene Aversion gegen jegliches Tragen von Pelzen tat ein Übriges, die Nachfrage nach diesen und damit die Verfolgung von Leoparden drastisch zu reduzieren.

Kenner der Materie, so auch Craigh, haben allerdings Zweifel, ob der Leopard bei seiner versteckten und einsiedlerischen Lebensweise vor allem in größeren Waldgebieten jemals ernsthaft gefährdet war. Heute kann davon jedenfalls keine Rede sein. Im Gegenteil. Dank seiner Anpassungsfähigkeit ist er, ähnlich wie bei uns der Fuchs, in die Kulturlandschaft, ja selbst in Siedlungen vorgedrungen. Konflikte mit Menschen und Haustieren, oft mit tödlichem Ausgang, sind daher vorprogrammiert und immer häufiger Gegenstand von Pressemeldungen.

Aber wie wollen wir dieses scheue Raubtier erjagen? Nur ein einziges Mal, während der Rückfahrt ins Camp am frühen Abend, zeigte sich für einen kurzen Moment ein starker Kuder. Ein faszinierender Anblick. Doch wie ein Spuk war er verschwunden, bevor wir etwas unternehmen konnten.

Nun zeigen auch schwierig zu erbeutende Wildarten in ihrem Verhalten Besonderheiten, eine Art „Achillesferse", die der Jäger ausnutzen kann. Der Leopard hat eine solche entwickelt, und zwar als Überlebensstrategie gegenüber stärkerem Raubwild. Löwen hassen ihn und versuchen ihn bei jeder Gelegenheit zu töten, schreibt Schaller. Auch Hyänen im Rudel ist er nicht gewachsen. Jedenfalls muss er seine Beute vor beiden in Sicherheit bringen, um ungestört fressen zu können. Er schafft sie daher in hohe Bäume, klemmt sie in Zweige und kommt dann Nacht für Nacht zum Mahl zurück. Die Leichtigkeit, mit der er selbst mittelgroße Antilopen in die luftige Höhe transportiert, gibt eine Vorstellung von der geballten Kraft des gefleckten Jägers.

Schon seit Tagen hat Craigh die Gegend, aus der nachts das „Sägen" der verliebten Katzen zu hören ist, nach Fährten abgesucht. Er ist zufrieden. Ein starker Kuder ist dabei, mehrfach hat er ihn im sandigen Flussbett gespürt. Nun brauchen wir noch eine Impala-Antilope als Bait. Der Schädel des respektablen Bockes ist für das Museum bestimmt.

Ein älterer Baum am ausgetrockneten Fluss scheint Craigh geeignet für unser Vorhaben. Mit Hilfe seiner Mannen vertäut er das Luder auf einem der starken waagrechten Äste. Dann errichten sie einen geräumigen Ansitzschirm, etwa 60 Schritt entfernt, an der gegenüberliegenden Uferkante.

Nun beginnt die endlose Warterei. Habe daheim schon Schwierigkeiten, abends zwei Stunden auf dem Hochsitz zu hocken und bevorzuge daher auf Rehwild die Pirsch, wo immer dies möglich ist. In diesem Fall kann jedoch nur der Ansitz zum Ziel führen.

Schon am späten Nachmittag sitzen wir im Schirm, und zwar mucksmäuschenstill. Geradezu pedantisch wirken die Vorbereitungen auf das eventuelle Ereignis. Nur durch zwei winzig kleine Löcher in der vorderen Schilfmatte ist der Baum mit dem Bait zu erkennen. Eines für Craigh, das andere für meine Büchse.

Diese liegt nicht nur auf dem Querholz des Schirms auf, sondern zusätzlich mit dem Schaftende in der Gabel eines fest in den Boden gerammten Astes. Das Fadenkreuz wird nun auf das Luder einjustiert, und die Büchse mit Gummibändern auf beiden Unterlagen festgezurrt. Sie liegt nun so ruhig wie auf dem Sandsack im Schießstand.

Im Flüsterton – nur der ist jetzt noch erlaubt – erläutert Craigh diese aufwendige Vorbereitung. In keiner anderen Situation pflegen manche Jäger so die Nerven zu verlieren wie bei der Jagd auf Elefant und Leopard. Und nach einem schlechten Schuss des Klienten ist es eben die verdammte Pflicht des Berufsjägers, die Kastanien aus dem Feuer zu holen.

Eine Nachsuche bei Nacht auf einen angeschossenen Leoparden – ein Himmelfahrtskommando! Allein in Tansania kam es dabei im letzten Jahr zu vier schweren Unfällen, zwei davon tödlich. Der verwundete Leopard stürzt sich aus der Deckung so blitzartig auf den Verfolger, dass dieser selbst bei Tag nicht schnell genug reagieren kann. Einige von Craighs Kollegen empfehlen daher für diese Situation statt der Büchse eine mit grobem Schrot („Rollern") geladene Flinte. Bei Nacht ist natürlich alles noch viel komplizierter, dennoch muss man es versuchen. Denn sollte der Leopard rasch verendet sein, könnte in einer heißen Tropennacht das Fell verderben, oder Hyänen machen reinen Tisch.

Nach dieser Einstimmung verordnet Craigh Redeverbot und Stillsitzen. Noch ist heller Tag, daher finde ich Ablenkung im Lauschen der Vogelstimmen. Obwohl erst vor kurzem aus Südafrika gekommen, erwies sich Craigh schon als profunder Kenner der ostafrikanischen Vogelwelt, was meinen ornithologischen Interessen sehr entgegenkommt. In den letzten Tagen hat er mir einiges beigebracht.

Und noch etwas kommt mir jetzt während des Nichtstuns viel mehr als bisher zum Bewusstsein: Die Tsetsefliegen. Immer wieder ein stechender Schmerz, verursacht von diesem einer großen Stubenfliege ähnelnden Insekt. Aufgrund des stabilen Chitinpanzers bedarf es schon eines kräftigen Schlages, sie zu töten. Aber jegliche Geräusche sind nun tabu. So können wir die Lästlinge nur vorsichtig vertreiben. Mit der Folge, dass sie ihre Blutsaugerei alsbald an einem anderen Körperteil fortsetzen.

Natürlich besteht die Gefahr, mit dem Stich die die Schlafkrankheit auslösenden Einzeller (*Trypanosoma gambiense*) übertragen zu bekommen. Doch das Infektionsrisiko scheint nicht hoch zu sein. Einige meiner Bekannten, die lange in Tsetsegebieten lebten, wie auch mich selbst während der College-Safari zum Ugallariver hat es nicht erwischt. Wohl aber einmal Franz Wengert. Nur dank rechtzeitiger Einlieferung ins Krankenhaus von Arusha und Behandlung mit Germanin überlebte er.

Überlebt haben aber dank eben dieser Tsetsefliege die afrikanischen Wildtiere im Miombo. Denn diese weiten Lebensräume sind wegen der Krankheit nur für die dagegen immunen Wildtiere, nicht aber für Menschen und Haustiere besiedelbar. Sie bleiben daher erhalten. Trotz der von der Deutschen Entwicklungshilfe in den 1970er-Jahren finanzierten, unverantwortlichen Projekte zur Zerstörung des Miombos und damit der Lebensgrundlage des Insekts. Nur um Acker- und Weideland für noch mehr Menschen zu gewinnen. Damals hatten wir uns seitens des Wildlife College vergeblich gegen diesen Unfug zur Wehr gesetzt, doch wenig später wurde er eingestellt.

Rasch geht hier in Äquatornähe der Tag in die Nacht über. Mit der Sonne verschwinden auch die Tsetsefliegen. Im Gegensatz zu Moskitos sind sie nur tagaktiv.

Immer undeutlicher zeichnet sich das Bait im Baum gegen das dunkelnde Firmament im Osten ab. Nach Westen hätten wir viel bessere Sichtverhältnisse. Doch die Winde wehen hier überwiegend von Osten, vom Indischen Ozean her. Nur wenn wir westlich vom Bait ansitzen, kann uns der Leopard nicht wittern. Craigh hat offensichtlich an alles gedacht. Nur von der ersehnten Beute ist nichts zu sehen, nichts zu hören. Nach dreistündiger Sitzung schleichen wir hinüber ins Camp.

Vom Mond ist zwar schon eine schmale Sichel zu sehen, aber sie verbreitet noch kein Licht. Das wird nun von Nacht zu Nacht besser werden. Hier auf der Südhalbkugel zeigt sich der zunehmende Mond übrigens nach rechts offen, wie bei uns der abnehmende.

Wenig später, gegen halb vier Uhr morgens, beziehen wir den Schirm wieder, harren weitere drei Stunden aus, bis nach sechs Uhr die Sonne aufgeht. Nichts. Im Sand des Flussbetts finden wir zwar frische Trittsiegel, auch vom starken Kuder, aber das Bait ist noch nicht angenommen. Kein Wunder, in der Nacht hörten wir wieder diese Ranzlaute. „A cat in heat fucks up everything“, erklärt Craigh in seiner deftigen Ausdrucksweise. Eine brünstige Katze vereitele unsere ganze Strategie.

Das tut sie zwar nicht mehr lange, jedenfalls hört die „Nachtmusik“ allmählich auf. Aber der Kuder kommt während der nächsten Nächte nur unregelmäßig zum Luder, frisst wenig, bleibt manchmal ganz weg. Ich werde des Ganzen allmählich überdrüssig. Tagsüber die Knallhitze, die mir jetzt während der Untätigkeit so recht zum Bewusstsein kommt. Morgens und abends stundenlang stillsitzen – ohne Aussicht auf greifbaren Erfolg. Und vor allem, wie lange soll das so weitergehen?

Um die Stimmung seines Gastes zu heben, bietet Craigh an, bis auf Weiteres allein Wache zu schieben. Dankbar nehme ich das Angebot an. Kann nun im Camp bleiben, Bier trinken und mich der Literatur widmen. Craigh bleibt die ganzen Nächte allein im Schirm, will den Rhythmus des Leoparden ermitteln. Das Krachen von Knochen verrät seine Anwesenheit auch in stockfinsterer Nacht. Tagsüber schlafen sie beide, der Leopard und sein passionierter Verfolger.

Ob ich nicht auch an einem Warzenschwein interessiert sei? Er kenne einen alten, starken Keiler. So könnten wir doch die Wartezeit ausnützen, schlägt Craigh vor. Natürlich bin ich sofort einverstanden. Aber alte Keiler sind doch sicher sehr unstet und folglich schwer zu erbeuten? Schon, aber jetzt bei der Trockenheit wird er sich nicht weit vom einzig verbliebenen Wasserloch entfernen. „Let's try." Lass es uns versuchen.

Tatsächlich finden wir den Gesuchten auf Anhieb. Aber wir kommen zu spät. Kurz zuvor hatten Hyänen den offensichtlich altersschwachen Urian gerissen und ganze Arbeit geleistet. Außer dem fein säuberlich abgenagten Schädel ist nichts, aber auch gar nichts mehr übrig. Buchstäblich „mit Haut und Haaren" und dazu sämtlichen Knochen war er verschlungen und zum Teil schon wieder ausgeschieden worden: Weißliche Kotkugeln, im Wesentlichen bestehend aus Kalziumverbindungen der vollständig aufgelösten Knochen, zeugen von den ätzenden Magensäften der Hyänen. Damit können sie die organischen Bestandteile der Knochen verwerten.

Wie nahrhaft diese offensichtlich sind, davon konnte ich mich erstmals vor vier Jahrzehnten während einer Exkursion durch Island höchstpersönlich überzeugen. Mangelhaft ausgerüstet war ich in der menschenleeren Tundra darauf angewiesen, mich vom Land zu ernähren. Da ich damals noch keine Flinte führte, bildeten die gelegentlich frischtot gefundenen Vögel den größten Teil der spärlichen Mahlzeiten. Doch mit den (feingekauten) Knochen verspeist, machten sie wirklich satt. Deren vollständige Verdauung bereitet mir so wenig Schwierigkeiten wie der Hyäne. Anders beim dieser Art systematisch ja viel näherstehenden Wolf. Dessen Losung hatte ich in Alaska inspiziert. Selbst kleinste Knochensplitter waren darin unverdaut ausgeschieden worden.

Ja, diesen alten Keiler hätte ich gerne erlegt. Trotz erheblicher Abnutzung messen seine Waffen noch 33 Zentimeter. Die Schädelknochen sind nahtlos verwachsen und die Backenzähne zahnfleischeben abgenutzt. So wird auch dieser Schädel eine interessante Bereicherung der EWI–Sammlung.

Schon fünf Tage hängt die Impala nun im Baum, bei der Hitze beträchtlichen Aasgeruch verbreitend. Das ist wohl nach dem Geschmack des Leoparden. Heute Nacht hat er stundenlang gefressen und anschließend das ganze Luder mitgenommen, berichtet Craigh zufrieden nach Rückkehr vom nächtlichen Ansitz. Aber was machen wir nur ohne Luder? Das holen wir wieder, meint der Experte zuversichtlich.

Wenig später folgen wir der Schleifspur. Dann bleibe ich zurück, während Craigh mit seiner kurzen Büchse bewaffnet ins Versteck des Leoparden eindringt. Wenn das nur gut geht. Doch kurz darauf taucht er mit dem Rest der Impala wieder auf. Bei Tag verdrückt sich gesundes Raubwild eher, bei Nacht hätte es anders ausgehen können, meint er und befestigt das Bait wieder am Ast. Der Leopard wird sich zwar wundern, wie sein Nachtmahl wieder in die luftige Höhe gelangte, aber er hat Interesse daran und wird kommen. „We get his ass." – Den kriegen wir.

Ob es stets derselbe sei? Mit Sicherheit. Die Kuder sind sehr territorial, dulden nur Katzen in ihrem Revier. Auch habe er seit Tagen nur diese eine starke Fährte gefunden,

Nun wird es also ernst. Die Nächte sind nun durch die gewachsene Mondsichel schon etwas heller, daher soll auch ich mich für die Übernachtung im Schirm einrichten. Für die Stunden am frühen Abend darf ich etwas zum Lesen mitnehmen. Unter der Bedingung, dass beim Umblättern keinerlei Geräusch entsteht.

Wieder verabschiedet sich die Sonne hinter uns. Wenig später verstummt das muntere Vogelgezwitscher fast schlagartig. Doch die Stille währt nicht lange. In der Ferne jaulen Hyänen, ein Löwe meldet sich grollend zu Wort. Mehr noch unterstreichen den Zauber der hereinbrechenden Nacht stereotyp wiederholte, monotone Rufe. Nicht melodisch wie die unserer Zwergohreule, sondern eher schnarrend. Trotz Redeverbot frage ich flüsternd: „Which bird?" „Scops owl", kommt es ebenso kurz und leise zurück. Also doch, der afrikanische Vertreter der kleinsten Ohreule. Endlich ist das Rätsel um diese auch schon früher gehörten Rufe gelöst.

In immer kürzeren Abständen linst Craigh durch sein Guckloch. Für mich hat er keines vorgesehen. Einerseits, um dem scharfäugigen Leoparden keinen Anlass zum Misstrauen zu geben. Andererseits, um meine Nerven zu schonen. Du sollst ihn erst unmittelbar vor dem Schuss, und zwar durchs Zielfernrohr sehen. Craigh hat wirklich an alles gedacht.

Längst ist die Dämmerung der Nacht gewichen. Dennoch sind die Konturen der Bäume im fahlen Mondlicht gerade noch zu erkennen. Plötzlich drüben ein harter Schlag, dann noch einer. Ein schweres Tier ist mit zwei Sätzen über die waagrechten Äste nach oben gesprungen. Dann hören wir laut das Krachen von Knochen.

Craigh hängt an seinem Guckloch, ich hinter dem Zielfernrohr der festgezurrten Büchse. Entweder eine Löwin oder ein sehr starker Leopard. Schließlich entscheidet er sich für Letzteren.

„Kannst du sicher schießen?“ – „Ich denke schon.“ Absolut ruhig steht das gerade noch erkennbare Fadenkreuz in der Silhouette des Kuders.

„Bist du wirklich sicher?“ Statt einer Antwort verstärke ich den Druck des Schießfingers. Ein Blitz, ein Knall, drüben ein Gepolter. Dann rasselt das Flussgeröll unter den Sätzen des direkt auf unseren Schirm losstürmenden Leoparden. Reflexartig greift Craigh nach seiner Büchse. Doch plötzlich Stille.

Minutenlang lauschen wir in die Nacht. Ich habe ein gutes Gefühl, aber Craighs ohnehin bleiches Gesicht wirkt aschfahl in der Dunkelheit. Wie war dein Schuss? Ich denke, sehr gut.

Doch der Jäger ist besorgt über die Reaktion des Getroffenen, der sofort auf das Mündungsfeuer zuraste. Während er meine Büchse aus den Gummibändern löst, entwickelt er seinen Plan.

Er wird ins Flussbett absteigen und im Schein der Taschenlampe suchen. Sollte der Kuder ihn annehmen und sein Schuss fehlgehen, wird er sich auf den Boden werfen und Kopf und Gesicht mit den Armen zu schützen versuchen. Sollte sich der Leopard festbeißen, wird er für einen Moment ein ruhiges Ziel für meinen Schuss bieten. „But don’t shoot at me!“ – So unnötig diese letztere Ermahnung klingt, sie hat in solchen Stresssituationen leider ihre Berechtigung. Franz Wengert ist unter solchen Umständen bei der Nachsuche auf eine Leopardenkatze von seinem Klienten angeschossen worden.

Langsam steigt Craigh ab, ich folge in respektvollem Abstand, der Lichtkegel der Lampe wandert über das Geröll, Meter für Meter, jetzt hält er an. Wirft das Geröll solche Schatten? Nein, das sind die täuschend ähnlichen Flecken des Leoparden! Durchs Herz getroffen ist er längst verendet.

Der sonst so coole Craigh lässt sich zu einer herzlichen Umarmung hinreißen. Die plötzliche Erleichterung nach der Anspannung braucht ein Ventil. Es ist wieder einmal gut gegangen. Er blieb unverletzt. Und wir haben den Leoparden, um den vor allem er sich tage- und nächtelang bemüht hat – und was für einen. Den erhofften kapitalen Kuder.

Während wir ihm im fahlen Mondlicht die Totenwacht halten, nähert sich vom Camp das Fahrzeug: Eine halbe Stunde nach dem Schuss sind sie losgefahren, wie vereinbart.

Mit diesem Leoparden fand die Expedition noch einen krönenden Abschluss.

Erneuter Jubel, diesmal um den „Bwana Chui", der den Leoparden besiegt hat. Mit vereinten Kräften legen sie mir die wohl 60 kg schwere Beute um die Schultern. Kameras blitzen, um dieses denkwürdige Ereignis festzuhalten.

Länger als sonst sitzen wir noch am Lagerfeuer, trinken mehr Bier als üblich. Morgen können wir ausschlafen. Die Jagd ist gelaufen, beide sind wir hochzufrieden. Craigh wird gesprächig. „How come you never miss?" Warum schießt du nie vorbei?

Oh doch, widerspreche ich, auch mir geht immer wieder einmal ein Schuss daneben. Bei dieser Jagd ist glücklicherweise kein Patzer passiert, denn das hätte fatale Folgen haben können. Allerdings erziele ich mit dieser Mauser-66-Büchse, mit dieser dem Leser bereits bekannten Wunderwaffe, die höchsten Trefferquoten.

Ich hatte sie mir einst für die Tätigkeit am Wildlife College angeschafft. Eine sinnvolle Investition, wie sich zeigte. Denn meist war es meine Aufgabe, während langer Safaris in entlegenen Regionen die „Truppe", nämlich Lehrkräfte, Studenten und Personal, mit Wildfleisch zu versorgen. Das bedeutete, täglich mindestens eine größere Antilope, meist Topi oder Hartebeest, zu erbeuten. Bei Mahlzeiten ohne Fleisch gab es mürrische Gesichter. Fehlschüsse hätte man mir nicht verziehen.

Vier Tage früher als geplant kann Craigh per Funk das Ende der erfolgreichen Safari nach Arusha durchgeben und meine Abreise organisieren. Am nächsten Vormittag landet das kleine viersitzige Flugzeug auf der Piste unweit des Camps. Neben Bier und Lebensmitteln für die nächste Jagd zieht der Pilot einen überdimensionalen Klappstuhl aus dem Laderaum.

Wer hat denn solch ein Hinterquartier? Kein anderer als jener überaus korpulente Amerikaner, von dessen ungewöhnlicher Jagd auf den Buschbock am Mt. Gelai ich zuvor schon berichtete. Er wird morgen in dieses Camp kommen. So klein ist die jagdliche Welt.

Herzlicher Abschied von Craigh und den schwarzen Helfern. Dann schwebt die Maschine über die Baumkronen des endlosen Miombo mit seiner geliebten Tierwelt. Dank der Tsetsefliege blieb er erhalten. Wie lange noch? Wird er dem Expansionsdruck der rasch wachsenden Bevölkerung auch künftig standhalten?

Epilog

„Wie lange wird es die afrikanische Tierwelt noch geben, hattest du dich vor nunmehr über einem Jahrzehnt gefragt. Wie sieht es heute aus? Ließen sich solche spannenden Erlebnisse wiederholen?"

Mein Gesprächspartner nickt zufrieden. Es gebe noch „Platz für wilde Tiere", erklärt er unter Anspielung auf das von Prof. Grzimek vor fünf Jahrzehnten publizierte Buch mit – glücklicherweise – zu pessimistischen Prognosen: „Nicht nur im Miombo, wo sie auf die genannte Weise geschützt sind. In weiten Teilen Afrikas hat sich eine Entwicklung angebahnt, die man damals nicht für möglich gehalten hätte: Wildtiere breiten sich wieder in vielen Gebieten aus, aus denen sie längst verschwunden waren. – Und das ausgerechnet dank Trophäenjagd und Jagdtourismus."

Das ist für mich als Außenstehende allerdings schwer nachvollziehbar. Doch nach Lektüre des entsprechenden Kapitels in Kalchreuters eingangs erwähntem Fachbuch sehe ich wesentlich klarer: Geld regiert die Welt – auch im Natur- und Artenschutz. Durch den ideellen Wert der Hörner, Felle oder sonstiger Erinnerungsstücke für den Trophäenjäger erzielen Staat, Kommunen oder private Grundbesitzer höhere Einnahmen als durch jede andere Form der Landnutzung. Bis zu 1000 Dollar kann ein Jagdtag kosten, wobei eine Mindestzahl von bis zu 28 Tagen für eine solche Jagdsafari zu buchen ist.

Auf diese Weise tragen Einnahmen aus Trophäenjagd etwa im selben Umfang zum jährlichen Staatshaushalt von Tansania bei wie die aus dem „sanften Tourismus" der Fotosafaris. Doch Erstere stammen von etwa 500 Jagdgästen, die in temporären Zeltlagern kampieren, also kaum einer Infrastruktur bedürfen. Während für Letztere 50 000 Menschen die Umwelt belasten. Der Staat ist unter solchen Umständen bereit, nicht nur die Nationalparks, sondern noch größere Wildreservate für die Jagd zu erhalten.

Davon profitieren auch die örtlichen Kommunen, fließt ihnen doch ein Teil der Einnahmen zu für den Bau von Brunnen oder Schulen. Und schließlich fällt für die örtliche Bevölkerung ein großer Teil des Wildbrets der erlegten Trophäenträger ab, was die Motivation zur Wilderei verringert.

Noch erstaunlicher ist die Entwicklung im südlichen Afrika in Regionen mit großem privatem Grundbesitz. Dank des lukrativen Geschäfts mit der Jagd wurde und wird in großem Stil bisher landwirtschaftlich genutzte Fläche wieder in Wildlebensraum umgewandelt, also der Natur zurückgegeben.

„Das ist eine bemerkenswerte und höchst erfreuliche Entwicklung", betont Kuno. „Früher als Konkurrent des Weideviehs ausgerottet, ist das Wildtier heute zum Wirtschaftsfaktor geworden, der erfolgreich mit jenem konkurrieren kann. So stehen auch genügend Mittel zur Bekämpfung der Wilderei zur Verfügung."

„Aber besteht unter solchen Umständen nicht die Gefahr der Ausbeutung der Wildbestände?"

„Dort sicher nicht, denn Privatbesitz gewährleistet am ehesten die Nachhaltigkeit der Nutzung", antwortet Kuno, kommt dann aber auf das schon mehrfach genannte Washingtoner Artenschutzabkommen zu sprechen. Dieses 1974 geschaffene effiziente Rechtsinstrument, besser bekannt unter der Abkürzung CITES (**C**onvention on **I**nternationel **T**rade of **E**ndangered **S**pecies) kontrolliert den Handel mit gefährdeten Tieren und Pflanzen bzw. deren Produkten, also auch den Trophäen. In zweijährigem Turnus treffen sich die Vertreter der Vertragsstaaten, um die CITES-Anhänge, in denen diese Tierarten aufgelistet sind, dem neusten Stand des Wissens anzupassen.

An zwei dieser Konferenzen, 2002 in Santiago de Chile und 2004 in Bangkok, habe er als Beobachter für den CIC und den DJV teilgenommen. „Das sind die leidenschaftlichsten Konferenzen überhaupt, weil es um viel Geld geht. Da prallen die Vorstellungen der Schützerorganisationen, die jegliches Töten ihrer Lieblinge möglichst ganz verbieten würden, vehement auf die Bestrebungen der Nutzer, die sich für eine nachhaltige Ernte der Wildtiere einsetzen. Mit beachtlichem personellem und finanziellem Aufwand betreiben beide Lager intensive Lobbyarbeit während der ganzen zehntägigen Konferenzen. Mit dem Ziel, die Abstimmungen durch die Vertreter der über 160 Vertragsstaaten in ihrem Sinne zu beeinflussen."

Und welche Tendenz obsiegt in solchen Auseinandersetzungen, möchte ich wissen.

„Früher setzten sich die eher emotionalen Vorstellungen der Schützer durch. Angeblich waren Vertreter ärmerer Länder regelrecht gekauft worden. Die Folgen waren unnötige Handelsrestriktionen, die sich negativ auf den Jagdtourismus auswirkten. Heute ist das anders. Einerseits sind die Erkenntnisse jagdökologischer Forschung, wonach *jede* Tierart in gewissem Umfang genutzt werden kann, inzwischen weit verbreitet, auch im CITES-Sekretariat. Andererseits ist das Selbstbewusstsein der von solchen Entscheidungen betroffenen afrikanischen Länder gewachsen."

Jetzt wird mein Gesprächspartner lebhaft. Begeistert erzählt er, wie er sich in dieser Hinsicht einbringen konnte.

Prof. Kalchreuter mit einigen seiner ehemaligen Studenten während eines CITES-Banketts 2004 in Bangkok. Ganz rechts Emanuel Severre.

Es war während des Sektempfangs am ersten Abend der CITES-Konferenz in Chile. 1 500 Teilnehmer aus 160 Nationen bildeten eine kaum mehr überschaubare Menschenmenge mit entsprechender Geräuschkulisse. Schließlich bemerkte Kuno zwei Afrikaner, die ihn beobachtend umschlichen. Jetzt fasste sich einer ein Herz mit der schüchternen Frage: „Excuse me, Sir, are you Bwana Kuno?"

Staunend bestätigte der Angesprochene: „Yes, of course, but who are you?"

Die beiden strahlten und gaben sich zu erkennen: „Well, we were your students, 27 years ago. You didn't change a bit."

Ja, er hat sich wirklich kein bisschen verändert, auch seit ich ihn kenne – darum erkannten ihn seine ehemaligen Studenten vom Wildlife College in Tansania inmitten der Menschenmenge.

Es stellte sich heraus, dass noch fünf weitere seiner damaligen Schüler nun als Vertreter ihrer Regierungen an der Konferenz fungieren.

Natürlich wurde für den Abend gleich ein Treffen an der Hotelbar verabredet. Andere Delegierte kamen dazu, und schließlich saß „Bwana Kuno" inmitten zahlreicher Schwarzafrikaner.

Das kann ich mir gut vorstellen. Erinnere ich mich doch an ähnliche Begebenheiten, in denen sich der rotbärtige Germane offensichtlich blendend mit den Schwarzen verstand, die sich in seiner Gegenwart manchmal regelrecht in Rage redeten. Herrlich, dieses Bild der Gegensätze. Kuno hat auch keinerlei Generationenproblem, kann es gut mit Kindern und Jugendlichen und verstand es folglich auch mit seinen viel jüngeren Studenten. Bei allem Respekt, den sie vor dem weißen Lehrer hatten, schätzten sie seine launigen Sprüche und Witze, die seiner bis heute bewahrten Lausbuben-Mentalität entspringen.

Auf die Frage, warum er nicht älter werde, gab er seinen ehemaligen Studenten sein „anti-aging program" zum Besten: „No wife, no dogs, no problems." Ja, so einfach ist das: Keine Frau, keine Hunde, keine Probleme. – Anlass zu herzlichem Lachen, für den Afrikaner ja stets dankbar sind.

In meiner Gegenwart war die Antwort auf diese schon früher gestellte Frage etwas anders ausgefallen: „Susanne keeps me young." Auch das hatte Erheiterung und Zustimmung in der Runde ausgelöst.

Lebhaft palavernd erinnerten sich die ehemaligen Studenten nun an lange zurückliegende Erlebnisse. Wie sie ihr Bwana einmal aus einer kritischen Situation während der Büffeljagd rausgehauen hatte. Oder wie sie gemeinsam den fast 6000 Meter hohen Kilimandscharo bestiegen. Das interessierte natürlich auch die anderen Delegierten. Sie fassten Vertrauen zu dem Weißen Mann.

Der nutzte nun geschickt die Gunst der Stunde für sein eigentliches Anliegen. Wie vor 30 Jahren am College plädierte er an die Verantwortung der Afrikaner für ihre Wildtiere. Doch zu den damaligen Problemen waren noch ganz andere gekommen. Nämlich versiegende Einnahmen für die betroffenen Länder, falls sich die Forderungen nach Verbot der jagdlichen Nutzung durchsetzen sollten.

„Es sind *eure* Wildtiere. Sie müssen ihren Wert behalten, um überleben zu können. Ihr Afrikaner habt selbst über deren Erhaltung und Nutzung zu bestimmen, und nicht weltfremde Fantasten in reichen, westlichen Industrienationen. Schluss jetzt mit diesem Ökoimperialismus."

Ich kann mir gut vorstellen, wie diese Argumente, vorgetragen mit großer Gestik, die Runde überzeugten. – „Und wie verlief dann die Konferenz?"

Kuno nickt zufrieden. Die nun viel selbstbewussteren Afrikaner hatten Fortschritte in der Rhetorik gemacht, hatten gelernt, ihre Interessen massiv und wortgewaltig zu vertreten.

„Am nächsten Morgen beeindruckte die fulminante Rede des Vertreters von Tansania, Emanuel Severre vom Stamme der Massai. Seinem Antrag, die Bejagungsquote des Leoparden für sein Land zu verdoppeln, wurde ohne nennenswerten Widerstand entsprochen. Die Nutzerorganisationen verstanden es, ihre auf Fakten basierenden Konzepte vielen stimmberechtigten Regierungsvertretern zu übermitteln. Lukullische Bankette waren dabei sehr hilfreich. So gelang in Chile ein Durchbruch, der sich zwei Jahre später in Bangkok fortsetzte.

Dort ging es um die weitere Bejagbarkeit des Löwen und – erstmals seit Menschengedenken – um die Jagd auf das Schwarze Nashorn, eines der seltensten

Jahrzehntelang war das Schwarze Nashorn tabu – und dennoch vom Aussterben bedroht. Nun wird die einträgliche Bejagung alter Bullen sein Überleben sichern.

Säugetiere der Welt. Namibia und Südafrika hatten die Erlegung von jeweils fünf älteren Bullen beantragt. – In den Augen der Schützer ein Sakrileg, was dann auch leidenschaftliche Debatten mit kuriosen Wortmeldungen auslöste.

Doch zur Überraschung selbst der Antragsteller brachte die Abstimmung die notwendige Mehrheit – und damit einen enormen Wertzuwachs für die hochgradig gefährdete Art. Denn 200 000 Dollar pro Bulle, so schätzt man, werden amerikanische Jäger berappen, um sich einen solchen Traum zu erfüllen. Die Gefahr des Aussterbens ist somit gebannt. So ein Devisenbringer wird überleben! Das war wieder ein Sieg des Pragmatismus über Emotionen", schmunzelt der Stratege.

„Willst du nun wirklich diese interessante Bühne verlassen?", frage ich nach geraumer Zeit des Schweigens. Doch er besteht darauf, einmal muss Schluss sein. Unter Hinweis auf manchen Politiker oder Verbandsfunktionär, der nicht loslassen konnte, bis er schließlich „gegangen wurde". Nein, man müsse gehen, solange das noch einige bedauern.

Seine Aufgabe habe er erledigt. Die Erkenntnisse aus drei Jahrzehnten Forschung seien publiziert in der jüngsten Ausgabe der „Sache mit der Jagd". Dieses jagdwissenschaftliche Vermächtnis, wie er es nennt, möge denen als Nachschlagewerk dienen, die sich an Fakten orientieren wollen. „Jüngere sollen nun an die Front im Kampf zur Erhaltung von Wild und Waidwerk", erklärt der nun fast 70-jährige Veteran.

Sollte er wirklich ganz aufhören, ginge auch für mich eine spannende Phase meines Lebens zu Ende. Eine Zeit der Kongressreisen, hitziger Debatten und wundervoller gesellschaftlicher Ereignisse.

Die letzte Passage seiner Memoiren Teil I kommt mir in den Sinn. Das Gespräch mit dem Eskimo Slwooko, als der ihn zum Bleiben in der Wildnis überreden wollte. War die damalige Entscheidung richtig?

„Ja, sicher. Meine beruflichen Vorstellungen im Falle einer Rückkehr nach Europa wurden erfüllt. Und in diesem Wechselspiel von Wildnis und Zivilisation ließen sich auch alle jagdlichen Träume verwirklichen."

Sein Blick schweift in die Ferne. Er schaut einem besonders schön geblasenen Ringlein seiner Pfeife nach, bis es sich auflöst. Mit der Zufriedenheit eines Mannes, der so ziemlich alles erlebt hat.

Umschlaggestaltung von eStudio Calamar, Umschlagfotografien von Heribert Kalchreuter und Susanne Köneke

Mit 133 Fotografien von Heribert Kalchreuter sowie Fotografien von Horst Niesters (3): S. 9, 12, 13; Ekkehard Ophoven (3): S. 116, 248, 289 und dem College of African Wildlife Management, Tansania (3): S. 302, 305, 308

Gedruckt auf chlorfrei gebleichtem Papier

ISBN 978-3-440-11199-4
Redaktion: Ekkehard Ophoven
Printed in Czech Republic / Imprimé en République Tchèque